社会变迁中的刑法问题

Criminal Law Issues in Social Change

姚建龙 ◎ 著

北京大学出版社
PEKING UNIVERSITY PRESS

图书在版编目(CIP)数据

社会变迁中的刑法问题/姚建龙著. —北京:北京大学出版社,2019.6
ISBN 978-7-301-30519-5

Ⅰ. ①社… Ⅱ. ①姚… Ⅲ. ①刑法—研究—中国 Ⅳ. ①D924.04

中国版本图书馆 CIP 数据核字(2019)第 095958 号

书　　　名	社会变迁中的刑法问题 SHEHUI BIANQIAN ZHONG DE XINGFA WENTI
著作责任者	姚建龙　著
责 任 编 辑	孙维玲　朱　彦
标 准 书 号	ISBN 978-7-301-30519-5
出 版 发 行	北京大学出版社
地　　　址	北京市海淀区成府路 205 号　100871
网　　　址	http://www.pup.cn　新浪微博:@北京大学出版社
电 子 信 箱	sdyy_2005@126.com
电　　　话	邮购部 010-62752015　发行部 010-62750672 编辑部 021-62071998
印 　刷　 者	北京虎彩文化传播有限公司
经 　销　 者	新华书店
	965 毫米×1300 毫米　16 开本　29 印张　376 千字 2019 年 6 月第 1 版　2020 年 8 月第 2 次印刷
定　　　价	88.00 元

未经许可,不得以任何方式复制或抄袭本书之部分或全部内容。
版权所有,侵权必究
举报电话:010-62752024　电子信箱:fd@pup.pku.edu.cn
图书如有印装质量问题,请与出版部联系,电话:010-62756370

作者简介

姚建龙，上海政法学院党委常委、副校长、教授、博士生导师，曾为重庆市劳教戒毒所管教民警、上海市长宁区人民检察院副检察长、北京师范大学刑事法律科学研究院博士后、华东政法大学教授、《青少年犯罪问题》杂志主编、上海政法学院刑事司法学院院长、团中央权益部副部长兼规划办副主任等。

主要从事刑事法学、青少年法学研究，在刑法学领域的主要研究成果：发表论文三十余篇，出版专著《少年刑法与刑法变革》，主编《刑法学总论》《刑法学分论》《刑法思潮与理论进展》《禁毒刑法学》，校勘《中华刑法论》等。刑法学研究成果曾获"全国刑法学优秀学术著作奖（1984—2014）"专著类一等奖、"钱端升法学研究成果奖"等。

受聘为国务院妇儿工委办公室、中央综治委"预青"专项组、最高人民检察院、团中央等中央部委在相关领域的咨询专家、顾问，以及北京、上海、福建、广东、山东、云南等多省市政法机关咨询专家。受聘为国家检察官学院、华东政法大学、中国人民公安大学等十余所高校兼职教授、客座教授、研究员等。

入选中国哲学社会科学最有影响力学者排行榜（2017），名列中国被引次数超过百次的刑法学科青年学者(45岁以下)第八位（2017），获全国未成年人思想道德建设工作先进工作者、上海市十大杰出青年、上海市优秀中青年法学家、上海市杰出青年岗位能手、上海市禁毒工作先进个人、上海市未成年人思想道德建设工作先进工作者、上海市曙光学者等荣誉。

目录

第一章 乡归何处:立足新时代中国实践的刑法理论自觉 / 001

一、回顾与展望:四十多年来中国刑法理论的发展与演变 / 002

二、福柯话语模型分析:四十多年来中国刑法理论话语体系的变迁 / 009

三、立足新时代:基于实践的理论反思与发展自觉 / 011

四、结语 / 016

第二章 多样化刑法渊源之再提倡
——对以修正案为修改刑法唯一方式的反思 / 018

一、刑法修改方式与修正案的受推崇 / 019

二、刑法修正案的实质缺陷 / 022

三、刑法修正案的形式缺陷 / 026

四、单一刑法渊源的形成与反思 / 029

五、多样化刑法渊源之再提倡 / 032

六、结语 / 036

第三章　论刑法的民法化 / 038

一、二元社会结构的崛起与政治刑法向市民刑法的转变 / 038

二、刑法的民法化之源流 / 040

三、中国刑法的新走向——刑法的民法化 / 043

四、对刑法的民法化的几点认识 / 047

第四章　论少年刑法的基本立场 / 049

一、从形式正义到实质正义 / 050

二、从社会防卫到儿童最大利益 / 054

三、从客观主义到主观主义 / 060

四、从报应刑论到教育刑论 / 062

五、从刑法一般化到刑法个别化 / 070

第五章　《刑法修正案（九）》视角下刑法与反恐法的衔接 / 075

一、单轨制或多轨制：立法模式的选择与衔接 / 076

二、"空"接问题：立法空间的界定与衔接 / 077

三、"意"接问题：目的差异下的衔接错位 / 079

四、"语"接问题：概念不明 / 081

五、管辖衔接的问题 / 083

六、罪名体系的衔接 / 085

七、结语 / 088

第六章　论四要件犯罪构成理论的出罪功能 / 089

一、出罪功能之争与四要件犯罪构成理论的命运 / 090

二、四要件犯罪构成理论具有出罪功能 / 094

三、四要件犯罪构成理论与三阶层犯罪构成理论在出罪机制设计上的不同 / 098

四、结语 / 101

第七章　论人工智能的刑事可罚性 / 103
　　一、问题提出：一个概念的厘定 / 104
　　二、理论追溯：刑事责任根据论之嬗变 / 110
　　三、刑法规制：人工智能刑事责任能力之认定 / 115
　　四、主体视角：人工智能与刑罚制度变革 / 119
　　五、结语 / 124

第八章　我国少年刑事责任制度之理论检讨 / 125
　　一、少年刑事责任制度的理论解释 / 126
　　二、散墨原理与刑事责任阶梯 / 134
　　三、近代以来关于少年刑事责任年龄的论争与变迁 / 137
　　四、对现行少年刑事责任制度的反思 / 140

第九章　犯罪后的第三种法律后果：保护处分 / 155
　　一、引言 / 155
　　二、超越刑罚 / 159
　　三、超越保安处分 / 161
　　四、保护处分的基本原则 / 165
　　五、建构我国保护处分制度的设想 / 169

第十章　论缓刑滥用及其防范 / 181
　　一、引言 / 181
　　二、缓刑滥用的主要表现、危害、主要原因分析 / 183
　　三、缓刑滥用的防范对策 / 189

第十一章　特赦制度的三重视角
　　——熊振林案引发的思考 / 194

一、特赦之界定：特赦与大赦的区别 / 195

二、国庆特赦之合法性与价值：法条之内的特赦 / 196

三、国庆特赦之可操作性：法条之下的特赦 / 198

四、国庆特赦之可能性：法条之外的特赦 / 200

五、结语 / 203

第十二章　社会排斥理论与前科消灭制度改革 / 204

一、标识犯罪人的方式与功能 / 205

二、社会排斥理论的解释框架 / 209

三、社会排斥理论视野下的前科消灭制度探索 / 215

第十三章　晚近我国死刑立法改革之反思 / 219

一、现状与问题：我国死刑立法之变迁 / 220

二、备而不用和备而少用仍是我国死刑立法改革应当坚持的路径 / 224

三、减少死刑的立法改革应当重点针对被多用、滥用的死刑罪名 / 228

第十四章　对"婚内强奸"以强奸罪定罪量刑的反思 / 234

一、引言 / 234

二、罪与非罪之争 / 236

三、对婚内强奸以强奸罪定罪量刑的反思 / 238

第十五章　对我国首例贞操损害赔偿案的法理评析 / 245

一、案情 / 245

二、评析 / 247

三、几点思考 / 252

第十六章　强索类案件司法疑难问题与破解 / 254

一、未成年人强索行为的界定、要素及其特点 / 255

二、对未成年人强索类案件法律适用的分歧 / 259

三、适用法律出现分歧的根源 / 262

四、未成年人强索类案件法律适用的基本立场 / 266

第十七章　托幼机构虐童案司法疑难分析与对策建议
——以虐待被看护人罪的司法适用为分析视角 / 273

一、托幼机构虐童行为的刑法规制历程 / 274

二、虐待被看护人罪的司法适用情况分析 / 277

三、惩治托幼机构虐童行为的完善建议 / 280

第十八章　性侵未成年人刑法适用若干疑难与争议问题辨析 / 284

一、关于奸淫幼女的既遂标准 / 285

二、关于奸淫幼女"情节恶劣"的认定 / 290

三、对"在公共场所当众"猥亵儿童的理解 / 294

四、其他几个争议问题 / 299

第十九章　互联网金融犯罪：一个概念的界定 / 303

一、互联网金融犯罪：现象、研究、术语的使用 / 303

二、互联网金融犯罪概念界定的现实：争议与分歧 / 305

三、互联网金融犯罪概念界定面临的困境 / 309

四、互联网金融犯罪概念界定的新思路 / 311

第二十章 金融犯罪认定和处理中的疑难问题 / 317
一、两个案例引发的思考 / 317
二、新形势下金融犯罪认定和处理中出现的问题 / 319
三、新形势下对金融犯罪认定和处理方式的健全和完善 / 322

第二十一章 内幕交易、泄露内幕信息罪司法疑难问题研究
——基于裁判文书的分析 / 329
一、裁判文书的选择与司法疑难问题的发现 / 330
二、关于内幕信息以及内幕信息敏感期的认定 / 337
三、关于内幕交易、泄露内幕信息罪主体的认定 / 343
四、关于内幕交易、泄露内幕信息罪的行为方式的认定 / 347
五、结语 / 351

第二十二章 漏洞交易行为的刑法边界及相关思考
——以李某出售游戏漏洞案为例 / 352
一、案情简介与定性之争 / 353
二、"发现、交易、胁迫"行为的应有之义 / 355
三、本案的法律定性分析 / 362
四、本案引发的进一步思考 / 365

第二十三章 对国家工作人员利用职务便利骗取"转让费"行为的定性 / 369
一、相关案例 / 369
二、实践中对国家工作人员利用职务便利骗取"转让费"行为的定性分歧 / 370
三、对国家工作人员利用职务便利骗取"转让费"行为的定性分析 / 373

第二十四章　贿赂犯罪立法结构的调整 / 377

一、行贿与受贿同罪同罚：立法趋向与反思 / 378

二、行贿非犯罪化的提出及其意义 / 388

三、行贿非犯罪化的可行性分析 / 396

四、受贿犯罪的相应完善 / 401

第二十五章　贪污受贿犯罪终身监禁若干问题研究 / 408

一、"终身监禁"的提出及其法律定性 / 409

二、贪污受贿犯罪终身监禁的意义探寻 / 410

三、贪污受贿犯罪终身监禁的问题探究 / 414

四、贪污受贿犯罪终身监禁的未来展望 / 419

附录　近代刑法典的沿革与《中华刑法论》/ 425

主要参考文献 / 432

后　记 / 451

第一章
乡归何处：
立足新时代中国实践的刑法理论自觉*

以《刑法知识的去苏俄化》[1]一文为标志，刑法学界进行了一场苏俄理论与德日理论的"较量"，起初以文章或论坛形式"百家争鸣"，近些年来高潮退去，转而以学者讲座或师徒传授形式进行，耳濡目染，润物细无声。从目前来看，司法实务人员与中老年学者大多是在苏俄理论浸润下成长起来的，拥有人数上的绝对优势；而德日理论的主张者主要以中青年刑法学者为主，他们的影响力普遍较大，对未来刑法发展具有重要影响。大体而言，两方表面上"势均力敌"，实质上此起彼伏，尤其是对青年学子的影响差异显著。基于理论与实

---

* 本章为笔者与林需需合作撰写，提交"社会变迁与刑法科学新时代——纪念改革开放40年暨社科院法学所成立60年学术研讨会"（2018年10月27—28日，中国社会科学院法学研究所主办、刑法研究室承办）后，根据笔者现场发言的主要观点修改而成。

[1] 陈兴良：《刑法知识的去苏俄化》，载《政法论坛》2006年第5期。

践的辩证关系，刑法理论为刑事司法提供理论支撑和解释依据，蕴含着法治理念和法治思维。刑法理论在促进刑法适用的同时，也具有形塑刑法规范的作用，因而选择适合国情的刑法理论至关重要。实践是理论之源，没有实践，很难形成系统的科学理论。[1] 正确的刑法理论应当来自一国的司法实践，但是回顾四十多年来中国刑法理论的发展路径，却始终存在移植有余而本土化欠缺的问题。

一、回顾与展望：四十多年来中国刑法理论的发展与演变

1978 年至今，四十多年来，中国刑法理论逐步体系化、完善化，对从刑事法制到法治的转型发挥了重要作用。回顾这段历史，有肯定，有疑惑，中国初步形成了以苏俄刑法理论为主体的中国特色刑法理论体系，在司法实践中的价值值得肯定；而在此期间出现的苏俄理论与德日理论的冲突对立，让中国未来刑法理论发展存在不确定性，令很多刑法学者与司法实务人员感到困惑。知古兴今，在展望未来之前，我们有必要作一简要回顾。

（一）1978 年与中国刑法理论话语体系的重建

经历十年"文革"，法制被摧毁殆尽。1978 年是新中国历史的重要转折点，改革开放宣告中国进入新时期。党的十一届三中全会公报庄严宣告："为了保障人民民主，必须加强社会主义法制，使民主制度化、法律化，使这种制度和法律具有稳定性、连续性和极大的权

---

[1] 参见赵曜：《马克思主义的改革开放思想和我国的改革开放理论与实践——纪念改革开放 40 周年》，载《中国浦东干部学院学报》2018 年第 3 期。

威,做到有法可依,有法必依,执法必严,违法必究。"[1] 法制建设重新受到重视,刑法理论研究也逐渐步入正轨,并形成了以苏俄理论为背景的刑法理论体系。中国在这一时期建立以移植苏俄刑法学为特点的刑法理论体系有其必然性。1949 年,中华人民共和国成立,废除了国民党统治时期的"六法全书",在"一边倒"政策之下,依托与苏联政治上的亲缘关系,开始大规模移植苏俄刑法理论,[2] 基本形成了以苏俄刑法理论为主体的刑法理论体系。1957—1976 年法律虚无主义的盛行导致刑法理论研究基本停滞,1978 年之后的刑法学主要只能建立在 1949 年之后形成的理论体系的基础之上,我们称其为"中国刑法理论话语体系的重建"。该刑法理论体系具有四个典型特征:

其一,将社会危害性作为犯罪的本质特征。"社会危害性"是整个苏俄刑法理论体系的核心概念,内涵相对丰富却不确定,显著区别于西方的形式犯罪概念。[3] 虽然国内对于社会危害性也有实质概念、形式概念、实质与形式概念的性质之争,但是社会危害性在苏俄犯罪理论中的核心地位毋庸置疑。相较于西方的形式犯罪概念,社会危害性容易被大众接受,满足高效打击犯罪的需要,有助于维护社会稳定,符合目的型法治的价值追求。

其二,采取四要件犯罪论体系。与社会危害性概念相配套,苏俄

---

[1] 转引自陈兴良:《回顾与展望:中国刑法立法四十年》,载《法学》2018 年第 6 期。

[2] 学习苏俄刑法理论的具体方式和渠道主要有:(1)苏联各种法学著述在我国被全面译介;(2)苏联法学教材或苏联专家的讲义成为我国法律教育的主要载体;(3)苏联法学专家来华传授法学理论和法制经验;(4)我国派遣留学生到苏联学习法律;(5)建立以传播苏联法学为宗旨的教育基地。参见顾培东:《当代中国法治话语体系的构建》,载《法学研究》2012 年第 3 期。

[3] 根据犯罪概念是否包含社会危害性的内容,在刑法理论上,犯罪概念被分为犯罪的形式概念与实质概念。参见陈兴良:《刑法知识论》,中国人民大学出版社 2007 年版,第 178 页。

刑法理论采取四要件犯罪论体系，包括犯罪客体、犯罪主体、犯罪客观方面、犯罪主观方面四个要件。1982年法律出版社出版的高等学校法学试用教材《刑法学》采用的就是四要件犯罪论体系。该书的出版在刑法学术史上被称为一个"划时代的'事件'"[1]，正式确立了四要件犯罪论体系的地位。

其三，采取必然和偶然的哲学化因果关系。苏俄刑法理论将因果关系哲学化为必然因果关系和偶然因果关系。在我国，因果关系也经历了从只承认必然因果关系到既承认必然因果关系也承认偶然因果关系的过程，这段历史可以从上述1982年版教材《刑法学》中得到印证。

其四，刑法分则罪名具有早期社会主义特色。除刑法总则外，分则中的反革命罪、投机倒把罪以及流氓罪等罪名更是具有特定时代的"特色"。具体而言，反革命罪是对中国特色民主法制的体现，投机倒把罪留有计划经济的烙印，流氓罪凸显了刑法在社会治理中的重要性。这三个罪名充分体现了当时的时代特色。

（二）中国意识的初步觉醒：接续刑法学传统理论话语体系的努力

苏联与中国在政治上的亲缘关系以及其刑法理论的通俗易懂性，便于快速掌握和高效应对犯罪，这也是20世纪80年代苏俄刑法理论在中国"一家独大"的重要原因。随着改革开放的深入推进，刑法理论来源也逐渐丰富起来，出现了两个新的知识渊源：一个是我国台湾地区刑法学知识的引进，一个是近代刑法学作品的重受重视。

刑法理论知识渊源的多元化，为批判和完善现有理论提供了素材。这种完善基于传统刑法理论渊源，具有接续刑法学传统理论话语

---

[1] 周详：《四要件与三阶层犯罪论体系共生论》，载《中外法学》2012年第3期。

体系的特点。清末民初,为变法图强,我国通过学习日本而间接引入了德国刑法理论,在民国时期已经基本形成以大陆法系为主体的刑法理论话语体系。中华人民共和国成立以后,废除了国民党统治时期的"六法全书"和旧法统,同时也导致近代以来初创的刑法理论体系断裂,而台湾地区则仍然延续了近代以来的刑法理论体系。因此,重拾近代刑法学作品和影印台湾地区的刑法学作品,相当于接续刑法学传统理论话语系统。20世纪80年代,大陆地区影印了一大批台湾地区的刑法学著作,对刑法学理论的发展产生了重大的影响。关于这段历史,许章润教授指出:"80年代初、中期对于台湾法律学术的欣纳,恰是对于被迫中断的法学与法律传统的接续,或者说,是清末变法改制开其端绪的近代中国法学与法律传统,在1949年以后一树两枝、各有型制的情形下,于80年代初、中期出现的汇合。"[1]

除了影印台湾地区的刑法学作品外,这一时期,一大批近代刑法学作品也在经校勘后得以重新面世。中国刑法学在清末被开启后进入初创时期。这一时期,在引入德日刑法理论的同时,一些本土学者[2]也出版了一批刑法学著作。"据初步统计,从清末至1949年,中国共出版刑法学译著、专著和教材等共900余部。"[3]自20世纪80年代后期特别是90年代末以来,一大批清末和民国时期的刑法学著作重现,如清末熊元翰的《刑法总则》和《刑法分则》、李维钰的《刑法总论》、袁永廉的《刑法各论》等,民国时期陈瑾昆的《刑法总则

---

[1] 许章润:《法学家的智慧——关于法律的知识品格与人文类型》,清华大学出版社2004年版,第54页。
[2] 民国时期有代表性的刑法学者有王宠惠、王觐、郭卫、赵琛、许鹏飞、陈文彬、蔡枢衡、孙雄等。
[3] 何勤华:《中国近代刑法学的诞生与成长》,载《现代法学》2004年第2期。

讲义》、王觐的《中华刑法论》等。[1]

台湾地区及近代刑法著作的重获重视，接续了中断的传统刑法理论研究，为当代中国刑法理论的完善提供了知识来源，也为中国刑法意识的觉醒提供了理论支撑。这一时期的学者接续并立足于传统刑法理论对苏俄刑法理论的批判，实际上是以大陆法系刑法理论批判和完善苏俄刑法理论体系。但是，传统刑法理论作为批判和完善的素材，是借鉴式的，而不是颠覆式的；学者们对苏俄体系的批判是内省式的体系内部批判，不涉及理论重构问题。此外，陈兴良教授在这一时期提出的刑法哲学值得关注。在他看来，"刑法哲学，是对刑法所蕴含的法理提升到哲学高度进行科学研究的一门学科"[2]，是从哲学角度对刑法价值的思辨性探讨。陈兴良教授认为，学术只有与政治、知识只有与权力保持一定的距离，才能保证刑法理论的发展，依附于政治、权力的学术研究缺乏理论价值，也容易导致学术僵化。[3]他同时提出了"刑法专业槽"的主张，其目的在于构建精英话语体系，提高刑法理论的价值和内涵。

（三）革命与陶醉：德日刑法理论话语的嵌入与"碾压"

随着改革开放的逐渐深化和对外学术交流的增多，20世纪80年代后期，大量外国刑法著作被译介到国内，刑法理论知识呈爆炸式增长。我国引进国外刑法理论的基本路径是：先学习德日，然后学习英美。其中，以德日为代表的大陆法系刑法理论对我国刑法理论冲击最

---

[1] 参见刘仁文：《30年来我国刑法发展的基本特征》，载《法学》2008年第5期。

[2] 陈兴良：《论刑法哲学的价值内容和范畴体系》，载《法学研究》1992年第2期。

[3] 参见曲新久：《刑法哲学的学术意义——评陈兴良教授从〈刑法哲学〉到〈本体刑法学〉》，载《政法论坛》2002年第5期。

大,一度出现取代苏俄刑法理论主流地位的趋势。与20世纪80年代初期不同,德日刑法理论对苏俄刑法理论的冲击是外发型的,在某种程度上具有颠覆性质。同时,随着社会逐渐稳定,以及从法制到法治建设的转型,以往以高效打击犯罪为优势的苏俄刑法理论在与逻辑严密、内涵丰富的德日刑法理论的交锋中基本处于举步维艰的守势。话语上的优势使得德日刑法理论来到中国后,与苏俄刑法理论呈尖锐的冲突对立之势,并且对苏俄刑法理论的批判多具有颠覆性的色彩。

苏俄刑法理论在与德日刑法理论的交锋中不占优势,主要体现在犯罪本质、犯罪论体系、因果关系认定标准以及共犯理论等基本问题上。对社会危害性理论的批判是与法益概念的兴起同时发生的,主张采用法益概念的学者普遍认为社会危害性犯罪本质上存在专属性、规范性和实体性问题。[1] 专属性问题指出社会危害性概念不具有区别犯罪与行政违法的特征;规范性问题指出社会危害性是没有经过法律评价的超规范概念;实体性问题指出社会危害性概念本身十分空泛,不能提供认定犯罪的标准。[2]

犯罪论体系受到的批判最为严厉。陈兴良教授明确指出,四要件犯罪论体系由于将构成要件(该当性或符合性)改为犯罪构成,成为一个犯罪成立条件总和概念,类型化观念丧失,是没有构成要件的犯罪构成;四要件犯罪论体系在构成要件之外讨论正当化行为出罪事由,四要件内部缺乏出罪机制,是没有出罪事由的犯罪构成;四要件犯罪论体系既没有主观归责,也没有客观归责,难以容纳客观归责理论,是没有归责的犯罪构成;四要件之各要件的顺序可以随意打乱,

---

[1] 参见苏青:《社会危害性理论的反思与改造——以法益视角为进路》,载《法学评论》2011年第3期。

[2] 同上。

不存在逻辑上的位阶关系。[1]

针对苏俄哲学化的必然因果关系、偶然因果关系分类，批判者认为苏俄因果关系理论缺乏对因果关系法律性的考虑，没有考虑到因果关系的主观选择性。[2] 陈兴良教授在其《刑法哲学》[3] 一书中将因果关系分为事实因果关系和法律因果关系，并指出必然因果关系和偶然因果关系都是事实因果关系，应该引进相当因果关系等法律因果关系理论。[4] 此外，众多学者主张引进德日的相当因果关系、客观归责理论。

共犯理论也是主张德日理论的学者经常攻击苏俄理论的要点，承继苏俄理论的中国刑法共犯理论受到严厉批判。张明楷教授指出："我国认定共同犯罪的传统方法，存在不区分不法与责任、不区分正犯与狭义的共犯、不分别考察参与人行为与正犯结果之间的因果性等三个特点，这种认定方法导致难以解决诸多复杂案件。"[5] 苏俄共犯理论的众多缺陷中最为致命的是，不能处理没有责任的人参与共同犯罪的案件，难以认定为共同犯罪，无法惩治参与者。德日共犯理论则不存在上述问题。

总而言之，德日理论对苏俄理论的批判是颠覆性的，并具有话语优势。具体而言，德日理论内涵丰富、逻辑性强，不管承不承认，它在理论思辨上总体处于优势地位。

---

[1] 参见陈兴良：《刑法的知识转型（学术史）》（第二版），中国人民大学出版社 2017 年版，第 119—134 页。

[2] 参见樊凤林主编：《犯罪构成论》，法律出版社 1987 年版，第 57—58 页。

[3] 陈兴良：《刑法哲学》，中国政法大学出版社 1992 年版。

[4] 参见陈兴良：《刑法的知识转型（学术史）》（第二版），中国人民大学出版社 2017 年版，第 381 页。

[5] 张明楷：《共同犯罪的认定方法》，载《法学研究》2014 年第 3 期。

二、福柯话语模型分析：四十多年来中国刑法理论话语体系的变迁

德日刑法理论较之于苏俄刑法理论最大的优势是话语优势。话语是在特定语境下，发生在人与人之间的交流行为。在福柯看来，话语是一种社会权力关系，相互缠绕的具体语言方式是丰富和复杂的具体社会形态。具体而言，话语分析包含七个要素：第一，知识渊源，即话语的知识渊源是什么；第二，意识形态，即遵循什么样的理念和基本准则；第三，说话人，即谁在说话；第四，受话人，即说话对象是谁；第五，依据什么文本；第六，沟通方式是什么；第七，语境是怎样的。基于这七个要素分析，从 1978 年以来，中国刑法理论话语体系的变迁存在三大矛盾或者说三大对立，即苏俄刑法理论话语体系与德日刑法理论话语体系的对立，背后是大众话语与精英话语的对立，"潜台词"是落后与先进的对立。

（一）苏俄刑法理论话语体系与德日刑法理论话语体系的对立

从福柯话语模型的七个要素分析，长期存在于中国理论界的对立是苏俄刑法理论话语体系与德日刑法理论话语体系的对立。苏俄刑法理论话语体系与德日刑法理论话语体系是具有对立性的两套话语体系。两者在知识渊源上，都是移植性的，一个来自苏联，一个来自德日；在意识形态上，都具有很强的意识形态色彩，一个强调阶级、私有制等，一个强调人权、自由、平等；在说话人上，一个是法学者、法律实践者以及社会大众，实际上是一套统一的话语体系，而另一套话语体系则强调分离，强调刑法理论的"专业槽"；从受话人角度而言，立法者、法律实践者以及社会大众是苏俄刑法理论对话的对象，而德日刑法理论具有自语式的特点，甚至强调要让别人听不懂；在文

本上，都强调刑法、刑法典、教义，只是各自表述不同；在沟通方式上，一个是对话式的，一个是自语式的；最后，在语境上，一个注重跟时代相切合，一个则没有注意到中国已经进入新时代。

（二）大众话语与精英话语的对立

从七大要素出发，苏俄刑法理论体现出明显的大众话语色彩，而德日刑法理论追求精英话语。"精英话语是与大众话语相对立的话语模式，'大众话语'注重社会一般民意，要求'法言法语'应易于为一般民众所理解和接受，显露理想化和普泛化的倾向；而'精英话语'则以法律职业的自治和法学理论的精密为出发点，追求法律自身的逻辑并与一般民众隔开距离，体现了精英化与专业化的愿望。"[1]有学者站在批判的角度，认为苏俄刑法理论有极其严重的意识形态倾向，是政治的产物，缺乏学术性，而法治社会的建立需要司法队伍的精英化，要求有一套与之相匹配的精英化理论工具。[2]在构建精英话语体系的价值指导下，学术界大量引进德日刑法理论，对苏俄刑法理论进行改造，人为扩大了苏俄刑法理论与社会大众的差距，一夜之间，大量刑法学者产生看不懂刑法学的印象。精英话语的人为构建，增加了刑法研究的专业门槛，与大众话语产生尖锐对立，形成两不相容之势。

（三）落后与先进的对立

在话语体系的交锋中，苏俄刑法理论话语体系实际上被视为落后与保守的象征。这具体表现在持德日刑法理论立场的学者对苏俄刑法理论话语体系的尖锐批判之上：第一，理论相对粗浅，不能解决实践

---

[1] 车浩：《从"大众"到"精英"》，载《浙江社会科学》2008年第5期。
[2] 同上。

中存在的一些疑难问题，如共犯理论存在"空当"。第二，理论内涵不足，不利于对刑法问题的深入探究，如因果关系问题，只涉及事实因果关系，而不包括法律因果关系，并且没有归因与归责的区分。第三，理论逻辑性不强，如犯罪构成理论，四个要件之间不具备阶层分析的思维，不利于实现犯罪认定的经济性和严密性。第四，理论开放性不足，丰富理论存在体系性障碍。有学者提出将正当化行为引入四要件体系之内，但是主体、主观方面、客体、客观方面的分类体系难以容纳正当化行为。此外，共同犯罪理论的完善也存在障碍，针对目前的理论缺陷构建新的理论十分困难。

在这场交锋中，持德日刑法理论立场的学者似乎具有天然的自信，认为自己在理论内涵性、丰富性、自足性、逻辑思辨性等多个方面相较于苏俄刑法理论均具有优势。这场交锋也被赋予先进与落后、改革与保守对立的含义，这是一个有意思的现象。

三、立足新时代：基于实践的理论反思与发展自觉

理论选择最终取决于司法实践，实践需要应当是最终标准。在新时代背景下，定罪量刑需要实现从注重"量"到追求"质"的转型，司法实践的精细化要求有逻辑严密、内涵丰富的刑法理论作为指导。德日理论虽具有话语优势，但中国的理论应当来自自身的司法实践经验。德日理论是在德日土地上发展起来的，蕴含着西方资本主义的法治理念，能否直接拿来用尚值得反思。立足于国情，未来应形成中国特色社会主义刑法理论体系，这是新时代刑法学者不能回避的问题。

（一）对去苏俄化反思的再反思

回顾中国刑法学四十多年的发展历程，走了一条移植国外刑法理论的道路，总体而言，先学习苏联，然后学习德日。中国与西方社会

虽具有共时性，但法治化进程有一定差距，西方社会刑法理论相较于苏俄刑法理论有诸多值得借鉴的地方，学习借鉴德日刑法理论有其进步意义。自改革开放以来，中国经济高速发展，作为上层建筑的刑法理论受经济影响而进入转型期，其最大的特点是各种理论呈爆炸式增长，多元化刑法理论的出现为刑法理论的进一步发展提供了选择。但是，面对多样化选择，学者们容易迷失在理论的"丛林"中，甚至会进入忽视国家主体地位的误区。就德日刑法理论话语体系取代苏俄刑法理论话语体系的过程而言，需要进行必要的反思。

关于德日刑法理论是否能够取代苏俄刑法理论，至少还需要明确以下问题：其一，形式犯罪概念一定优于实质犯罪概念吗？其二，阶层犯罪论一定优于四要件犯罪构成理论吗？两者之间是非此即彼的关系吗？

对去苏俄化反思的再反思是首先应当进行的工作。苏俄刑法理论自被引入我国以来，对它的反思其实并未停止过，这也是理论发展的表现。但是，明确提出去苏俄化则是进入 21 世纪以后的事。主张去苏俄化的代表人物是陈兴良教授，他认为犯罪构成理论是整个刑法学知识的基本框架，而苏俄犯罪构成理论有自身无法克服的缺陷，逻辑性不强。他还归纳出苏俄犯罪构成理论的三个本质缺陷：事实与价值相混淆、犯罪构成的平面化、规范判断的缺失。[1] 针对去苏俄化的呼声，薛瑞麟教授提出了完全对立的观点，他指出："在苏联的犯罪构成体系中并不乏评价要素，也没有将事实要素与评价要素混为一谈，只不过同德国殊路而已；德国与苏联的犯罪构成体系各有所长，各有所短，苏联的犯罪构成体系的特点在于便于司法操作，极具实践品格；社会危害性在我国刑法中仍有存在的价值，讨论它不能脱离刑

---

[1] 参见陈兴良：《刑法知识的去苏俄化》，载《政法论坛》2006 年第 5 期。

法的规范。"[1] 高铭暄教授分别从历史合理性、现实合理性、内在合理性、体系稳定性等方面指出："四要件犯罪构成理论并不存在某些学者所认为的诸多缺陷，相反，在目前中国的国情下，四要件犯罪构成理论具有相当的合理性。"[2] 学术界这两种针锋相对的观点，就本质而言，是实用性与逻辑性的争论。主张去苏俄化的学者追求逻辑的严密性，而维护苏俄四要件犯罪构成理论的学者更多是从实用性角度出发。关于这一点，即使主张去苏俄化的陈兴良教授也承认苏俄犯罪构成理论的实用性更强，大陆法系刑法理论的逻辑性更强。[3] 学者们的讨论主要集中于逻辑性与实用性的讨论，而实际上理论要在实践中才能体现自己的价值。德日刑法理论相较于苏俄刑法理论在实践中是否更有价值，还需要实践的检验。

目前，德日刑法理论还没有在我国司法实践中得到充分的验证，虽在学术研究中较苏俄刑法理论更有话语权，但在司法实践中总体上并不受欢迎。这种理论与实践相反的情况，一方面反映了德日刑法理论在司法适用中的困难，另一方面表明苏俄刑法理论在实践中并没有需要被替换的紧迫性和必要性。明确到底是否应当用德日刑法理论替代苏俄刑法理论，并不是回应一句"德日刑法理论更具逻辑性"就足够了。如果引进德日刑法理论，整个刑事司法体系可能都要受到影响，这是全面移植德日刑法理论必须面对的现实问题。移植德日刑法理论要考虑以下三个问题：第一，移植德日刑法理论以取代苏俄刑法理论的必要性；第二，移植德日刑法理论的方法、时机；第三，其他

---

[1] 薛瑞麟：《对话〈刑法知识的去苏俄化〉的作者》，载《政法论坛》2008年第6期。

[2] 高铭暄：《论四要件犯罪构成理论的合理性暨对中国刑法学体系的坚持》，载《中国法学》2009年第2期。

[3] 参见陈兴良：《刑法知识的去苏俄化》，载《政法论坛》2006年第5期。

刑事司法制度需要作出怎样的调整才能与德日刑法理论相匹配。从目前来看，这些问题都还没有得到明确解答。因此，全面移植德日刑法理论的观点还应当经过更加严密的论证。总体而言，目前还不具备全面移植德日刑法理论的条件，这也是大部分高校刑法学教科书并未真正转型的重要原因。

（二）对话语精英化反思的再反思

与去苏俄化的目标一致，刑法精英话语体系的构建也是在批判苏俄话语体系的基础上提出的。相较于大众化，精英化具有理论上的优势地位，提高了刑法理论话语体系的"专业槽"，避免了非专业性，提高了理论的价值。但是，精英话语体系的构建与我国法治建设所要求的大众化法治实践相悖，也与我国的国情显著不符。

人民代表大会制度是我国的根本政治制度。社会大众广泛参与法治建设，有助于发挥人民的主体性地位，也有助于保障人民的权益。同时，构建大众话语体系，有助于社会大众对司法进行监督。在精英话语体系下，刑法理论成为少数刑法学家可以掌握和使用的"语言"，实际上剥夺了社会大众参与和监督的权利。目前正在进行的精英话语体系的构建虽然获得了一部分学者的响应，但是从长远来看不利于刑法理论的发展。同时，这一刑法理论话语体系的构建，一定程度上是在为德日刑法理论的引进拓平道路。在德日刑法理论是否适合中国实际还不明确的情形下，贸然进行精英话语体系的构建，利弊如何还难以确定。

回首中国刑法理论发展的历史，自近代以来，主要走的是一条移植之路。总体而言，移植分三次：第一次，自鸦片战争打开国门，清朝统治者被迫学习德日大陆法系刑法理论，至清末民初基本形成了大陆法系刑法理论体系；第二次，中华人民共和国成立后，转而引入苏俄刑法理论；第三次，大约从 20 世纪 90 年代开始，特别是进入 21 世纪后，又重新重视和引入德日刑法理论。在这漫长的借鉴、移植历程中，中国始终未能构建起自身独特的刑法理论话语体系。随着国家综合实力的进一步增强，如果仍然靠移植刑法理论，似乎并不符合理论自信和文化自信的目标。即便无法摆脱移植的路径，也需要认真考虑"土壤"的适应性，对于哪一种理论会产生"水土不服"，必须认真研究。值得注意的是，刑法理论的普适性在某种程度上只是某些学者的一厢情愿，地域性更是刑法理论的基本特征之一。中国与包括德日在内的西方国家是有本质区别的，刑法理论研究难以也不应当忽视中国作为社会主义国家的性质。

（三）刑法理论发展不能忽视司法实践确定性的要求

刑法理论的选择应当立足于更好地服务于司法实践。司法作为定纷止争的最后屏障，确定性和唯一性是必要要求。苏俄刑法理论被引入中国已经超过 60 年，虽然中途有间断，但是经过老一辈刑法学人的本土化努力，在中国刑事司法中已经烙下深刻的印记；[1]同时，处理案件快捷且明确，也为广大司法人员所熟悉。尽管理论上对各要素的位置有争论，但是总体上形成了较为统一的理论体系，能够满足实践的需要。反观德日刑法理论，学说林立，仅犯罪论体系就有二三十种之多，每一种犯罪论体系中要素的内容也有差异。应该承认，具有开放性是优点，但是过于开放的理论体系导致司法认定存在多种途径，产生多样化结果，与司法实践结果的确定性、唯一性不相适应。在德日刑法理论还未最终定型之前，运用这一理论不现实。但是，理论的定型并非短时间内可以实现的，需要一个适应本国特点和国情的

---

〔1〕 参见陈兴良：《刑法知识的去苏俄化》，载《政法论坛》2006 年第 5 期。

过程，因而短期内不宜也无法在司法实践中广泛采用德日刑法理论。在较长一段时期内，对传统刑法理论的进一步本土化似乎仍应成为刑法理论发展的主要方向。

（四）新时代中国特色社会主义刑法理论体系的构建

一国采取何种刑法理论体系是由其基本国情决定的。在建设中国特色社会主义法治体系的基本国情之下，"中国特色"要求不同于苏俄理论，"社会主义"要求不同于西方资本主义，"法治"要求不同于法制。在此意义上，中国的刑法理论体系应当是不同于苏俄刑法理论、德日刑法理论的体系。中国的刑法理论体系虽取材于苏俄刑法理论，但经过较为完整的本土化过程，已经是初具中国特色的刑法理论体系。德日刑法理论作为刑法理论的重要成果，可以为中国刑法理论的发展提供素材，其中一些先进的理论构建模式也值得中国学习。新时代法治建设要求，让社会大众在每一个案件中都感受到公平正义，因此刑法教义学的发展具有重要意义。

司法实践的过程是融入法治理念的过程，法治理念体现在每一个司法实践案件中，刑法理论的法治精神也需要通过司法实践予以体现。只有灌注中国特色法治精神且适应中国司法实践的刑法理论才是优势理论。在警惕全盘移植德日刑法理论与坚守苏俄刑法理论之间，通过刑法教义学的发展，倒逼传统刑法理论体系的完善和精细化，也许应当成为刑法理论发展的方向。

四、结语

社会转型背景下的刑法理论转型是顺应时代潮流的，具有历史意义。这一转型在刑法学界体现为传统的苏俄刑法理论与德日刑法理论的冲突。新时代提出了新要求,法治建设也需要规范化、精确化。传统的刑法理论相对粗放,内涵和外延均需要进一步明确和发展。德日刑法理论则具有丰富的内涵,可以为中国司法实践提供模型素材和知识素材。但是,它包含西方资本主义的法治理念,与中国特色社会主义法治理念具有根本的差异。刑法学者不应当也无法沉醉于自我之中,而应当更进一步关注现实,尤其是中国特色社会主义进入新时代的现实。

第二章
多样化刑法渊源之再提倡

——对以修正案为修改刑法唯一方式的反思[*]

受立法技术限制和"宜粗不宜细"立法指导思想影响,1979年《刑法》制定得比较粗糙,"导致这部刑法典无论是在体系结构、规范内容还是立法技术上,都存在一些问题"[1],在实践中也暴露出很多漏洞。为弥补立法漏洞,1979年至1996年,全国人大常委会颁布了23个单行刑法和130余条附属刑法规范,在完善刑法的同时,也被认为造成了刑法体系的混乱。1997年,刑法全面修订,制定统一的刑法典成为一种获得广泛赞同的主张,并成为此次修订的标志性成果。作为被很多人认为是最有利于维持统一刑法典立法模式的刑法修改方式,修正案自然获得了刑法理论界的广泛认同,并最终成为我国修改刑法的唯一方式。1997年至今,除1998年制定过一个单行刑法外,

---

[*] 本章为笔者与林需需合作撰写,载《河南警察学院学报》2018年第6期。
[1] 姚建龙主编:《刑法学总论》,北京大学出版社2016年版,第5页。

我国均采用修正案作为修改刑法的方式,已通过十个刑法修正案。然而,刑法修正案是否如很多人所主张的那样是最佳的刑法修改方式?我国刑法究竟应当采取何种立法模式?本章拟作一商榷性的探讨。

一、刑法修改方式与修正案的受推崇

法律的修改方式包括修改决定、修订和修正案三种,这些也是刑法可以采用的修改方式。总体而言,修改决定和修正案适用于法律规范的"部分"修改,修订适用于法律规范的"全面"修改,其中修改决定与修正案之间也存在一定差异。

(一)修改决定、修订和修正案

修改决定通常是在法律基本原则和基本体系保持不变的情况下,对个别法律规范进行删除、修改以及补充的"部分"修改方式。特定法律需要修改时,由修法机关向立法机关提出修改决定草案。修法机关有时会向立法机关提供修改后的整个法律文本,而立法机关审议的内容仅限于修改决定草案。草案通过后,以主席令公布修改决定和依据修改决定修改后的整个法律文本。采取修改决定修法的,原法律的生效时间不变,修改决定的生效时间根据决定规定。1997年《刑法》全面修订之前,对1979年《刑法》的修改采用的就是修改决定方式,修改文本以条例、补充规定和决定等命名,法律文本主要体现为单行刑法。

与修改决定适用于法律的"部分"修改不同,修订适用于法律的"全面"修改,常常涉及法律基本原则和体系结构的变化。具体而言,"修订对法律的修改范围较大,修改内容既可以是指导思想和基本原则,也可以是调整对象和重要制度,还可以是框架结构和具体条文"[1]。修改范围的差异,导致后续修法程序也有很大差异。在修订方式下,修法机关向立法机关提交审议的是全面修改后的整个法律文本,通过的是全新法律文本。新法律文本通过审议后,以主席令公布修改后的整个法律文本。由于涉及全新法律文本,修订后整个法律的生效时间需要重新规定。截至目前,我国刑法仅在 1997 年修改时使用了修订方式。1997 年《刑法》全面修订之后,除 1998 年颁布了一个单行刑法外,刑法的修改全部采取修正案方式。

修正案与修改决定对刑法的修改虽都是"部分"修改,但存在差异。首先,"修正案在中央适用于法典化程度高、稳定性较强的宪法和基本法律的部分修改"[2],修改决定没有这项要求。其次,修正案修改后,只公布修正案文本,并不对原法律进行调整,原则上不用公布修改后的法律。修正案修改法律的上述特点,使其成为可以在形式上维持统一刑法典的修法方式。1996 年之前,修正案作为法律修改方式之一,只适用于宪法的修改,如 1988 年和 1993 年通过的两个宪法修正案。1997 年修改刑法时,为统一刑法的立法形式和适用,采取了修订方式,由此形成了 1997 年《刑法》。之后,受刑法大一统的立法思想指导,在经历短暂反复(即 1998 年制定了一个单行刑法)后,修正案成为唯一的刑法修改方式。[3]

---

[1] 李正斌:《"修正案""修订"与"修改决定"应用之辨》,载《检察日报》2012 年 6 月 11 日。

[2] 同上。

[3] 虽然 1998 年 12 月 29 日全国人大常委会通过修改决定方式发布了《关于惩治骗购外汇、逃汇和非法买卖外汇犯罪的决定》这一单行刑法,但是其颁布背景是亚洲金融危机的爆发,性质具有过渡性,内容具有单一性,适用也非常有限,因而本质上并未改变我国刑法立法采取刑法修正案作为唯一修法方式的模式。参见赵秉志:《中国刑法立法晚近 20 年之回眸与前瞻》,载《中国法学》2017 年第 5 期。

（二）修正案受推崇的原因及其体现

应当说，我国刑法采取统一刑法典模式是反思立法实践的结果。1979年《刑法》制定之后，漏洞太多，修改过于频繁，造成理论界和实务部门学习研究和适用刑法规范的诸多不便。为防止再次出现类似情况，当时各界普遍希望制定出一部稳定的跨世纪刑法典，1997年《刑法》即具有这样的特点。但是，统一刑法典仍然面临着如何与时俱进修订完善的现实需要。为了既维持统一刑法典的立法形式，又能够及时对刑法进行修订，具有独特优势的修正案成为不二的选择。

第一，修正案有助于保障刑法典的稳定性。采用修正案修改刑法规范后，结果归属于刑法典而不用改动原刑法典的内容和体系，能够保障刑法典的稳定性。[1]如果采用修订方式，修改直接针对刑法典，最终要产生新的刑法典，无法保障刑法典的稳定性。如果采用修改决定方式，需要根据修改决定颁布调整后的整个法律文本，也会导致刑法典的变动；同时，根据我国立法实践，采用修改决定方式修改刑法后，颁布的通常是单行刑法或附属刑法，这被认为将重蹈1979年至1997年间修改刑法的覆辙，造成刑法体系的混乱。

第二，修正案有助于保证刑法完善的及时性。修正案的制定主体是全国人大常委会，通过程序相对简单，修法时间较短，在保障刑法典稳定性的同时，也能够满足刑法完善及时性的需要。如果采用修订方式，其立法主体是全国人大，程序比全国人大常委会复杂，修改周期较长，完善刑法的及时性相对不足。虽然修改决定也具有及时性的特点，但是要打破统一刑法典的立法形式，这被认为容易造成刑法立法体系的混乱。

正因为修正案的上述特点和优点，主张以修正案方式修改刑法获

---

〔1〕 参见于志刚：《刑法修改何时休》，载《法学》2011年第4期。

得了大部分学者的赞同,其中以赵秉志教授、陈兴良教授为代表。赵秉志教授认为:"未来的刑法立法应继续充分发挥法典化优势。立法实践表明,这种成功的立法模式体系完整、结构完备、内容集中,更容易被理解和掌握,这也是我国现实国情的要求。"[1]陈兴良教授认为,采取刑法修正案方式对刑法长期稳定具有重要意义。他指出,我国对1979年《刑法》的修改与补充主要采取单行刑法与附属刑法的方式,导致了架空刑法典的局势。1997年之后(除了一个单行刑法),采用修正案方式具有相对优越性。[2]以修正案修改刑法也得到了立法部门的认可,1997年《刑法》颁布实施至今,除1998年通过一个单行刑法外,之后刑法的修改都采取了修正案方式。

立法界与理论界对刑法修正案的推崇是客观事实。不过,值得注意的是,刑法修正案作为唯一的刑法修改方式的弊端也逐渐显现出来,包括僭越立法权的实质缺陷与造成刑法适用混乱的形式缺陷等,对此也应予以必要的关注与反思。

二、刑法修正案的实质缺陷

刑法修正案在刑法典之外修改与完善刑法,确实能够起到保障刑法典稳定性和灵活性的作用。值得注意的是,修正案有权修订的内容有限,采用修正案作为修法方式的前提是所修订的法律必须"法典化程度高、稳定性强"。但是,从目前我国刑法修改的内容、幅度以及频率来看,将修正案作为修改刑法方式的前提实际上并不存在。为了维持统一刑法典模式,强行坚持使用修正案这一修法方式,难免并且

---

[1] 转引自张志钢:《转型期的中国刑法立法:回顾与展望——"历次刑法修正评估与刑法立法科学化理论研讨会"综述》,载《人民法院报》2017年11月8日。

[2] 同上。

已经造成僭越立法权的实质缺陷。

(一) 刑法修正案的立法权限

制定和通过刑法修正案的主体是全国人大常委会，因而立法权限也应当被限制在全国人大常委会的职权范围内。《宪法》第 67 条第 2 项规定，"制定和修改除应当由全国人民代表大会制定的法律以外的其他法律"属于全国人大常委会行使的职权。该条第 3 项还规定，在全国人大闭会期间，全国人大常委会有权对全国人大制定的法律进行部分补充和修改，但是不得同该法律的基本原则相抵触。同时，《宪法》第 62 条第 3 项规定，"制定和修改刑事、民事、国家机构的和其他的基本法律"属于全国人大行使职权的范围。该条第 12 项还规定，全国人大有权"改变或者撤销全国人民代表大会常务委员会不适当的决定"。

从宪法的上述规定可见，全国人大常委会只能在全国人大闭会期间对基本法律进行修改，仅限于部分补充和修改，并且不得同该法律的基本原则相抵触。综上，刑法修正案修改刑法主要受到以下三点限制：第一，时间限制，只能在全国人大闭会期间；第二，规模限制，只能部分补充和修改；第三，内容限制，不得同该法律的基本原则相抵触。然而，从目前已经颁布的十个刑法修正案来看，是否遵守了这三点限制是值得商榷的。

(二) 刑法修正案的僭越

审视已经颁布的十个刑法修正案，可以说对上述三点限制几乎都有违反之嫌，具体表现为：

第一，刑法修正案存在架空全国人大刑法立法权之嫌。首先，根据宪法规定，刑法立法以全国人大为原则，以全国人大常委会为例外。但是，立法实践表明，除 1979 年《刑法》与 1997 年《刑法》的立法机关是全国人大外,其他刑法立法实践都是由全国人大常委会主导的,全国人大刑法立法权有被架空之嫌。[1] 其次,宪法规定全国人大有权改变或者撤销全国人大常委会不适当的决定。但是,全国人大从未行使过该项权力,这与审议修正案的时间安排有很大关系。最后,从前9个刑法修正案的颁布时间来看,全国人大常委会审议通过修正案距离最近一次全国人大开幕的时间平均为94天,其中6个修正案皆少于3个月,《刑法修正案(五)》《刑法修正案(七)》《刑法修正案(八)》的通过距离全国人大开幕的时间分别是5天、5天、8天。这令一些人产生全国人大常委会通过刑法修正案具有规避全国人大刑法立法权之嫌的联想。[2]

第二,刑法修正案违反了"部分补充和修改"的修法范围限制。从《刑法修正案(一)》到《刑法修正案(十)》,修改条文数分别为8、1、8、8、3、20、14、49、56、1,总共修改168条,占全部刑法条文的37%,如此大的比例很难说是"部分"补充和修改。可能有观点会认为,"部分"的认定应当以每次修改为限。我们即使同意该观点,《刑法修正案(八)》《刑法修正案(九)》分别高达10.84%、12.39%的修改比例也很难被认为是"部分"修改。实际上,刑法修正案修法"部分"的认定应当设定"每次"和"总计"的双层认定标准,以防止刑法修正案为了规避"部分补充和修改"的限制而将应当一次修改的条款分割为多次进行修改。值得注意的是,对于"部分补充和修改"缺乏必要的认定标准是难以约束刑法修正案的关键,未来应设定合适的认定标准。

第三,刑法修正案违反了"不得同该法律的基本原则相抵触"的

---

[1] 参见刘志强、蒋华林:《刑法修正权限的合宪性审视》,载《暨南学报(哲学社会科学版)》2018年第1期。

[2] 同上。

限制。首先,刑法修正案增设罪名十分普遍。除《刑法修正案(二)》以外,其他九个修正案都涉及增设罪名。根据宪法和立法法的规定,刑事法属于应当由全国人大制定和修改的基本法律,由全国人大常委会制定的刑法修正案创制新罪名有违罪刑法定原则。其次,已经颁布的刑法修正案涉及对刑法总则内容的修改,同样违反了"不得同该法律的基本原则相抵触"的限制。关于基本原则的认定,有观点认为只限于《刑法》第3条、第4条、第5条的规定。但是,更多的学者认为:"刑法总则的规定,应当说属于'该法律的基本原则'的范畴,全国人大常委会不得任意修改刑法典总则的所有条文。"[1]笔者赞同这一观点,因为一般认为,"刑法总则是关于刑法的基本原则和适用范围,以及关于犯罪和刑罚一般原理的规范体系,这些法律规范是定罪量刑所必须遵守的共同规则"[2]。刑法总则具有指导分则立法与司法的效果,影响重大,不宜将立法及修法权赋予全国人大常委会。最后,刑法修正案不应当调整或修改刑法的重要制度。与刑法总则条款相似,刑法重要制度的调整和修改会影响整个刑法体系,关系到刑法分则条款的适用,不能由刑法修正案进行修改。但是,已经颁布的刑法修正案显然没有遵守这一限定。例如,《刑法修正案(八)》涉及犯罪构成的一般要件如犯罪主体刑事责任年龄制度等内容的进一步丰富,增加了"已满七十五周岁的人故意犯罪的,可以从轻或者减轻处罚;过失犯罪的,应当从轻或者减轻处罚"的规定。此外,《刑法修正案(八)》"还涉及刑罚体系中管制、有期徒刑、死刑内容的调整和累犯、自首、缓刑、数罪并罚等量刑制度,以及减刑、假释等刑罚执行制度、未成年人犯罪前科报告义务消灭等内容的修订调整"[3]。刑

---

[1] 于志刚:《刑法修改何时休》,载《法学》2011年第4期。
[2] 姚建龙主编:《刑法学总论》,北京大学出版社2016年版,第13页。
[3] 田宏杰、温长军:《理解制度变迁:我国〈刑法〉的修订及其适用》,载《法学杂志》2011年第9期。

法修正案对这些重要制度的修改，也违反了"不得同该法律的基本原则相抵触"的限制。

三、刑法修正案的形式缺陷

除了僭越立法权的实质缺陷外，机械地坚持采用刑法修正案这一修改刑法的唯一方式还带来了裁判文书引用刑法规范困难、造成刑法条款不协调、修法过频损害刑法的安定性和权威性、存在不必要的应时修法现象等形式缺陷，这些问题并不比1997年以前好多少，同样应当引起关注与反思。

第一，裁判文书引用刑法规范困难。对此，早已经有学者指出："修正案修改刑法，所修订条文之间缺乏内在联系，难以形成系统性的规范结构，特别是目前缺乏权威机构进行编纂，导致修订条文与刑法典难以融为一体，司法适用中忽视应当适用的规范已经修改，而依然适用旧的刑法条文。"[1] 鉴于如何在裁判文书中援引修正案条文存在争议和无所适从的情况，最高人民法院于2007年专门发布了《最高人民法院关于在裁判文书中如何引用刑法修正案的批复》，2012年再次发布了《最高人民法院关于在裁判文书中如何表述修正前后刑法条文的批复》，予以统一和规范。最高人民法院两次专门发文，也从一个侧面说明引用困难问题的普遍性和严重性。

第二，刑法修正案条款设置的协调性不够。这具体体现在两方面：（1）修正案条文数量差异大、不协调。已经通过的十个修正案中，修改条文少的，如《刑法修正案（二）》《刑法修正案（十）》只有一个条文；修改条文多的，如《刑法修正案（八）》《刑法修正案（九）》分别有50个和52个条文，差异悬殊。（2）条文设置不协调。

---

[1] 黄明儒：《论刑法的修改形式》，载《法学论坛》2011年第3期。

为保持刑法典总条文数量不变，修正案修改或新增条文都以"之一""之二"的形式出现，衔接在原刑法条款之下，这样难免造成一些刑法分则条文条款过于庞杂，产生臃肿和不协调的情况。例如，《刑法修正案（九）》一次性在《刑法》第120条之一后增加了五条，第120条后共有六条规范，条款体量过大。《刑法修正案（六）》在《刑法》第139条后增加第139条之一，第139条规定的是消防责任事故罪，而第139条之一规定的是不报、谎报安全事故罪，"两罪之间客观方面存在较大差异，缺乏内在逻辑性，凑在一块影响罪刑规范的协调性"[1]。

第三，修正案出台频繁，有损刑法的安定性和权威性。为社会提供公共行动与判断的标准是法的基本价值之一，这也要求法必须具有安定性。正如哈耶克指出的："法治意味着政府在所有的行动中都受到事先已明确与颁布之规则的拘束——这些规则使得我们有可能十分明确地预见到，掌权者在既定情形中会如何使用强力，并根据这一知识来安排自己的个人事务。"[2] 如果法律经常修改，公众就会感到无所适从，缺乏安全感，也不利于法律的实施，并会损害法律的权威。我国属于成文法国家，刑法应当保持稳定，尽可能降低修改频率。刑法修正案虽然只是一种修法方式，但是其内容是刑法典的一部分，具有与刑法典规范相同的效力，它的修改会引起整个刑法典条款的变动。目前，修正案以平均不足两年一个的频率推出，特别是还出现了多个修正案反复修改同一条文的情况，严重损害了刑法的安定性和权威性。

第四，刑法修正案的灵活性导致其存在不必要的应时修法现象。

---

[1] 曹坚：《刑法修正案立法体例有待完善》，载《检察日报》2007年7月27日。

[2] 转引自雷磊：《法律方法、法的安定性与法治》，载《法学家》2015年第4期。

立法需要理性，不能动辄回应社会情绪和热点问题。刑法修正案对一些罪名的修改具有必要性存疑的应时立法特点。例如，《刑法修正案（九）》在《刑法》第290条第1款规定的"工作、生产、营业和教学、科研"之后增加了"医疗"；在第277条妨害公务罪第4款之后增加了第5款："暴力袭击正在依法执行职务的人民警察的，依照第一款的规定从重处罚。"前者增加"医疗"场所，是对日益严重的"医闹"现象的回应；后者专门增设一款，则是对暴力袭警事件的回应。理性思考，"医疗"可以被涵盖于"工作"之中，袭警原本就可以作为从重处罚情节，这些修改其实并没有实质意义。类似的例子还有很多。

此外，刑法修正案的灵活性还为重刑主义思想大开方便之门。刑法修正案制定主体的位阶相对低，通过程序相对简单，这也为重刑主义的推行提供了便利。走向重刑主义是近些年来通过刑法修正案所呈现出来的我国刑法立法的重要趋向，这种趋向至少体现在以下三个方面：（1）扩大犯罪圈，将原来不是犯罪的行为犯罪化，纳入刑法惩治的范围。例如，《刑法修正案（八）》将醉驾、飙车和恶意欠薪行为入罪，《刑法修正案（九）》将考试作弊行为和伪造、变造居民身份证件行为入罪等。（2）处罚的早期化，也被称为"刑法保护的早期化"。近年来，刑法修正案大量增加未遂犯、危险犯、预备犯的处罚规定，逐渐使其由例外处罚类型变成了常态化处罚类型。（3）处罚的重刑化。这表现在提高有期徒刑的最高期限，提高性犯罪、杀人罪、伤害罪以及各种交通犯罪的法定刑等方面。[1]

刑法修正案修法造成上述弊端，值得我们反思。不仅如此，修正案成为唯一的刑法修改方式所造成的单一刑法渊源弊端更值得关注。

---

[1] 参见王肃之：《人工智能犯罪的理论与立法问题初探》，载《大连理工大学学报（社会科学版）》2018年第4期。

四、单一刑法渊源的形成与反思

很多学者在论述以刑法修正案方式修改刑法的优势时,经常将单行刑法与附属刑法作为比较对象,认为以修正案方式修改刑法较之单行刑法与附属刑法更佳。事实上,这种比较混淆了刑法修改方式与刑法渊源的差别,也弱化了单行刑法与附属刑法的刑法渊源地位。

(一)刑法典成为单一刑法渊源

"刑法的渊源,是指刑法的'认识渊源',即刑法在现实中的存在与表现形式,如封建时代皇帝的命令、现代议会制定的法律、我国现行的刑法规定等。"[1] 从认识渊源出发,我国刑法渊源包括刑法典、单行刑法与附属刑法三种。"刑法典是指条理化和系统化地规定犯罪与刑罚的一般原则和具体罪名及其法定刑的法律。"[2] "单行刑法是为了补充或者修改刑法典而颁布的刑法规范,通常是国家以决定、规定、补充规定、条例等名称颁布,规定某一类犯罪及其刑事责任或者刑法的某一事项。"[3] 附属刑法是指规定在非刑事法律中关于犯罪及其刑罚的法律规范,[4] 其特点是规定在经济法、行政法等非刑事法律中。

1996年之前,我国刑法渊源包括刑法典、单行刑法与附属刑法。1997年刑法全面修订后,在刑法大一统思想的影响下,附属刑法不再规定具体的构成要件和法定刑,而是统一采用"依法追究刑事责任"

---

[1] 牛克乾:《刑法渊源、规范性刑法解释与刑事判例》,载《法律适用》2004年第5期。
[2] 陈兴良:《本体刑法学》,商务印书馆2001年版,第16页。
[3] 姚建龙主编:《刑法学总论》,北京大学出版社2016年版,第8页。
[4] 参见陈兴良:《本体刑法学》,商务印书馆2001年版,第18页。

"依照刑法有关规定"等注意性规定，缺乏罪刑规范，实际上已不能称为"附属刑法"。部分未被刑法典完全吸收的单行刑法也剔除了刑法规范，只保留行政法、治安处罚法等规范。这类"单行刑法"实际上已不再具有单行刑法的属性，不再具备刑法渊源的性质。我国在1998年虽制定了一个单行刑法，但被批评破坏了刑法立法的统一性。此后，我国未再出台单行刑法，刑法典事实上成为唯一的刑法渊源。

单一刑法渊源状况的形成，除了刑法修改逐渐仅采用修正案方式这一原因外，立法部门和学界对刑法渊源与刑法修改方式的混淆也是一个重要原因。刑法修正案是刑法修改方式，单行刑法与附属刑法属于刑法渊源。但是，学界在论述刑法修正案的优势时，习惯于将其与单行刑法和附属刑法作比较。例如，陈兴良教授在《刑法修正案的立法方式考察》一文中，从法外与法内、专门与综合、烦琐与简便三方面详尽论述了刑法修正案在立法方式上相比单行刑法所具有的"优越性"。[1] 从刑法修改方式与刑法渊源在立法中的作用来看，特定刑法规范通常是通过某一刑法修改方式进行修改，最后以刑法典、单行刑法或附属刑法的形式呈现，或者归属于刑法典、单行刑法或附属刑法。因此，刑法修改方式与刑法渊源是手段与结果的关系，两者的性质不同，没有可比性。将刑法修正案与单行刑法或附属刑法进行比较，是混淆刑法修改方式与刑法渊源的表现。混淆的结果是，排斥了单行刑法与附属刑法作为刑法渊源的立法功能。

(二) 单一刑法渊源的立法缺陷

在混淆刑法修改方式与刑法渊源以及刑法大一统思想的推动下，刑法典成为唯一的刑法渊源。在该模式下，随着刑法立法与实践的发

---

[1] 参见陈兴良：《刑法修正案的立法方式考察》，载《法商研究》2016年第3期。

展,逐渐暴露出单一刑法渊源的诸多立法缺陷:

第一,刑法典罪名太多,体系过于庞杂。1997年全面修订刑法后,我国《刑法》分则共352条;通过十个刑法修正案之后,罪名达到460个之多,分则罪名远远超过分则条文的数量,第120条甚至包括七个罪名[1]。可以想象,随着社会的发展,新型犯罪不断出现,犯罪行为会越来越多,势必造成刑法典中罪名过多。同时,一些新型犯罪所侵犯的客体可能超出现有犯罪客体种类,如果勉强将其放在特定章节下,则容易导致罪名体系的混乱。

第二,刑法典难以兼顾稳定性与即时性。当前我国社会处于深刻变革时期,很多新型犯罪行为逐渐出现。在统一刑法典的立法模式下,只能将新的犯罪行为规定在刑法典中,容易形成两难选择。一方面,如果将新的犯罪行为及时规定在刑法典中,不断出现的犯罪行为将导致刑法典时刻处于修改状态,无法保障刑法典的稳定性;另一方面,如果不及时增加新的犯罪行为,等到刑法典修订时再增加,又容易出现对新型犯罪无法及时惩治的情况,难以满足社会的需求,也有损刑法的权威。

第三,刑法典不宜容纳全部经济、行政类犯罪。目前,虽然很多经济犯罪、行政犯罪被规定在非刑事法律中,但是受刑法典大一统思想的影响,采取"依法追究刑事责任""依照刑法有关规定处罚"的立法模式,附属刑法实质上失去了指引的功能。如果将大量的经济犯罪、行政犯罪等规定在刑法典中,一方面,会造成刑法典内容过多;另一方面,会出现很多与"违反……法规""违反……管理法规"类似的空白罪状表述,这样的表述没有明确指出该特定行为违反了某个

---

[1] 七个罪名分别是:组织、领导、参加恐怖组织罪,帮助恐怖活动罪,准备实施恐怖活动罪,宣扬恐怖主义、极端主义、煽动实施恐怖活动罪,利用极端主义破坏法律实施罪,强制穿戴宣扬恐怖主义、极端主义服饰、标志罪,非法持有宣扬恐怖主义、极端主义物品罪。

法规、规范，因而司法人员在适用过程中还需要到相应的法律规范中"找法"，这样的"找法"过程很可能造成处罚范围的不明确，或者是扩大了处罚范围，或者是不当缩小了处罚范围，造成刑法规范适用的困难。[1] 从近些年刑事立法的趋势来看，很多之前不被认为是犯罪的行为被纳入犯罪圈，体现出严密法网的立法倾向。可以预见，未来会有更多的行为被纳入犯罪圈，单一刑法典不可能将所有的犯罪行为容纳进去；即使勉强将所有犯罪行为规定在一个法典中，体系构建也会越来越困难。

五、多样化刑法渊源之再提倡

过度推崇刑法修正案所造成的单一刑法渊源结果，给刑事立法和实践带来了诸多问题。造成这些问题的主要原因在于，片面追求刑法典的形式统一和稳定性。然而，必须正视的现实是，由此带来的问题比解决的问题更多。立足于我国的立法技术与经济发展现实，有必要再提倡多样化刑法渊源。

（一）再提倡之原因

从历史的视角看，1979年《刑法》颁布后，产生了大量单行刑法与附属刑法，并成为所谓的"刑法体系混乱"的"替罪羊"。然而，"刑法体系混乱"并不是单行刑法与附属刑法本身的问题，而是当时的立法技术和社会现实所导致的。首先是技术原因。1979年《刑法》制定时，我国刑事立法技术不高，加上受"宜粗不宜细"的立法指导思想影响，刑法规范过于粗糙，为以后刑法的不断修改埋下了隐患。其次是社会原因。"随着改革开放的不断深入，我国政治、经济、文

---

[1] 参见张明楷：《刑事立法的发展方向》，载《中国法学》2006年第4期。

化等各方面发生了巨大的变化,大量新情况、新问题不断出现,对刑法的修改提出了迫切要求"[1],因而颁布了大量单行刑法与附属刑法。正是由于以上两方面原因,导致单行刑法与附属刑法大量存在,并在一定程度上使人们产生了"刑法体系混乱"的印象。然而,所谓的"刑法体系混乱"在某种意义上是个"伪命题"。正如前文所述,机械地维持刑法典形式的稳定所带来的问题同样不少,也包括刑法体系混乱的问题。

从现实情况来看,我国不存在将刑法修正案作为唯一的刑法修改方式的立法基础。根据前文对刑法修改方式的分析可知,修正案只适用于法典化程度高、稳定性较强的法律的修改,而我国刑法无论在法典化程度还是稳定性方面都有待提高。目前,针对刑法体系和制度的修改还时常成为修法重心。我国刑法中不仅规定自然犯,还规定法定犯。法定犯容易随着社会变化而发生变化,而我国社会仍然处于高速发展阶段,目前出现的网络金融、人工智能等新型犯罪还可能导致刑法的大面积修改,保持刑法典的稳定和统一尚不现实。基于以上原因,不宜将刑法修正案作为唯一的刑法修改方式。

从比较的视角看,多样化刑法渊源立法模式符合世界刑法立法潮流。"19世纪,受个人主义、立法至上、司法权与立法权及行政权严格分离、有限的司法功能、否认先例原则、法典至上、概念结构的发展,以及学者对法典的确定性、系统性和完整性的关注的影响"[2],"当时的学者错误地以为,世界在本质上是一个有序的总体,人类能

---

[1] 姚建龙主编:《刑法学总论》,北京大学出版社2016年版,第5页。
[2] [秘鲁]玛丽亚·路易莎·穆里约:《大陆法系法典编纂的演变:迈向解法典化与法典的重构》,许中缘、周林刚译,载许章润主编:《清华法学·第八辑》,清华大学出版社2006年版,第76页。

够对世界进行正确认知，并能够有效控制世界"[1]，因此可以建立一套永恒的、具有普世价值的法律制度，这就是法典化。后来，人们对世界的了解逐渐深入，发现越来越多具有不确定性的问题，才意识到立法者的理性是有局限性的，不可能制定出完美的理想主义刑法典。因此，无论是大陆法系还是英美法系，就刑法立法而言，采用的都是多样化刑法渊源立法模式。其中，英美法系刑法传统的立法模式是刑法典或单行刑事法规、经济法规和行政法规中的刑事条款，加上判例；大陆法系刑法传统的立法模式是刑法典、单行刑事法规、经济法规和行政法规中的刑事条款。[2] 由此，"必须看到，我国刑法立法单一法典化的趋势并不符合世界刑法立法的现代化发展趋势，因为现代刑法立法出现了'解法典化'[3]的趋势"[4]。提倡多样化刑法渊源立法模式符合世界潮流。

从问题导向来看，多样化刑法渊源可以解决当前单一化刑法渊源的立法缺陷。从整体而言，单行刑法与附属刑法可以分担刑法典罪名，减轻刑法典压力。从个体而言，每个刑法渊源都有其特点，可以依据罪名性质分门别类，相互协调，发挥各自优势。除此之外，多样化刑法渊源能够兼顾刑法典的稳定性与灵活性，多种修改方式与多种刑法渊源共同作用，实现优势互补。

---

[1]〔英〕齐格蒙·鲍曼：《立法者与阐释者——论现代性、后现代性与知识分子》，洪涛译，上海人民出版社2000年版，第13页。

[2] 参见王世洲：《各国刑法立法模式简况》，载《法学杂志》1994年第4期。

[3] 解法典化、反法典化、非法典化是三个外形相似而内涵不一致的概念。解法典化不是要对法典完全加以否定，更不是为了消灭法典，而是基于法典化问题，试图找出重构法典的方法；反法典化、非法典化则是对法典化的彻底颠覆，完全抛弃立法理想主义，彻底否定人类的科学理性，结果只能产生庸俗、粗糙的法律。参见童德华：《我国刑法立法模式反思》，载《法商研究》2017年第6期。

[4] 童德华：《我国刑法立法模式反思》，载《法商研究》2017年第6期。

(二）再提倡之具体建议

首先，要保障刑法修改方式的多样化，包括综合采用修改决定、修订和修正案等修法方式，果断摒弃过度推崇刑法修正案的做法。其次，要保障刑法渊源的多样化，重新采用刑法典、单行刑法与附属刑法作为刑法渊源。以下的具体建议虽然具有一定的理想化色彩，但是仍不乏启发性意义。

第一，就分则而言，刑法典宜尽可能主要规定自然犯，以保持刑法典的稳定性。"根据犯罪行为与伦理道德的关系，可以将犯罪行为分为自然犯和法定犯，自然犯的特点是侵害或威胁法益的同时明显违反伦理道德的传统型犯罪，法定犯是指侵害或者威胁法益但没有明显违反伦理道德的现代型犯罪。"[1] 基于上述特点，将自然犯放在刑法典中规定，能够最大限度地保障刑法典的稳定性，而且能够使刑法典易懂、篇幅小、易于学习研究和引用。

第二，单行刑法宜主要规定特定类型犯罪，立法主体宜改为全国人大。首先，单行刑法具有即时性、针对性和协调性，适用于规定黑社会、毒品、恐怖主义、计算机、网络等犯罪。这类犯罪具有相应的独立性和体系性，符合单行刑法相对独立的特点，若规定在刑法典中，可能造成刑法典的修改过于频繁，有碍刑法典的稳定性；若规定在附属刑法中，则更不现实。其次，单行刑法规定特定的新型犯罪可能涉及条文众多，超出全国人大常委会的立法权限。同时，针对新型犯罪行为，立法机构往往缺乏立法经验，入罪需要经过严密论证，由全国人大立法更为适宜。

第三，重视附属刑法立法模式，发挥附属刑法的优势。首先，宜将职务类犯罪、经济类犯罪以及交通类犯罪等需要依靠非刑事法律认

---

[1] 张明楷：《刑法学》（第四版），法律出版社2011年版，第95页。

定的犯罪行为，以附属刑法的形式规定在非刑事法律中。其次，上述违反非刑事法律的行为可能随着法律修改而修改，规定在刑法典中容易造成修改频繁和引用困难。最后，宜改变目前附属刑法的概括式立法模式，直接在附属刑法规范中增加罪名和罪状，让附属刑法名副其实。

第四，明确修订、修改决定、修正案的适用情形。首先，建议设定法定的修订条件。例如，满足以下任一条件的，都应当采用修订方式：（1）涉及条款达到总条款的10%，又不适合通过单行刑法予以完善的；（2）涉及刑法总则条款的；（3）涉及刑法基本原则的；（4）涉及刑法基本制度的；（5）涉及刑法整体结构变动的。应当明确修订方式针对的是刑法典和单行刑法，不适用于附属刑法。其次，明确修改决定适用于刑法典、单行刑法、附属刑法的修改。最后，明确修正案适用于刑法典的修改。三种修改方式应当做到相得益彰，发挥完善刑法立法的各自优势。

第五，适时进行刑法编纂。法律编纂的特点是：不创设新的法律规范，而只是对法律规范进行整理，能够删除、修改、增加已经变动的规范，提高规范的清晰度。刑法容易受到社会环境的影响，其修改在所难免，一段时间后会出现很多"僵尸条款"或者不协调现象，若适时进行法律编纂，可以方便适用，并尽可能防止刑法体系混乱。

六、结语

在片面追求刑法典稳定性和形式统一的立法思想指导下，刑法修正案成为唯一的刑法修改方式。但是，刑法修正案所要求的法律法典化程度高、稳定性强的前提，目前刑法典并不具备。这种不协调导致刑法修正案不得不超越立法权限，产生了诸多立法弊端。由于刑法渊源与刑法修改方式的特殊关系，特定刑法修改方式产生特定刑法渊源，单行刑法与附属刑法不得已退出了刑法渊源的行列。一些学者对刑法渊源与刑法修改方式的混淆，也加剧了单一刑法渊源立法模式的形成，造成刑法典的立法负担过重。本章的基本观点是：目前，我国刑法法典化的成熟度、稳定性都不高，不宜将刑法修正案作为唯一的刑法修改方式，不宜将刑法典作为唯一的刑法渊源，而应当重新重视和采用多样化刑法渊源立法模式。

第三章
论刑法的民法化[*]

我国正处于从一元社会向二元社会的转型过程中,二元社会的确立导致政治刑法向市民刑法的转变,而在市民刑法的构建进程中必然而且已经出现刑法的民法化现象。何为刑法的民法化?怎样看待这一现象?本章拟作一抛砖引玉式的探讨。

一、二元社会结构的崛起与政治刑法向市民刑法的转变

历史上存在五种社会形态:氏族社会、城邦社会、宗法社会、市民社会、政治社会。马克思主义认为,自从私人利益和阶级利益产生后,社会就分裂为市民社会和政治国家两大领域。但是,市民社会和政治国家在逻辑上的分离并不意味着它们在现实中也是始终分离的。

---

[*] 载《华东政法学院学报》2001年第4期,中国人民大学复印报刊资料《刑事法学》2001年第11期全文转载。

在前资本主义社会，市民社会和政治国家在现实中是重合的，表现为一元社会结构，政治国家从市民社会手中夺走了全部权力，整个社会高度政治化，政治权力的影响无所不及，政治等级与市民等级合二为一，市民社会被淹没于政治国家之中。我国自周秦以来就建立了以宗法制为基础、以政治国家为根本的一元社会结构。中华人民共和国成立后，高度集中的计划经济模式进一步强化了政治国家的职能，市民社会不但没有得到培养，反而被政治国家全面取代。[1]

市民社会与政治国家的分离要具备两个要素：第一，经济上，市场经济的建立。第二，政治上，对待政府的正确观念的确立，即将政府视为一种不得不忍受的恶。[2]我国自20世纪70年代末开始构建社会主义市场经济体制，党的十四大、十五大的召开大大推进了计划经济体制向社会主义市场经济体制的转型。经济体制的转型必然要求建立与之相适应的政治体制、文化体制，当然也包括对待政府的正确观念以及其他一些适应社会转型的观念的确立。这对一元社会结构产生了强大、有力的冲击，以计划经济为基础的一元社会结构逐步瓦解，市民社会与政治国家分离的二元社会结构悄然崛起。

"社会结构形态的变迁必然引起刑法功能、观念与文化的嬗变。"[3]刑法要想不落后于历史的滚滚车轮，必须适应这种结构形态的变迁，进行改革与调整。我国经济体制、政治体制转型肇始于20世纪70年代末，而刑法的转型显然落后了。我国于1979年制定的新中国第一部刑法典对于打击犯罪活动，保护公民的人身权利、民主权

---

[1] 参见陈兴良：《从政治刑法到市民刑法》，载陈兴良主编：《刑事法评论》（第一卷），中国政法大学出版社1997年版，第1—32页。

[2] 参见田宏杰：《中西刑法现代化趋势之比较考察》，载陈兴良主编：《刑事法评论》（第7卷），中国政法大学出版社2000年版，第42—43页。

[3] 陈兴良：《从政治刑法到市民刑法》，载陈兴良主编：《刑事法评论》（第一卷），中国政法大学出版社1997年版，第1页。

利和财产权利，维护国家的安全和统一，维护社会治安秩序，保卫人民民主专政的政权和社会主义制度，保障改革开放和社会主义现代化建设事业的顺利进行，发挥了重要作用。但是，我们不能否认，这部以计划经济和高度集权的政治体制为背景所制定的刑法难以避免地带有较强的政治刑法色彩。随后出台的大量单行刑法、附属刑法规范、司法解释扩大了刑法的调控范围，凸显重刑主义，又在一定程度上强化了政治刑法色彩，使市民刑法的培育受到极大压抑，这与历史的车轮背道而驰。这种趋向迫切需要扭转。1997年修订刑法，正如陈兴良教授所言："实质上是刑法改革的外在表现形式，而这场改革的历史使命是要完成从政治刑法到市民刑法的转变。"[1]

二、刑法的民法化之源流

马克思在批判黑格尔关于市民社会与国家关系的唯心主义观点的基础上指出，市民社会决定政治国家，政治国家必将统一于市民社会。[2]因此，在二元社会结构中，"市民社会要求国家受法律的约束，但同时又要求国家能够有效地实施保障市民社会多元性及其必要自由的法律。市民社会构成了对国家的制约，他们维系国家，并为国

---

[1] 陈兴良：《从政治刑法到市民刑法》，载陈兴良主编：《刑事法评论》（第一卷），中国政法大学出版社1997年版，第43页。何为"政治刑法""市民刑法"？陈兴良教授在其《从政治刑法到市民刑法》和《法治国的刑法文化——21世纪刑法学研究展望》（载《人民检察》1999年第11期）等文中有较为精辟的论述。综言之，市民刑法具有以下特征：人文关怀（或称"民权本位"）、形式理性、实体正义等。政治刑法具有以下特征：国家本位（或称"国权本位"）、实质理性、追求惩治等。

[2] 参见《马克思恩格斯全集》（第1卷），人民出版社1956年版，第251—252页；《马克思恩格斯全集》（第21卷），人民出版社1965年版，第345页。

家行为的范围与权力设定界限。市民社会需要一套独特的政治制度。"[1]这套独特的政治制度在刑法领域的体现是：要求刑法对市民的尊重——以人为本，注重人权保障，置公民于与国家主体平等的地位；要求刑法对市民社会领域的尊重——不得单纯为国家的利益而任意侵蚀市民社会领域；要求刑法充当起最后的保障法的作用——服务于市民社会，同时恪守谦抑的价值准则。"于是，平等、自由、人权、正义等原本属于市民社会的美德便开始成为市民社会对刑法的要求。"[2]在西方近代刑法史上，从政治刑法向市民刑法的转变是由刑事古典学派完成的。贝卡利亚在抨击以罪刑擅断为特征的封建专制刑法后，确立了以罪刑法定为中心的市民社会的刑法原则。费尔巴哈明确提出了"市民刑法"的概念，并将"无法律即无犯罪，无法律即无刑罚"视为市民刑法的要义。可以说，西方市民刑法的构建之路实际上就是平等、自由、人权、正义等启蒙思想在刑法中的确立和发展之路。中国二元社会结构呼唤市民刑法。"市民刑法，从本质上说，就是法治国的刑法。"[3]对市民的尊重、对市民社会领域的尊重、最后的保障法，正是市民刑法的基本精神。

在从政治刑法向市民刑法转型——确立市民刑法的基本精神的进程中，刑法的民法化不可避免。这是因为在市民刑法的培育、构建过程中，必然出现以下现象：(1)市民刑法的基本精神与民法的基本精神趋同。民法就是市民社会的法，[4]是市民社会的基本准则，以市民

---

[1] 〔美〕爱德华·希尔斯：《市民社会的美德》，李强译，载邓正来、〔英〕J.G.亚历山大编：《国家与市民社会——一种社会理论的研究路径》，中央编译出版社1999年版，第39页。

[2] 田宏杰：《中西刑法现代化趋势之比较考察》，载陈兴良主编：《刑事法评论》（第7卷），中国政法大学出版社2000年版，第24页。

[3] 陈兴良：《法治国的刑法文化——21世纪刑法学研究展望》，载《人民检察》1999年第11期。

[4] 参见梁慧星：《民法总论》，法律出版社1997年版，第25页。

为本位的权利、平等、自由等基本理念先于刑法在民法中得以确立。贯穿市民刑法的一条主线正是对人的尊重、对人权的保障,尽管它获得刑法的承认和确立经历了漫长的过程,至今仍需人们不倦地追求。这种追求的过程,也正是市民刑法的基本精神与民法的基本精神趋同的过程。(2)刑法从市民社会领域逐渐退出,民法恢复被刑法"侵占"的"失地"。传统刑法文化视刑法为工具,迷信"刑法万能",认为每一社会现象都需要刑法的介入。其结果是,刑法过分扩张,许多原本属于市民社会、本应由市民社会的法——民法调整的领域被刑法不恰当地"侵蚀"。市民刑法的构建,既是还市民社会以真面目的过程,也是刑法正确定位的过程。"上帝的归上帝,恺撒的归恺撒。"(3)民法反过来"侵蚀"刑法的领域。其一,随着社会文明的发展和进步,刑法的宽容度——对市民危害国家、社会的行为的容忍度也会逐渐提高,属于政治国家由刑法调整的领域也可能转由民法调整。黑格尔曾指出,随着文化的进步,对犯罪的看法也会变得比较缓和。[1] 其二,民法在防治犯罪中的作用和地位渐渐提升。随着民法的健全,越来越多的社会矛盾、纠纷被纳入民事法的受理范围之内,避免了向刑法"堤坝"的冲击。许多民事措施有意识地被用作同犯罪做斗争。纵观刑法的发展历程不难发现,同犯罪做斗争的手段经历了从一元向多元过渡和发展的过程,从最初单纯依靠刑罚过渡到采用刑罚、行政、民事等多种手段。王利明教授曾指出,刑法只有在侵权法的配合下才能有效地调整社会关系。[2] 德国学者拉德布鲁赫更是预言:"刑

---

[1] 参见〔德〕黑格尔:《法哲学原理》,范扬、张企泰译,商务印书馆1961年版,第99页。

[2] 参见王利明:《侵权行为法归责原则研究》,中国政法大学出版社1992年版,第7—8页。

法发展的极为遥远的目标……是没有刑罚的刑法典。"[1]

上述三点正是本章所使用的"刑法的民法化"这一概念的三层含义。

三、中国刑法的新走向——刑法的民法化

1997年3月，八届全国人大五次会议通过了修订后的《刑法》，这是中国刑法发展史上具有里程碑意义的事件。审视新、旧刑法及其相关的决定、修正案、司法解释，我们不难发现中国刑法改革呈现出一种新走向——刑法的民法化。

（一）刑法中较为明确地引入一些民法的基本原则

新刑法中，比较突出的是确立了刑法的三大基本原则，即罪刑法定、罪刑相适应、法律面前人人平等。罪刑法定原则实质上使刑法成为国家与公民之间的一张契约，国家不得逾超法律的界限而对无罪的公民进行非法追究和对有罪的公民滥施刑罚，公民也应当在法律的界限内活动。罪刑法定原则的确立第一次在刑法上把公民个人置于与国家平等的主体地位，也是第一次鲜明地体现了刑法的人权保障机能。罪刑相适应原则强调罪与刑之间的均衡等价性。法律面前人人平等原则强调刑法适用的平等性和人权保障机能。三大基本原则很容易让人联想到早已在民法中确立的公平原则、契约自由原则、平等原则、等价有偿原则等基本原则。

---

[1]〔德〕拉德布鲁赫：《法学导论》，米健、朱林译，中国大百科全书出版社1997年版，第95页。

(二) 最具私法（民法）色彩的刑事自诉制度的适用面扩大，并有继续之势

自诉制度基于意思自治原则建立，而意思自治原则被视为私法（主要是民法）所特有的理念和私法领域避免公权力入侵的工具。[1] 1979 年《刑事诉讼法》将刑事自诉限制在告诉才处理和其他不需要进行侦查的轻微刑事案件的范围内，即特定的八种轻微刑事犯罪案件。1997 年开始施行的《刑事诉讼法》扩大了刑事自诉范围，该法第 170 条规定，刑事自诉案件的范围包括：（1）告诉才处理的案件；（2）被害人有证据证明的轻微犯罪案件；（3）被害人有证据证明对被告人侵犯自己人身、财产的行为应当依法追究刑事责任，而公安机关或者检察院不予追究被告人刑事责任的案件。1997 年《刑法》扩大了告诉才处理的案件的范围，即增加了侵占罪，从而又一次扩大了刑事自诉范围。尽管如此，扩大刑事自诉范围的呼声依然很高。例如，在 2000 年刑法学年会上，就有学者呼吁以刑事自诉的方式处理西部大开发中民族地区刑法适用的矛盾问题。

(三) 有些原来在刑法中被视为犯罪的行为逐渐转化为民事行为

我国传统刑法理论认为犯罪的本质特征是具有严重社会危害性，而某种行为是否被统治阶级确认为具有严重社会危害性受到政治、经济、文化等诸多因素的影响，即犯罪具有一定的历史性。在社会转型时期，这种历史性特征更加明显，有些在刑法中被视为犯罪的行为逐渐直接转化为一般民事行为。例如，许多曾经在计划经济体制下被视

---

[1] 参见刘心稳主编：《中国民法研究述评》，中国政法大学出版社 1996 年版，第 45 页。

为投机倒把而予以刑法制裁的行为,今天在市场经济体制下已被视为正常的风险投资行为。

(四)在处理民刑法律冲突时,确立了民事优先原则

1997年《刑法》第36条第2款规定:"承担民事赔偿责任的犯罪分子,同时被判处罚金,其财产不足以全部支付的,或者被判处没收财产的,应当先承担对被害人的民事赔偿责任。"由此,确立了民事赔偿责任优先原则。第60条规定:"没收财产以前犯罪分子所负的正当债务,需要以没收的财产偿还的,经债权人请求,应当偿还。"由此,确立了债权优先原则。

(五)刑事责任日益带有民事责任的色彩

刑事责任属于公法责任,民事责任属于私法责任。孙笑侠教授对公法责任和私法责任有非常精到的分析:私法责任以功利性为基础和特征,与私法责任相适应的是补偿形式的法律后果;公法责任以道义为基础和特征,与公法责任相适应的是处罚形式的法律后果。补偿与惩罚的区别有四个方面:第一,实现载体不同。在实现载体方面,补偿以财产为主,惩罚以人身为主。第二,目的与效果不同。补偿的目的与效果是针对被害人的,而惩罚的目的与效果是针对责任方的。第三,成立的基础不同。补偿成立的基础以客观损害后果为主,主观过错的恶性程度是次要的;惩罚成立的基础主要是主观过错,虽也考虑客观损害后果,但其目的是确定主观恶性程度。第四,评价标准的道德因素不同。补偿的评价标准以事实为主,道德因素较少介入,或者道德因素只涉及补偿责任的外部;惩罚的评价标准带有明显的、浓厚

的道德评价色彩。[1]

我国刑法规定的刑事责任日益带有浓厚的民事责任色彩,这可以从以下四个方面得以佐证:第一,以财产为实现载体的罚金刑、没收财产刑大幅度扩大和强化适用。1979年《刑法》仅有20个罚金条文,1997年《刑法》则增加了140多个罚金条文和15个援引罚金条款,大幅度扩大了罚金刑的适用范围;同时,还增设了罚金刑随时追缴制度,强化了执行力度。1997年《刑法》对没收财产的适用范围、执行力度也予以扩大和强化。第二,当惩罚与补偿的实现相冲突时,1997年《刑法》的价值取向是补偿。这突出体现在第36条确立的以保护被害人利益为目的的民事赔偿责任优先原则和第60条确立的以保护债权人利益为目的的债权优先原则上。第三,1997年《刑法》在坚持主客观相统一的前提下,向客观主义倾斜,强调刑事责任的基础是表现在外部的犯罪行为及其实害。[2]第四,1997年《刑法》抑制1979年《刑法》尤其是其后颁布的决定、司法解释的重刑主义倾向,刑罚的惩罚性有所淡化。

(六) 单纯以刑罚对付犯罪的传统逐渐被打破,民法在防治犯罪中的作用日益扩大

中国传统法制是以刑法为基本框架建构起来的,刑法占据主导地位,权利的保障过分倚赖刑法,而事实上刑法难以独当此任。随着社会的发展和进步,以民事、行政、刑事等多元手段对付犯罪的观念逐渐成为人们的共识,并在立法与司法上得以体现。其中,民事手段的作用日渐提升。例如,民事法的健全避免了大量"民转刑"案件的发

---

[1] 参见孙笑侠:《公、私法责任分析——论功利性补偿与道义性惩罚》,载《法学研究》1994年第6期。

[2] 参见张明楷:《新刑法与客观主义》,载《法学研究》1997年第6期;《刑法格言的展开》,法律出版社1999年版,第133—134页。

生。1997年修订刑法时，显然注重与民法的协调，以更好地防治犯罪。

四、对刑法的民法化的几点认识

自罗马法以来，法律在法学传统上分为两类，即公法与私法。关于公法与私法的划分标准，学者们存在意见分歧。大体而言，一般都认为，凡规定国家或公共团体为其双方或一方主体之法律关系，而以权力服从关系为基础的，为公法。例如，宪法、所得税法、刑法。仅规定私人间或私团体间相互关系，而以平等关系为基础的，为私法。例如，公司法、票据法、民法。我国学者长期否认公私法的划分，而当前强调公私法的划分具有重大意义，有助于树立对待市民、市民社会领域的正确观念，有利于公法尤其是刑法的正确定位，为我国市民社会的培育、社会主义市场经济法律体系的建立奠定坚实的理论基础。强调公私法的划分并非否定自第二次世界大战以来出现的公私法融合现象，相反，也是为了正确认识这一现象。法律的终极关怀在于人，公法之设的目的在于保护人民的私权，公私法融合的终极目的是更好地保障人民的私权。在市民刑法的构建过程中（亦可称为"在法治国刑法文化的形成过程中"）出现的刑法的民法化现象，是公私法融合的表现之一，其终极关怀也是人，其终极目的是更好地保障人民的私权，这也正是刑法的民法化的内在驱动力。

中国传统法制带有浓郁的刑法色彩，传统法律文化可以说就是刑法文化，民法逐渐为刑法所"侵蚀"，直至几乎完全融于刑法之中。民法从未获得过独立地位，民事法规范杂处于刑法典之中，犯罪与民事违法不分，民事责任与刑事责任不分，民事责任通过刑罚予以实现。这种状况直到清末修律才开始有所改变。如果把传统刑法的产生、发展、兴盛史视为民法的刑法化史，那么现代市民刑法的构建、繁荣史似乎可以认为是刑法的民法化史。梅因在其名著《古代法》中指出：所有进步社会的运动，到此处为止，是一个"从身份到契约"的运动。一个国家文化的高低，看它的民法和刑法的比例就知道。大凡落后的国家，民法少而刑法多；进步的国家，民法多而刑法少。[1]在我国这样一个具有浓厚刑法传统的国家，推行法制的现代化，建设社会主义法治国家，倡导和推进刑法的民法化尤显重要。

需要强调的是，倡导和推进刑法的民法化，并不等于要削弱刑法在社会主义法治国家中的地位和作用，而是倡导刑法的正确定位，即提倡刑法尊重市民、尊重市民社会领域、恪守谦抑的价值准则，充当"最后保障法"的角色。这实际上是为了使刑法这把"双刃剑"充分发挥其积极作用，同时最大限度地降低其消极作用。这不是削弱，而是加强。

---

[1] 参见〔英〕梅因：《古代法》，沈景一译，商务印书馆1959年版，第97页。

第四章
论少年刑法的基本立场*

少年刑法是我国刑事法研究中被长期忽视的领域。当前，刑法理论界探讨较多的仅仅是未成年人的刑事责任与刑罚适用问题，并未对少年刑法的特性问题进行深入研究，基本上是研究传统刑法中的未成年人问题，即在成人刑法理论的框架下研究未成年人的刑事责任问题。从立法来看，我国《刑法》中仅有第17条勉强可以称为专门的少年刑法条文，此外还有第49条可以称为半个少年刑法条文——规定未成年人不适用死刑。这与国外大都精心制定独立的、刑事一体化的特别少年刑法作为处理少年违法犯罪行为的主要依据形成了鲜明的对比。

何为少年刑法？笔者认为，少年刑法可作狭义、广义之分。狭义的少年刑法仅仅是指规定少年犯罪与刑罚的法律规范的总称，以比照

---

* 原名《转变与革新：论少年刑法的基本立场》，载《现代法学》2006年第1期。

成人犯罪从轻、减轻或者免除处罚的"小刑法"模式为基本特征。这是我国少年刑法的现实。广义的少年刑法则是指关于不良行为少年犯罪以及保护处分与少年刑罚的法律规范的总称。这是我国少年刑法发展的理想。"小刑法"以恤幼粉饰人道，仍不能脱离报应主义的旧观念，有悖于现代少年刑法的基本理念。广义的少年刑法产生于19世纪末期，以革除报应主义的旧观念为特色，超越刑罚和保安处分，奉保护主义为基本理念。由于对成人刑法的诸多变革，少年刑法可以说是一种"不是刑法的刑法"。正如李海东教授所言："从严格意义上说，西方许多国家的青少年犯罪法不完全属于刑法，因为对于青少年犯罪，法律在很大程度上并不采取刑罚处罚的方法。但理论上，多数学者仍把它归入刑事法的范畴之内。"[1]

少年刑法脱胎于传统刑法，为刑事特别法的一种，它具有不同于传统刑法的特别品质。这种特别品质主要源于犯罪主体——少年的特殊性以及少年犯罪行为的特殊性。少年刑法是对传统刑法进行革新的结果，有着不同于传统刑法的鲜明特色，具体可以概括为以下五大立场性转变：

一、从形式正义到实质正义

"正义"是一个古老的概念，自古以来，哲人们从未停止对其含义的探索。但是，正义"有着一张普洛透斯似的脸，变幻无常，随时可呈现不同形状，并具有极不相同的面貌"[2]。基于不同的视角，人们对正义往往有着不同的理解。

---

〔1〕 李海东：《刑法原理入门（犯罪论基础）》，法律出版社1998年版，第2页。

〔2〕 〔美〕E. 博登海默：《法理学——法哲学及其方法》，邓正来、姬敬武译，华夏出版社1987年版，第238页。

形式正义与实质正义之分是对正义的最基本划分。对于形式正义的含义，比利时哲学家佩雷尔曼作了经典的概括，即"对每个人同样对待"，所有被考虑到的人都必须受到同样对待，而不管他们是长者或晚辈，健康或虚弱，富裕或贫困，正直或可耻，有罪或清白，高贵或卑贱，白皮肤或黑皮肤。[1] 丹麦法学家斯蒂格·乔根森也认为，形式正义的核心是期望相同的案件得到平等的对待，而实质正义则是指在一切法律事务和社会关系中，要贯彻和体现合理、合法和正当的原则。在美国伦理学家罗尔斯看来，形式正义是指对法律和制度的公正和一贯执行，而不管它们的实质原则是什么。即在执行法律和制度时，应平等地适用于它们所规定的各种各样的人，这就是法治。实质正义则是指制度本身的正义，它取决于社会基本结构所依据的原则。罗尔斯认为，形式正义是一种手段，实质正义才是目的。美国批判主义法学家昂格尔认为，形式正义要求普遍性规则的统一适用，实质正义强调结果的内在公正。[2]

可见，形式正义具有抽象性的基本特点，是"一种舍弃了具体内容和特殊情况的一般正义"[3]，是一种抽象正义、客观正义。实质正义则是一种充分考虑个案特殊情况、特殊需要的正义，是一种具体正义、主观正义。实质正义是一种理想中的正义。形式正义则是一种退而求其次的相对正义，是在无法实现实质正义的情况下的无奈选择，也是一种便于操作的正义。形式正义与实质正义之间存在着一种天然

---

[1] 参见孙笑侠：《法的形式正义与实质正义》，载《浙江大学学报（人文社会科学版）》1999年第5期。

[2] 参见谭岳奇：《从形式正义到实质正义——现代国际私法的价值转换和发展取向思考》，载《法制与社会发展》1999年第3期。

[3] 孙笑侠：《法的形式正义与实质正义》，载《浙江大学学报（人文社会科学版）》1999年第5期。

的"反动",任何一种法律都不得不在诉求形式正义与诉求实质正义之间作出抉择。

昂格尔认为,福利国家的发展将对法律产生重大影响,即"从形式主义向目的性或政策导向的法律推理的转变,从关注形式公正向关心程序或实质公正转变"[1]。我国也有学者指出法的价值应从形式正义向实质正义转变,并将其原因归结为三点:(1)社会间接生活条件的变化,导致作为形式正义的两个基本逻辑预设(平等性和互换性)的丧失,这是实质正义取代形式正义的最深刻的原因。(2)在国家—社会二元结构关系中,国家日益收缩,社会不断扩张,"国家优位"理念为"社会优位"理念所取代。(3)当代法学思潮的变革是从形式正义过渡到实质正义的现实背景。[2]

从少年刑法的产生与发展来看,从形式正义向实质正义转变的路径是十分明显的。基于对未成年人身心发育不成熟的认识,早期刑法大都规定儿童不负刑事责任,少年比照成人从轻、减轻承担刑事责任,已经体现出一定程度的放弃形式正义而追求实质正义的倾向,尽管这种规定在更大程度上是为了使刑法的推行获得一种具有合理性的外衣。随着人类社会的进步和刑法的发展,人们又逐步认识到少年犯罪与成人犯罪之间有着本质的而非仅仅是"度"的差异性:(1)少年犯罪与成人犯罪虽然在行为及后果方面具有相似性,但是少年缺乏或仅具有不完全的认识和控制能力以及刑事责任能力。(2)少年犯罪行

---

[1] 〔美〕R. M. 昂格尔:《现代社会中的法律》,吴玉章、周汉华译,译林出版社2001年版,第187页。

[2] 参见谭岳奇:《从形式正义到实质正义——现代国际私法的价值转换和发展取向思考》,载《法制与社会发展》1999年第3期。

为是处在从儿童向成人过渡期的少年在成长中的一种自然现象,[1]具有一定的自然性，而不似成人犯罪具有明确的反社会性和主观恶性。(3)近代犯罪学的发展，使人们认识到少年犯罪原因的外部性。教育学、儿童发展心理学等学科的发展，特别是洛克的"白板说"，使得成人社会对于少年走上犯罪道路产生了深深的愧疚。这既构成了少年犯罪与成人犯罪区别处置和放弃报应主义的理由，也促使成人社会担负起预防和矫正犯罪少年的职责。人类繁衍的本性和近现代社会竞争的加剧，使得少年对于国家、民族、家族、家庭的决定性意义日益突出，成人社会无法再漠视少年（包括越轨少年）的存在。此外，少年犯罪与成人犯罪处置的同一性，也与日益勃兴的人道主义观念和未成年人观念相悖，日益变得为普通公众所无法接受。[2]随着19世纪末期少年刑法的兴起，对实质正义的诉求也逐渐从例外演变为少年刑

---

[1] 德国犯罪学家施奈德指出：与儿童犯罪一样，青少年犯罪在某种程度上也是身心发育过程所决定的游戏性和不安分行为举止的表现。这种行为举止有时是出于儿童及青少年的冒险欲望，有时则是出于青春期的好斗性。因此，可以说，绝大部分青少年犯罪行为是某一特定阶段的特殊表现。就这一点来说，它还起着一种积极作用，即青少年经常通过一次触法行为了解法律规定的界限所在。同样，许多儿童也常常通过偶然性违反准则、逾越法律规定的界限以及而后受到的斥责才认识到并重视自己周围什么是允许做的，什么是禁止做的。一个西方经验型的"隐案"研究小组观察了114名11岁到16岁的男孩达5年之久，结果发现：只有13名男孩没有做出那种可能使他们成为青少年法庭被告的犯罪行为；全部114名男孩至少犯有6416起违法案件。参见〔德〕汉斯·纳阿希姆·施奈德：《犯罪学》，吴鑫涛、马君玉译，中国人民公安大学出版社、国际文化出版公司1990年版，第62、207页。这一调查表明，犯罪是少年的一种普遍而非个别的行为，这也从一个侧面说明了少年越轨行为的自然性。

[2] 1833年，一位作家说："再没有什么比把不满14岁的小有过错的男孩判处死刑更荒谬的了。据我所知，某一次庭审时五个孩子面临这种可怕的情景，其中一个偷了一把几乎一钱不值的梳子，两个偷了别人家孩子的一本价值六便士的书，还有一个偷了一个人的手杖，第五个是把母亲的披肩拿去典当了。"转引自〔英〕凯伦·法林顿：《刑罚的历史》，陈丽红、李臻译，希望出版社2003年版，第92页。

法的一般原则。现代少年刑法认为，少年犯罪与成人犯罪处置不加区别的形式正义本身就意味着对少年的非正义，也将最终使得形式正义失去正义的本性。

"坚持实质的正义必然与已经确立的普遍性观念相冲突。"[1] 少年刑法追求实质正义，将使得少年与成人之间呈现出形式上的不平等。首先是所适用的刑法规范的形式不同。成人犯罪与少年犯罪适用不同的刑法规范，表现为少年刑法与普通刑法的二元分离。其次是犯罪的认定标准不同。同样的行为，如果是由少年实施的，则或者不被视为犯罪（质的差异），或者被视为相较成人为轻的犯罪（量的差异）。最后是危害社会行为的法律后果不同。对于少年犯罪的处置具有超越刑罚和保安处分的特色。在保护主义优先的基本理念下，少年犯罪并不必然意味着刑罚的法律后果，保安处分也被奉行保护主义理念的保护处分替代。

对实质正义的诉求并不仅仅体现为少年刑法与成人刑法的二元分离，从少年群体本身的角度而言，更表现为对于犯罪少年个体人权的细微关怀，以及对犯罪少年个体矫正和挽救的不懈努力。正是在这个意义上，少年法有"慈爱的法"[2] 之称，少年刑法制度也可以称为"慈爱的法制"。少年刑法的制度设计远比普通刑法精巧和细致得多，处处体现出教育、感化和挽救少年的良苦用心。

二、从社会防卫到儿童最大利益

法国当代著名哲学家、人类学家勒内·吉拉尔指出：西方社会曾

---

[1] 〔美〕R. M. 昂格尔：《现代社会中的法律》，吴玉章、周汉华译，译林出版社 2001 年版，第 192 页。

[2] 参见林纪东：《少年法概论》，台湾编译馆 1972 年版，第 54 页。

普遍存在一种现象,即为了防止整个社会违纪行为的爆发而利用"替罪羊"的机制——通过建立一种"基本暴力""建设性的暴力"以取代其他暴力,以一人之死换得大家的性命。这种机制纵容了迫害和集体犯罪行为的存在。[1] 少年刑法是实证学派之主观主义刑法学派理论的产物。关注犯罪人人身危险性的社会防卫理论,是主观主义刑法理论的特征之一。但是,把少年当作社会防卫的目标,将少年纳入保安处分对象的做法,实际上是把幼弱的少年当作社会治安恶化的"替罪羊"。成人社会对于未成年人的健康成长负有责任,少年刑法的基本立场绝不应局限于社会防卫。

少年刑法的立论基础之一在于未成年人观念,即认为未成年人与成人的本质不同,应当具有独立的社会地位和受到特别的保护。未成年人观念在刑法中的树立,是19世纪末期以来,教育学、心理学、生物学等学科已经树立了未成年人观念,并改革和建立了未成年人教育制度、福利制度的产物。这种未成年人观念获得了新兴的实证学派刑法理论的支持,并得以在实证学派理论的支撑下实现。[2]

未成年人观念认为,少年在刑法中所获得的相对于成人而言似乎特别的关照,并非来自成人社会的怜悯,而是未成年人天赋的权利。少年刑法基本上否定了古典学派刑法理论,而脱胎于实证学派刑法理论,从形式上看,是实证学派理论的产物。但是,实证学派立足于社会防卫,以社会利益为先,把未成年人作为社会防卫的对象,这又是与少年刑法的本旨相悖的。在少年刑法诞生之初,对于社会防卫负面

---

[1] 参见〔法〕勒内·吉拉尔:《替罪羊》,冯寿农译,东方出版社2002年版。

[2] 关于未成年人观念的产生及其对刑法改革的影响,参见姚建龙:《长大成人:少年司法制度的建构》,中国人民公安大学出版社2003年版,第1—9页。

性的抗制，主要依靠的是国家亲权（parens patriae）[1]学说的保护主义观念。随着少年刑法的发展，特别是国际儿童权利运动的展开，源于国家亲权学说的保护主义观念逐渐向国际儿童人权规则演变，其内涵也得到发展和提升。儿童最大利益原则这一国际儿童人权保护原则的形成与发展，就是这种演变的结果。

承继19世纪以来国际性"拯救儿童运动"的优良传统，对于儿童权益的保障成为国际人权保障中的优先项目。特别是第二次世界大战以后，这种倾向更加明显。1959年《儿童权利宣言》宣称："儿童应受到特别保护，并应通过法律和其他方法而获得各种机会与便利，使其能在健康而正常的状态和自由与尊严的条件下，得到身体、心智、道德、精神和社会等方面的发展。在为此目的而制定法律时，应以儿童的最大利益为首要考虑。"（原则二）"儿童的最大利益应成为对儿童的教育和指导负有责任的人的指导原则；儿童的父母首先负有责任。"（原则七）。该宣言首次确立了儿童最大利益原则这一儿童人权保障的国际规则。此后，多个国际公约和区域性公约重申了这一原则。在1978年联合国人权委员会会议上，波兰的亚当·洛帕萨教授倡议起草《儿童权利公约》。1979年，在纪念《儿童权利宣言》通过20周年和庆祝国际儿童年确立大会上，波兰政府提出公约草案的正式文本，其中确立了儿童最大利益原则。1980年，公约文本提交联合国人权委员会工作组讨论。历经多年的努力，1989年11月，联合国大会终于通过了这一公约。[2]《儿童权利公约》的制定和颁行是确立儿童最大利益原则的里程碑，通过以后迅速得到广泛的认同。迄今为止，它依然是签字国最多且被广泛接受的国际公约。这表明，儿童最

---

[1] 又译作"国王亲权""国家监护权""国亲""公民家长""人民之父"等。

[2] 关于儿童最大利益原则的由来，参见王雪梅：《儿童权利保护的"最大利益原则"研究（上）》，载《环球法律评论》2002年冬季号。

大利益原则已经在国际社会获得了广泛的认可和支持。

儿童最大利益原则的基本含义是，凡涉及儿童的一切事务和行为，都应当首先考虑以儿童的最大利益为出发点。《儿童权利公约》第3条第1款明确规定："关于儿童的一切行动，不论是由公私社会福利机构、法院、行政当局或立法机构执行，均应以儿童的最大利益为一种首要考虑。"从公约的规定来看，少年刑法也应当遵循儿童最大利益原则。少年实施了危害社会的行为，甚至是刑法上的犯罪行为，均不足以构成背弃儿童最大利益原则的理由。问题的关键在于，少年刑法应当如何遵循和体现儿童最大利益原则。少年刑法涉及的儿童事务不同于一般的儿童权利事务，而是少年犯罪及其处置问题。儿童的"最大利益"又是一个具有一定含糊性的概念，"关于儿童问题的很多评论都指出，公约的运作标准、'最大利益'或'福利'原则是不确定的、含糊的和随意的，在很大程度上，对原则的运作依赖于决策者的价值体系"[1]。

少年刑法奉行儿童最大利益原则，首先需要处理的是与社会防卫或者说社会利益之间的关系问题。在如何处理少年利益与社会利益的关系问题上，我国理论界的基本立场是遵循所谓"双保护原则"[2]，其基本含义可以表述为：既要注重保障社会的安全、秩序，也要注重保护失足少年，努力把两者有力地结合起来，做到保护社会与保护少年的有机统一。从立法取向来看，这是一种残留报应主义思想的社会防卫立场。

儿童最大利益原则在少年刑法中的体现具体如下：

---

[1] 参见王雪梅：《儿童权利保护的"最大利益原则"研究（下）》，载《环球法律评论》2003年春季号。

[2] 关于"双保护原则"的阐述，参见姚建龙：《少年司法制度基本原则论》，载《青年探索》2003年第1期；范春明：《少年犯罪刑罚论》，中国方正出版社1996年版，第41—51页。

首先，应当确立少年利益优先原则。即在少年利益与社会利益存在冲突的时候，应当以少年利益为优先的选择，通过对少年利益的保护去实现对社会利益的维护，而不能以牺牲少年利益的方式去实现社会防卫的目的。提倡少年利益的优先性，主要原因在于：（1）在大多数情况下，"双保护"本身就是矛盾的，少年刑法不得不作出或正或负的选择，而不可能既正又负。"双保护"的辩证法除了能够起到使理论无懈可击的作用外，基本不具有可操作性和实践价值。[1]（2）社会利益往往是抽象的，而少年利益则是具体的。当然，在有具体被害人的场合，也应当注意保护被害人的利益。但是，对于被害人而言，更需要的是对其所失去利益的"恢复"和补偿，而并非单纯的对犯罪少年的报应。（3）通过保护少年，特别是矫正少年目标的实现，可以达到保护社会的目的，而保护社会有时不得不以牺牲少年利益为代价。（4）即便保护少年必然会在一定程度上损害社会利益，社会也应当宽容这一损害。这不仅仅是社会对失职行为应付出的代价，也因为"如果一个社会连孩子的错误都不能宽容，很难说这是一个正常的社会"[2]。

其次，应当要求少年刑法彻底放弃报应主义的旧思想，超越"有罪必罚"的思想窠臼，以一种人性的宽容去处置少年犯罪。少年刑法应当确立保护处分优先和替代刑罚的原则，刑罚只有在为矫正少年所必需的手段的情况下，在符合儿童最大利益原则的要求时，方可施加于少年。

再次，少年刑法应当奉行实质意义上的教育、感化和挽救原则，

---

[1] 笔者曾经提出"双保护原则"之下少年保护优先的观点，用意就在于试图突破"双保护"的非实践性。参见姚建龙：《长大成人：少年司法制度的建构》，中国人民公安大学出版社2003年版，第49—51页。

[2] 参见姚建龙：《长大成人：少年司法制度的建构》，中国人民公安大学出版社2003年版，第143页。

担负其矫正少年的职责,精心设计相关的少年刑法制度,既预防少年犯罪于前,又矫正已经犯罪的少年。尤其应当指出的是,"少年刑法不应当是小刑法",那种比照成人刑法规则从轻、减轻或者免除处罚的"小刑法"不是真正意义上的少年刑法。

最后,应当尊重少年人格的独立性,从少年的角度评价少年的行为,在奉行一般社会价值观念(成人社会价值观念)的基础上,充分考虑少年人格和行为的特殊性。应当注意区别少年行为与成人行为本质的不同,并在此基础之上采取不同的定性准则和措施。保护处分等措施的发动与实施,应当以尊重少年独立人格和自然发展为原则。简言之,应当保证少年有尊严地被"爱"。因此,"幼年人应当有异于精神错乱者"。"幼年人无异于精神错乱者"(infans non multum a furioso distat)[1]的传统观念应当被放弃。少年刑法应当具有不同于精神障碍者刑法的独立品格。

儿童最大利益原则可以被视为罪刑法定原则在少年刑法中的折射,两者之间有着异曲同工之处。成人刑法奉罪刑法定原则为最基本的原则,其根本目的在于防止国家刑罚权的滥用,保护公民权利。少年刑法奉儿童最大利益原则为最基本的原则,其根本目的在于实现对未成年人的特殊保护,从形式正义走向实质正义。对于少年刑法之儿童最大利益原则,《联合国少年司法最低限度标准规则》(《北京规则》)第17条规定,"在考虑少年的案件时,应把其福祉看作主导因素"。"说明"部分再次强调:"在成人案件中和可能某些严重的少年违法案件中,可能会认为罪有应得和惩罚性处分有些好处,但在少年案件中必须一贯以维护少年的福祉和他们未来的前途为重。"需要指出的是,少年刑法并不完全否定罪刑法定原则,只是这一原则应当让渡于儿童最大利益原则。例如,大陆法系国家由少年刑法发展出来的

---

[1] 参见张明楷:《刑法格言的展开》,法律出版社1999年版,第199页。

"虞犯"概念以及替代刑罚之保护处分措施的运用,就是对传统的罪刑法定原则的突破。

三、从客观主义到主观主义

一般来说,人们在两种含义上使用"主观"和"客观":(1)"主观的"意味着涉及主体的内心活动,"客观的"则事关行为、事实等外在表现。(2)"主观"意味着个人或者个别化的、有其特殊性的事实,"客观"则意味着抽象的、普遍的事实状态。[1]

何为刑法理论上的客观主义和主观主义?王觐指出:"以实害大小定犯罪之轻重者,曰客观主义。例如,桀骜丑类,犯轻微罪时,仍属从轻处断;偶发犯人,犯有重大罪恶,尤须科以重典。此主义,专置重事实,故又曰事实主义。以犯人恶性之大小,定刑罚轻重之标准,对于习惯犯人,常取严厉之手段,对于偶发犯人之犯有重罪,尚予以宽大处分者,谓之主观主义。"[2]

客观主义为古典学派所坚持。系统化的刑事古典学派的刑法理论——客观主义理论,其内涵包括相互联结的以下几个方面:(1)在犯罪的本质上,认为犯罪的本质在于客观的行为及其后果,刑事责任的基础在于外部的犯罪人的行为;在刑罚的对象上,强调行为主义,即完全以客观上所发生之结果为标准,确定刑罚的质和量。(2)在对犯罪的基本见解上,强调自由意志(控制自己行为的能力)。(3)在刑罚的根据上,主张道义责任。(4)在刑罚的本质上,主张报应主义(报应刑论)。(5)在刑罚的目的上,偏重一般预防。(6)在刑罚的分

---

[1] 参见周光权:《法治视野中的刑法客观主义》,清华大学出版社2002年版,第5页。
[2] 王觐:《中华刑法论·上卷》,北平朝阳学院1933年增订7版,第33页。

量上，主张罪刑均衡。(7) 在刑法的机能上，注重人权的保障机能，倡导罪刑法定原则。[1]

主观主义为实证学派所坚持，其主要观点可以概括如下：(1) 在刑罚的对象上，强调行为者主义，认为对于犯罪最重要的并非犯罪行为，而是犯罪人所具有的人身危险性，犯罪行为只不过是犯罪人人身危险性的表征。(2) 在对犯罪的基本见解上，主张自由意志的否定论，认为人之所以会犯罪，是由个人原因、社会原因之综合因素所决定的。(3) 在刑罚的根据上，主张性格责任、社会责任，认为犯罪人是社会成员之一，应当接受对其进行矫正的社会防卫处分，消除其人身危险性和犯罪倾向，使其复归社会。(4) 在刑罚的本质上，主张教育刑论、目的刑论以及保护刑论，认为刑罚并非对犯罪行为的一种恶报，而是为了教育、改善犯罪人的人身危险性以及保护社会所采取的手段。对犯罪人予以教育，使其复归社会，才是刑罚的目的之所在。(5) 在刑罚的功能上，偏重特殊预防。(6) 在刑罚的分量上，主张性格责任与不定期刑，即以人身危险性的大小决定处遇的期限。(7) 在刑罚的方法上，倡导刑罚个别化。[2]

在客观主义刑法理论之上无法架构少年刑法，最根本的原因在于客观主义的理论前提为"犯罪人是理性人"的假设，而少年则恰恰被认为是与成人本质不同的非理性人。从客观主义向主观主义转变，是19世纪末20世纪初刑法变革的重要特征，这与现代少年刑法的诞生是一致的。客观主义是与形式正义相对应的刑法理论，而主观主义则是适应于实质正义论的刑法理论。少年刑法从形式正义转变为实质正义，也意味着从客观主义向主观主义转变。事实上，近代意义上的少

---

[1] 参见聂立泽：《刑法中主客观相统一原则研究》，法律出版社2004年版，第8—17页。

[2] 同上书，第20—24页。

年刑法本身也是主观主义刑法理论的产物。但是，少年刑法又超越了传统主观主义刑法理论，是一种更为彻底的主观主义，是一种充分尊重少年人格、保障少年基本人权的主观主义。少年刑法坚持主观主义的目的在于，发现少年个体的差异性，以实现对少年的教育、感化和挽救。这是一种扬弃传统主观主义社会防卫思想，强调保护主义优先，最终达到社会防卫目的的更高层次的主观主义。

少年刑法的主观主义立场要求少年刑法之立法及其践行必须充分尊重与发掘少年犯罪人的个性特征与需求，有针对性地采取立法对策与司法对策。特别是要对少年罪错行为进行基于主观主义立场的评价，而不能仅仅或者主要基于客观主义立场进行分析。

四、从报应刑论到教育刑论

（一）报应刑论的悖论

报应刑论（retribution theory of punishment），又称"绝对理论"或"正义理论"，是一种以绝对主义和报应主义为基础的刑罚理论。报应刑论认为，刑罚没有特别希望达到的目的，刑罚的意义仅在于报应犯罪行为的害恶，给犯罪人以惩罚，以其痛苦均衡犯罪人的罪责，从而实现正义。因此，刑罚不能考虑预防犯罪等刑事政策上的目的和因素，否则就没有刑罚公正可言。报应刑论又可分为同害报应论、神意报应论、道义报应论和法律报应论。同害报应论认为，犯罪人实施怎样的犯罪，就应当对其处以同样的刑罚。它源于原始社会的同态复仇观念。神意报应论认为，犯罪违反了神的命令或上天的旨意，国家对罪犯适用刑罚是秉承神意给予报应。道义报应论认为，犯罪是对道德的违反，刑罚是针对犯罪人过去的罪恶施加的道德报应，其作用在于解除犯罪人因犯罪而引起的道义上的责任，并维护社会秩序，加强一般人的社会道德观念。法律报应论认为，犯罪是违反法律的行为，是对法律的否定。对犯罪人处以刑罚是对犯罪人不法行为的报应，也是对法律的恢复。[1]

报应刑论是古典学派客观主义的刑罚主张，以理性人的假设为前提。根据报应刑论的基本观点，犯罪与刑罚之间的关系是一种类似于作用力与反作用力平衡的"自然反应"，因而否定了刑罚权享有者对于矫正犯罪人的责任。报应刑论张扬的是刑罚"痛苦"的本质，是一种对形式正义的诉求。不管报应刑论的合理性如何，它在本质上与少年刑法的理念完全相悖。这种相悖性主要表现在四个方面：一是自由意志与非自由意志的对立。报应刑论以犯罪人具有自由意志的假设为理论基础，但是少年犯罪人恰恰被认为不具备自由或者自由意志而不成熟。二是自然、消极反应与积极反应的对立。报应刑论认为刑罚是对犯罪的自然、消极反应，但是少年刑法主张社会对于少年的成长负有不可推卸的职责，对于越轨少年应当积极担负起矫正的职责，是一种积极反应。三是痛苦与人道的对立。报应刑论以张扬刑罚"痛苦"的本质为基本特点，但是少年刑法主张的是对于少年犯罪处置的宽容性和人道主义。四是形式正义与实质正义的对立。报应刑论以形式正义为诉求，但是少年刑法追求的是实质正义。正因为如此，从各国少年刑法的立法思想来看，无不将报应刑作为少年刑法变革的首要目标。

（二）教育刑论的提出、论争与评述

实证学派早期曾经提出立足于社会防卫的目的刑主义，这是一种以功利主义和预防思想为基础的刑罚理论。目的刑主义认为，对

---

[1] 参见北京大学法学百科全书编委会：《北京大学法学百科全书：刑法学·犯罪学·监狱法学》，北京大学出版社2003年版，第26页。

犯罪人适用刑罚的目的不在于报应,而在于防止犯罪发生,保卫社会利益。这是一种社会本位的观点。目的刑主义的要义可以概括为三点:一是合理主义之动机——对于犯罪人科以刑罚,应有一定的目的,而非盲目的报应。二是人道主义之动机——对于犯罪人科以刑罚,应以维持社会秩序的必要限度为范围,而不是严刑峻法。三是团体主义之动机——对于犯罪人论罪科刑,系有防卫社会之必要,而非由国家代替被害人向犯罪人施以加害的行为。[1]

教育刑论是在目的刑主义的基础上提出和兴起的,是刑事社会学派的重要主张。教育刑论又称"矫正刑论",其基本主张是:刑罚的本质不是报应而是教育,要采取教育的方法,着重于犯罪人的改善,防止其再犯罪。教育刑论具有较强的人道主义色彩,是一种试图平衡社会防卫与犯罪人人权保障的刑罚理论。教育刑论注重的是犯罪人的主观恶性和人身危险性,而把犯罪行为放在相对次要的位置,其核心价值在于"扩大刑法的促进机能,压缩刑法的限制机能"[2]。教育刑论与报应刑论相反,不把人看作理性人,而是看作经验人,是实践理性的人,是具有自我教育、自我完善本性的人,因而是可以转化、可以改造教育的人。教育刑论把将犯罪人教育改造成为改恶从善、复归社会的新人看作最高人道主义,以人本主义作为哲学理论基点。[3]

---

[1] 参见房传珏:《现代观护制度之理论与实际》,三民书局1977年版,第13页。

[2] 张文等:《刑事责任要义》,北京大学出版社1997年版,第3页。

[3] 参见甘雨沛:《比较刑法学大全》,北京大学出版社1997年版,第532页。

首倡教育刑论的是德国哈姆布尔大学教授立布曼女士,[1] 她于1927年在国际刑事学协会德国分会开幕时,首次发表了其教育刑主义的主张,指出:"刑法的目的是教育,否则即失其据以成立的基础。"与立布曼同出李斯特门下的牧野英一教授也竭力主张教育刑论,他指出:"教育刑是社会责任论所产生的必然的结论。"两人均以李斯特的理论为基础,但其理论中心要比李斯特更进一步。[2]

教育刑论自提出以来,就存在着较大的争论。教育刑论的首倡者虽然是立布曼,但是将其发扬光大,使教育刑主义在刑法理论中有"纵横的势力"者,实为牧野英一。教育刑主义在日本虽然影响巨大,但是反对教育刑主义的学者在日本也"最盛"。日本反对教育刑主义的学者有所谓"反动的反对论"与"新兴的反对论"两派,不过前者并未引起学术界太多的关注,轰动学术界并堪为牧野英一之"敌"的,主要是京都大学的泷川幸辰教授。

教育刑主义与反教育刑主义的对立要点可以概括如下:(1) 教育刑主义者认为,刑罚的本质为教育,今后刑罚应扫除威吓的因素,而代之以教育的成分。反教育刑主义者则认为,刑罚的本质为犯罪的报应,有犯罪就有刑罚。(2) 反教育刑主义者认为,刑罚教育化势必使犯罪的规定更加抽象,使刑罚的裁量范围更加扩大,这样必然要废弃罪刑法定原则,否则教育刑不能实现;如果废弃罪刑法定主义,则非承认法治国转退为"警察国"不可。教育刑主义者则认为,罪刑法定

---

[1] 一说是19世纪末由瑞士监狱学家克洛海斯提出教育论的。也有的学者把李斯特看作教育刑论的代表人物。参见北京大学法学百科全书编委会:《北京大学法学百科全书:刑法学·犯罪学·监狱法学》,北京大学出版社2003年版,第429页之陈兴良撰"教育刑论"词条。还有的学者推崇李斯特为西方"真正阐述现代教育刑理论基本思想的首席代言人"。参见郭明:《中外监狱教育刑的困惑及其启示》,载《犯罪与改造研究》2000年第11期。

[2] 参见李茂棣:《论教育刑主义与反教育刑主义》,载《法学杂志》1935年第1期。

主义不过是 19 世纪初表示"法律秩序观念"的思想与用语,当时的国家法人论认为这是国家意识的第一步,现在不得不排斥之,而另外倡导文化国的新论调,即教育刑论。因此,教育刑主义也可包容罪刑法定主义。(3)教育刑主义者认为,刑罚的执行不是为了使犯罪人痛苦,而是要改变犯罪人的反社会性。反教育刑主义者则认为,有刑罚即有痛苦,痛苦与教育不能相容,故刑罚不能起到教育的效果。(4)教育刑主义者认为,刑罚的目的在于,在改变犯罪人的反社会性后,使其复归社会。反教育刑主义者则认为,犯罪人的反社会性大多为社会所造成,犯罪人是被社会排挤出去的人,若社会的环境依旧,纵使犯罪人被教育后复归社会,也不能见容于社会。(5)反教育刑主义者认为,纵使对普通犯罪人有施以教育刑的可能,确信犯罪人也不能经教育而同化于社会。教育刑主义者则认为,确信犯罪人是犯罪现象中的例外现象,不能以对其无施以教育刑的可能为由,认为教育刑不能实现。但是,反教育刑主义者又指出,确信犯罪人是刑法中的"好望角",以确信犯罪人为例外处断的刑罚理论无异于对理论本身的抛弃。[1]两派在理论上的论争难分高下。

真正对教育刑论造成沉重打击的是对教育刑实践效果的质疑,其中尤其值得一提的是发生在美国的马丁森与帕默之争。1966 年,美国社会学家马丁森参加了一个由纽约州州长建立的特别委员会,并与其同事们开展了一项关于矫正作用的研究。1975 年,作为此项研究的成果,马丁森与威尔克斯所著的《矫正治疗的实效》一书出版。马丁森经研究得出一个结论:"虽然有极少和偶尔的例外,但是迄今所报道的矫正效果对重新犯罪没有产生有价值的作用。"这一结论被认为是投向矫正制度的"炸弹",宣告了"矫正毫无作用"的时代已经到来。

---

[1] 参见李茂棣:《论教育刑主义与反教育刑主义》,载《法学杂志》1935 年第 1 期。

针对马丁森的研究,帕默在重新审查了马丁森的研究素材后声称,有48％的研究证明矫正方案具有积极或部分积极的结果。针对马丁森与帕默之争,国家研究理事会委任了一个由不带偏见的学者组成的小组,审查马丁森和他的同事出版的著作,结果"矫正毫无作用"的结论得到了肯定。[1]经过马丁森与帕默之争,美国许多学者都认为"矫正作为刑罚的一种基本理论已经死亡"[2]。

笔者认为,教育刑论对报应刑论的革新主要在于将刑罚从"向后看"转化为"向前看",从对犯罪的消极反应转化为积极反应,这是一种蕴含人道主义观念而更适应现代社会发展的刑罚理论。事实上,关于教育刑论的争论焦点在于其现实性。如果教育刑是现实的,那么教育刑论这种积极的刑罚理论显然要比消极的报应刑论更具有选择性。现代犯罪学、心理学、社会学等均认为人是"经验人",外部环境对于人的行为善恶具有决定性的影响,[3]即认为人(特别是未成年人)具有可教性。姑且不论矫正无效论是否站得住脚,即便是矫正失败的实践也不足以成为否定教育刑的理由。在笔者看来,矫正失败所能够证明的恰恰只是对教育刑的实现不充分,以矫正失败否定教育刑不过是为矫正失败提供了安慰和逃避责任的理由。此外,报应刑在本质上是与执行迅速、便利而刑罚痛苦性又最为显著的生命刑和肉刑

---

[1] 参见〔美〕理查德·霍金斯、杰弗里·P. 阿尔珀特:《美国监狱制度——刑罚与正义》,孙晓雳、林遐译,中国人民公安大学出版社1991年版,第250—253页。

[2] 同上书,第257页。

[3] 对这一观点的极端性表述是美国心理学家华生略带一些"猖狂"色彩的论断:"如果给我一打健康的婴儿,并在我自己设定的特殊环境中养育他们,那么我愿意担保,可以随意挑选其中一个婴儿,把他训练成为我所选定的任何一种专家——医生、律师、艺术家、小偷,而不管他的才能、嗜好、倾向、能力、天资和他祖先的种族。不过,请注意,当我从事这一实验时,我要亲自决定这些孩子的培养方法和环境。"〔美〕约翰·布鲁德斯·华生:《行为主义》,李维译,浙江教育出版社1998年版,第95页。

制度相对应的。教育刑与执行期漫长、烦琐而痛苦性主要取决于受刑人主观感受的自由刑制度具有天然的契合性。当以生命刑和肉刑为主体的古代刑罚制度转变为以自由刑为主体的近现代刑罚制度时,教育刑不仅仅是一种自然而然的要求,也获得了实践的可能性和现实性。

(三) 教育刑论与少年刑法

教育刑论所主张的教育思想,与未成年人的可塑性观念相契合;所强调的国家对于"医治"犯罪人的责任,与国家亲权观念相契合;所主张的去除刑之报应性,与保护主义观念相契合;所主张的淡化刑之痛苦性,与人道主义观念相契合。因此,自近代少年刑法诞生以来,教育刑论就已经成为少年刑法最重要的价值立场之一。正如我国台湾地区学者沈银和所言:"少年刑法之基本思想为教育思想(Erziehungsgedanke)。教育思想,乃排斥传统的刑罚思想:突破罪责主义(Schuldprinzip)、赎罪目的(Sühneszweck)以及非难目的(Mißbilligungszweck),扬弃刑法上的报应思想(Vergeltungsgedanke)。"[1] 这是少年犯罪原因的社会责任性、未成年人观念、人道主义、社会连带主义思想、儿童最大利益原则等少年刑法基本观念之下的必然选择。近代少年刑法的诞生与发展,以去除报应主义和确立教育刑主义为重要特征。例如,早在1909年,《德国刑法典》预备草案即提出制定"一部几乎完全排除报应思想的特殊的青少年刑法"[2],并在1923年随着《德国少年法院法》的正式通过而得以实现。再如,我国台湾地区"少年事件处理法"的产生及其发展,体现的也是一种逐步接受和实现教育刑的思想。

---

〔1〕 沈银和:《中德少年刑法比较研究》,五南图书出版公司1988年版,第48页。

〔2〕 〔德〕弗兰茨·冯·李斯特:《德国刑法教科书》,徐久生译,法律出版社2000年版,第89页。

少年刑法对于传统教育刑论的内涵又有进一步的发展。从少年刑法的演进路径来看，它所奉行的教育刑论可以分为三种模式：

第一种模式可称为"以刑为教论"。"以刑为教论"认为刑罚的目的是教育，刑罚同时也是一种重要的教育手段，主张通过刑罚的科处和执行，以达到教育和矫正犯罪人的效果。传统的教育刑论以及目前我国多数学者所阐述的教育刑论，大都属于"以刑为教论"。持"以刑为教论"的代表性学者为德国刑法学家福斯特，他主张对于少年犯罪应先科处刑罚，而后产生教育效果。简言之，也就是"先刑后教"。福斯特声称："对于少年犯罪之处遇，无不具刑罚之教育。"他认为对于少年犯均应科处刑罚，始可起到警惕作用。这种教育观念含有传统刑罚的吓阻思想以及个别人格的改造思想。"以刑为教论"所主张的教育思想显然涵盖于刑罚思想之内。换言之，即以刑罚思想论教育功能，其刑罚思想仍保留报应观念。[1]

第二种模式可称为"教刑并重论"。不管如何界定刑罚的本质，也无论刑罚通过什么方式执行，刑罚所蕴含的痛苦性毕竟为少年刑法的基本理念所不容。因此，在"以刑为教论"的基础上，又发展出"教刑并重论"。这里所说的"教刑并重"并非教育与报应并重，而是主张在发挥刑罚作为教育手段的作用之外，使用教育性措施（如赔礼道歉、赔偿等非刑罚措施，以及保安处分、保护处分等），强调刑罚与非刑罚性的教育手段的配合使用，以达到教育和矫正犯罪人的效果。"教刑并重论"实际上属于折中刑，仍带有一定的报应刑色彩。

第三种模式可称为"以教代刑论"。"以教代刑论"主张以教育处分（即保护处分）措施替代刑罚，以达到教育和矫正犯罪人的目标，刑罚只有在为教育犯罪人所必需的情况下方可适用。激进的"以教代

---

[1] 参见沈银和：《中德少年刑法比较研究》，五南图书出版公司1988年版，第48—49页。

刑论"者主张以教育处分完全替代刑罚。"以教代刑论"是一种试图去除报应刑色彩的教育刑论。

除非为保护和教育少年所必需，笔者看不出其他施刑于少年的理由。少年刑法关于教育刑论的应然模式是"以教代刑论"，这是一种扬弃传统，以社会防卫为基本目的的教育刑论。它以保护主义为优先，主张教育的目的是促使少年健康成长，通过少年的改善以达到既保护少年又防卫社会的双重目的。尽管根源于人类本能的报应主义观念根深蒂固，但是笔者坚信对报应刑的废弃是人类进化的必然结果，而在少年刑法领域可以首先实现对报应刑观念的废止。从各国少年刑法的发展来看，这也是一种可以为社会公众所接受的刑罚观念。"以教代刑"虽在短期内难以完全实现，但这是一种值得追求的理想。我国刑法规定的罪刑均衡原则实际上讲求的是对犯罪的等价报应，带有浓厚的报应主义色彩。少年刑法奉行的"以教代刑"原则正是对成人刑法罪刑均衡原则的"反动"。

五、从刑法一般化到刑法个别化

马克思主义认为，因内部的矛盾性，事物的发展经过从肯定到否定，再到否定之否定三个阶段、两度否定，表现为螺旋式上升或波浪式前进的过程。任何事物的发展都要经历一个从矛盾潜在到矛盾展开，再到矛盾解决的过程。经过第一次否定，事物的矛盾进一步展开，新的矛盾统一体仍继续进行着矛盾斗争；只有经过第二次否定，即否定之否定，事物才能达到矛盾解决的阶段，事物的发展方呈现一个完整的周期。在这一发展周期，事物的矛盾两度向对立面转化，使事物在高级阶段重复第一阶段的某些特征、特性，出现仿佛"回到出发点的运动"。事物在发展中吸收了第一阶段的积极因素，继而融入第三阶段之中，使得肯定阶段和否定之否定阶段不免具有某些共同性或相似之处。但是，否定之否定阶段对肯定阶段的回复，仅仅是对肯定阶段的某些特征、特性的重复，而不是对全部特征、特性的简单重复；同时，只是"仿佛"向旧东西的"复归"，并非真正回到了原来的出发点，而是在新的基础上的复归，是在更高阶段的综合。事物的发展是螺旋式无限发展的过程，每一周期，每一循环，都将事物推向了更新、更高的发展过程。[1]

刑法的发展路径同样遵循否定之否定的发展规律。封建刑法是一种典型的个别化的刑法，这是基于其与道德的不可分性、身份的不平等性、罪刑擅断主义、刑罚的残酷性的必然选择。这种个别化的刑法因其对公平、正义与人性的违背，遭到启蒙主义刑法学家的猛烈抨击。在启蒙主义刑法理论的基础之上，古典学派倡导从封建刑法的个别化向近代刑法的一般化转变。首先是犯罪人及犯罪行为的一般化，即将千差万别的个人一般化为具有自由意志的理性人，所有的犯罪人都在其自由意志的支配下选择了犯罪。犯罪行为成为被去除主观性的、一般化和客观化的行为。其次是刑事立法的一般化，即主张制定统一的、详尽的刑法典，试图涵盖司法实践中一切可能的情况，因而缺乏针对特殊人、特殊事和适用于特定时空的特别刑法。最后是刑事司法和行刑的一般化，即刑事司法程序和行刑被"机械化"，以排斥任何"个别化"的可能，尤其警惕法官的自由裁量权和行刑中的差别性。这种严格一般化的刑法以信奉罪刑平等原则（法律面前人人平等原则）为明显特征。从封建刑法的个别化到近代刑法的严格一般化，是刑法发展的第一次否定。

古典学派严格的刑法一般化彻底否定了封建刑法的个别化，去除了封建刑法的擅断性、不平等性、残酷性等弊病，同时也带来了明显

---

[1] 参见杨启辰等主编：《马克思主义哲学教程》，西北大学出版社1997年版，第124—134页。

的弊端。一方面，由于对具体情况的漠视，刑法在实现形式正义的同时，也损害了实质正义。正如美国学者沃尔德所言："刑事古典学者的理论注重法律中的一般公正，而忽略了个别公正，它们为同等的犯罪行为规定了等级明确的刑罚，而没有考虑实施犯罪的个人情况，也没有考虑实施犯罪中的特殊情节，其结果导致刑法适用中的不公平现象。"[1]另一方面，严格的一般化刑法僵硬而失去灵活性，无法有效解决工业革命之后累犯、少年犯罪等激增的社会矛盾，无法有效遏制犯罪的浪潮。在备受诟病的情况下，刑法开始了第二次变革，其重心在于革除一般化的弊端，重新走向个别化。在龙勃罗梭、菲利、李斯特等实证学派代表人物所提出理论的基础上，经过沃尔伯格和塞来尔斯等刑法学家的进一步发展，于19世纪末期形成了较为完备的个别化刑法理论。[2]1899年，法国著名法学家萨累伊出版了《刑罚的个别化》一书，系统地提出了个别化理论。他认为，个别化可分为法律上的个别化、裁判上的个别化以及行政上的个别化。所谓法律上的个别化，是指法律预先着重以行为作为标准，细分其构成要件，规定加重或减轻等。所谓裁判上的个别化，是指在刑事程序上的司法性个别化，主要是体现在法官（诉讼法意义上的法院）根据犯人的主观情况作出的刑事裁判（刑罚、保安处分、保护处分）的选择和决定之中的个别化。所谓行政上的个别化，是指在矫正处遇和保护性处遇阶段由行政机关进行的执行个别化。[3]在刑罚个别化理论的影响下，近代刑法从一般化走向了个别化，这是刑法发展的第二次否定。这种个别化与封建刑法的个别化虽有着形式上的类似之处，仿佛是向旧东

---

[1] 转引自翟中东：《刑罚个别化研究》，中国人民公安大学出版社2001年版，第14页。

[2] 参见马克昌主编：《刑罚通论》，武汉大学出版社1995年版，第270页。

[3] 〔日〕森下忠：《犯罪者处遇》，白绿铉等译，中国纺织出版社1994年版，第11—12页。

西的复归，但它是在古典学派一般化刑法上的复归，是在更高阶段的综合，将刑法推向了更新、更高的发展进程。

19世纪，以刑法个别化兴起为重要标志的"犯罪者处遇"（treatment of offenders）观念的发展，"首先在矫正处遇的阶段展开，然后随着对犯罪者人格评价的重要性的认识，扩大到司法领域。这种扩大是与保安处分和少年法制的发展密切相关的，因为对于精神失常者和少年的特别处遇，是在司法阶段调查人格所必不可少的前提条件"[1]。在少年法制领域具体提出个别化理念始于美国1870年的"监狱与感化院纪律全国会议"（National Congress of Penitentiary and Reformatory Discipline）[2]。大会通过的《原则宣言》指出：应该建立一种奖励制度，其内容包括减刑、囚犯参与受益的分配、逐渐减少监禁程序、因囚犯表现良好而不断增加特许权；确定刑应被不定期刑取代，刑期的伸缩应取决于囚犯改造的程度，而不能仅据时间的消逝计算。[3] 少年刑法对个别化的诉求显然要比成人刑法强烈得多。因为少年刑法以实质正义为最高价值目标，"不管实质正义如何定义，它只能通过具体问题具体处理的方法才能实现"[4]。教育讲究因材施教，少年刑法之教育刑主义的践行必然要求刑法的个别化。此外，基于保护主义理念的儿童最大利益原则也只能通过个别化才可实现。

对于刑法个别化原则，我国学者一般表述为"刑罚个别化原则"，这不如表述为"刑法个别化原则"准确。前述萨累伊提出的刑罚个别化理论包含法律上的个别化、裁判上的个别化以及行政上的个别化三

---

[1]〔日〕森下忠：《犯罪者处遇》，白绿铉等译，中国纺织出版社1994年版，第4页。
[2] 也称"辛辛那提会议""首届美国狱务大会"。
[3] 参见〔美〕克莱门斯·巴特勒斯：《矫正导论》，孙晓雳等译，中国人民公安大学出版社1991年版，第18页。
[4]〔美〕R. M. 昂格尔：《现代社会中的法律》，吴玉章、周汉华译，译林出版社2001年版，第191页。

种个别化，实难说仅仅是刑罚个别化。少年刑法所奉行之个别化乃少年刑法的基本原则，而不仅仅是刑罚原则或量刑原则，它是对成人刑法罪刑平等原则（法律面前人人平等原则）的"反动"。成人刑法奉罪刑平等为基本原则，追求的是形式正义和形式平等；而少年刑法奉刑法个别化为基本原则，追求的是实质正义和实质平等。

少年刑法所奉行之刑法个别化原则应当包括四个密切关联的环节：一是立法的个别化。少年刑法属于特别刑法，应当个别化立法，而不能与成人刑法不加区别，也不宜附属于成人刑法。在立法内容上，作为特别刑法的少年刑法应当充分考虑对少年犯罪人进行个别教育和保护的具体情况，为个别化原则的践行留下足够的空间。二是程序的个别化。少年刑法的运作奉行区别于成人的独立的特别少年司法程序，并由独立的少年法庭等司法组织进行。三是裁量的个别化。少年法庭在保护处分（刑罚）裁量中，应当充分考虑保护和教育少年的需要。少年法庭的裁量必须在进行社会调查的基础上做出。四是保护处分（刑罚）执行的个别化。在保护处分（刑罚）的执行中，应当充分考虑少年的个别情况，因人施教，使保护措施得到正确执行，以实现对少年的保护和教育。少年刑法的基本立场展现的是其特别品质，往往表现为一种普通刑法的例外。但是，随着刑法的进化，这种例外呈现出走向一般，推广于成人刑法之中的趋势。正是在这个意义上，林纪东指出："少年法之理论，与传统之刑事法理论（包括刑法、刑事诉讼法及监狱法理论），虽多距离，然对旧日之刑事法，正有推陈出新之作用，刑事法之改正，将于少年法始肇其端。"[1]"今后刑事法改正之途径，均可于少年法之检讨，见其端倪。"[2]这也许正是研究少年刑法的另一特别意义之所在。

---

[1] 林纪东：《少年法概论》，台湾编译馆1972年版，第15页。

[2] 同上书，第45页。

第五章
《刑法修正案（九）》视角下刑法与反恐法的衔接*

近年来，恐怖主义已经成为国际社会高度关注、重点防范的非传统安全主要威胁之一，其本土化、分散化、网络化、常态化特点日益突出。[1]我国作为恐怖主义的受害者之一，面临较为严峻的反恐形势。在依法治国的大背景下，有法可依成了反恐工作中的一项重要任务。2014年11月，《中华人民共和国刑法修正案（九）（草案）》公布，向社会公开征求意见。同月公布的还有《中华人民共和国反恐怖主义法（草案）》（以下简称《反恐法（草案）》）。前者于2015年8月29日由第十二届全国人民代表大会常务委员会第十六次会议表决通过，自2015年11月1日起施行。后者于2015年12月27日由第十二

---

* 本章为笔者与王江淮合作撰写，原名《论我国刑法与反恐法的衔接——以〈刑法修正案（九）〉为视角》，载《犯罪研究》2016年第2期。

[1] 参见孟建柱：《严厉打击恐怖主义 共同维护世界安全》，载《检察日报》2014年8月6日。

届全国人民代表大会常务委员会第十八次会议表决通过,共十章97条,自2016年1月1日起施行。后者是我国反恐工作领域第一部较为系统的法律,而前者也有多处涉及反恐刑事立法的完善。作为反恐领域最为重要的两部法律,二者是否有效衔接以及如何有效衔接都是值得学界关注的。[1]

刑法与反恐法的衔接至少包含以下几个层次:一是立法模式的衔接;二是立法空间的衔接,即两法应当明确各自的立法空间,在此基础上确定衔接处;三是法"意"的衔接,即两法的宗旨、目的的衔接;四是法"语"的衔接,即法律用语的协调一致;五是管辖的衔接,即两法在恐怖主义犯罪刑事管辖权方面的规定的衔接;六是罪名体系的衔接,即两法在具体罪名设置上的衔接。在《中华人民共和国反恐怖主义法》(以下简称《反恐法》)施行之前,我国在反恐工作方面主要的专门法律是《全国人民代表大会常务委员会关于加强反恐怖工作有关问题的决定》。就如何实现两法衔接,我国目前尚无专门的规范性文件,因此仍存在诸多值得探讨的问题。

一、单轨制或多轨制:立法模式的选择与衔接

1997年以后,我国将单行刑法和附属刑法的规范全部纳入刑法典中,从此确立了统一刑法典的单轨制的刑法立法模式。这种模式虽得到多数学者和官方的认同,但也受到部分学者的质疑。例如,储槐植教授认为:"我国目前是世界上唯一一个将所有犯罪都规定在刑法典里的国家,而不是像西方国家那样把两类犯罪分别规定在两类法律

---

[1] 值得注意的是,广义的刑法是指一切规定犯罪、刑事责任和刑罚的法律规范的总和,包括单行刑法和附属刑法;而狭义的刑法则指刑法典。同理,反恐法也有广义和狭义之分。本章所说的"衔接"是指狭义的刑法与狭义的反恐法的衔接,即刑法典与反恐法典的衔接。

中。这种单轨制的刑法立法体制不适应时代发展需要，困扰着我们的刑事司法，但这却没有得到刑法理论界足够的重视。"[1]

反恐刑法究竟是采取单行刑法、附属刑法还是统一于刑法典之内的模式，在当前刑法典"大一统"的单轨制局面下，似乎没有太多商量的余地。然而，从两法衔接的角度来看，这种单轨制的立法模式是值得反思的。首先，恐怖主义犯罪复杂多变，立法工作难以"毕其功于一役"，而将之统一规定于刑法典后，基本上只能依赖于频繁颁布的"修正案"予以完善，频频修改刑法典必然有损法治的稳定性。其次，采用单轨制的立法模式后，反恐法中的刑法规范大多是宣示性的条文，即"构成犯罪的，依法追究刑事责任"这种没有实质意义的规范，浪费了立法资源。最后，在这种模式下，"束手束脚"的反恐法中的部分条款仅规定犯罪行为，而未规定法律后果，其中的刑法条款也因此落入"只能反，不能罚"的窘境。

立法模式的选择关乎两法的衔接，而当前单轨制的立法模式下的反恐法在反恐法律体系中的实际地位低于人们的期望值，反恐法之于刑法典也只是一种简单的补充，难以充分发挥反恐法在打击恐怖主义犯罪中应有的功能。因此，即使反恐法最终不得不接受单轨制的安排，这种立法模式也是值得我们反思的。

二、"空"接问题：立法空间的界定与衔接

合理界定立法空间，是两法衔接的前提。反恐法与刑法在反恐领域分别扮演不同的角色，二者既有联系又有区别。如果立法者对于反恐法与刑法的边界认识不清晰，二者的立法空间将难以严格界定，这

---

[1] 储槐植：《犯罪学界的贡献》，载《江西公安专科学校学报》2007年第4期。

也会导致两法的内容交叉、重复或者缺失的现象。

反恐怖主义犯罪工作的涉及面非常广，有关反恐法律的修订都应当以宪法为根本依据，界定好各自的立法空间，协调好本法与其他法律之间的关系。例如，凡是刑法有明确规定的，或者应当由刑法规定的，反恐法不应再重复。反之，凡是应由反恐法规定的，刑法也不得"越界"。那么，刑法与反恐法的立法空间分别是什么呢？如果按照不同的层次将立法空间形象地理解为"点、线、面"，那么反恐法的立法空间显然应当是"面"，即应当具备顶层设计的思路，统筹反恐法治工作，就共性问题作出规定。刑法在反恐方面的立法层次则应当是"线"或者"点"，即只规定罪与刑。二者有区别的立法空间是由不同的调整对象所决定的。在当前已经确定的单轨制的刑事立法背景下，"刑法与反恐专门法的分工在于，刑法要设定恐怖主义犯罪的罪名与刑罚；而反恐专门法可详细规定惩治恐怖主义犯罪的基本原则、法律基础、反恐机构等不便于为刑法典所规定的问题"[1]。

在单轨制的背景下，当前我国反恐法在与刑法"划界"方面相对准确，并未出现严重的两法交叉、重复的现象，但是也存在个别重复现象。例如，《反恐法》第79条规定："组织、策划、准备实施、实施恐怖活动，宣扬恐怖主义，煽动实施恐怖活动，非法持有宣扬恐怖主义的物品，强制他人在公共场所穿戴宣扬恐怖主义的服饰、标志，组织、领导、参加恐怖活动组织，为恐怖活动组织、恐怖活动人员、实施恐怖活动或者恐怖活动培训提供帮助的，依法追究刑事责任。"尽管《反恐法》的该条规定具有一定的警示、威慑作用，但是既然刑法对此已有明确规定，已能发挥更好的警示、威慑甚至惩罚作用，反恐法就无须再作这种简单的、宣示性的重复。这表明，立法者对于两

---

[1] 王赞：《惩治恐怖主义犯罪立法研究》，大连海事大学出版社2013年版，第34页。

法独立的立法空间之认识仍需加强。当然，仅仅强调二者的"划界而治"是不够的。两法在空间衔接方面也有待完善。当前，反恐法中缺乏与刑法的衔接性规定。《反恐法（草案）》第103条规定："违反本法规定，构成违反治安管理行为的，依法予以治安管理处罚；构成犯罪的，依法追究刑事责任。"这种概括性规定在后来正式颁行的文本中被删除，《反恐法》对于某些具体的恐怖主义犯罪行为仍然缺乏指引性规定。

因此，做好两法的"空"接仍然需要根据它们的调整对象，进一步界定其立法空间。在此基础上，二者都应加强衔接性规定的设置。

三、"意"接问题：目的差异下的衔接错位

目的往往决定着行为，立法活动亦是如此。耶林认为："目的是法律的创造者。每条法律规则的产生都源于一种目的。"[1] 然而，不同的法律由于性质、调整关系的不同，往往有着不同的目的。

《反恐法》第1条便开宗明义："为了防范和惩治恐怖活动，加强反恐怖主义工作，维护国家安全、公共安全和人民生命财产安全，根据宪法，制定本法。"该条文表明，反恐法的目的有二，即防范、打击恐怖主义犯罪和维护国家安全、公共安全和人民生命财产安全。《刑法》第1条则规定："为了惩罚犯罪，保护人民，根据宪法，结合我国同犯罪作斗争的具体经验及实际情况，制定本法。"惩罚犯罪和保护人民是该法的制定目的。其中，对"保护人民"应当从两个方面加以理解：一方面，刑法通过规定犯罪、惩罚犯罪，保护人民免受犯罪的侵害；另一方面，通过罪行法定，刑法保障无罪的人民免受司法

---

[1] 转引自〔美〕E. 博登海默：《法理学：法律哲学与法律方法》，邓正来译，中国政法大学出版社1999年版，第109页。

机关的追诉、惩罚。在此目的下，一般还认为，刑法的机能包括行为规制、法益保护与人权保障。[1]

显然，在严峻的反恐形势下应运而生的反恐法更强调打击犯罪，而刑法却不得不着重强调人权保障。因为刑法是犯罪人的人权宣言。[2] 正如有的学者所言，没有立法的犯罪打击可能是更加及时、有效、灵活与便利的，刑法主要是约束国家机器面对犯罪的反应速度与灵敏度。[3] 可见，二者在目的上虽然存在共性，但是也存在差异。从两法的基本原则来判断，结论亦是如此。刑法的首要基本原则是罪刑法定，强调对国家公权力的限制与对人权的保障；而反恐法的首要基本原则却是专群结合、联动配合原则，强调积极打击与全民反恐。因此，应当正视两法的差异，刑法应当做好对相同目的部分的衔接，并将与刑法制定目的不同的内容排除在犯罪圈之外。

遗憾的是，《刑法修正案（九）》将《刑法》第311条修改为："明知他人有间谍犯罪或者恐怖主义、极端主义犯罪行为，在司法机关向其调查有关情况、收集有关证据时，拒绝提供，情节严重的，处三年以下有期徒刑、拘役或者管制。"该条规定将行为人拒绝提供恐怖主义、极端主义犯罪证据的行为予以犯罪化。这种做法恰恰体现了"专群结合、联动配合、全民反恐"的原则，契合了反恐法积极打击犯罪的目的，但是与刑法的目的是不吻合的，不利于保护人民。首先，打击犯罪应是国家专门机关的职责，将知情不举的行为予以犯罪化，有

---

[1] 有的学者则认为，刑法的机能可以概括为法益保护与人权保障。参见张明楷：《刑法学》（第四版），法律出版社2011年版，第26页。
[2] 李斯特言。参见李海东：《刑法原理入门（犯罪论基础）》，法律出版社1998年版，第4页。
[3] 同上。

转嫁国家责任于一般公民的嫌疑。其次，该条规定不问行为人是何动机[1]就予以处罚，过于苛刻。最后，对于知情不举的行为，《反恐法》第82条[2]已有行政处罚的规定，刑法是否有必要再予厉化？谦抑的刑法应保持其独立之秉性，并且只能发挥"最后一道屏障"的作用；否则，罔顾人权保障的目的，错位衔接则殆。

四、"语"接问题：概念不明

《反恐法》在不同的条文中分别使用了"恐怖活动""恐怖主义""极端主义"这三个词。《刑法》第120条"组织、领导、参加恐怖活动罪""资助恐怖活动罪"中均使用了"恐怖活动"一词。在《刑法修正案（九）》中，"恐怖活动"一词仍被使用，且在第120条之三、第120条之五、第120条之六中新增了"恐怖主义""极端主义"两词；在第311条中使用了"恐怖主义犯罪""极端主义犯罪"两词。《刑法修正案（九）》中对这几个概念的使用可谓含糊、混乱。

何为"恐怖主义""极端主义"？《反恐法（草案）》初稿对"恐怖主义"的定义是："企图通过暴力、破坏、恐吓等手段，引发社会恐慌、影响国家决策、制造民族仇恨、颠覆政权、分裂国家的思想、言论和行为。"在《反恐法（草案）》二审稿中，此定义被修改为："通过暴力、破坏、恐吓等手段，制造社会恐慌、危害公共安全或者胁迫国家机关、国际组织的主张和行为。"最终正式颁行的《反恐法》又

---

[1] 事实上，即使是一般的黑社会犯罪，知情者也会有害怕受到打击报复的心理，何况恐怖活动犯罪？因此，法不能强人所难。
[2]《反恐法》第82条规定："明知他人有恐怖活动犯罪、极端主义犯罪行为，窝藏、包庇，情节轻微，尚不构成犯罪的，或者在司法机关向其调查有关情况、收集有关证据时，拒绝提供的，由公安机关处十日以上十五日以下拘留，可以并处一万元以下罚款。"

将此定义进一步修改为:"本法所称恐怖主义,是指通过暴力、破坏、恐吓等手段,制造社会恐慌、危害公共安全、侵犯人身财产,或者胁迫国家机关、国际组织,以实现其政治、意识形态等目的的主张和行为。"概括而言,《反恐法》对"极端主义"的定义是:歪曲宗教教义和宣扬宗教极端,以及其他崇尚暴力、仇视社会、反对人类等极端的思想、言论和行为。简言之,反恐法认为恐怖主义是主张和行为,认为极端主义是思想、言论和行为。这些概括性规定只能界定恐怖主义和极端主义的属性,对其文义的边界仍然难以确定。对于恐怖活动的界定,《反恐法》则通过列举方式,明确规定五类活动为恐怖活动。[1] 前后几次审议对基本概念的重大修改以及对恐怖活动采取列举方式进行归纳,由此可以看出立法者对概念的把握并非十分确定。

此外,何为"恐怖主义犯罪""极端主义犯罪"?反恐法和刑法修正案都没有对此进行规定。我们可以简单地将它们理解为刑法中关于恐怖主义和极端主义的犯罪。但是,正是由于"恐怖主义"和"极端主义"概念不详,我们仍然难以界定《刑法》第311条中的"恐怖主义犯罪"和"极端主义犯罪"。例如,编造、故意传播虚假恐怖信息罪是否属于恐怖主义犯罪?

我们认为,解决上述问题有两种方法:第一,将《刑法》第311条中的"恐怖主义犯罪"和"极端主义犯罪"具体化,代之以具体的

---

[1]《反恐法》第3条第2款规定:"本法所称恐怖活动,是指恐怖主义性质的下列行为:(一)组织、策划、准备实施、实施造成或者意图造成人员伤亡、重大财产损失、公共设施损坏、社会秩序混乱等严重社会危害的活动的;(二)宣扬恐怖主义,煽动实施恐怖活动,或者非法持有宣扬恐怖主义的物品,强制他人在公共场所穿戴宣扬恐怖主义的服饰、标志的;(三)组织、领导、参加恐怖活动组织的;(四)为恐怖活动组织、恐怖活动人员、实施恐怖活动或者恐怖活动培训提供信息、资金、物资、劳务、技术、场所等支持、协助、便利的;(五)其他恐怖活动。"

罪名。第二,在反恐法对相关概念所下定义的基础上,在刑法中通过描述特征的方式[1],对"恐怖主义""极端主义"进行相对精确的界定。只有在"恐怖主义"和"极端主义"的概念得以明晰后,才能最终确定"恐怖主义"犯罪和"极端主义"犯罪的概念。

五、管辖衔接的问题

《反恐法(草案)》第 2 条规定:"国家反对和禁止一切形式的恐怖主义。任何人宣扬、煽动、教唆、帮助、实施恐怖主义,不分民族、种族、宗教信仰,一律依法追究法律责任。……任何国家机关不得向恐怖活动组织和人员作出政治妥协或者让步。任何单位和个人不得向恐怖组织和人员提供资金支持。"在后来正式颁行的文本中,虽将"任何国家机关不得向恐怖活动组织和人员作出政治妥协或者让步"删除,但仍强调:"国家反对一切形式的恐怖主义……对任何组织、策划、准备实施、实施恐怖活动……依法追究法律责任。"同时,《反恐法》第 11 条规定:"对在中华人民共和国领域外对中华人民共和国国家、公民或者机构实施的恐怖活动犯罪,或者实施的中华人民共和国缔结、参加的国际条约所规定的恐怖活动犯罪,中华人民共和国行使刑事管辖权,依法追究刑事责任。"由此可见,反恐法对一切恐怖主义的态度是一律追究、不妥协。然而,《刑法》第 7 条"属人管辖权"规定:"中华人民共和国公民在中华人民共和国领域外犯本法规定之罪的,适用本法,但是按本法规定的最高刑为三年以下有期徒刑的,可以不予追究。中华人民共和国国家工作人员和军人在中华人民共和国领域外犯本法规定之罪的,适用本法。"该条将公民与国

---

[1] 描述特征的方式在我国刑法中已有先例。《刑法》第 294 条通过描述特征的方式,界定黑社会性质的组织。

家工作人员、军人进行区别对待。若是国家工作人员或军人，不论所犯之罪轻或重，一律适用我国刑法。但是，在面对公民犯罪时，刑法却表现出妥协、网开一面的姿态——对最高刑为三年以下有期徒刑的犯罪，可以不予追究。"可以不予追究"的含义是：可追究，也可不追究，虽未完全放弃管辖权，但却"表明了不予追究的一种倾向性"[1]。这显然是与反恐法的态度相悖的。

在保护管辖上，我国《刑法》第8条规定："外国人在中华人民共和国领域外对中华人民共和国国家或者公民犯罪，而按本法规定的最低刑为三年以上有期徒刑的，可以适用本法，但是按照犯罪地的法律不受处罚的除外。"这表明，刑法再次与反恐法的"不妥协"精神背道而驰，主动弱化自己的管辖权。

应当注意的是，为了严密反恐刑事法网，《刑法修正案（九）》增加了几个罪名。其中，就有法定最高刑为三年以下有期徒刑的罪名："第一百二十条之五 以暴力、胁迫等方式强制他人在公共场所穿着、佩戴宣扬恐怖主义、极端主义服饰、标志的，处三年以下有期徒刑、拘役或者管制，并处罚金。""第一百二十条之六 明知是宣扬恐怖主义、极端主义的图书、音频视频资料或者其他物品而非法持有，情节严重的，处三年以下有期徒刑、拘役或者管制，并处或者单处罚金。"若中国人在境外实施这类犯罪，或者外国人在境外对中国或中国公民实施这类犯罪，很有可能不被追诉。

"全球一体化在给人类的生活和经济活动带来巨大恩惠的同时，也使恐怖主义蔓延全球之趋势日渐明显，因而刑法立法也必须正视恐怖活动犯罪的国际化和跨国性特征，反映国际性对国内刑法的要

---

[1] 高铭暄、马克昌主编：《刑法学》（第四版），北京大学出版社、高等教育出版社2010年版，第38页。

求。"[1] 上述我国《刑法》有倾向性地放弃管辖权，已经与《反恐法》所强调的"一律追究""不妥协"相违背了。因此，在主客观上，已经出现衔接不足或者无衔接的问题。遗憾的是，《刑法修正案（九）》并未对此作出回应。不可否认，中国人在外国犯罪与外国人在外国对中国或中国公民犯罪，在司法实践中虽会面对种种困难，甚至需要较大的司法成本，但这种程序上或操作上的困难不应成为实体法放弃管辖权的理由，尤其是面对恐怖主义犯罪时。因此，我们认为，面对这些困难，应当坚定地规定并行使刑事管辖权，加强国际合作，而非在刑事立法上主动放弃或有倾向性地放弃管辖权。

六、罪名体系的衔接

我国刑法关于恐怖主义犯罪的规定尚不够详细，内容也不够丰富，存在罪名位置不合理和体系化缺失的问题，这些问题导致刑法与反恐法衔接的密切程度不足。

（一）犯罪客体不明与罪名位置不合理问题

在我国现行《刑法》中，有关恐怖主义犯罪的罪名并不多，且基本被安排在分则第二章"危害公共安全罪"中。《刑法修正案（九）》中新增的几个恐怖主义犯罪的罪名也基本被安排在第二章中。针对这种情况，学术界早已提出异议。有的学者认为，可以将恐怖主义犯罪作为一节规定在"妨害社会管理秩序罪"一章中，因为恐怖主义犯罪涉及多重客体，根据某一客体将其放在某个对应章节中并不合适，而"妨害社会管理秩序罪"一章具有拾遗补漏的功能，因此可以容纳该

---

[1] 赵秉志、杜邈：《我国惩治恐怖活动犯罪的刑法立法经验考察》，载《华东政法大学学报》2008年第6期。

多重客体之罪。[1] 有的学者则认为，在承认恐怖主义犯罪的客体是复杂客体的基础上，应将恐怖犯罪置于《刑法》分则第一章"危害国家安全罪"中。[2] 我们认为，正是因为恐怖主义犯罪的客体是复杂客体，才会导致这类罪名在分则中的位置存在争议。上述几种观点均有其理论和实践依据，而且在世界各国的刑法典中都有先例。然而，这些异议并没有使《刑法修正案（九）》就此问题做出位置上的变动。对此，我们尝试从刑法与反恐法衔接的角度进一步提出异议。

如前文所述，对于何为"恐怖主义"虽存在争议，但《反恐法》第3条第1款规定："本法所称恐怖主义，是指通过暴力、破坏、恐吓等手段，制造社会恐慌、危害公共安全、侵犯人身财产，或者胁迫国家机关、国际组织，以实现其政治、意识形态等目的的主张和行为。"可见，恐怖主义犯罪造成的危害有制造社会恐慌、危害公共安全、侵犯人身财产、胁迫国家机关或国际组织四种。其中，第一种属于社会管理秩序的范畴，第二种属于公共安全的范畴，其余两种分别属于公民人身财产安全和国家安全的范畴。换言之，恐怖主义犯罪所侵害的虽是复杂客体，但四个客体各占1/4。从危害后果来看，国家安全应当是恐怖主义犯罪的主要危害客体，而公共安全、公民人身财产安全等都是次要客体。从《反恐法（草案）》几次审议后的修改以及最终文本来看，国家安全是恐怖主义犯罪的主要客体是毋庸置疑的结论。

《反恐法》已对恐怖主义进行界定，并表明其侵害的主要客体是国家安全，《刑法修正案（九）》却仍将其规定在"危害公共安全罪"中，这种无意与《反恐法》进行衔接的做法是不合理的。因此，我们

---

[1] 参见赵秉志、阴建峰：《论惩治恐怖活动犯罪与中国国内立法》，载赵秉志主编：《国际刑事法院专论》，人民法院出版社2003年版，第436页。
[2] 参见师维：《反恐刑法的基本理念及立法完善研究》，载《河北法学》2012年第7期。

主张，在今后的刑法修正中，应当先厘清恐怖主义犯罪侵害的复杂客体间的主次关系，并将恐怖主义犯罪的相关罪名移至"危害国家安全罪"一章中。

（二）体系化的缺失与罪名分散问题

上文论及的客体不明确也导致恐怖主义犯罪罪名缺乏体系化的归纳。《刑法修正案（九）》在第120条之一后增加五条，严密了打击恐怖主义犯罪的法网，但是仍难成体系，一个主要原因在于罪名设置较为粗疏。

我们认为，刑法修正应当关注《反恐法》第九章有关法律责任的规定，并做好衔接。例如，对于反恐工作中公职人员的违法犯罪行为，《反恐法》第94条第1款规定："反恐怖主义工作领导机构、有关部门的工作人员在反恐怖主义工作中滥用职权、玩忽职守、徇私舞弊，或者有违反规定泄露国家秘密、商业秘密和个人隐私等行为，构成犯罪的，依法追究刑事责任；尚不构成犯罪的，依法给予处分。"一旦上述行为构成犯罪，按照当前的刑法规定，只能依滥用职权罪、玩忽职守罪、包庇罪等一般性罪名予以规制。有的学者认为："有组织犯罪盛行和人们对其无能为力的主要原因之一是本应执法的人员堕落。"[1] 为惩治恐怖主义犯罪，刑法应对"堕落"的公职人员予以特殊规定。

再如，《刑法》第294条第3款规定了包庇、纵容黑社会性质组织罪："国家机关工作人员包庇黑社会性质的组织，或者纵容黑社会性质的组织进行违法犯罪活动的，处五年以下有期徒刑；情节严重的，处五年以上有期徒刑。"第349条还规定了包庇毒品犯罪分子罪。

---

[1] 高一飞：《有组织犯罪问题专论》，中国政法大学出版社2000年版，第147页。

作为性质更为恶劣的恐怖主义犯罪，刑法也应当对包庇、纵容恐怖主义犯罪予以特殊规定。如此，既可与《反恐法》第94条第1款完成衔接，也可在刑法分则体系内与其他罪名（如黑社会性质犯罪、毒品犯罪等）的设置保持均衡。

此外，近年来，增设入境发展恐怖组织罪、劫持人质罪以及呼应国际规约设立相关的恐怖主义犯罪等的呼声较高。这些观点的实现有利于严密反恐刑事法网，加快反恐刑事立法的体系化进程。我们认为，在今后的刑法修正中，应当重视上述观点。例如，增设国际规约中的相关罪名实际上也是与《反恐法》第七章"国际合作"相呼应的。因为只有在罪名设置上与国际规约保持较高的一致性、协调性，才能与国际社会进行对话，顺利地开展相关的反恐国际合作。

七、结语

立新法是一项浩大的工程，使两部或多部新法相互衔接更是一项大工程。加强刑法与反恐法的模式衔接、"空"接、"意"接、"语"接、管辖上的衔接、罪名设置上的衔接，是当前刑法修正和反恐法实施中应当予以关注的问题。当然，刑法总则中的共犯问题、累犯制度、刑罚设置等也需要重视与反恐法的相互衔接，甚至刑法与治安管理处罚法、反恐法之间的相互衔接问题也值得进一步思考。

第六章
论四要件犯罪构成理论的出罪功能*

犯罪构成理论是判断行为构成犯罪唯一标准的论断,是我国刑法理论界和实务部门的通说。"出罪"是与"入罪"相对的刑法概念,既然犯罪构成要件是判断"入罪"的标准,那么能否根据犯罪构成要件"出罪"?进一步而言,犯罪构成要件中是否具备"出罪"要素?对这个问题的回答不仅关系到我国犯罪构成体系的优化,更关系到刑法保障人权功能的发挥,具有重要的理论和实践意义。

"我国刑法界目前正在进行的'犯罪构成体系重构或者完善'的讨论,'重构说'强调应以德国及日本的犯罪成立体系为参照,对源自苏联的我国通说性四要件犯罪构成体系进行全面改造,而'完善

---

* 本章为笔者与林需需合作撰写,提交"出罪事由的理论与实践"专题论坛(2018年4月28—29日,华东师范大学法学院、上海市法学会刑法学研究会主办),主要内容载《人民检察》2018年第18期。

说'对通说体系的态度则以调试修补为基调。"[1] 无论是主张"重构说"还是"完善说",目的都在于弥补我国犯罪构成体系的缺陷与不足,[2] 其中缺乏"出罪"机制是大部分主张借鉴德日刑法犯罪构成理论体系的学者的一个重要理由。对不同观点进行梳理,分析作出不同判断的理由、依据,有助于我们对我国犯罪构成理论体系的过程是否具备出罪功能作出判断,进而在坚持、改良或重构我国犯罪构成理论体系的过程中作出理性的选择。

一、出罪功能之争与四要件犯罪构成理论的命运

关于传统的四要件犯罪构成理论体系是否具备出罪功能,以及是否包含出罪要素,学界主要有三种观点:第一种观点认为四要件犯罪构成理论体系没有出罪机制,主张重构我国犯罪构成理论体系,并建议移植德日三阶层犯罪构成理论[3]。此说可称为"移植论"(越来越多的学者持此种观点)。第二种观点认为四要件犯罪构成理论体系虽具备一定的出罪功能,但仍需要完善。此说可称为"改造论"。第三种观点认为四要件犯罪构成理论体系具备出罪机制。此说可称为"肯

---

[1] 冯亚东:《中德(日)犯罪成立体系比较分析》,载《法学家》2009年第2期。

[2] 我国学者通常认为,我国犯罪构成理论体系属于一种封闭、耦合、平面式的四要件体系,而德日体系属于一种开放、递进、整体式的三阶层体系,两大体系在结构上有着根本不同。参见冯亚东:《中德(日)犯罪成立体系比较分析》,载《法学家》2009年第2期。学界对传统的四要件犯罪构成理论的批判颇有以讹传讹的意味,"缺乏层次""封闭""定罪标准混乱""缺乏出罪标志""为犯罪嫌疑人提供的辩护空间狭小"等不知从何时起就成了反思犯罪构成理论的学术作品的必提之语,好像不说就是没有深刻认识我们的理论一样。参见陈璐:《定罪体系化视野下犯罪构成理论研究》,载《河北法学》2010年第10期。

[3] 尽管还存在二阶层、四阶层等阶层犯罪论学说,但是为论述方便,本章仍使用"三阶层犯罪构成理论"。

定论"（持此种观点者很少）。另外，需要引起注意的是，即使是主张同一观点的学者，其论证角度也存在差异。对这些观点的梳理，有助于我们了解争论点，便于作出正确判断。

（一）"移植论"

"移植论"在比较四要件犯罪构成理论体系与以德日为代表的大陆法系、英美法系的犯罪构成理论体系的基础上，认为四要件犯罪构成理论体系没有大陆法系、英美法系的犯罪构成理论体系之出罪要件设计，[1] 并成为主张重构我国犯罪构成理论体系的关键论据之一。

"所谓'移植论'，实质上就是'革新论'……某些刑法学者主张以革故鼎新的立场彻底推翻以四要件为特征的苏联传统体系，以直接'拿来'的方法全面移植以三阶层为特征的德日刑法学犯罪论体系……"[2] 持"移植论"的学者中，以陈兴良教授为代表。他从犯罪构成要件是否具备阶层性的角度出发，认为我国四要件平面犯罪构成要件不具备阶层性出罪事由体系，并且类似正当防卫、紧急避险等也没有被纳入犯罪构成理论体系之中。[3] "在这个意义上我们可以说，四要件是没有出罪事由的犯罪构成，出罪事由在四要件的犯罪论

---

[1] 德日刑法犯罪构成理论体系总体上是"构成要件该当性—违法性—有责性"三阶层体系，其中构成要件该当性被称为"积极构成要件"，承担"入罪"功能；违法性和有责性被称为"消极构成要件"，承担"出罪"功能。英美法系刑法犯罪构成理论体系整体上采用"犯罪要件—辩护事由"，犯罪要件是检控方需要证明的犯罪成立的要件和要素，即犯罪成立的积极方面的要素；辩护事由是辩护方提出的否定犯罪成立的事由，其提出要以承认行为符合犯罪要件为前提。参见方鹏：《出罪事由的体系和理论》，中国人民公安大学出版社2011年版，第116—131页。

[2] 高铭暄：《关于中国刑法学犯罪构成理论的思考》，载《法学》2010年第2期。

[3] 参见方鹏：《出罪事由的体系和理论》，中国人民公安大学出版社2011年版，"序"第5—6页。

体系中并不存在应有的地位,这也正是四要件的犯罪论体系的根本缺陷之所在。"[1]

(二)"改造论"

"所谓'改造论',也可以称为'改良论'……其基本诉求是在维护中国刑法学犯罪构成理论传统框架和格局的基础上,进行技术性的修正改造,其基本方法大多是对犯罪构成体系进行拆解重组和置换位移。"[2]例如,李洁教授从价值评价角度出发,认为在我国刑法理论体系中,将排除犯罪事由放在构成要件体系之外讨论,有碍于理论体系的安全性和可操作性,建议在保持四要件理论体系的基础上,将排除犯罪事由融入犯罪构成理论体系中。[3]邓正伟从刑事诉讼角度出发,认为我国现行犯罪构成理论存在的最大缺陷是缺少消极构成要件,导致刑事立案条件过于严苛,取证人员倾向于作有罪推定,限制了公诉价值的实现,建议在保留四要件犯罪构成整体框架的前提下,删除犯罪客体要件,增加犯罪阻却要件,形成包括犯罪客观方面、犯罪主体、犯罪主观方面和犯罪阻却的新型四要件犯罪构成体系。[4]梁云宝从四要件体系定位角度出发,认为四要件犯罪构成并不包含具有实质违法性的构成要件,使得出罪事由难以为犯罪构成体系所容纳,犯罪构成要件不具备出罪机制,建议将超法规的违法性阻却事由规定在构成要件之外,并指出外置于犯罪概念中在对人权价值的贯彻

---

[1] 方鹏:《出罪事由的体系和理论》,中国人民公安大学出版社 2011 年版,"序"第 6 页。
[2] 高铭暄:《关于中国刑法学犯罪构成理论的思考》,载《法学》2010 年第 2 期。
[3] 参见李洁:《中国通论犯罪构成理论体系评判》,载《法律科学》2008 年第 2 期。
[4] 参见邓正伟:《犯罪构成理论对刑事诉讼的制约及完善》,载《中国刑事法杂志》2008 年第 4 期。

上具有比较优势。[1]

(三)"肯定论"

持"肯定论"者认为,我国犯罪构成理论体系同样具备出罪功能。此论以高铭暄教授为代表,他从法理分析角度出发,指出:"四大犯罪构成要件既是积极要件又是消极要件,当完全充足四个要件而确证犯罪成立时,即发挥了入罪功能,反之,当缺失其中任何一个要件而否决犯罪成立时,即发挥了出罪功能……"[2]

持"肯定论"的还有王骏博士,他从历史的角度出发,认为1924年之前,苏俄主要借鉴了德国的犯罪论体系,并且将德国阶层犯罪理论中的违法性和有责性犯罪成立要件分别融合于犯罪客体、客观要件和主体、主观要件中。我国犯罪构成理论体系主要借鉴苏俄理论,[3]"所以,我国的犯罪构成理论实际上间接源于德国的犯罪论体系"[4]。王昭武教授从犯罪本质及但书机能的角度出发,认为我国犯罪构成理论是形式要件与实质要件的统一,行为符合犯罪构成即满足实质犯罪的要求,就构成实质犯罪。"情节显著轻微危害不大"的行为在司法适用过程中,由于不符合犯罪构成要件而"出罪"。因此,我国犯罪构成体系具备出罪功能。[5]陈璐博士认为,我国犯罪构成理论作为

---

〔1〕 参见梁云宝:《超法规的违法性阻却事由之外置化——四要件犯罪论体系下的定位》,载《法学评论》2011年第6期。

〔2〕 高铭暄:《关于中国刑法学犯罪构成理论的思考》,载《法学》2010年第2期。

〔3〕 参见王骏:《超法规的正当化行为论纲》,载《河北法学》2010年第8期。

〔4〕 张明楷:《犯罪构成理论的课题》,载《环球法律评论》2003年秋季号。

〔5〕 参见王昭武:《犯罪的本质特征与但书的机能及其适用》,载《法学家》2014年第4期。

认定犯罪的标准，是主观与客观、形式与实质、事实与价值相统一的理论，一直都具有认定犯罪的入罪和排除犯罪的出罪功能。之所以会有观点认为我国犯罪构成理论没有出罪机制，是因为相关学者错误利用犯罪构成要件中立的价值，进行了先入为主的判断。[1] 李希慧、童伟华从中外犯罪构成理论对比的角度分析，认为"我国犯罪构成理论中的犯罪客体要件相当于大陆法系犯罪构成理论中的违法性"[2]，从而肯定我国犯罪构成理论不但具备入罪功能，而且具备出罪机制。

正如高铭暄教授所言："批判是学术成长不竭的动力。改革开放30年来中国刑法学犯罪构成理论体系成熟的过程，实质上也是一个不断开展批评和自我批评的过程。正是中国刑法学界谦虚面对各种批判声音，并以此为契机开展深刻反思，才促成了犯罪构成理论体系的发展与完善。"[3] 四要件犯罪构成理论是否具有出罪机制一直是学界争论的焦点，是关系到我国犯罪构成理论体系未来走向的重要论据。学者们不同观点的交锋，为论证提供了不同视角，具有重要参考价值。但是，批判必须建立在深刻理解理论的基础上，否则就是无源之水、无本之木，失去了学术价值。

二、四要件犯罪构成理论具有出罪功能

本章的基本观点是：我国的四要件犯罪构成理论具有出罪功能，

---

[1] 参见陈璐：《定罪体系化视野下犯罪构成理论研究》，载《河北法学》2010年第10期。

[2] 李希慧、童伟华：《"犯罪客体不要说"之检讨——从比较法的视角考察》，载《法商研究》2005年第3期。

[3] 高铭暄：《关于中国刑法学犯罪构成理论的思考》，载《法学》2010年第2期。

并且是与刑法立法以及刑事司法的特点相契合的。

(一) 四要件犯罪构成理论与我国实质犯罪概念的关系

我国《刑法》第13条规定:"一切危害国家主权、领土完整和安全,分裂国家、颠覆人民民主专政的政权和推翻社会主义制度,破坏社会秩序和经济秩序,侵犯国有财产或者劳动群众集体所有的财产,侵犯公民私人所有的财产,侵犯公民的人身权利、民主权利和其他权利,以及其他危害社会的行为,依照法律应当受刑罚处罚的,都是犯罪,但是情节显著轻微危害不大的,不认为是犯罪。"该条被认为是犯罪概念的刑法规定。关于我国犯罪的形式与实质之争,集中于"但书"的功能定位。我们认为,"但书"关于社会危害性"量"的要求只是注意规定,我国的犯罪概念属于实质犯罪概念。

根据《刑法》第13条的规定,可以推导出犯罪概念的三个基本特征:社会危害性、刑事违法性以及应受刑罚处罚性,其中社会危害性是犯罪的基本特征。主张形式犯罪概念的学者认为,《刑法》第13条前半部分是关于形式犯罪概念的规定,行为还要满足"但书"对社会危害性"量"的要求才构成实质犯罪,否则可能只是一般违法。这种观点看似合理,实际上存在逻辑错误。第13条前半部分关于犯罪概念的规定虽将社会危害性作为基本特征,但刑事违法性也是犯罪特征之一,只有当行为的社会危害性达到犯罪要求"量"的程度时,才会被规定在刑法中。所以,刑事违法性具备将违法行为排除出犯罪圈的功能,犯罪概念不需要借助"但书"规定,仍能作出"罪与非罪"的认定。因此,"但书"规定是注意规定。

关于犯罪概念与犯罪构成的关系,邱兴隆在其《犯罪概念与犯罪构成辩证关系初探》一文中进行了详细而富有逻辑的论证,得出的结论是:"犯罪概念与犯罪构成的关系是内容与形式、一般与个别、抽象与具体的关系。"[1] 既然我国的犯罪概念是实质犯罪概念，而犯罪构成要件与犯罪概念之间又具有辩证统一关系，那么可以推知犯罪构成要件具备判断行为是否构成犯罪这一实质认定犯罪的功能。既然犯罪构成要件的判断是实质判断，那么当然既包括将行为作为犯罪处理的入罪功能，也包括将行为不作为犯罪处理的出罪功能。

（二）犯罪构成要件本身的出罪功能

在四要件犯罪构成理论适用过程中，对"入罪"与"出罪"是同时判断的，其中出罪功能表现在宏观和微观两个层面。在宏观上，"当完全充足四个要件而确证犯罪成立时，即发挥了入罪功能，反之，当缺失其中任何一个要件而否决犯罪成立时，即发挥了出罪功能"[2]。这是犯罪构成要件的出罪功能在宏观上的体现。

犯罪构成要件在微观上也具备出罪功能。表面上，四要件犯罪构成理论体系之下的各要件都是在"入罪"。但是，实际上，每个要件都具有出罪功能。从犯罪客体角度出发，任何犯罪都必然侵犯刑法所保护的社会关系。如果某个行为没有侵犯任何社会关系或者只是侵犯了其他部门法所保护的社会关系，则该行为就只具备一般的违法性，不能认为它属于某一犯罪构成要件中的客体，排除犯罪成立。某个行为构成某种犯罪必须满足该行为对刑法所保护的社会关系造成侵害的客观外在事实特征，具体包括时间、地点、目的、危害行为、危害结果、因果关系等要素。如果该行为不符合该罪要求的客观要件，则不成立犯罪，排除犯罪成立。犯罪是行为人应当承担刑事责任的行为，犯罪主体必须具备相应的条件才能要求行为人承担刑事责任。任何不

---

[1] 邱兴隆：《犯罪概念与犯罪构成辩证关系初探》，载《法学杂志》1984年第1期。

[2] 高铭暄：《关于中国刑法学犯罪构成理论的思考》，载《法学》2010年第2期。

具备犯罪主体要件的自然人和单位实施的行为，包括不具备年龄、生理状态、身份等要素，都不是犯罪行为。我国刑法在定罪上的一个基本原则是"无罪过即无犯罪"，只有客观上实施了危害行为，并且主观上具备故意或者过失的罪过，才能构成犯罪。如果某个行为不满足主观上的罪过形式，则该行为不构成犯罪。[1]

（三）三阶层"出罪"定义下，我国四要件犯罪构成理论的出罪功能

将"出罪"界定为"将进入犯罪评价体系、初步具备犯罪概貌特征的行为排除出犯罪圈之外"[2]，是从三阶层犯罪构成理论角度进行的定义。即便按此界定，四要件犯罪构成理论仍具有出罪功能。

四要件犯罪构成理论与三阶层犯罪构成理论具有一定的相似性。由于实行行为的存在，我国四要件犯罪构成理论中的客观方面要件和主观方面要件具备与三阶层犯罪构成理论中的第一阶层构成要件该当性相当的入罪效果。"犯罪的实行行为，是指'刑法分则中具体犯罪构成客观方面的行为'。"[3] 一般而言，实行行为就是符合刑法分则中特定罪名条款内容的行为。从出罪角度分析，三阶层犯罪构成理论的第一阶层构成要件该当性作为入罪的积极构成要件，既包含主观构成要件要素，也包含客观构成要件要素。我国四要件犯罪构成理论中，主观方面要件大体相当于构成要件该当性中的主观构成要件要素，客观方面要件大体相当于构成要件该当性中的客观构成要件要素。同理，我国四要件犯罪构成理论中，犯罪客体要件一般被认为是

---

[1] 参见姚建龙主编：《刑法学总论》，北京大学出版社2016年版，第159页。

[2] 方鹏：《出罪事由的体系和理论》，中国人民公安大学出版社2011年版，第14页。

[3] 张明楷：《刑法学》（第四版），法律出版社2011年版，第146—147页。

被犯罪行为侵犯的社会关系,"客体"大致相当于三阶层犯罪构成理论中的违法性判断,承担违法阻却职责。四要件犯罪构成理论中的"主观"可类比三阶层犯罪构成理论中的"有责性",同样可以作为责任阻却事由。四要件犯罪构成理论与三阶层犯罪构成理论的这种相似性,在总体上反映了四要件犯罪构成理论具有出罪功能的特点,只是在运用时的思维逻辑上存在差异罢了。

三、四要件犯罪构成理论与三阶层犯罪构成理论在出罪机制设计上的不同

四要件犯罪构成理论已经被证明具有与三阶层犯罪构成理论相似的出罪功能,二者的差别体现在出罪机制设计上,前者采取"先出后入再出"模式,后者采取"先入后出"模式。究其背后深层次的原因,这是东西方认定犯罪思维方式存在差异的体现,也是在刑事司法制度设计上"控方中心主义"与"审判中心主义"的差异在出罪机制上的反映。

(一)两种理论在出罪机制设计上的差异

在运用时,我国四要件犯罪构成理论的出罪机制采取的是先出罪、再入罪、再出罪模式,三阶层犯罪构成理论采取的则是先入罪、后出罪模式。

具体而言,我国四要件犯罪构成理论强调行为的社会危害性,在思维上首先要进行是否达到刑事犯罪程度的社会危害性衡量,社会危害性显著轻微的行为并不会进入犯罪构成要件的评价体系之中,体现了先出罪的特点。对于具有严重社会危害性的行为,接下来要进行构成要件判断,具有再入罪的特点。最后,对于形式上四要件齐备的行为,还要进行正当化事由判断,具有再出罪的特点。因此,我国四要

件犯罪构成理论在运用上具有先出罪、再入罪、再出罪的特点。

与我国犯罪体系的出罪机制不同,三阶层犯罪构成理论总体上采取的是先入罪、后出罪模式。具体而言,第一阶层即构成要件该当性(符合性)承担入罪功能,将一切在形式上符合构成要件、具有犯罪"性"的行为全部纳入犯罪圈;第二、第三阶层即违法性和有责性作为出罪事由,将未达到犯罪"质量"要求的行为排除出犯罪圈。

由以上分析可见,我国四要件犯罪构成理论的出罪机制主要在犯罪构成体系外,三阶层犯罪构成理论的出罪机制主要在体系内。相较而言,在我国四要件犯罪构成理论的出罪机制之下,出罪设置似乎存在不足,具有所谓"入罪"导向,这也是主张推倒四要件而重置犯罪构成理论者的主要论据。这种观点虽具有启发性,但也是对我国四要件犯罪构成理论在运用时的"断面式"理解。

需要强调的是,四要件犯罪构成理论具有出罪功能,只是在运用时与三阶层犯罪构成理论的出罪机制不同而已,并无确切证据能够支持三阶层犯罪构成理论在出罪机制上优越于四要件犯罪构成理论。东西方犯罪构成理论之所以存在出罪机制设计上的不同,与东西方认定犯罪的立法方式以及刑事司法制度的差异有关。

(二)东西方认定犯罪的刑法立法方式不同

储槐植教授曾经深刻地指出,与外国刑法的犯罪定义采用的是"立法定性+司法定量"的二元化定罪模式相比,我国刑法的犯罪定义采用的则是"立法定性+定量"的一元化定罪模式。[1]

与刑法立法在定罪模式上的不同相适应,主流犯罪构成理论也必然呈现出重大差异。外国刑法立法对犯罪"只定性不定量",势必导致

---

[1] 参见储槐植:《我国刑法中犯罪概念的定量因素》,载《法学研究》1988年第2期。

犯罪圈扩大，犯罪构成理论必然要强调出罪，产生所谓"重出罪"的三阶层犯罪构成理论也就成为必要和必然。反观我国刑法立法"既定性又定量"的一元化定罪模式，犯罪圈相较而言本来就小得多，与之相适应的犯罪构成理论必然也具有所谓"重入罪"的特点，体系内的出罪机制相对难以成为重点，在某种程度上也无须成为重点。正因为如此，四要件犯罪构成理论的产生具有必然性。

从这个角度看，我国采用四要件犯罪构成理论是刑法立法采取"立法定性＋定量"的一元化定罪模式的必然结果。主张全面移植三阶层犯罪构成理论的学者在某种程度上忽视了犯罪构成理论生成土壤的差异性，"水土不服"必然成为这些学者不得不面对的一大挑战。

（三）我国与西方刑事司法制度的不同

有什么样的刑法，就有什么样的刑事司法，也就有什么样的犯罪构成理论与之相匹配。

与我国刑法立法采取"立法定性＋定量"的一元化定罪模式相适应，刑事司法的运行具有"控方中心主义"的特点，与之相匹配的自然是具有所谓"重入罪、轻出罪"特点的四要件犯罪构成理论。与西方刑法立法采取"立法定性＋司法定量"的二元化定罪模式相适应，刑事司法的运作需要呈现出"审判中心主义"的特征，与之相匹配的必然是具有所谓"重出罪"特点的三阶层犯罪构成理论。

"控方中心主义"的典型特点是将侦查机关作为刑事诉讼的核心角色。在"控方中心主义"的诉讼模式下，侦查机关掌握了较高的证据标准，对于不符合四要件犯罪构成理论的行为，如未满14周岁的未成年人实施的故意杀人行为，公安机关不作为犯罪处理，直接将其排除出犯罪圈。公安机关通过刑事立案、侦查筛选的犯罪行为被移送到检察机关时，必须已经基本符合起诉定罪条件，检察机关对批准逮捕和提起公诉[1]大体上掌握了相似的证据标准，法院最终判决认定无罪的比例十分低也就成为自然的结果。换句话说，刑法立法采取"立法定性＋定量"的一元化定罪模式，要求侦查、起诉和审判机关都尽可能保证进入犯罪圈进行评价的行为符合刑法对犯罪界定的"质量"。"重入罪"的四要件犯罪构成理论恰恰可以为这样的刑事立法与司法制度提供相匹配的理论支持。相反，与西方刑法立法采取"立法定性＋司法定量"的二元化定罪模式相适应的刑事司法制度不可能具有前期出罪的制度设计，"审判中心主义"成为必然。由于犯罪圈很大，行为都需要由法庭予以认定，因此也就需要与此相适应的三阶层犯罪构成理论进行排除。

四、结语

不可否认，四要件犯罪构成理论存在需要完善的地方。但是，从所谓缺乏出罪功能的角度否定四要件犯罪构成理论，显然是值得商榷的。我国四要件犯罪构成理论之所以遭到如此强烈的缺乏出罪功能的质疑，一个关键的原因是质疑者按照三阶层犯罪构成理论的思维，将"出罪"定义为"将进入犯罪评价体系、初步具备犯罪概貌特征的行为排除出犯罪圈之外"[2]，认为"先入（该当性）后出（违法性、有责性）"才是出罪的特点。我国四要件犯罪构成理论在运用时则结合犯罪的实质定义，具有"先出后入再出"的特点。无论对"出罪"如

---

[1] 根据我国《刑事诉讼法》的规定，人民检察院提起公诉包括两个缺一不可的条件：(1) 认为犯罪嫌疑人的犯罪事实已经查清，证据确实、充分；(2) 依法应当追究刑事责任。参见宋英辉、甄贞：《刑事诉讼法学》（第五版），中国人民大学出版社 2016 年版，第 324 页。

[2] 方鹏：《出罪事由的体系和理论》，中国人民公安大学出版社 2011 年版，第 14 页。

何界定，其本质内涵都是防止不应被定罪的行为被认定为有罪。我们不能因出罪机制的设计不同而机械地认定四要件犯罪构成理论不具有出罪功能。这种所谓的"出罪功能"，准确地说是德日三阶层式出罪功能。

　　本章的一个基本结论是：四要件犯罪构成理论具有出罪功能，并且相较于德日等西方国家过于庞大的犯罪圈，我国狭小的犯罪圈可以防止大多数人进入刑事司法的视野，免受刑事司法的"骚扰"，尤其是防止遭受刑事司法程序的伤害，在这方面可能更有优势。更重要的是，四要件犯罪构成理论是与我国刑法对犯罪定义采用"立法定性＋定量"的一元化定罪模式相适应的，而三阶层犯罪构成理论是与外国刑法对犯罪定义采用"立法定性＋司法定量"的二元化定罪模式相适应的。忽视犯罪构成理论生成土壤的差异，机械地认为四要件犯罪构成理论没有出罪事由是其根本缺陷，乃至需要完全背弃该理论而引入三阶层犯罪构成理论，有失偏颇。当然，借鉴三阶层犯罪构成理论对出罪机制的重视也是必要的，包括丰富我国的出罪事由理论、完善出罪事由体系等。

第七章
论人工智能的刑事可罚性[*]

人工智能的发展对法律尤其是刑法提出了新的时代挑战，对于是否应当对其进行刑法规制以及处罚是否有效，各方观点莫衷一是。我们认为，问题的关键在于厘清人工智能带来的社会风险、刑法机能的合理定位、刑事责任的根据以及是否承认人工智能会产生"自主意识"，必须解决这些问题，否则只能陷入无休止的"自说自话"的争论之中。

对于人工智能的刑法规制之探讨主要有两种代表性观点：一派学者认为，人工智能不具有"自主意识"，也就是没有所谓的"人格"，因此没有必要对其进行独立的刑事责任认定。另一派学者认为，人工智能会形成"自主意识"，具有认识能力、判断能力。因此，对于发展到一定程度的人工智能，有必要赋予其刑事责任主体地位，并执行

---

[*] 本章为笔者与罗建武合作撰写，提交"上海政法学院刑法论坛（2018）：人工智能的刑法规制及相关法律问题专题研讨会"（2018年11月25日，上海政法学院主办）。

相应的刑罚。对此，我们认为，有必要对人工智能研发者进行访谈，实际观摩现阶段人工智能产品或机器人的自主性程度，主要包括语言能力、行动能力和思维能力等，以研判将来人工智能的发展程度。接下来会涉及的两个问题是：人工智能刑法规制的必要性（正当性）和处罚人工智能的有效性（可行性）。因此，本章将从人工智能犯罪的概念厘定、刑事责任根据论之追溯、人工智能刑事责任能力认定以及在社会化主体地位视角下对人工智能刑罚理论体系进行完善等方面论述人工智能时代刑法应当如何理性应对。此外，由于社会经济及科技的迅猛发展，注重预防也是当代法律应当具备的优良品质。因此，本章还将发出人工智能需要理性发展的呼吁，以避免科技失控或无序发展可能给人类带来的无法弥补的严重后果。

一、问题提出：一个概念的厘定

随着神经网络、蒙特卡洛树搜索、云计算、大数据等技术的发展与应用，众多国家热衷于人工智能的研发，而对于人工智能是否应当受到刑法规制的理论探讨也日益成为刑法学界一个新的热点研究领域。不论是主张人工智能将来会具有"自主意识"，还是认为人工智能永远都不会具有"人格"，都涉及一个共同的范畴：人工智能犯罪。前者认为存在人工智能犯罪，后者认为不存在独立的人工智能犯罪。因此，有必要从刑法解释学角度对"人工智能犯罪"这一概念进行厘定，明晰能够犯罪的人工智能是什么样的，了解当前人工智能发展的程度以及今后可能的发展态势，判断人工智能是否可以具有犯罪主体地位以及是否能够承担刑事责任。如果不严格界定"人工智能犯罪"这一概念，则会造成一个研讨困境：人工智能永远只是技术问题、产品责任问题，不可能涉及犯罪，用刑法对技术本身进行独立责任追究不仅无必要，而且有违刑法的谦抑精神。因此，界定"人工智能犯罪"的概念对于人工智能能否犯罪、能否被追究刑事责任以及如何实现刑罚目的都具有重要意义。

（一）"人工智能犯罪"概念之辨

明确"人工智能犯罪"概念，需要解释两个用语："人工智能"和"犯罪"。其中，必须首先弄清楚的是"犯罪"[1]的概念，继而才能够合理地界定"人工智能犯罪"中"人工智能"的内涵。因此，应当对"人工智能犯罪"进行语义解释，即将其拆分为"人工智能"（主体）和"犯罪"（行为）。

对于"犯罪"的概念，存在着刑法学和犯罪学两种视角。由于刑法学中的犯罪概念具有法定性的特征，因此对于"人工智能犯罪"的概念界定侧重于先在犯罪学层面对"犯罪"进行定义，下一步是从刑法学角度探讨"人工智能"是否能够成为"犯罪"的主体。犯罪学中对"犯罪"的定义并未形成统一认识，我们采纳部分竞合说。该说认为："犯罪学的犯罪概念是一种功能性犯罪定义。……犯罪只是严重危害社会的行为，包括绝大多数法定犯罪、待犯罪化的犯罪和准犯罪三部分。功能性犯罪定义不包含法定犯罪定义应非犯罪化的那部分犯罪。"[2] 但是，不论是刑法学还是犯罪学中的犯罪概念，严重的社会危害性都是其共同的本质特征。不同之处在于，刑法学中的"严重社会危害性"是关于客观属性与刑法规范的双重评价；而犯罪学中的"严重社会危害性"只是一种客观属性描述，不带有罪刑法定色彩。

那么，究竟什么样的行为属于具有严重社会危害性的行为？"犯罪学对于社会危害性的理解是侧重于客观方面的，由客观上所造成的

---

[1] 如无特别说明，本章使用的"犯罪"均为犯罪学意义上的犯罪。
[2] 转引自周蓝蓝、李波：《刑法学与犯罪学犯罪概念的碰撞与交融》，载《河南公安高等专科学校学报》2003年第5期。

损害说明,还包括行为人的主体要件和主观要件。"[1] 关于行为的社会危害性是否达到严重程度的认定,从刑法学角度而言,需要考虑的因素包括"行为所侵犯的社会关系的性质、行为的方法、行为的危害结果、行为人的责任能力、行为人的主观方面、情节是否严重、行为实施时的社会形势等"[2]。因此,当一个行为具有严重社会危害性时,刑事立法就应当综合各种因素加以考量,将其犯罪化以严密刑事法网。

既然犯罪是一个"行为",那么必然要有行为主体,也就是犯罪主体,在此种传统犯罪学意义上,强调的是行为本身,并且研究的都是人的"行为"。但是,随着社会经济的发展,单位犯罪主体也逐渐被承认。因此,就"人工智能犯罪"中的"人工智能"而言,成为犯罪主体并非不可能,只是需要社会经济及科技的发展为其"营造"一个大的时代背景。此时的"人工智能"是一个主体性名词,而非技术性名词。

那么,刑法规制人工智能的时间节点如何确定?我们认为,对于此处涉及的可以用刑法规制的独立承担刑事责任的人工智能而言,不能过早地确立其独立的刑事责任主体地位,人工智能进入"自主意识"时代需要一定的时间;同时,也不能等到真正出现了独立的人工智能犯罪再去规制,此时可能已无能为力,为时已晚,又或是代价巨大。因此,我们认为"人工智能犯罪"是一个阶段性概念,即到了强人工智能时代,才会出现人工智能犯罪。现阶段的人工智能涉及的犯罪问题主要是研发者或使用者的自然人犯罪,并不是本章所称的真正意义上的人工智能犯罪,用当前的刑法理论是可以解决的。目前争议较大的问题之重点不在于弱人工智能。所以,本章接下来的所有论述

---

[1] 马克昌:《犯罪通论》,武汉大学出版社1991年版,第21页。
[2] 同上书,第22—23页。

都是围绕未来"自主意识"状态下的"人工智能犯罪"展开的。

（二）人工智能的本质之探究

由于人工智能发展迅速，法律界尤其是刑法学界对于人工智能的担忧开始出现。在众多学者中，刘宪权教授的观点极具代表性，他认为："人工智能时代存在着刑事风险，当犯罪可能发生（一般可能性）而尚未发生时，刑法所作出的应对就是通过立法举措威慑并预防犯罪，因此要以前瞻性地修补甚至是重构刑法体系来规制人工智能时代可能催生的、独有的'严重危害社会的行为'。"[1] 我们对此较为赞同，对于一个极可能带来潜在巨大危险的新生技术，法律应当采取慎重的态度对待，不能任由其无限发展，而应当使其在不给人类带来巨大威胁的法律框架内良性发展。

具有代表性的否定人工智能可以独立犯罪的学者观点为："人工智能的行为'意思'更可能是其研发者或者使用者的意思，人工智能并不具有与人类同等的'自由意思'，进而对其执行刑罚不具有可行性。"[2] 我们认为，必须清楚人工智能到底是什么，是否可以赋予其法律人格，只有理解了人工智能的本质，才能够更好地研究人工智能能否独立实施犯罪，以及处罚人工智能能否实现刑罚目的。我们将从以下三个方面对人工智能的本质进行论述：

1. 人工智能的"大脑"——算法

人拥有大脑，能够产生意识，这被认为是人与动物的区别之一。对于人工智能本质的探讨涉及的就是人工智能依靠什么实现运转，即

---

[1] 参见刘宪权主编：《人工智能：刑法的时代挑战》，上海人民出版社2018年版，第1—2页。
[2] 参见储陈城：《人工智能可否成为刑事责任主体》，载《检察日报》2018年4月19日。

人工智能有没有"大脑"。就人工智能技术的概念而言,是指"使机器人像人一样去完成某项任务的软硬件技术"[1]。我们认为此种定义实际上是将人工智能技术定位于为人类服务的弱人工智能。弱人工能中又可以分出高级弱人工智能,是指"能够通过像人类一样的交流互动从而再现人类智能某些方面的弱人工智能"[2],如智能语音助手Siri、阿尔法围棋(AlphaGo)等,它们不同于谷歌搜索引擎、全球定位系统(GPS)和电子游戏等人工智能产品。

然而,无论是哪种弱人工智能产品,其核心都是"通过模拟人类的神经网络,利用算法和程序对大数据加以深度学习"[3]。将来的人工智能机器人,甚至是更高级的人工智能"人",在算法上会更加让人无法想象与控制。人工智能之所以让人感到喜忧参半,关键在于其有着人类无法完全控制的"大脑",也就是所谓的"算法"。此外,需要说明的是,只要存在着"大脑",无论是否具有人的外形,未来都可以将强人工智能视为一个"类人"主体。

2. 人工智能的"创造力"——深度学习能力

如果人工智能仅在研发者初始设计的算法与程序范围内运行,则根本不会产生当前法律界尤其是刑法学界如此急切又看似遥远的担忧,根源在于人工智能所具有的类似于人类的"创造力",即深度学习能力。就AlphaGo而言,它是第一个战胜围棋世界冠军的人工智能机器人,其主要工作原理便是"深度学习"。从2016年年初,以4∶1

---

[1] 刘宪权:《人工智能时代的"内忧""外患"与刑事责任》,载《东方法学》2018年第1期。

[2] [美]约翰·弗兰克·韦弗:《机器人是人吗?》,刘海安、徐铁英、向秦译,上海人民出版社2018年版,第6页。

[3] 刘宪权:《人工智能时代刑事责任与刑罚体系的重构》,载《政治与法律》2018年第3期。

的总分战胜围棋世界冠军李世石;到 2016 年年末 2017 年年初,连续 60 局无一败绩,在中国棋类网站上与中、日、韩数十位围棋高手进行快棋对决;再到 2017 年 5 月,以 3∶0 的总分战胜围棋世界冠军柯洁,AlphaGo 的围棋水平已经超过人类职业围棋顶尖水平。

人工智能的深度学习能力将会使其具有无法预测的自主发展能力。就如国外有学者所预言:"程序将创作小说,甚至是伟大的小说,其创造力与作家同样旺盛。"[1]

3. 未来人工智能的地位——可以形成"人格"

如前所述,由于人工智能具有"大脑"(算法)和"创造力"(深度学习能力),因此未来的人工智能即强人工智能将具备两大特征:

其一,发生蜕变,改变或脱离初始算法。在原有算法与程序的基础之上,随着深度学习能力的不断加强与程序的不断运行,未来的人工智能将会改变或脱离设计之初的算法,形成不同以往的或者全新的算法,这也是人工智能给研发者以及人类带来的挑战。

其二,具备情感上的感知和交流能力,可以形成"人格"。就人工智能而言,我们的疑惑是:除了不具备人类(自然人)的血、肉、骨骼等生物构造,它是否具备情感上的感知和交流能力?国外有学者认为:"当我们向电脑讲话而它回应时,我们把它当真人一样。人脑为交流而生,因而任何东西听起来像人声,我们的大脑就会被点亮,而我们获取到很大范围的社会和其他回应。"[2] 概言之,此观点认为,"能说话"和"能回应"是"真人"的两大重要特征。因此,我们认为,当前的高级弱人工智能以及今后的强人工智能都是能够具备

---

[1] 〔美〕约翰·弗兰克·韦弗:《机器人是人吗?》,刘海安、徐铁英、向秦译,上海人民出版社 2018 年版,第 207 页。

[2] 同上书,第 6 页。

情感上的感知和交流能力的。就这一点而言，未来的人工智能可能在行动上具有自己的倾向性，从而形成自己的内在"人格"。

另外，虽然当下在国外因全球定位系统引发的案件中并没有对其进行归责，但是"通过模仿真实的人类互动，全球定位系统设备增加了法院部分或者全部归责于全球定位系统的可能性，使得司机依赖于它变得合理。如果它像人一样说话，我们会像人一样待它和信赖它"[1]。

综上而言，未来人工智能形成"人格"是不存在根本性障碍的，法律也应当适时赋予其"法律人格"，具体可以将其定位于"法律拟制人"，以区别于法律上自然人的地位。

二、理论追溯：刑事责任根据论之嬗变

世界处于不断的发展变化之中，我们应以联系、发展、变化的眼光看待人工智能的犯罪化问题。一方面，不能完全突破传统的刑法理论的樊篱；另一方面，应当深刻理解甚至反思传统刑法理念如何与时代发展深度融合，以实现刑法的与时俱进而又不使其丧失本性。

（一）人工智能视域下的刑事责任根据论

刑事责任在刑法体系尤其是犯罪论体系中占据着重要地位。对于未来的人工智能犯罪而言，厘清刑事责任的内在根据尤为重要，能够从根本上解决刑法规制人工智能犯罪的正当性以及刑罚执行的可行性问题。接下来，我们将在现有刑事责任根据论的基础之上，结合未来人工智能及其犯罪的特点，探讨、修正已有的刑事责任根据论，以满

---

[1] 〔美〕约翰·弗兰克·韦弗：《机器人是人吗？》，刘海安、徐铁英、向秦译，上海人民出版社2018年版，第14页。

足未来防治人工智能犯罪的需要。

在刑事责任根据论的发展过程中,既有西方的行为责任论、性格责任论和人格责任论,又有苏联和我国刑法理论中的犯罪构成唯一根据说、罪过说、犯罪行为说、行为符合犯罪构成根据说和社会危害性说等。梅传强教授对于前述学说逐一进行了评述,最终认为:"刑事责任的根据是主观恶性,其基础是犯罪人格,理由在于刑事责任的根据应当能够解释刑事责任的创制、产生、认定、实现和终结等各种情况,应当是行为与行为人、主观与客观、报应与预防、质与量、形式与实质等诸多方面的集中体现。"[1] 由此产生的疑问是:如果刑事责任的根据是主观恶性,而主观恶性的认定涵盖诸多方面的内容,这样是否不利于把握刑事责任的本质是一种由犯罪行为引起的法律责任?此外,将主观恶性的基础归结于犯罪人格也是不恰当的。刑法追究刑事责任的对象是每一次的行为及其所体现出来的主观恶性,不能因为主体人格结构中有反社会特征就突破"刑法只处罚行为"的原则。

曲新久教授认为,必须严格区分作为确定刑事责任基本条件之一的主观可责性(即一个人必须对出于其自由意志的犯罪行为负责)和作为犯罪后客观法律效应的刑事法律责任。[2] 我们认为这样的区分是非常有必要的,刑事责任的本质解决的是其客观属性问题,而刑事责任的根据解决的是追究刑事责任的根基与正当性问题。那么,刑事责任的根据到底是什么?张明楷教授的立场是赞成行为责任论,也就是责任非难的对象是各个犯罪行为,应受处罚的不是行为人,而是行为。[3] 因为刑事责任是由犯罪引起的,犯罪应当是刑事责任的客观

---

[1] 梅传强:《论刑事责任的根据》,载《政法学刊》2004年第2期。
[2] 参见曲新久:《论刑事责任的概念及其本质》,载《政法论坛》1994年第1期。
[3] 参见张明楷:《刑法学(上)》(第五版),法律出版社2016年版,第241页。

基础或实质根据,而刑事责任则是犯罪的法律后果,不过并非就是刑事处罚本身。[1]诚然,法律处罚人是基于其在内心犯意支配下的外在犯罪行为,而非单纯的主观因素。

关于刑事责任的根据,我们赞成犯罪行为论,即"符合犯罪构成的行为"[2]才是刑事责任的根据。当然,这种行为是在行为主体相对自由的意志支配下实施的。需要说明的是,这里所讨论的刑事责任的根据都是在罪刑法定的语境下展开的,对于没有刑法所规定犯罪构成的犯罪学意义上的"犯罪行为"进行探讨是为了论证是否应当将其犯罪化,进行相应的刑事立法。本章对于人工智能犯罪之刑事责任根据的论证就是在此意义上展开的。

(二)人工智能时代刑法谦抑性与犯罪化之关系反思

关于人工智能的刑事责任根据,我们认为,首先应当结合人工智能的时代特征对刑法谦抑性进行反思。刑法谦抑性,指的是"刑法自身所特有,在发动刑法和动用刑罚上保持足够谦逊和抑制的品格与操守"[3]。刑法为何要保持谦抑性?这主要是为了保障自由,使人们在合法的范围内自由行为,不受刑事制裁。但是,刑法谦抑性又不能脱离社会而存在,成为阻碍刑法社会防卫功能发挥的障碍。因此,刑法谦抑性并不是一味地反对犯罪化,而是反对人为过早地将一些不值得处罚的行为进行刑法规制。概言之,刑法谦抑性与适时犯罪化并不冲突,反而是相辅相成的关系。

由于移动互联网、大数据、超级计算、传感网、脑科学等新理

---

[1] 参见张明楷:《刑法学(上)》(第五版),法律出版社2016年版,第78—79页。
[2] 曲新久:《论刑事责任的根据》,载《河北法学》1987年第4期。
[3] 高诚刚:《刑法谦抑性的体系解释与理论重塑》,载《安庆师范学院学报(社会科学版)》2016年第4期。

论、新技术的发展，人工智能的发展速度惊人，当前已经发展到了高级弱人工智能时代。虽然与强人工智能时代还有一定的距离，但是不可否认，随着人工智能运用深度学习能力对算法进行突破，未来人工智能的发展空间巨大。同时，人工智能也有着不确定的、巨大的潜在风险。面对这种风险，国家层面的态度也是相当明确的：人工智能加速发展，呈现出深度学习、跨界融合、人机协同、群智开放、自主操控等新特征。人工智能将成为国际竞争的新焦点、经济发展的新引擎、社会建设的新机遇。人工智能是影响面广的颠覆性技术，可能带来改变就业结构、冲击法律与社会伦理、侵犯个人隐私、挑战国际关系准则等问题，将对政府管理、经济安全和社会稳定乃至全球治理产生深远影响。在大力发展人工智能的同时，必须高度重视其可能带来的安全风险挑战，加强前瞻预防与约束引导，最大限度降低风险，确保人工智能安全、可靠、可控发展。[1]

不难看出，国家在人工智能发展上的态度是相对慎重的，强调要在法律和制度的框架内发展，而不是等到出现重大问题以后才去监管和治理。那么，刑法应该如何应对这种科技风险？如前所述，人工智能的未来发展具有无限可能性。可以明确的是，人类发展人工智能的目标定位在于服务人类，而非完全替代甚至反过来控制人类。因此，应当坚持预防性刑法理念，提倡积极的一般预防，提前对强人工智能时代可能存在的刑事风险进行规制。这样做并不会阻碍有利于人类的科技进步，而是更加有利于保障社会秩序和全人类的生存法益。正如有的学者所言："风险规制将不再退缩在实害的范围内，而将以主动出击的方式，对风险制造要素进行事前的规制和调整，以达到风险预

---

[1] 参见《新一代人工智能发展规划》，国务院 2017 年 7 月 8 日发布。

防的目的。"[1] 在强人工智能时代无可避免地到来以后，刑法也不能丧失其惩罚功能。陈兴良教授认为："'风险刑法'仍然是以罪责为前提的。这种罪责必然是报应罪责，预防罪责论是不能成立的。罪责是刑罚处罚的必要条件，而预防必要性只是在具备罪责的基础上应当考量的一个因素。"[2] 因此，在出现了独立的人工智能犯罪之后，刑法的目的还在于实现报应罪责和特殊预防。至于可否实现，我们认为是可以的。如前所述，在强人工智能时代，人工智能具有情感和价值判断能力，对其进行处罚可以实现刑罚的目的。前文主要是从犯罪学意义上论述需要对人工智能犯罪进行刑法规制，从而推动相应的刑事立法，惩治人工智能时代将会出现的新型主体犯罪。具体而言，由于强人工智能时代的新型主体已经产生了"自主意识"，因此当其在"自主意识"的支配下实施了危害人类和社会的行为以后，理应追究其刑事责任。

不论是在强人工智能尚未到来之时的预防性刑事立法，包括对研发者恶意或过失研发行为的规制，还是对未来出现的独立人工智能犯罪的定罪与处罚，都应当在预防性刑法视野下予以理解，如此能够更理性地审视人工智能犯罪的风险。对于责任承担问题，有国外学者也提出了质疑："当发生问题时，即产生法律责任问题，如无人驾驶车辆涉及车祸、外科手术系统涉及手术错误、交易算法涉及欺诈等。谁对这些违法行为负责？制造商、程序员、用户，或者也许是人工智能系统本身？"[3] 可见，在国外并不是一概否定人工智能作为独立的责任主体。概言之，在弄清楚未来人工智能的属性和刑事责任的根据之

---

[1] 陈兴良：《"风险刑法"与刑法风险：双重视角的考察》，载《法商研究》2011年第4期。

[2] 同上。

[3] Gabriel Hallevy, *Liability for Crimes Involving Artificial Intelligence Systems*, Springer, 2016, p.2.

后，对人工智能研发以及强人工智能独立犯罪进行刑法规制具有正当性与合理性。

三、刑法规制：人工智能刑事责任能力之认定

犯罪是刑事责任的前提，只有在人工智能可以实施犯罪的情况下，才会涉及刑事责任问题，才会进一步对一定主体的刑事责任能力进行判定，以使其承担相应的刑事责任。关于"刑事责任能力"的定义，理论界一般认为，它是指"行为人构成犯罪和承担刑事责任所必需的，行为人具备的在刑法意义上辨认和控制自己行为的能力"[1]。因此，对于人工智能刑事责任能力的分析，也应从人工智能的犯罪主体资格入手，从辨认能力和控制能力两个角度展开，最终就人工智能刑事责任能力的认定标准进行初步建构。

（一）人工智能的犯罪主体资格分析

刑法意义上的犯罪主体，是指实施危害社会的行为、依法应当负刑事责任的自然人和单位。我们论证的人工智能犯罪主体资格中的"犯罪主体"是犯罪学意义上的犯罪行为的行为主体，即实施了犯罪行为的主体。因此，对人工智能的犯罪主体资格进行分析，其实质就是论证人工智能是否可以实施犯罪。我们在前文已经论证了未来的人工智能是可以产生"自主意识"并形成一定"人格"的，在此基础之上，需要论证的是未来的强人工智能与动物、单位犯罪主体以及自然人犯罪主体等的本质区别，以更好地理解未来的强人工智能为何可以单独作为犯罪主体而存在。

就人与动物的根本区别展开的论述是在哲学意义上进行的。对于

---

[1] 姚建龙主编：《刑法学分论》，北京大学出版社2016年版，第132页。

马克思关于人的本质的论述，有学者认为："马克思所说的'人的本质是一切社会关系的总和'，是指人的自然属性，不是人的社会属性。马克思没有说'人的社会性是人与动物相区别的根本特性'，那是别人强加给马克思的。事实证明：唯有人的自然属性才是人与动物相区别的根本特性。……除吃、性等有些相同外，从根本上讲，人的自然属性与动物的自然属性是不相同的。例如，人有发达的思维，有丰富的语言和文字，能从事复杂的劳动，能制造各种生产工具等。一句话，人可以认识世界，可以改造世界。这种能力是人的本能，是人的自然属性。由于人有这些本能，才创造了人类社会，才创造了世界文明。"[1] 我们对此非常赞同，并认为现代刑法之所以摒弃了历史上曾经把动物作为刑罚对象的司法实践，是因为即使承认动物有自己的"自由意识"，这种"自由意识"也是普遍低等的，无法与人类这种高级生物复杂的、高水平的"自由意识"相提并论。由于存在这种根本的差异，因此不能够用处罚人的刑罚去处罚动物。也正因如此，以人具有"社会性"为由认为未来的人工智能不能够被处罚也是不科学的。相反，一方面，人工智能是人自身创造出来的，其本身或多或少融入人的某些特性或者外部特征。重要的是，人类各方面的能力正在逐渐被人工智能超越，人工智能代替人类从事着大量的工作。另一方面，未来的强人工智能不仅在智力上会超越自然人，而且可能会产生"自主意识"。所以，与动物相比，人工智能的"自主意识"更接近人类。此外，不处罚动物还有一个极为客观的原因，那就是自然人无法与动物进行直接、有效的交流，无法走进动物的"内心世界"，从而认定其"主观意思"；而自然人可以与强人工智能（包括当前的高级弱人工智能）进行直接、有效的交流，能够对其"主观心理"形成一

---

[1] 陈祖耀：《人的本质是什么——一个需要修正的哲学命题》，载《江淮论坛》2007年第2期。

个判断。由此而言，处罚未来的人工智能犯罪是一个科学、合理的命题。

我们也可以将未来人工智能犯罪中的人工智能主体与我国刑法已经确定的"单位犯罪"的单位主体进行对比。在这一问题上，有的研究者的态度是否定的，指出："法人之所以随着时代的发展最终被赋予刑法上的人格地位，原因在于：其一，法人在经济运行中的客观存在，其主体地位在民法以及行政法上得到确立，而法人组织频繁实施的违法与犯罪行为倒逼刑法作出相应的调整与修改，意志自由单纯基于自然人生命体征意义上的狭隘认识在法人制度中得以突破；其二，法人之所以能够运行实际是其内部成员意志的集中体现，通过内部决策机构的'大脑'产生对外活动的意识与意志，法人具备认知行为社会属性的能力，并在自主意志的支配下，对外以法人的名义独立运行，形成区别于自然人的行为能力，包括实施犯罪行为的能力。但受限于当前科技发展程度，弱人工智能的运作机理决定其不具有认识自身行为社会属性的独立意识，即不具有法律人格主体所需要的认识能力。"[1] 这对于法人为何能成为刑法上的犯罪主体是较为充分的阐述。同时，我们认为，与法人成为犯罪主体相比，未来人工智能犯罪所具有的"自主意识"更直接，更适合成为刑法上的行为主体。因为法人的意识在本质上就是法人背后的"小团体"全部或者多数自然人的意识，而强人工智能时代人工智能犯罪主体的"意识"则是其自由产生并表现于外的。可见，不论是从未来强人工智能的"自由意识"等级还是其"自由意识"表达的直接性而言，赋予人工智能犯罪主体资格都是一个符合时代发展要求与满足社会需要的合理选择。

---

〔1〕 时方：《人工智能刑事主体地位之否定》，载《法律科学》2018 年第 6 期。

(二) 人工智能的刑事责任能力认定标准构建

基于人工智能主要是与人产生各种法律关系，以及法律是人类社会的法律，建构人工智能的刑事责任能力认定标准非但不能脱离反而应当倚重当前刑法中关于自然人刑事责任能力的理论。刑法上的责任能力包括辨认能力和控制能力两个方面，前者是指行为人具备的对自己的行为在刑法上的意义、性质、后果的分析认识能力，后者是指行为人具备的决定自己是否以行为触犯刑法的能力。[1] 同时，辨认能力与控制能力也具有密切的关系。一方面，具备辨认能力是拥有控制能力的前提条件，只有能够认识到自己的行为是刑法上所禁止的行为，才会在相对自由意志的支配下决定实施违反刑法规范的行为。因此，没有辨认能力就直接不具备刑事责任能力。另一方面，即使具备辨认能力，也可能因为丧失作出自由决定的相对自由意志而不具有刑法意义上的控制能力。对于未来强人工智能的刑事责任能力的认定也应当从上述两个方面进行。

我国刑法对于刑事责任能力的规定主要是从正反两个方面进行的：就正面而言，一个人达到一定的年龄，就推定其具备完全刑事责任能力，即同时具备辨认能力和控制能力；就反面而言，以一个人精神状态的异常情况否定其具备相应的刑事责任能力。这对于未来强人工智能的刑事责任能力认定标准的构建也具有重要的借鉴价值。有学者认为可以将人工智能的智能化程度作为衡量刑事责任年龄的指标，同时提出了一套标准体系：完全无刑事责任阶段——智能化程度较低、相对有刑事责任阶段——智能化程度较高、完全有刑事责任阶段——智能化程度很高、有特殊刑事责任阶段——间歇性系统异常中

---

[1] 参见姚建龙：《刑法学总论》，北京大学出版社 2016 年版，第 133 页。

病毒阶段。[1]对此，我们认为，标准设置得过于复杂，我国刑法对于自然人的刑事责任年龄划分了多个阶段是基于自然人生理机能发育具有过程性的特点，而未来具有"自主意识"的强人工智能一旦具备智能化程度就是直接高于人类智能水平的，并且其智能化程度的变化速度也是无法预测的，因此确立一个详细而具体的标准不利于实践操作。我们可以将最初设计人工智能的阶段视为类似于自然人的"出生"阶段，当其发展到具有"自主意识"的阶段就相当于自然人的"成年"阶段，从而推定其具备完全刑事责任能力。另外，对于强人工智能刑事责任能力的认定还应当考虑最初设计的算法和程序是否具有明显缺陷。如果研发者基于故意或者过失造成最初的设计具有明显缺陷，从而导致人工智能在自主深度学习中出现明显的非自主性异常行为，也可以参考我国刑法中对精神病患者或者间歇性精神病患者的有关规定。当然，具体的认定还需要进行相应的检测，并且是可以实现的。

以上对人工智能刑事责任能力的探讨都是建立在承认未来的强人工智能具有"自主意识"的基础之上的，因此对于人工智能时代刑事责任能力认定标准的构建并非科幻。同时，该标准的构建借鉴了我国现有的刑法理论以及刑法规定，并不会脱离实际而造成根本性的适用困境，只不过需要随着人工智能今后的发展予以进一步完善。

四、主体视角：人工智能与刑罚制度变革

前文论述了追究未来人工智能犯罪刑事责任的正当性，并且对认定强人工智能刑事责任能力的标准进行了构建，接下来的问题是有没

---

[1] 参见马治国、田小楚：《论人工智能体刑法适用之可能性》，载《华中科技大学学报（社会科学版）》2018年第2期。

有必要处罚人工智能、处罚人工智能的刑罚目的能否实现以及在人工智能时代刑罚制度应当如何变革。对于这些问题的阐述，本章是从主体视角展开的，即在未来的人工智能时代，强人工智能虽然无法获得与自然人同等的社会地位和法律地位，但是也应当赋予其相当程度的社会主体地位，以此缓解人工智能时代对人类（自然人）社会产生的各种冲击，使人工智能朝着有利于人类的方向发展。

（一）人工智能时代刑罚目的之厘清

就自然人犯罪而言，刑罚的目的不仅在于惩罚已然犯罪，实现报应作用，也在于预防未然犯罪，实现教育作用。在人工智能犯罪问题上，我们更应当实现刑罚的预防未然犯罪这一积极的一般预防作用。原因在于，人工智能一旦犯罪，其造成的法益侵害性是远远大于自然人犯罪的。因此，为了应对未来的强人工智能时代的犯罪，不可等出现了大量的人工智能犯罪之后再去进行相应的刑事立法，否则人类付出的代价将是巨大甚至无法弥补的。

具体而言，人工智能时代刑罚目的应当以社会预防为主，实现途径主要包括：其一，惩罚研发者或利用者。出于防患于未然之需要，对于故意或过失研发危害人类的机器人（如杀人机器人）的研发者，应当予以刑罚处罚，具体罪名暂且可以称为"故意或过失研发危害人类人工智能罪"。恶意使用人工智能实施危害行为的，也应当将其纳入刑法规制。其二，惩罚强人工智能本身。这种惩罚的作用主要在于一般预防。这里所谓的"一般预防"作用，体现的是对同类强人工智能群体的威慑作用，预防其他强人工智能犯罪，以实现社会防卫。在人工智能时代，惩罚犯罪成为刑罚相对次要的目的。至于能否威慑强人工智能群体，必须在不否认未来强人工智能具有"自主意识"的前提下予以理解。对于个体人工智能犯罪，完全可以通过规定较重的刑罚防止其再次犯罪，恢复被犯罪行为破坏的社会秩序。综上而言，我们认为,在人工智能时代,刑罚的主要目的在于社会预防,然后才是惩罚个体人工智能犯罪。

(二)人工智能时代刑罚体系之发展

我们对于未来人工智能时代刑罚体系变革的阐述是在赋予未来人工智能社会性主体地位的前提下进行的。关于对现有刑罚的完善以及刑罚执行是否有效,关键性的争论还在于未来的强人工智能是否会拥有"自主意识",实施完全的自主行为。国外持强本体论者认为:"机器人技术的进步将使人工智能体有能力作出自主决定,在各个方面都与人类作出十分相似的决定,正如斯托尔斯·霍尔(Storrs Hall)主张的:'我们应当接受机器人在很多方面都会像一个品行端正的代理人那样行动的观念,在此情况下,它在以线性的叙述总结自己行动的程度上有意识,并且……在通过一个基于该叙述的模式衡量自己行动的程度上有自由意志;尤其要指出它的行动会受到奖励和惩罚的影响。'"[1]因此,强人工智能在有"自主意识"的前提下,"理解"法律是什么和刑罚是什么都是不成问题的。就如同大多数社会成员一样,强人工智能只需要明白遵守法律是为了什么以及知道具体的法律规定即可,并不需要深层次去了解法律背后的东西。由此看来,强人工智能要做到这一点是不存在困难的。因此,惩罚强人工智能是可能的、有效的。在此基础之上,完善当前的刑罚体系便可以实现对人工智能恰当、有效的刑法规制。

考虑到司法资源有限,为了避免惩罚人工智能犯罪给人类造成更大的负担,我们认为不宜将自由刑(监禁刑)适用于人工智能犯罪刑事责任的承担。因此,可用来规制人工智能犯罪的刑罚主要包括以下

---

[1] 〔意〕乌戈·帕加罗:《谁为机器人的行为负责?》,张卉林、王黎黎译,上海人民出版社2018年版,第52页。

三种：

第一，资格刑。针对人工智能犯罪的资格刑，是指在一定期限内限制人工智能从事一定的活动或使用自身一定的功能。人工智能在发展到具有"自主意识"之时，能够"理解"对其活动或功能进行一定的限制意味着什么。因此，可以结合人工智能犯罪主体罪行的轻重，剥夺其一定的活动资格或功能。

第二，罚金刑。针对人工智能犯罪的罚金刑，是指责令人工智能缴纳一定的金钱。我们认为，应当由犯罪的人工智能自身承担罚金刑，而不能转嫁给与犯罪行为无关的第三人。对此持反对意见的学者认为，对于犯罪的人工智能主体不能适用罚金刑，因为人工智能不能理解金钱的意义。[1]该学者没有看到人工智能是会具有"自主意识"的，既然有"自主意识"，有深度学习能力，那么也是具备理解和判断能力的。此外，在人工智能时代，赋予人工智能相当的社会角色，让其融入自然人的工作、生产、生活之中，其理解和判断能力会更加具有社会性。因此，人工智能理解金钱的意义不存在困难。对于认为罚金的来源是人工智能保险金或者人工智能转嫁给制造者、使用者的这一观点，[2]我们也不赞同。如前所述，当人工智能发展到具有"自主意识"之时，不再只是人类的替代性工具，而是具有一定的自由、独立地位，可以有自己的姓名、职业、收入。这些并非虚构，而是合理且无害于社会的设想，并且是可以实现的。因此，将罚金刑适用于人工智能犯罪是合理、有效的。

第三，死刑。针对人工智能的"死刑"并不是将其直接销毁，这样对于人类而言无疑也要耗费巨大的成本，不管是研发成本还是刑罚

---

[1] 参见储陈城：《人工智能可否成为刑事责任主体》，载《检察日报》2018年4月19日。

[2] 同上。

执行成本。人工智能在具有"自主意识"以及相当的社会性主体地位之后,在本质上就是一个"类人"主体,具备多重感知能力,将其直接销毁未免过于残酷,与废除死刑的趋势也是相悖的。因此,我们认为,此处"死刑"的内涵是永久性地剥夺人工智能一定的资格或功能,从而删除其一定的程序。有学者提出,对人工智能进行处置或毁灭,是在浪费宝贵的司法资源。[1]我们认为,人工智能在发展到强人工智能之时,会获得一定的主体地位,将会对人类社会关系产生重大的影响,对其进行规制势在必行,更何况人工智能给人类社会创造的价值也是客观存在的。因此,就对"冰冷"的机器动用宝贵的司法资源表示质疑是没有必要的。

综上所述,我们所要表达的观点是,对于人工智能犯罪的探讨,需要厘清一个话语背景,即同一用语的内涵是否一致。因此,我们在开篇即提出要明晰一个概念——"人工智能犯罪",它仅仅指未来具有"自主意识"的强人工智能犯罪,用语混乱不利于对人工智能领域的刑法理论展开深入交流。同时,由于强人工智能的产生以及后续的"生存"都被深深打上了人类社会的"烙印",因此应当赋予其相当程度社会化的主体地位和法律人格。况且,赋予人工智能一定的主体地位以解决其可能带来的社会问题和法律问题有何不可?在此基础上,将人工智能纳入刑法规制并改造传统的仅适用于自然人和单位犯罪的刑罚制度,以使强人工智能在融入社会以后成为一个"守法"并有助于社会发展的新型社会主体。

---

[1] 参见时方:《人工智能刑事主体地位之否定》,载《法律科学》2018年第6期。

五、结语

面对人工智能时代的逐渐到来及其可能带来的一系列重大风险,我们对于人工智能的规制应当具有前瞻性,及早规制,让其在制度和法律的框架内良性发展。刑法不能等到人工智能不受控制甚至造成重大危害之时才介入。

需要强调的是,本章从一开始就对"人工智能犯罪"进行了概念界定,文中进行的所有论述都是围绕具有"自主意识"的强人工智能展开的。但是,鉴于强人工智能时代的到来还有一定时间,以及理性对待人工智能发展阶段的态度,当前刑法规制人工智能应当具有合理界限,即在初期刑法不应当轻易介入人工智能的研发,不能对科技发展形成不当阻碍。同时,人类对于人工智能的需求与发展也应当具有理性,不能毫无边界地发展,而是要提前弄清楚人类研发人工智能的目的在于有利于人类,而非危害甚至毁灭人类。我们可以考虑给予人工智能"准自然人"的地位,即在多元关系中,可以使其成为一个"准人类"主体(不需要被人类完全控制而成为一种工具,可以具有一定的自由地位),却不能使其成为与人类完全平等的主体,甚至是自我主导或者主导人类和自然世界。

此外,以上对于刑罚种类的讨论都是建立在未来人工智能具有社会性主体地位的基础之上的,并非"天方夜谭"。人工智能飞速发展,我们不能恐慌,也不能对其潜在风险掉以轻心,而应当以一种积极、理性的态度合理应对。只要科学、理性地发展人工智能,人类完全有能力通过改革相关制度及体制以化解人工智能时代的风险。

第八章
我国少年刑事责任制度之理论检讨[*]

刑事责任是刑法学研究的基本范畴，但是对于何为"刑事责任"，学界迄今仍未达成共识。我国刑法理论界关于刑事责任的界定有心理状态说、法律责任说、强制方法（刑罚处罚）说、法律关系说、否定评价（责难或谴责）说、双向说、法律（刑事）义务说、法律后果说、负担说等诸多观点。[1] 笔者主张，刑事责任是行为人因犯罪行为所应担负的刑事法律义务，它是国家对犯罪人采取刑罚或刑罚替代措施的根据。

由于刑事责任的确定是国家对责任人采取"轻则宣告犯罪，重则以刑罚加身"的根据，因此对于刑事责任范围必须加以严格限制。没有刑事责任制度，并不妨碍（甚至更便于）国家运用刑罚手段制裁犯

---

[*] 载《法律科学》2006年第3期。

[1] 参见王晨：《刑事责任的一般理论》，武汉大学出版社1998年版，第41—58页；张文等：《刑事责任要义》，北京大学出版社1997年版，第52—53页。

罪。事实上，刑事责任制度建立的基本价值就在于防止国家刑罚权的滥用，保障人权，特别是保障有危害社会行为的人免受刑罚的过度侵害。至少从形式上看，未成年人是刑事责任制度的主要受益者。与此同时，刑事责任制度的存在也使国家刑罚权的发动获得了一种道义上的合理性。

一、少年[1]刑事责任制度的理论解释

从各国刑事责任制度来看，除了北欧斯堪的那维亚国家外，大都施行部分追究未成年人刑事责任的制度。即规定一个最低刑事责任年龄，低于该年龄的未成年人（儿童）不管实施了什么样的行为，均不被认为是犯罪，不追究其刑事责任。同时，规定一个最高刑事责任年龄，高于该年龄的人为刑事成年人，应当追究其刑事责任。对居于最低与最高刑事责任年龄之间的未成年人（少年），部分追究其刑事责任，一般是对其部分严重的犯罪行为追究刑事责任，或者减轻其刑事责任的度。为什么各国刑法普遍将儿童排除在承担刑事责任的主体之

---

〔1〕 关于"少年""未成年人""儿童""青少年"等概念的使用，理论界存在争议。笔者认为，应当在刑事法语境下使用"少年"一词，少年有广义和狭义之分，其中狭义的少年严格地以现行刑法规定为标准，指14周岁以上不满18周岁的人；广义的少年还包括行政法（行政刑法）上的少年，即12周岁以上不满14周岁的人。14周岁以上16周岁未满者简称为"年幼少年"。16周岁以上18周岁未满者简称为"年长少年"。"年幼少年"与"年长少年"的简称可以避免用语冗长的不便，强调两类人群的差异性。对于与少年相关的两个基本概念——儿童、青年，可作如下界定：不满14周岁者称为"儿童"，其中12周岁未满者简称为"年幼儿童"，12周岁以上14周岁未满者简称为"年长儿童"；18周岁以上25周岁未满者简称为"青年"，其中18周岁以上不满22周岁者简称为"年幼青年"，22周岁以上不满25周岁者简称为"年长青年"。关于这些概念的详细分析，参见姚建龙：《刑事法视野中的少年：概念之辨》，载《青少年犯罪问题》2005年第3期。

外，却部分问责少年？这种刑事责任制度的理论基础何在？对此，目前主要有以下三种理论解释：

（一）刑事责任能力说

刑事责任能力说认为，少年刑事责任制度的理论基础在于，不同年龄的人，其刑事责任能力不同。儿童无刑事责任能力，少年具有一定的刑事责任能力，成人具有完全的刑事责任能力，因此儿童对任何危害行为都不承担刑事责任，少年负部分刑事责任，成人负完全刑事责任。刑事责任能力说又可分为辨认和控制能力论、刑罚适应能力论。

1. 辨认和控制能力论

辨认和控制能力论认为，刑事责任能力的本质是辨认和控制能力，或者说是意志自由、犯罪能力；儿童没有辨认和控制能力，因此对其危害行为不承担刑事责任；少年已经有一定的辨认和控制能力，因此应当部分承担刑事责任。

辨认和控制能力论渊源于古典学派的道义责任论。道义责任论孕育于结果责任时代，形成于 18 世纪中期，代表人物有德国的康德、毕克迈耶与日本的小野清一郎、不破武夫等。该理论认为，责任的本质是道义的非难，道义非难的理论基础是哲学上以非决定论为根据的自由意志论，即个人的自由意志是道义非难的前提。只有具有自由意志的责任能力人才能理解法律的禁止或命令而自主决定，进而违反道义性。在道义责任论者看来，凡达到一定年龄、具有责任能力的人，均有依理性而行动的自由意志（理性人）。具有自由意志的人因其自由意志之决定而实施一定的行为，并发生一定的犯罪结果，即应就该行为及结果受道义的非难而负责任。道义责任论认为，行为人之所以要对自己的行为负责，是因为他虽曾认识到其行为的反道义性，但仍然实施了该行为（故意），或他虽可能认识到其行为的反道义性，但却没有认识到而实施了该行为（过失）。[1] 在道义责任论者看来，自由意志的程度是影响刑事责任程度的唯一因素。责任与自由意志之间是一种严格的、成比例的对应关系。例如，古典学派犯罪学家马里奥·帕加诺认为："一个人应对其所犯的罪行负责；如果在其犯罪之际，只有二分之一的意志自由，应当负二分之一的责任；如果只有三分之一的意志自由，则只负三分之一的责任。"[2]

目前，以自由意志和道义责任论解释刑事责任制度为我国刑法理论界和刑事立法所广泛接受。各方在阐释儿童不负刑事责任、少年负部分刑事责任的理由时，大都遵循的是古典学派的自由意志阶梯论。例如，苏惠渔教授主编的《刑法学》（修订版）中指出："立法上之所以不让这一年龄时期的人（指不满14周岁的儿童）负刑事责任，是因为不满14周岁的人尚处于幼年时期，不具备承担刑事责任所必须具备的那种对自己行为的辨别和控制能力。""立法上之所以让处于这一年龄时期的人[3]对部分严重刑事犯罪负刑事责任，是因为他们虽有一定的辨别、控制能力，但并不十分完整和成熟。所以，刑法上只要求其对自己所实施的一部分性质特别严重并且又较为常见的犯罪行为负刑事责任。""立法上之所以作这样的规定，是因为已满16周岁的人在智力及社会知识方面已有相当的发展，已经具备了承担刑事责任的辨别和控制自己行为的能力。所以，他们对自己实施的任何一种

---

[1] 参见王晨：《刑事责任的一般理论》，武汉大学出版社1998年版，第80—83页。
[2] 转引自〔意〕恩里科·菲利：《实证派犯罪学》，郭建安译，中国人民公安大学出版社2004年版，第134页。
[3] 指14—16周岁的年幼少年。

犯罪行为都应当承担刑事责任。"[1]

辨认和控制能力论具有较强的"形式合理性",对于少年刑事责任制度的解释有一定的道理和说服力,但是其漏洞也十分明显,具体表现为:

其一,它无法解释一个实际具有辨认和控制能力但年龄低于14周岁的儿童,刑法为何不让其负任何刑事责任;无法解释一个实际具有辨认和控制能力但年龄在14周岁以上不满16周岁的年幼少年,刑法为何只让其对部分犯罪负刑事责任。在年龄混合的情况下,刑事责

---

[1] 参见苏惠渔主编:《刑法学》(修订版),中国政法大学出版社1997年版,第140—141页。类似的表述有很多。例如,高铭暄教授认为:"古今中外的刑事立法中,为什么有因年龄不同而影响行为人刑事责任之有无和大小的规定?其原因,就在于人的年龄之不同,直接影响到人的刑事责任能力的有无和大小,并进而影响到人的刑事责任问题。"高铭暄主编:《刑法学原理》(第一卷),中国人民大学出版社1993年版,第635页。王勇博士认为:"法律之所以要给犯罪主体规定一定的年龄,是考虑到人的智力的发育要受一定年龄的制约。一般来讲,不满16岁的人,其生理、心理发育尚不成熟,对自己的行为缺乏认识和控制能力,因此不宜让其对自己的行为负责。但是,对于杀人、重伤、抢劫等严重危害社会的犯罪来说,极易为人们所认识,在此条件下,已满14周岁不满16周岁的人对这些罪是可以有辨认和控制能力的,因此他们若有所犯,也应让其负刑事责任。"王勇:《定罪导论》,中国人民大学出版社1990年版,第127页。谢彤认为:"未成年人的定罪范围,因未成年人的刑事责任年龄阶段的不同而有重大区别。……这无疑是符合未成年人辨认和控制能力实际状况的科学的制度。"谢彤:《未成年人犯罪的定罪与量刑》,人民法院出版社2002年版,第74—75页。王晨博士认为:"刑法规定不满14周岁的人实施任何危害行为都不负刑事责任。这主要是考虑到不满14周岁的人还处于幼年时期,受到生理和智力条件的限制。一般说来,他们对自己行为的性质、意义和后果缺乏认识。已满14周岁不满16周岁的人虽然具有一定的辨别是非的能力,但智力发展尚不完善,生理上尚未完全成熟,且生活阅历浅,对不少犯罪行为不具有完全辨认和控制能力。因此,对于他们所实施的危害行为,一般不追究刑事责任。他们只对少数社会危害性特别严重的犯罪负担刑事责任。已满16周岁的人的智力和体力已相当发达,具备了辨别是非和控制自己行为的能力,因此刑法要求已满16周岁的人对自己实施的一切犯罪都要负刑事责任。"王晨:《刑事责任的一般理论》,武汉大学出版社1998年版,第299—304页。

任能力说的这一悖论更为突出。例如，甲在 15 周岁时实施了故意杀人和盗窃重大财物的行为。依据刑法的规定，甲对故意杀人负刑事责任，对盗窃重大财物不负刑事责任。按照辨认和控制能力论的解释，甲之所以对故意杀人负刑事责任是因为他对杀人行为有认识和控制能力，对盗窃重大财物不负刑事责任是因为他对盗窃行为无认识和控制能力，这显然是缺乏说服力的。

其二，它无法解释刑法修改对刑事责任制度的改革。例如，我国 1979 年《刑法》规定年满 14 周岁不满 16 周岁的年幼少年要对盗窃罪负刑事责任，但是 1997 年《刑法》却规定年幼少年对任何盗窃行为均不承担刑事责任。难道这是因为 1997 年之前的年幼少年要比 1997 年之后的年幼少年的辨认和控制能力高吗？

其三，它与少年刑法的基本理念相违背。该理论以古典学派道义责任论和报应主义为背景，解释少年刑事责任制度必然导致对未成年人犯罪的报应主义和"严罚主义"。例如，在辨认和控制能力论之下，必然会带来降低刑事责任年龄的要求。近些年来，我国有许多学者主张降低刑事责任年龄，他们主张的依据就在于认为不满 14 周岁的儿童也可能有辨认和控制能力。这种观点实际主张的是对未成年人犯罪的等价报应。[1]

2. 刑罚适应能力论

刑罚适应能力论的基本主张是：儿童不具有刑罚适应力，少年具有部分刑罚适应力，因此儿童不负刑事责任，少年部分负刑事责任。

刑罚适应能力论渊源于实证学派的社会责任论。社会责任论又称

---

[1] 参见康树华：《青少年犯罪低年龄化提出的新课题》，载《法学杂志》1985 年第 5 期；王晨：《刑事责任的一般理论》，武汉大学出版社 1998 年版，第 300 页。

"行为者责任论""性格责任论",是19世纪末20世纪初,以实证主义的决定论为根据,从个人应为全体(社会共同体)而存在的社会本位立场出发而发展起来的一种实证学派的责任理论。该理论由意大利学者菲利提出,由德国学者李斯特、日本学者牧野英一等予以发展。社会责任论认为,刑事责任的本质是防卫社会,其根据是犯罪人的社会危险性,提出以"社会防卫处分"的概念取代"刑罚"的概念。该理论在否定人的自由意志的基础上,认为犯罪行为的实施是由犯罪人的素质和地理、社会环境所决定的,没有理由从道义上加以非难。[1] 由于刑事责任的根据是实施犯罪行为人的反社会性和危险性,而不是人的自由意志,因此凡是实施危害社会行为的人,不论其年龄、精神状态如何,均应予以社会非难,并给予必要的社会防卫处分。刑事责任能力是依据刑罚的方法可以达到社会防卫目的的能力,即刑罚适应能力。据此,对于实施犯罪行为,具有刑事责任能力,即具有刑罚适应性的人,应给予刑罚处罚;对于实施犯罪行为,不具有刑事责任能力的人,如精神病患者、幼年人等,也应给予社会防卫处分,只是处分的方法不是刑罚,而是保安处分。[2]

刑罚适应能力论也具有类似于辨认和控制能力论的缺陷:儿童和少年刑罚适应能力的有无及其程度,不过是一种法律的拟制和假设,可能与实际不符;刑罚适应能力论的理论根基在于实证学派的社会责任论和社会防卫论,在这一理论解释之下,所有未成年人都被置于社会防卫的客体之下,面临刑罚或者保安处分的威胁,这同样有悖于少年刑法保护主义的基本理念。

---

[1] 参见王晨:《刑事责任的一般理论》,武汉大学出版社1998年版,第88—91页。

[2] 同上书,第91—92页。

（二）刑事政策说

刑事政策说认为，少年刑事责任制度的设置，并不是基于辨认和控制能力，也不是基于刑罚适应能力，而是基于未成年人保护的刑事政策。基于刑事政策，儿童被推定为没有刑事责任能力，少年部分具有刑事责任能力，因此儿童不负刑事责任，少年部分承担刑事责任。例如，凯尔森认为，"儿童和精神病患者按例对任何制裁是不负责的，因此他们也就没有能力为不法行为"[1]，而并不是因为儿童没有能力为不法行为才不负责。又如，木村龟二认为，责任能力不是根据对具体行为是否具有辨别是非善恶的能力或者是否按照辨别是非的结果实施行动予以把握的，不满14岁的人有的对行为违法性也有判断能力以及即使是低于14岁的人也有这种能力的事实可以说明这一点，"这里多半是从刑事政策的角度考虑少年问题的"。[2] 再如，李海东认为："达到一定的年龄作为具备责任能力的要件本质上是法律基于刑事政策的原因而作出的一种规范上的推定，它与辨认能力并没有当然的逻辑联系。一个十五岁的人完全有可能比一个四十岁的人对于特定规范事实的理解和认识更为明确。"[3]

刑事政策说能够较为"圆滑"地解释各国刑事责任制度设置的原因，但是完全排斥与刑事责任能力（辨认和控制能力或者刑罚适应能力）的关系既是不可能的，也与各国刑事责任立法的实际不相符。

---

[1] 〔奥〕凯尔森：《法与国家的一般理论》，沈宗灵译，中国大百科全书出版社1996年版，第102页。

[2] 参见〔日〕木村龟二主编：《刑法学词典》，顾肖荣、郑树周译校，上海翻译出版公司1991年版，第232页。

[3] 李海东：《刑法原理入门（犯罪论基础）》，法律出版社1998年版，第110页。

（三）折中说

笔者主张折中说，该说认为少年刑事责任制度是以行为人的辨认和控制能力为基础，以未成年人保护的刑事政策为基本原则而建立的。不管理论解释与立法解释如何，事实上，目前任何一个国家的少年刑事责任制度都是折中于辨认和控制能力与未成年人保护的刑事政策之间，只是侧重点不同而已。从我国刑法规定的刑事责任制度来看，实际上也是一种折中说，只不过侧重于辨认和控制能力。

有的学者认为，刑事责任的根本目的是保卫社会。[1] 这一观点是值得商榷的。因为刑事责任制度的设置，实际上并非有利于保卫社会，它将大量实际危害社会的行为人排除在刑罚制裁之外，实则有利于保护犯罪人。如果没有刑事责任制度，保卫社会的目的显然更容易实现。笔者认为，至少在少年刑事责任制度领域，其根本目的应当定位于保护未成年人。这是现代少年刑法的实质正义、保护主义、教育刑主义等基本理念的体现和要求。从理论上说，理想的未成年人保护刑事政策在刑事责任制度上的体现，应当是将未成年人完全排除在刑事责任主体之外。但是，考虑到未成年人身心发育的实际情况，以辨认和控制能力为基础，建构少年刑事责任制度，是一种更为现实的贯彻少年刑法基本理念的选择。首先，让部分未成年人有限制地负担部分刑事责任，也是一种贯彻少年刑法基本理念的有效方式，二者并不完全抵触。在特定情况下，刑罚也是一种教育保护手段，甚至是一种更为有效的教育保护手段。其次，至少在我国，尚未发展到宽容未成年人一切罪过的程度。因此，以未成年人的辨认和控制能力为基础，设定以未成年人保护为目的的少年刑事责任制度，是获得公众对未成

---

[1] 参见张文等：《刑事责任要义》，北京大学出版社1997年版，第109—111页。

年人保护刑事政策的支持和理解的理性选择。

二、散墨原理与刑事责任阶梯

不管各国刑事责任制度的差异如何，要求行为人承担或不承担刑事责任均取决于行为人辨认和控制能力的状况。在不同时期、不同国家，曾经出现过多种判断辨认和控制能力的标准，如身高[1]、美德[2]、是否适合结婚[3]、能否携带武器[4]等。这些标准的共同特点是含糊，最终殊途同归，均一致采用了年龄标准。在笔者看来，年龄标准除了较之其他标准相对科学外，更是基于操作便利性与形式正义的一种无奈的选择，是一种相对合理、公平的法律拟制。

一滴墨水滴落宣纸之上，墨水慢慢渗开，在边缘逐渐模糊，直至纸墨浑然一体。墨水边缘与宣纸不会突兀地界限分明。人的成长也是

---

[1] 例如，我国秦律以男子身高6尺5寸、女子身高6尺2寸作为成年与否以及是否完全负刑事责任的标准。参见赵秉志：《犯罪主体论》，中国人民大学出版社1989年版，第66页。

[2] 例如，哥特人曾经以是否拥有美德作为成年的条件。参见〔法〕孟德斯鸠：《论法的精神》（上册），张雁深译，商务印书馆1961年版，第299页。

[3] 例如，罗马法以是否适合结婚为标准，把人生划分为两个阶段：一是未适婚阶段，称"未适婚人"（impuber）；二是适婚阶段，称"适婚人"（puber）。《十二表法》以是否为适婚人为标准，规定不同的刑事责任承担方式。例如，第8表第9条规定："在夜间窃取耕地的庄稼或放牧的，如为适婚人，则处死以祭谷神（Ceres）；如为未适婚人，则酌情鞭打，并处以加倍于损害的罚金。"在古罗马时代，最开始男女结婚的年龄并无统一规定，由家长按子女成长的实际情况决定。参见周枏：《罗马法原论》，商务印书馆1994年版，第133—134、1014页。

[4] 如法兰克人，"当一个人长大，有力量携带武器的时候，他便被介绍给议会；人们便把一支长枪交给他。从那时候起，他就是成年人了"。"法兰克人的武器轻，所以才能够以十五岁为成年。此后他们的武器重起来了……所以那些拥有采地因而必须服军役的人们，不到二十一岁就不算成年了。"参见〔法〕孟德斯鸠：《论法的精神》（上册），张雁深译，商务印书馆1961年版，第298—299页。

一个逐步"散墨"的渐进过程,不会在18周岁这一界限就突然从未成年人成为成年人,或者在16周岁就突然有了完全的辨认和控制能力。作为个体自然人,其辨认和控制能力的演变必然是一个逐步成熟的、潜移默化的过程,以某一个刻度性的年龄使辨认和控制能力截然断裂是不符合人的成长特点的。

然而,法律不得不规定刻度性的年龄,否则就没有具有可操作性的具体标准。但是,法律的拟制不能是一种武断的拟制,必须尊重人的发展特点。面临这种两难抉择,相对正义的选择是规定辨认和控制能力的过渡阶段,形成和谐的责任阶梯,以尽量减缓年龄刻度与实际辨认和控制能力之间的冲突。从理论上说,阶梯划分越细,越接近真实。但是,实际可操作性又使得这种理想不得不屈服。从各国刑法来看,刑事责任阶梯大体有以下三种类型:(1)四分制,即把刑事责任年龄划分为四个阶段:绝对无刑事责任阶段、相对负刑事责任阶段、减轻刑事责任阶段、完全负刑事责任阶段。(2)三分制,即把刑事责任年龄划分为三个阶段,其中又有两种划分方式:一是划分为绝对无刑事责任、相对无刑事责任以及完全负刑事责任三个阶段,二是划分为绝对无刑事责任、减轻刑事责任以及完全负刑事责任三个阶段。(3)两分制,即把刑事责任年龄划分为有无两个阶段,其中又有绝对两分制与相对两分制之分。绝对两分制是把刑事责任年龄划分为绝对无刑事责任和完全负刑事责任两个阶段。相对两分制是把刑事责任年龄划分为相对无刑事责任和完全负刑事责任(刑事成年)两个阶段。[1] 刑事责任阶梯的划分应当遵循和谐原则。由于两分制缺乏过渡,显得过于突兀,因此采用的国家很少,而采用三分制和四分制的国家则较多。

---

[1] 关于四分制、三分制与两分制的详细论述,参见赵秉志:《犯罪主体论》,中国人民大学出版社1989年版,第79—83页。

一个人处于完全负刑事责任阶段，属于刑法上的成人。就未成年人阶段的刑事责任而言，包括绝对无刑事责任、相对负刑事责任、减轻刑事责任三个阶段，或者绝对无刑事责任、相对无刑事责任（减轻刑事责任）两个阶段，这是少年刑法生存的主要空间。但是，许多国家在成人阶段再规定一个年幼青年阶段，有条件地适用少年刑法规则。[1] 这显然增强了刑事责任阶梯的和谐度，也是未成年人保护之刑事政策的延伸。

我国《刑法》第17条规定："已满十六周岁的人犯罪，应当负刑事责任。已满十四周岁不满十六周岁的人，犯故意杀人、故意伤害致人重伤或者死亡、强奸、抢劫、贩卖毒品、放火、爆炸、投毒罪的，应当负刑事责任。已满十四周岁不满十八周岁的人犯罪，应当从轻或者减轻处罚。……"根据该条的规定，可以绘制我国刑事责任阶梯表如下：

表 8-1　我国刑事责任阶梯表

未成年人			成年人与老年人
14周岁以下的儿童	14—16周岁的年幼少年	16—18周岁的年长少年	

由上表可以明显地发现，未成年人刑事责任呈三分制而逐渐过渡，但是成人期缺乏一个和谐的过渡，无法反映出成人期辨认和控制能力从初步成熟到趋于更成熟，再趋于消亡的过程。特别是未成年人进入成年阶段后，缺乏一个过渡。这不同于国外少年刑法设定一个成人过渡年龄段的做法。

---

[1] 参见德国《少年法院法》第105—106条、俄罗斯《联邦刑法典》第96条、奥地利《少年法院法》第46条。2004年9月在北京召开的第十七届国际刑法学大会也强调了这一做法，此次会议形成的《国内法与国际法下的未成年人刑事责任决议》第6条规定："针对18周岁以上的人所实施的犯罪，对未成年人适用的特殊条款可以扩大适用于25周岁以下的人。"

三、近代以来关于少年刑事责任年龄的论争与变迁

我国古代刑法中的"幼年犯罪,向分七岁、十岁、十五岁为三等"[1]。根据这一历史背景,清末刑制改革之时,沈家本在《大清新刑律》原订草案中将刑事责任起点年龄规定为 16 岁,以未满 20 岁[2]为减轻责任时期,并指出:"夫刑为最后之制裁,丁年以内,乃教育之主体,非刑罚之主体。"[3] 这是了不起的进步。遗憾的是,"草案成,发交各部省签注,各部省认为未满十六岁人所为之行为,概不处罚,涉于过宽,群起反对。法律馆鉴于各方面反对空气之浓厚,乃加以修正,改为十五岁。嗣宪政编查馆,改为十二岁,而以未满十六岁者,另订专条于第八章宥减之内。后资政院议决时,复依法律馆修正案通过。至宣统二年冬,颁布,奉上谕,依宪政馆议奏,仍以十二岁为刑事责任年龄"[4]。《大清新刑律》以 12 岁为刑事责任起点年龄、12—16 岁应当宥减的规定,为民国初年《暂行新刑律》(1912 年)所承袭。

针对《暂行新刑律》所草拟的《刑法第二次修正案》(1919 年)指出:"前清资政院决议之《刑律草案》本定为 15 岁,嗣经内阁奏请改为 12 岁,暂行律因之,揆之刑事政策,未为得当。故本案参酌多

---

[1] 语出沈家本关于《大清新刑律》编辑宗旨的奏折。转引自谢振民编著:《中华民国立法史》,中国政法大学出版社 2000 年版,第 886 页。关于我国古代刑法中有关少年刑事责任制度的沿革,国内学者多有论述,如赵秉志所著《犯罪主体论》(中国人民大学出版社 1998 年版,第 65—73 页)等,在此不再赘述。

[2] 这大概源于中国古代以 20 岁为弱冠之年的传统。

[3] 转引自谢振民编著:《中华民国立法史》,中国政法大学出版社 2000 年版,第 886 页。

[4] 王觐:《中华刑法论·中卷》,北平朝阳学院 1933 年增订 6 版,第 216—217 页。

数国立法例,改为14岁。14岁以上,未满16岁,得减轻其刑,并于感化教育之外,增入由监护人等缴纳保证金自行监督品行一法。"[1]

1927年4月,时任国民政府司法部部长王宠惠在《刑法第二次修正案》的基础上拟出了《刑法草案》。伍朝枢等人审查《刑法草案》后提出:"草案第30条第1项未满14岁改为未满'13'岁,其第2项14岁以上改为'13'岁以上。因各国法例,关于幼年人犯罪,多以年龄分别责任之有无,其年龄之标准,各视其国普通之知识发达而定。我国幅员辽广,其知识发达之程度,因各人各地之遗传禀赋、气候、教育及其他原因,而有发达之程度迟速不同,是以只能就一般普通之实验,据以年龄之标准。但草案以未满14岁为限,在实验上观察,尚嫌过宽,故拟改为13岁,以朝适中,而杜流弊。"[2] 这一意见最后为1928年《中华民国刑法》所接受,但是不乏批评之声。例如,王觐曾言:"国民政府,制定新法,较之旧律,仅提高一岁,定为十三岁,是不可谓非遗憾!"[3]

1928年《中华民国刑法》因制定仓促,存在条文繁复等不足,对其进行修改很快被提上日程。少年刑事责任年龄再一次成为各方争论的焦点。《刑法修正案》于1934年完成,该修正案提高刑事责任年龄1岁,规定:"未满十四岁人之行为,不罚。"在立法院三读会讨论修正案时,针对该修正案中的刑事责任制度,各方发生了激烈争论。刘盥训认为处罚年龄不应提高,因人一生行动,多由少年养成习惯,不得不慎之于始。盛振为反对这一观点,认为以前视察各地监狱,设备不周,每有少年因小偷犯罪被判处徒刑,出狱后反变成强盗,但是少

---

[1] 转引自谢振民编著:《中华民国立法史》,中国政法大学出版社2000年版,第896页。
[2] 同上书,第905页。
[3] 王觐:《中华刑法论·中卷》,北平朝阳学院1933年增订6版,第217页。

年犯罪者又不能不处罚，故修正案较现行法提高刑事责任年龄1年，其未满14岁而犯罪者，依保安处分分章之规定，得令入感化教育处所。郗朝俊认为，少年犯罪以施感化教育为善，我国尚无少年法，修正案一部分多采取各国之少年法以规定之。其他立法委员也发生了激烈争论。最后，立法会主席提付表决，该修正案的这一规定获得通过。[1]

中华人民共和国成立后，在1979年《刑法》颁布以前一直都没有形成完善的少年刑事责任制度。虽然这一时期将刑事责任年龄的上限定为18周岁，理论界与司法实务界基本达成了共识，但是对于少年负刑事责任的年龄下限的认识并不统一。有关批复、意见多以14周岁、13周岁、12周岁，特别是13周岁为下限，[2]但是在司法实践中也有以11周岁、10周岁甚至9周岁为下限的。[3]

1979年《刑法》明确了少年刑事责任制度。该法第14条规定："已满十六岁的人犯罪，应当负刑事责任。已满十四岁不满十六岁的人，犯杀人、重伤、抢劫、放火、惯窃罪或者其他严重破坏社会秩序罪，应当负刑事责任。已满十四岁不满十八岁的人犯罪，应当从轻或者减轻处罚。因不满十六岁不处罚的，责令他的家长或者监护人加以

---

〔1〕 参见谢振民编著：《中华民国立法史》，中国政法大学出版社2000年版，第924页。

〔2〕 参见《关于刑事责任问题》（中南军政委员会司法部致湖北省人民法院50年法政字第343号批复）；《最高人民法院关于少年犯罪应如何处理的批复》（1955年5月10日）第2条；《司法部关于少年犯送管教所管教是否要经法院判决等问题的批复》（1955年10月28日）；《最高人民法院关于已满16周岁的强奸犯应否负刑事责任问题的批复》（1956年10月27日）；《中央法制委员会对中南军政委员会关于未成年人被匪特利用放火投毒是否处罚问题的批复》（1951年11月7日）；《中华人民共和国劳动改造条例》（1954年8月26日通过）第21条等。

〔3〕 参见夏吉先：《论我国少年司法体制的创建》，载中国青少年犯罪研究学会编：《中国青少年犯罪研究年鉴》（1987·首卷），春秋出版社1988年版，第842页。

管教；在必要的时候，也可以由政府收容教养。"第 44 条规定："犯罪的时候不满十八岁的人和审判的时候怀孕的妇女，不适用死刑。已满十六岁不满十八岁的，如果所犯罪行特别严重，可以判处死刑缓期二年执行。"

四、对现行少年刑事责任制度的反思

1997 年《刑法》第 17 条规定："已满十六周岁的人犯罪，应当负刑事责任。已满十四周岁不满十六周岁的人，犯故意杀人、故意伤害致人重伤或者死亡、强奸、抢劫、贩卖毒品、放火、爆炸、投毒罪的，应当负刑事责任。已满十四周岁不满十八周岁的人犯罪，应当从轻或者减轻处罚。因不满十六周岁不予刑事处罚的，责令他的家长或者监护人加以管教；在必要的时候，也可以由政府收容教养。"第 49 条规定："犯罪的时候不满十八周岁的人和审判的时候怀孕的妇女，不适用死刑。"尽管相对于 1979 年《刑法》而言，1997 年《刑法》所确立的少年刑事责任制度有较大的进步，但是也明显存在诸多不足。笔者试对现行少年刑事责任制度评述如下：

（一）儿童（不满 14 周岁者）

根据 1997 年《刑法》第 17 条的规定，14 周岁以下的儿童处于绝对无刑事责任阶段，对其任何危害行为均不承担刑事责任。

由前文分析可以看到，将刑事责任起点年龄定为 14 周岁经历了近百年的论争与演变。以 14 周岁为刑事责任起点年龄体现了未成年人保护的刑事政策，也考虑到了儿童身心发育状况。应当说，这一年龄刻度是经历了实践检验，适合我国国情，并能为公众所接受的适中年龄刻度。同时，这一起点年龄也与各国刑法规定趋于一致，并符合《联合国少年司法最低限度标准规则》（《北京规则》）的精神。《北京

规则》第 4.1 条规定,在承认少年负刑事责任的年龄这一概念的法律制度中,该年龄的起点不应规定得太低,应考虑到情绪和心智成熟的实际情况。从国外的立法情况来看,14 周岁也是一个相对而言被广泛接受的年龄,特别是在大陆法系国家。一些将刑事责任年龄规定为低于 14 周岁的国家或地区也呈现出向 14 周岁靠拢的趋势。例如,2003 年,我国香港特区立法会通过修订的《少年犯条例》,将少年犯刑事责任年龄由原来的 7 周岁提高至 10 周岁。

近些年来,随着犯罪低龄化现象为人们所广泛关注,有的学者提出将刑事责任年龄降低为 13 周岁甚至 12 周岁的建议。降低刑事责任年龄论是值得商榷的,其最大的弊端在于忽略了以下几个因素:(1) 刑事责任年龄过低,将使未成年人过早地进入刑事司法系统,受到刑法的干预。犯罪学研究及实践证明这不利于控制犯罪,反而会造成更多的累犯。(2) 14 周岁是经过近百年的论争和演变的产物,适合我国国情、公众心理,也与国外多数国家的立法接近,并符合少年司法国际规则。(3) 降低刑事责任年龄论的主要论据在于,与我国经济发展同步,未成年人的成熟提早了。但是,少年刑事责任制度主要考虑的是未成年人保护刑事政策,而非以辨认和控制能力的实际状况为决定因素。况且,这种身心发育成熟说只不过是一种推测。(4) 降低刑事责任年龄与刑法谦抑性的价值相违背。[1]

对于 14 周岁这一年龄的认定,应当按照有利于未成年人的原则进行(同样适合用于对其他年龄刻度的认定)。例如,对于行为人出生日期为 2 月 29 日,但是实施严重危害社会行为的年份之 2 月份只有 28 天的,应顺延至 3 月 1 日,而不能以 2 月 28 日为 14 周岁届满

---

[1] 此外,关于从少年司法制度的角度对降低刑事责任年龄论进行的反驳,参见姚建龙:《长大成人:少年司法制度的建构》,中国人民公安大学出版社 2003 年版,第 142—143 页。

日。实践中，认定年龄的依据主要是户籍所在地公安机关出具的户籍证明，同时结合身份证、出生证明、年龄查询记录、犯罪嫌疑人（被告人）自报、骨龄鉴定、当地乡政府或居委会等单位开具的证明等。笔者认为，在缺乏有效身份证明而导致难以认定是否年满 14 周岁时，应当推定为未满 14 周岁。在年龄刻度的认定具有决定捕与不捕、罪与非罪、罪重与罪轻等重大影响时，均应当按照有利于未成年人的原则办理。

（二）年幼少年（14 周岁以上不满 16 周岁者）

我国《刑法》第 17 条第 2 款规定，已满 14 周岁不满 16 周岁的人，犯故意杀人、故意伤害致人重伤或者死亡、强奸、抢劫、贩卖毒品、放火、爆炸、投毒罪的，应当负刑事责任。本章把 14 周岁以上不满 16 周岁的人称为"年幼少年"，这个年龄段通常也被称为"相对负刑事责任年龄时期"。

对于年幼少年承担刑事责任的危害行为的范围，我国刑法采取的是"明定罪名规则"，即明确规定八种犯罪应当承担刑事责任，其他任何危害行为均不承担刑事责任。同时，年幼少年还处于应当宥减（从轻、减轻）处罚的竞合期。[1] 这一立法模式不同于清末以来刑法典中的刑事责任三分制（刑事责任阶梯为无刑事责任时期、宥减刑事责任时期和全负刑事责任时期），即从宥减期中另外划出一个相对负刑事责任时期，这可能是受到苏俄刑法影响的产物。[2]

---

[1] 我国《刑法》第 17 条第 3 款规定："已满十四周岁不满十八周岁的人犯罪，应当从轻或者减轻处罚。"

[2] 1960 年《苏俄刑法典》第 10 条规定，不满 14 岁为绝对无刑事责任阶段，已满 14 岁不满 16 岁为相对负刑事责任阶段，只对法律明确规定的杀人等几种严重的刑事犯罪负刑事责任。同时，该法典第 10、38 条等还规定，不满 18 岁的未成年人构成犯罪的，应当减轻处罚，判处刑罚时不得适用死刑、流放、放逐，并降低可判处的剥夺自由刑的最高刑期。

与我国刑法对年幼少年刑事责任范围的确定采取"明定罪名规则"不同，英美法系国家一般采用的是"恶意补足年龄规则"。普通法规定，10岁以上不满14岁的少年被"推定缺乏刑事责任能力"，即在缺乏证据证明有责任能力的情况下，就推定为没有责任能力。[1]证明方法为"恶意补足年龄"（malitia supplet aetatem）——如果他们知道是恶行而实施危害行为，则追究其刑事责任。杀人后的藏尸行为、贿赂证人行为、嫁祸于人行为等具有"恶意补足年龄"的效力。[2]以美国加利福尼亚州为例，按照《加利福尼亚州刑法典》（California Penal Code）第26章的规定，未满14岁的儿童均被推定为无能力犯罪。不过，这项推定只在没有明确证据证明儿童在犯罪时知道其作为不当的情况下才告成立。英国法律规定，10岁以下的儿童处完全无刑事责任时期；已满10岁不满14岁的儿童被推定为没有犯罪能力，不能实施犯罪行为，除非控方有确切证据证明其不仅在犯意支配下实施了危害行为，而且知道其特定的行为不是单纯的顽皮或恶作剧，而是"严重的错误"。[3]

一些大陆法系国家曾经实行"辨别能力规则"以确定年幼少年的刑事责任。例如，1810年《法国刑法典》规定，年满16岁者具有刑事责任能力；16岁以下者，应视其是否具有辨别能力而定。所谓辨别能力，是指足以分辨合法与非法的智慧能力。如果刑事法官认定未成年人是在没有辨别能力的情况下实施的犯罪，则应当宣告该未成年人无罪释放。这种释放的运作机制如同给予宽宥免刑，并不影响刑事法

---

[1] 参见储槐植：《美国刑法》（第二版），北京大学出版社1996年版，第91页。

[2] 参见〔英〕鲁珀特·克罗斯、菲利普·A.琼斯：《英国刑法导论》，赵秉志等译，中国人民大学出版社1991年版，第83页。

[3] 参见〔英〕J.C.史密斯、B.霍根：《英国刑法》，李贵方等译，法律出版社2000年版，第218页。

官将该未成年人送往普通监狱,未成年人可以被关押到年满20岁。如果刑事法官认为未成年人是在有辨别能力的情形下实施的犯罪,则要对该未成年人判处刑罚(较成人为轻),令其与成年人一样在监狱内服刑。法国1945年颁布的关于犯罪少年的法令删除了过去那种"识别能力"的标准。按照该法令第2条的规定,对所有未成年人,一律推定其不负刑事责任。其中,对未满13岁的未成年人,"不负刑事责任的推定"是一种绝对推定,无论实施的犯罪的严重程度如何,均不得对其科处刑罚,而仅能对其采取教化措施,包括监视、救助、教育等措施。在这些未成年人犯有违警罪的情况下,仅由警察法庭对其进行训诫。对13—18岁的未成年人,有关无刑事责任的推定不是一种绝对推定,但是按照法律的精神与愿望,法官只有在特别情况下才可科处刑罚,而且应从轻或者减轻刑罚。[1]

1810年《法国刑法典》的"辨别能力规则"深深影响德国。德国各邦纷纷效仿,普鲁士于1851年、巴伐利亚于1861年引进这一制度。1871年《德国刑法典》在规定无刑事责任年龄之外,另规定了相对的刑事责任年龄,就是接受了法国的"辨别能力"观念。[2] 与法国在刑法改革中放弃"辨别能力规则"不同,迄今为止,德国《少年法院法》仍然保留了这一规则。该法第3条规定:"少年在行为时,其道德和精神发育已经成熟,足以认识其行为的违法性,且依该认识而行为的,应负刑事责任。少年在行为时因心智发育尚不成熟而不负刑事责任的,得对其进行教育。"此处仍然将辨别能力明确规定为责任性的前提要件。

"恶意补足年龄规则"与"辨别能力规则"都具有以下弊端:一

---

[1] 参见〔法〕卡斯东·斯特法尼等:《法国刑法总论精义》,罗结珍译,中国政法大学出版社1998年版,第404—410页。

[2] 参见沈银和:《中德少年刑法比较研究》,五南图书出版公司1988年版,第4页。

是实践操作困难。辨别能力标准是对人的主观能力的一种界定，而要准确把握主观能力状况则较为困难。二是因其弹性过大而有损"法治国家原则"。三是未成年人的权益往往难以得到有效保护。法国的实践充分说明了这一点。因此，笔者认为，我国刑法采用的"明定罪名规则"相对更为合理，更有利于未成年人保护。对于我国这样一个具有重刑传统和报应刑观念根深蒂固的国家，如果适用辨别能力标准，可能会因其弹性而不利于未成年人保护。

遗憾的是，这种合理性已经受到严重损害。1979年《刑法》第14条第2款规定："已满十四岁不满十六岁的人，犯杀人、重伤、抢劫、放火、惯窃罪或者其他严重破坏社会秩序罪，应当负刑事责任。"该规定对于"其他严重破坏社会秩序罪"的范围界定不明，在这一兜底条款之下，年幼少年的刑事责任范围实际上被大大扩展。为了避免争议和限制年幼少年的刑事责任范围，加强对未成年人的保护，1997年《刑法》第17条第2款将这一规定修改为："已满十四周岁不满十六周岁的人，犯故意杀人、故意伤害致人重伤或者死亡、强奸、抢劫、贩卖毒品、放火、爆炸、投毒罪的，应当负刑事责任。"应当说，这一修改有很大的进步，较之1979年《刑法》，年幼少年的刑事责任范围小多了、明确多了。遗憾的是，这一规定同样留下了疏漏：八种严重刑事犯罪究竟具体何指仍然不明。对此，主要存在以下四种理解：

第一，把《刑法》第17条第2款规定的内容仅仅限定为以故意杀人罪、故意伤害罪（仅仅指故意伤害致人重伤或者死亡的情况）、强奸罪、抢劫罪、贩卖毒品罪、放火罪、爆炸罪、投毒罪八种罪名定罪处罚的犯罪，从而把抢劫枪支、弹药、爆炸物品以及武装暴乱罪中的故意杀人行为排除在外，同时也把绑架过程中的故意杀人行为视为这八种犯罪之外的犯罪。

第二，把《刑法》第17条第2款理解为既包括以故意杀人罪等八种罪名定罪处罚的犯罪,又包括以其他罪名定罪处罚但含有故意杀人等八种行为的犯罪,如武装叛乱、暴乱罪,决水罪,以危险方法危害公共安全罪,破坏交通工具罪等。

第三,已满14周岁未满16周岁的人无论单纯实施故意杀人等八种犯罪,还是实施含有故意杀人等八种行为的其他犯罪,都应负刑事责任,以故意杀人罪等八种罪名定罪,并按法定刑处罚。[1]

第四,已满14周岁不满16周岁的未成年人构成犯罪的范围应为:(1)直接构成的故意杀人罪、故意伤害致人重伤或者死亡罪、强奸罪、抢劫罪、贩卖毒品罪、放火罪、爆炸罪、投毒罪;(2)与上述八种犯罪发生法规(条)竞合的犯罪。[2]

笔者认为,在明确如何理解《刑法》的这一规定之前,首先应当明确作出解释的基本立场。1997年《刑法》对1979年《刑法》关于年幼少年刑事责任的修改所昭示的基本精神是加强未成年人保护,这是在解释这一立法规定之前不能忽视的基本前提。现代少年刑法的基本原则应当是儿童最大利益原则,这一原则的当然要求是:在涉及年幼少年利益的法律解释时,应当贯彻有利于年幼少年的解释原则。这实际上也是对刑事法制的一个基本要求。第二、三、四种观点有一个共同的特点,即在立法模糊的情况下,以相同或不同的理由,在公正、保护社会等名义下,或多或少扩展了年幼少年刑事责任的范围,作出了不利于年幼少年的解释。笔者认为,这是不可取的。只有第一种观点充分体现了少年刑法之儿童最大利益原则的精神,坚持罪刑法定原则,维护了刑事法制的基本理念。

反对把《刑法》第17条第2款规定的内容仅仅限定为故意杀人

---

[1] 参见谢彤:《未成年人犯罪的定罪与量刑》,人民法院出版社2002年版,第77—81页。
[2] 参见莫洪宪:《论我国刑法中未成年人的刑事责任》,载《法学论坛》2002年第4期。

罪、故意伤害罪（仅仅指故意伤害致人重伤或者死亡的情况）、强奸罪、抢劫罪、贩卖毒品罪、放火罪、爆炸罪、投毒罪八种罪名者，看似具有说服力，其理由主要在于认为这是不公正的。例如，有学者指出："同样是实施故意杀人等 8 种犯罪，单纯实施故意杀人等 8 种犯罪的年幼少年要负刑事责任，而对于实施其他犯罪如故意以危害公共安全的方法如决水、破坏交通工具或交通设备等并产生了与上述故意杀人同样严重后果的人却不追究刑事责任。从主观方面来说，后者行为人也可以认识其行为的性质、意义、后果，其主观恶性更大，在客观上造成的危害也可能更大，但却无法追究其刑事责任。"由于不公正，因此会相应地使受到不公正待遇者产生"强烈抗拒情绪"以及变相鼓励新的犯罪等后果。[1]

这种所谓"不公正"的批评是站不住脚的。首先，对于"实施其他犯罪如故意以危害公共安全的方法如决水、破坏交通工具或交通设备等并产生了与上述故意杀人同样严重后果的人"，不能一律断定其在主观恶性上要比"单纯实施故意杀人等 8 种犯罪的年幼少年"大。其次，从客观危害性的比较上说，该论者犯了一个逻辑错误：在前文限定了以"同样严重后果"作为比较的基础，在论述中却又说"在客观上造成的危害也可能更大"。这种所谓的"危害更大"只是一种推测，实际情况也可能完全相反。再次，退一步说，如果关于不公正的批评成立，那么整个关于年幼少年有限度承担刑事责任的规定必须被全部否定。例如，可以举出年幼少年危害国家安全的例子，说明危害国家安全的年幼少年在主观恶性上要比八类犯罪者更大，客观危害也可能更大，由此指责整个关于年幼少年刑事责任的规定是不公正的。最后，必须明确的是，关于年幼少年刑事责任的法律规定，其主要目

---

[1] 参见谢彤：《未成年人犯罪的定罪与量刑》，人民法院出版社 2002 年版，第 77 页。

的在于限制刑罚权对年幼少年的干预，体现对年幼少年保护的刑事政策，而不是单纯为了所谓"形式公正的惩罚"。

另一个看似有道理的批评是认为这"不利于保护社会"，也是站不住脚的。首先，年幼少年的身心发育尚不成熟，从犯罪的特点来看，以激情犯罪为主，不会因为刑法扩大了刑事责任范围就放弃犯罪。其次，年幼少年因为年龄小，所以很难了解这种法律规定。再次，如果为了有利于保护社会，更应当缩小刑法对年幼少年的干预。现代犯罪学以及各国治理少年犯罪的实践已经证明：对于少年过早实施刑罚制裁，只会造成更多的累犯，更不利于保护社会，而在必要时给予保护处分是一种更为明智的选择。此外，限制年幼少年刑事责任只是说不以刑罚施加于年幼少年，并不意味着对年幼少年实施了危害社会行为之后无任何作为。如果他们有严重危害社会行为，可以对之施以保护处分，通过对其保护同样可以间接起到防卫社会的效果。因此，扩大年幼少年刑事责任，除了扩大刑罚打击面外，难以起到保护社会的理想效果。

总之，对于《刑法》第17条第2款规定的内容应当仅仅限定为故意杀人罪、故意伤害罪（仅仅指故意伤害致人重伤或者死亡的情况）、强奸罪、抢劫罪、贩卖毒品罪、放火罪、爆炸罪、投毒罪八种罪名。

然而，有关法律解释选择了上述四种意见中最不利于年幼少年的一种，在损害罪刑法定原则的同时，作出了令人遗憾的解释，年幼少年的刑事责任范围被大大扩展。

全国人民代表大会常务委员会法制工作委员会（简称"全国人大法工委"）给最高人民检察院的《关于已满十四周岁不满十六周岁的人承担刑事责任范围问题的答复意见》指出："刑法第十七条第二款规定的八种犯罪，**是指具体犯罪行为而不是具体罪名**。对于刑法第十七条中规定的'犯故意杀人、故意伤害致人重伤或者死亡'，是指只要故意实施了杀人、伤害行为并且造成了致人重伤、死亡后果的，都应负刑事责任。而不是指只有犯故意杀人罪、故意伤害罪的，才负刑事责任，绑架撕票的，不负刑事责任。对司法实践中出现的已满十四周岁不满十六周岁的人绑架人质后杀害被绑架人、拐卖妇女、儿童而故意造成被拐卖妇女、儿童重伤或死亡的行为，依据刑法是应当追究其刑事责任的。"[1]

最高人民检察院在将全国人大法工委的意见转发给全国检察机关执行后，发布了《最高人民检察院关于相对刑事责任年龄的人承担刑

---

[1] 该答复也是《立法法》实施后，全国人大法工委关于适用刑法问题给最高人民检察院的第一个法律解释性意见。笔者认为，这一法律解释属于无权解释。

《立法法》对于法律解释权及有效法律解释的程序是这样规定的：第45条："法律解释权属于全国人民代表大会常务委员会。法律有以下情况之一的，由全国人民代表大会常务委员会解释：（一）法律的规定需要进一步明确具体含义的；（二）法律制定后出现新的情况，需要明确适用法律依据的。"第46条："国务院、中央军事委员会、最高人民法院、最高人民检察院和全国人民代表大会各专门委员会以及省、自治区、直辖市的人民代表大会常务委员会可以向全国人民代表大会常务委员会提出法律解释要求。"第47条："常务委员会工作机构研究拟订法律解释草案，由委员长会议决定列入常务委员会会议议程。"第48条："法律解释草案经常务委员会会议审议，由法律委员会根据常务委员会组成人员的审议意见进行审议、修改，提出法律解释草案表决稿。"第49条："法律解释草案表决稿由常务委员会全体组成人员的过半数通过，由常务委员会发布公告予以公布。"第50条："全国人民代表大会常务委员会的法律解释同法律具有同等效力。"

从上述《立法法》的规定可见，对于基本法律的解释权，《立法法》将其赋予全国人大及其常委会，全国人大常委会可以按照法定程序作出法律解释。但是，全国人大法工委仅仅是全国人大的一个专门委员会，它仅有研究拟订法律解释草案权，而不能直接作出法律解释。因此，全国人大法工委的答复意见并不具有法律解释的效力，其《关于已满十四周岁不满十六周岁的人承担刑事责任范围问题的答复意见》属于无效的越权解释。有人认为全国人大法工委有这一解释权的观点（参见崔丽：《最高检称未扩大14—16周岁刑事责任范围》，载《中国青年报》2002年9月2日）是站不住脚的。既然如此，最高人民检察院将其转发，要求"遵照执行"（《最高人民检察院关于已满十四周岁不满十六周岁的人承担刑事责任范围问题的复函》），也是违法的。

事责任范围有关问题的答复》，规定："（一）相对刑事责任年龄的人实施了刑法第十七条第二款规定的行为，应当追究刑事责任的，其**罪名应当根据所触犯的刑法分则具体条文认定**。对于绑架后杀害被绑架人的，其罪名应认定为绑架罪。[1]（二）相对刑事责任年龄的人实施了刑法第二百六十九条规定的行为的，应当依照刑法第二百六十三条的规定，以抢劫罪追究刑事责任。但对情节显著轻微，危害不大的，可根据刑法第十三条的规定，不予追究刑事责任。"[2]

此外，关于年幼少年应负刑事责任的犯罪类型，笔者认为应限于严重的自然犯罪，而不应包括法定犯罪。"自然犯罪"的概念首先由意大利犯罪学家加罗法洛提出，他认为："自然犯罪就是指违反一般人所共有的怜悯（pity）与诚实（probity）两种道德情绪之行为。"例如，杀人、伤害、盗窃、抢劫、强奸等行为。这是在任何社会、任何政治制度下都自然地被作为犯罪看待的行为。法定犯罪是与自然犯罪相对的犯罪，它是指行为本身并不一定具有反社会性（反道德性），只是因法律上规定该行为应受一定的处罚才成为犯罪行为。[3]无论是从未成年人保护的基本理念出发，还是从年幼少年辨认和控制能力的特点来看，将其承担刑事责任的犯罪限定于严重的自然犯罪较为合理。我国刑法规定的年幼少年承担刑事责任的八种犯罪，基本坚持了

---

[1] 最高人民法院刑一庭审判会议认为，对已满14周岁不满16周岁的未成年人绑架并杀害被绑架人的，应当依照《刑法》第232条的规定，以故意杀人罪追究其刑事责任。参见莫洪宪：《论我国刑法中未成年人的刑事责任》，载《法学论坛》2002年第4期。

[2] 针对有关质疑，最高人民检察院曾称没有扩大年幼少年刑事责任的范围（参见崔丽：《最高检称未扩大14—16周岁刑事责任范围》，载《中国青年报》2002年9月2日），但是仅从其在向全国人大法工委请示并得到答复后才作出有关司法解释的谨慎做法本身来看，也显现了这种说法有待商榷。

[3] 参见罗大华主编：《犯罪心理学》（修订版），中国政法大学出版社2003年版，第139—140页。

对自然犯罪负责的原则。但是，贩毒是一种法定犯罪。笔者建议将贩毒罪排除在年幼少年承担刑事责任的犯罪类型之外。从实践来看，年幼少年参与贩毒的，多为受成人教唆、诱骗或胁迫。

（三）年长少年（16 周岁以上不满 18 周岁者）

根据《刑法》第 17 条的规定，年满 16 周岁应当负刑事责任，但是已满 14 周岁不满 18 周岁的人犯罪，应当从轻或者减轻处罚。

关于应当宥减处罚的年龄期，我国刑法也经历了一个演变过程。沈家本在《大清新刑律草案》中曾经拟订以 16 岁为刑事责任起点年龄，16—20 岁为宥减期。后因反对之声太高，《大清新刑律》改宥减期为 12—16 岁。在民国时期，1928 年刑法典改刑事责任起点年龄为 13 岁，宥减期也相应地调整为 13—16 岁。1935 年刑法典将责任年龄从 13 岁提高到 14 岁，将宥减年龄上限从 16 岁提高到 18 岁。至此，宥减处罚期基本定型，并为新中国 1979 年《刑法》和 1997 年《刑法》所继承。现行刑法与 1935 年刑法的不同之处在于，从宥减期中另外划出了相对负刑事责任年龄时期（年幼少年，14—16 岁）。但是，年幼少年期属于相对负刑事责任时期与宥减时期的竞合。

对于少年犯罪的宥减，国外少年刑法多明确规定教育保护处分具有优先于刑罚的效力，或者规定轻缓于成人刑罚的标准。但是，我国刑法只是笼统地规定应当从轻、减轻刑罚，这是一种不利于年长少年的模糊做法。少年刑法不是"小刑法"，笔者建议为年长少年（包括年幼少年）规定不同于成人的刑罚种类和标准，而不能在适用成人刑罚标准的情况下，笼统地以从轻、减轻刑罚体现对少年的些许怜悯。此外，还应当建构保护处分制度，规定对于犯罪少年的保护处分优先于刑罚适用的原则。

年长少年宜只对故意犯罪负刑事责任，而不宜包括过失犯罪。我国刑法规定年长少年具有完全刑事责任能力，应当对所有犯罪负刑事责任。然而，年长少年的罪过是一种不成熟的罪过，故意与过失的恶性无论是在质还是量上均无法等同于成人。这不应当仅仅是构成法定从轻、减轻处罚的理由（影响到刑事责任的度），而应当影响到刑事责任的质。要求年长少年对过失犯罪负刑事责任过于严苛，也是与一般年长少年的认识和控制能力发育状况以及少年刑法保护主义理念相违背的。

（四）年幼青年（18周岁以上不满22周岁者）

我国现行刑法并无关于年幼青年刑事责任的特别规定。前文已经论及，我国刑法确定的刑事责任阶梯具有突兀、不和谐之处。笔者建议在成人期规定一个适用少年刑法规则的年幼青年期，在老年期也应当有一个类似于少年刑法的责任过渡，[1] 以使我国的刑事责任阶梯更为和谐。

实际上，年幼青年期刑事责任的特别设置在国外少年刑法中不乏法例。例如，俄罗斯《联邦刑法典》（2003年修订）第96条规定："在特别情况下，考虑到所实施行为的性质及个人身份，法院可以对在年满18岁不满20岁时实施犯罪的人适用本章[2]的规定，但不得将他们安置到未成年人的专门教育机构或医疗教育机构。"德国《少年法院法》设第三篇"未成年青年"，规定未成年青年适用少年刑法规则（第105条）、少年司法程序和组织（第107—109条）、普通刑法对未成年青年从宽适用（第106条）。奥地利《少年法院法》第46条也规定，18—21岁的年轻成年人可适用少年刑法和少年司法规则。

年幼青年期的设置也是联合国少年司法准则的要求以及各国少年刑法发展的趋势。《北京规则》第3.3条规定，会员国"还应致力将

---

[1] 关于老年期的刑事责任阶梯问题，不属于本章讨论的范围，本章将不作详细分析。

[2] 即俄罗斯《联邦刑法典》中的"未成年人刑事责任与刑罚的特点"一章。

本规则中体现的原则扩大应用于年纪轻的成年罪犯"。从各国少年刑法演进的规律来看，"按少年法之潮流及社会实况之演进，少年之年龄有逐渐提高之势"[1]。在 2004 年 9 月于北京召开的第 17 届国际刑法大会上，与会各国代表也呼吁将少年刑法规则扩大适用于青年。

从我国的少年司法实践来看，也进行过这种有益的探索，并且实践效果很好。例如，上海市普陀区人民法院少年法庭曾经在 20 世纪 90 年代初期，设立了专门审理成年学生犯罪案件的合议庭，对他们仍适用少年刑事案件的审理程序及法庭设置，仍坚持"寓教于审"的基本方针，并增设"家属席"和"被害人席"，请被告人的父母和被害人出庭，强化庭审教育。实践证明，对成年学生犯罪案件适用审理少年刑事案件的程序和做法，教育从严，处罚从宽，有利于对此类被告人的教育和改造，取得刑罚效果和社会效果的统一。[2] 再如，2000 年 4 月，河南省兰考县人民法院将原少年刑事案件审判庭变更为"青少年刑事犯罪案件审判庭"，收案范围为被告人或被害人年龄在 25 周岁以下（含 25 周岁）的刑事案件。对于年满 18 周岁不满 25 周岁的青年刑事案件的审理，参照少年刑事案件的审理方式。该青少年刑事犯罪案件审判庭在 2000 年、2001 年分别收案达到 109 件、125 件，无一发还和改判案件，被判处缓刑、管制、免刑和刑满释放的被告人无一重新违法犯罪。[3]

关于适用少年刑法规则的成年人的年龄段应当如何确定，存在一些争议。有一种观点主张将 18 周岁以上不满 25 周岁的青年设置为适用少年刑法规则的年龄段。我国青少年犯罪学研究一般也将青年的上

---

[1] 转引自朱胜群：《少年事件处理法新论》，三民书局 1976 年版，第 57 页。

[2] 参见上海市普陀区人民法院 2000 年编写的《少年刑事审判十年论集》。

[3] 参见兰考县人民法院 2002 年发表的《我院少年刑事审判工作的几项改革措施及成效》。

限年龄确定为25周岁。一些地方少年法庭在延伸适用少年司法规则于较小年龄的成年人时，也采用了25周岁的标准。从国外少年刑法来看，也有的国家（如德国）采用了25周岁的标准。但是，25周岁的上限年龄实际上缺乏有说服力的依据。结合我国国情，笔者认为宜将青年期划分为年幼青年期（18—22周岁）和年长青年期（22—25周岁），规定年幼青年一般应当适用少年刑法规则，年长青年也可以视情况适用少年刑法规则。

这是与我国年幼青年的成长规律和实际情况相符合的。年幼青年的社会化尚未完成，其身心发育还处于不定型、未完全成熟的阶段。从生理上说，22周岁之前，人的身体发育一般尚未停止。例如，女性的身高发育可以延续到约23周岁；男性一般长到23、24周岁，有的甚至延续到26周岁。[1] 从心理上说，18—22周岁的年幼青年尚处于成人初期，心理发展也未完全成熟。从社会学的角度看，18—22周岁的年幼青年一般还在大学就读，[2] 其社会化尚未完成。我国《婚姻法》规定结婚的最低年龄是女20周岁，男22周岁。以是否结婚作为衡量一个人是否成熟的标志，也是我国延续数千年的历史传统。正因如此，笔者主张将年幼青年的上限年龄确定为22周岁，对于这一年龄段的群体一般应当适用少年刑法规则。从可行性角度考虑，如果直接确定为25周岁，恐尚难被广泛接受，而22周岁则是一个较易被接受、较有说服力的上限年龄。当然，为了和谐衔接与过渡，对于年长青年也可以视情况适用少年刑法规则。

---

[1] 参见林崇德：《发展心理学》，浙江教育出版社2002年版，第365页。
[2] 随着我国大学教育的日益普及，这种情况将越来越普遍。

第九章
犯罪后的第三种法律后果：保护处分[*]

保护处分即少年犯罪处遇中具有替代（并非补充）刑罚性质的措施，它具有既超越刑罚也超越保安处分的鲜明特点，有"犯罪后的第三种法律后果"之称。保护处分应当遵循三大基本原则，即处分法定原则、处分优先原则和处分相称原则。保护处分包括机构性保护处分和非机构性保护处分两大基本类型。各国（地区）对于保护处分的类型设计及其运用无不以社区性保护处分为原则，而以拘禁性保护处分为例外。保护处分是现代少年刑法的核心内容，仍然停留于报应主义阶段的我国少年刑法急需加快改革，建立保护处分制度。

一、引言

国际刑法学协会前主席巴西奥尼先生曾言：刑法是社会价值的体

---

[*] 载《法学论坛》2006年第1期。

现。我们曾经一度过分重视刑法惩罚犯罪的作用，而忽视了刑法凸现社会价值的作用。当人类已从野蛮走向文明的时候，同态复仇也会被更多的宽容、更多的尊重替代。所以，现代刑法在惩罚的同时，也强调保护。[1]未成年人作为人类社会中的特殊群体，尤其需要予以保护，即便他们实施了危害社会的行为。超越传统刑法的报应主义观念，凸现刑法的教育、保护功能，正是现代少年刑法的价值诉求。

以刑罚为犯罪的主要后果甚至唯一后果的传统刑法无法承载少年刑法的基本理念，教育与保护在绝大多数情况下不过是一种口号。现代少年刑法区别于普通刑法的典型特色就在于，在传统刑罚之外创制奉保护主义为最高价值目标的保护处分措施以替代刑罚，并往往基于预防与保护的需要延伸其适用对象的范围。

"少年法之理论在刑事法中独立自成体系，在少年犯罪处置上由'处罚'演进为'保护'，不仅对少年犯避免动之以刑，代之以教育方法加以改善，而且就未犯罪之虞犯少年，亦以教育之方法预防其犯罪，此种'代替刑罚之教育方法'，即所谓保护处分也。"[2]简单地说，保护处分即少年犯罪处遇中具有替代（并非补充）刑罚性质的措施。关于保护处分的名称，日本《少年法》与我国台湾地区"少年事件处理法"[3]均直接称为"保护处分"，德国、俄罗斯、法国等国家和地区则多称为"教育处分"。笔者赞成使用"保护处分"这一名称。

---

[1] 参见秦平：《保护：未成年人刑事责任的指导原则》，载《法制日报》2004年9月16日。

[2] 陈敏男：《少年事件处理法之保护处分与刑法保安处分之比较研究》，台湾辅仁大学2002年硕士学位论文，第33页。

[3] 我国台湾地区1997年之前的"少年事件处理法"称"管训处分"，其惩罚意味浓厚，对于少年心理容易产生标签作用，也容易造成惩罚的印象，使少年及家长误解为刑罚，因此这一名称颇受质疑。1997年，该法进行修改，把"管训处分"改为"保护处分"。这一修改颇受好评。参见林东茂：《评少年事件处理法修正》，载《月旦法学杂志》1999年第50期。

这一方面是因为这一名称强调少年刑法的保护主义理念，另一方面是因为汉语中"教育"一词蕴含惩罚和对施教者权威的绝对屈从之义，容易引起误解。"保护处分"一词既不失教育的内涵，又可以避免"教育处分"一词的负面效应。

保护处分的法理渊源可以追溯到古罗马法中的国家亲权（parens patriae）[1]理论，而其实践可以追溯到公元10世纪左右。英国撒克逊王安息尔斯坦曾经颁布法律，规定对少年犯应加以保护管束。1704年，教皇克利蒙十一世在罗马的圣密启尔建立教养院，收容游荡无业之少年，施以训导。[2] 这些都是现代保护处分的滥觞。1899年，美国伊利诺伊州颁布了世界上第一个《少年法院法》，规定由专门的少年法院审理少年犯罪案件和少年失教、失养、孤苦无依的保护案件；对于犯罪少年，应以保护处分代替刑罚，由此开创了"以教代刑"的少年刑法传统，并为世界各国少年刑法所继承和发扬。1950年于荷兰海牙召开的国际监狱第12次会议明确提出："对于少年人犯罪的处理，应逐渐舍弃刑罚，而改为矫正方法。"[3] 现代少年刑法发育成熟的国家无不奉行"以教代刑"的原则，规定保护处分具有优先于刑罚适用的效力。从各国保护处分的适用对象来看，保护处分主要是替代

---

〔1〕 又译作"国王亲权""国家监护权""国亲""公民家长""人民之父"等。"parens patriae"来自拉丁语，其字面上的含义即"国家家长"（parent of the country），传统上是指国家居于无法律能力者（如未成年人或者精神病患者）的君主和监护人的地位，当保护未成年人权益时，有权决定未成年人的监护权。根据国家亲权理论，有一条重要的原则，即国家必须照顾那些不能自我照管的人，如缺乏适当照管和监护的未成年人。基于国家亲权理论，国家被视为无行为能力人（特别是未成年人）的最终监护人。

〔2〕 参见林培栋：《少年事件处理与感化教育》，汉林出版社1980年版，第166页。

〔3〕 转引自劳凯声、孙云晓主编：《新焦点——当代中国少年儿童人身伤害研究报告》，北京师范大学出版社2002年版，第485页。

针对犯罪少年和触法少年[1]的刑罚，使之免受刑罚的制裁。有的国家还基于预防和保护的思想将保护处分扩大适用于虞犯少年[2]。

各国少年刑法规定的保护处分有多种类型，如果以主要执行载体为标准，则可以划分为两大类：机构性保护处分和非机构性保护处分。机构性保护处分又称"拘禁性保护处分"，是指以封闭或者半封闭式机构为主要执行载体，以剥夺或者限制少年的人身自由（或者说监禁、半监禁）为主要特征的保护处分。例如，我国台湾地区"少年事件处理法"规定的感化教育。非机构性保护处分又称"社区性保护处分"，是指以开放式社区为主要执行载体，不以剥夺或者限制少年人身自由为主要形式的保护处分。例如，我国台湾地区"少年事件处理法"规定的训诫、保护管束、假日生活辅导等。此外，鉴于机构性保护处分过于严厉，而非机构性保护处分又可能失之过宽，有的国家或地区的少年刑法还规定了介于两者之间的保护处分措施，可以称为"中间性保护处分"。当代刑罚的主要形式是以剥夺或者限制犯罪人人身自由的自由刑为核心，如果保护处分依然保持"自由刑"的主要特征，那么这种所谓的"保护处分"不过是徒具虚名而已。正因如此，各国或地区对于保护处分的类型设计及其运用无不以社区性保护处分为原则，而以拘禁性保护处分为例外。拘禁性保护处分只在不得已的情况下才被采用，并在执行中尽力体现出非机构化的特点。例如，加拿大《少年刑事审判法》明确规定，在青少年司法制度下，拘禁性保护处分应主要用于暴力罪犯或多次触犯严重罪行的罪犯，并应尽量减少对监禁的过度依赖。法庭若决定将罪犯囚禁，则必须解释为何非囚

---

[1] "触法少年"是指虽然实施了严重危害社会的行为，但是因未达到特定刑事责任年龄而不认定其行为为刑事犯罪的少年。

[2] "虞犯少年"是指虽然尚未实施危害社会的行为，但是存在明显的危害社会倾向与危险的少年。

禁性措施不足以令青少年对自己的罪行负责,作为支持其决定的理由。[1]

通过司法程序进行运作,是保护处分的重要特征。刑罚的运作必须遵循严格的刑事司法程序,保护处分也必须遵循少年司法程序才能实现对于刑罚的替代,这可以看作一种对等性要求。在英美法系国家的少年司法史上,曾经有过一段漠视少年司法程序的时期,当时在注重少年福利思想的支配下,严格的程序被认为有碍于少年福利的实现,因而完全弹性化的程序被认为是少年司法的特点和优点。但是,经过数十年的实践,人们逐渐发现,这种漠视少年司法程序的做法非但不利于少年福利的实现,反而会实际损害少年的权益。因此,当代各国少年法无不设计适合于少年身心特点而又区别于成人刑事司法程序的少年司法程序。这种少年司法程序以遵循正当法律程序规则,同时又不失弹性和灵活性,处处体现对于少年权益的细微关怀为基本特征。

二、超越刑罚

保护处分的首要基本特性是,打破传统刑法的罪刑基本关系,超越刑罚。传统刑法强调罪与刑的对应关系,主张有罪必刑、无罪不刑、刑当其罪。但是,保护处分自诞生之初即以替代刑罚措施的角色出现,打破了犯罪与刑罚之间的对应关系,基于保护主义立场,主张有罪不刑、刑不当罪,具有替代刑罚、优先于刑罚的效力。另外,基于对少年犯罪预防于前的观念和保护思想(防止其行为进一步恶化),对于没有犯罪行为却有不良行为,有可能会导致将来犯罪的虞犯少

---

[1] 参见余肇中:《选定海外地区少年法庭的运作》,第32页。香港立法会秘书处2003年5月提供。

年，亦可适用保护处分。这样，无罪不刑的逻辑关系也被打破了。

关于保护处分对于刑罚的超越，各国少年刑法有两种基本立场：一是保护处分一元主义。这种立场贯彻绝对的"以教代刑"主义，主张保护处分对于刑罚的完全超越性，禁止将刑罚适用于少年，对于罪错少年只适用保护处分措施。二是保护处分优先主义。这是一种折中主义立场，主张保护处分具有优先于刑罚的效力，刑罚只能在不得已的情况下方可对少年适用，但是并不完全排斥刑罚的适用。大多数国家的少年刑法采第二种立场。实际上，没有哪个国家会公开宣称对少年犯罪以刑罚优先（至少也会主张"教刑并重"）。各国主张的保护处分优先主义主要体现为贯彻程度上的差别。根据贯彻程度，我们可以将保护处分优先主义划分为形式的保护处分优先主义与实质的保护处分优先主义。

我国现行少年刑法在指导思想上主张保护处分优先主义（体现为《未成年人保护法》《预防未成年人犯罪法》规定的"教育、感化、挽救"的方针和"教育为主、惩罚为辅"的原则），但是迄今为止基本上没有贯彻这一指导思想的具体少年刑法制度，刑罚仍是少年犯罪的主要法律后果，这是一种典型的形式的保护处分优先主义。俄罗斯少年刑法对于保护处分优先主义的贯彻较之我国少年刑法显然要彻底得多。例如，俄罗斯《联邦刑法典》（2003年修订）第90条第1款规定："对实施轻罪或中等严重犯罪的未成年人，如果认为通过适用强制性教育感化措施可以使他得到矫正，则可以免除其刑事责任。"第92条第2款规定，即便对实施中等严重犯罪而被判处剥夺自由和实施严重犯罪而被判刑的未成年人，法院也可以免除刑罚，将其安置到教育机关的封闭型专门教学教养机构。日本《少年法》和我国台湾地区"少年事件处理法"对于保护处分优先主义的贯彻更为彻底，可以称为实质的保护处分优先主义。例如，实行"全件送致主义"，少年法院享有对少年案件的"先议权"，大部分少年案件最终都以保护处分处理，经过少年法院"先议"后再"逆送"至检察机关提起公诉并最终受到刑罚处罚的少年案件只占很小的比例。

三、超越保安处分

18世纪末，普鲁士刑法的创建者克莱因首先提出了"保安处分"理论。[1] 此后，这一理论日益流传和发展，并为许多国家的刑法所实践。关于保安处分与刑罚的关系，理论界历来有所谓"二元论"与"一元论"之争。二元论认为，保安处分与刑罚在本质上和形式上都存在着严格的区别——法律属性根本不同，目的不同，依赖的原则不同，二者应当并列，相辅相成。一元论以纯粹的目的刑论为根基，认为刑罚与保安处分在终极目的、法律属性、执行方式、适用效果、适用标准、期限和消灭制度等方面均是一致的，二者可以合而为一。[2] 不管是一元论还是二元论，"有一点是可以肯定的，即保安处分不一定要与实施了应受处罚之行为联系在一起，因而超越刑罚概念"[3]。在这一点上，保安处分与保护处分有着类似之处。实际上，保护处分也是"在欧洲各国近代刑事法制影响下产生的保安处分观点的基础上产生的"[4]。也正因如此，关于保安处分与保护处分的关系问题，存在着不同的观点。

---

[1] 参见〔德〕弗兰茨·冯·李斯特：《德国刑法教科书》，徐久生译，法律出版社2000年版，第403页。

[2] 参见苗有水：《保安处分与中国刑法发展》，中国方正出版社2001年版，第40—46页。

[3] 〔德〕弗兰茨·冯·李斯特：《德国刑法教科书》，徐久生译，法律出版社2000年版，第402页。

[4] 〔日〕木村龟二主编：《刑法学词典》，顾肖荣、郑树周译校，上海翻译出版公司1991年版，第233页。

（一）一元论

纯粹的刑法学者多认为保护处分与保安处分在性质上是相同的，都具有对刑罚的超越性，都是立足于人身危险性的社会防卫措施。持一元论的学者一般都认为保护处分只是保安处分的一种，通常在保安处分的理论框架内探讨保护处分。例如，木村龟二在其主编的《刑法学词典》中认为："少年法上的保护处分，是……保安处分的一种。"[1] 我国大部分刑法学者实际上亦持这种观点。但是，即便是持保安处分与保护处分同一说者，也大都承认保护处分与保安处分之间仍有较大的差别。例如，苗有水认为："适用于未成年人的保安处分以教育、改善、医疗、救助、监视为主要内容，是完全意义上的改善处分，其适用前提与刑法所规定的其他保安处分不同。被处保安处分的未成年人，不仅包括犯罪的未成年人，而且包括'虞犯少年'，即尚未实施危害行为但存在明显的危害社会倾向的少年。"[2]

（二）二元论

持这种观点的学者认为，保护处分与保安处分有着根本性的区别。例如，日本学者大谷实指出，保护处分是以保护少年的必要性为核心的，其来源并非社会防卫的思想，而是保护少年免受对成年人适用的刑罚或社会谴责的少年防卫思想。同时，一旦对犯罪少年采用保护处分，便具有"一事不再理"的效力，之后不再受刑罚处罚，即对少年采用保护处分优先主义。保护处分在以下三方面与保安处分不同：第一，保安处分、保护处分虽都是以社会危险性为基础的，但前

---

[1]〔日〕木村龟二主编：《刑法学词典》，顾肖荣、郑树周译校，上海翻译出版公司1991年版，第471页。

[2] 苗有水：《保安处分与中国刑法发展》，中国方正出版社2001年版，第74页。

者是基于保安的要求,后者是基于福祉的要求;第二,保安处分是刑罚的补充替代手段,而保护处分则是为回避以刑罚的方式追究刑事责任而设立的;第三,保安处分完全是以清除社会危害性为目的而采用的,而保护处分则是从少年的健康成长的角度出发所采取的必要保护。[1]我国台湾地区学者林山田亦持二元论:"少年刑法已逐渐从普通刑法中分离出来而自成独立的体系,对于少年犯的感化教育,在理论上已不再是刑法上的保安处分,而是少年刑法中的一种机构性的处遇方法。"[2]

(三)折中论

折中论认为,保护处分与保安处分有着性质上的差别,但是保护处分也有"保安"的性质。例如,马克昌教授认为,日本"少年法中的保护处分是以保护、育成少年为中心,以与刑罚相比使健全育成、保护少年优先的思想为基础(保护处分优先主义),教育与福利的要求为背景,主要之点在于避免刑罚这一点。……例如,犯罪少年既然交付保护处分,一事不再理的效力被承认,其后就不受刑罚……在这里,保护处分是代替刑罚的措施。在这个意义上,与对成人的保安处分性质不同。关于触法少年特别是虞犯少年,本来具有作为犯罪行为不能科处刑罚而交付保护处分的意义,需要注意有福利的性质同时也有'保安'的性质这一点。"[3]

笔者主张折中论。汉语中,"保护处分"与"保安处分"虽然只有一字之差,但是却有着立场性的差别。超越保安处分,是保护处分

---

[1] 参见〔日〕大谷实:《刑法总论》,黎宏译,法律出版社2003年版,第411页。

[2] 林山田:《刑罚学》,台湾商务印书馆1983年版,第356页。

[3] 马克昌:《比较刑法原理》,武汉大学出版社2002年版,第966—967页。

的第二个基本特性。保安处分是着眼于行为人具有社会危险性,以对行为人进行社会保安和予以改善、治疗等为目的的国家处分。[1] 它也具有超越刑罚的属性,打破了传统的"刑从罪生"与"刑当其罪"的罪刑关系——在无罪的情况下,可基于社会防卫目的而施以保安处分;在有罪的情况下,亦可在刑罚之外辅以保安处分。但是,保安处分对于刑罚的超越乃是立足于人身危险性,基于社会防卫的根本出发点,其目的在于**补充刑罚**,是一种典型的社会本位的功利主义。同时,保安处分与刑罚之间尚存在着许多相似之处,仍未完全摆脱刑罚的属性。但是,保护处分脱胎于保安处分,仍然具有社会防卫的功能,带有保安处分的属性。

保护处分实现了罪刑关系的第二次超越——对保安处分的超越,具体表现在以下三方面:一是更为彻底地实现了对刑罚的超越,剔除了保安处分残存的刑罚印迹。这不仅表现为保护处分更为彻底地革除了法益剥夺的痕迹,更表现为**从保安处分补充刑罚的角色转变为替代刑罚、避免刑罚的角色**。二是从保安处分立足于人身危险性的社会本位转变为立足于少年保护、福利的权利本位。三是危害行为与保安处分之间的逻辑关系进一步被打破。保安处分虽超越了犯罪与刑罚之间的逻辑对应,但实际上仍以一定的社会危害行为为前提;而保护处分则进一步超越了危害行为与处分之间的逻辑对应,可以适用于将来可能犯罪的虞犯少年。

保护处分既超越刑罚又超越保安处分,是犯罪之后的第三种法律后果(第一种是刑罚,第二种是保安处分)。这是刑法进化史上的革命,也是人类摆脱善恶相报之原始本能而走向更高境界的标志。这种革命在许多国家的少年刑法中已经有不同程度的体现,并

---

[1] 参见〔日〕大塚仁:《刑法概说(总论)》,冯军译,中国人民大学出版社 2003 年版,第 506 页。

呈现出延伸于普通刑法之中的趋势，这是现代刑法发展中值得关注的趋势。

四、保护处分的基本原则

保护处分的运作应当遵循特别的原则，这是防范其异变为刑罚或保安处分，规范其在正常轨道上运行的保障。结合各国（地区）保护处分制度的发展历史与现状，笔者认为，保护处分应当奉行以下三大基本原则：

（一）处分法定原则

少年刑法超越了传统的罪刑法定原则。但是，罪刑法定原则将罪刑限制于严格的轨道之内，能够有效地防卫犯罪人遭受国家刑罚权的肆意侵犯，这一点却为少年刑法所吸收、借鉴和延续。

罪刑法定原则的思想渊源可以追溯至1215年英王约翰签署的《大宪章》（Magna Carta）第39条："凡是自由民，除经其贵族依法判决或遵照国内法律之规定外，不得加以扣留、监禁、没收其财产、褫夺其法律保护权，或加以放逐、伤害、搜索或逮捕。"该条确定了"正当法律程序"（due process of law）的原则。处分法定原则延续罪刑法定原则的精神，其立法渊源至少可以追溯至1928年国际刑法统一会议通过的关于保安处分的《统一立法案》。该法案第1条规定："对任何人，非依照刑法规定不得施以保安处分。保安处分的内容，悉依照法律的规定。"[1] 由于保护处分脱胎于保安处分，因此这一规定虽然针对的是保安处分，但是也为保护处分制度所吸收，成为各国

---

[1] 参见林纪东：《刑事政策学》，台湾编译馆1969年版，第311页。

（地区）建构保护处分制度的基本原则之一。

保护处分无疑是"爱的处分"，却是一种"不得已之爱"，因为它毕竟是对自然成长中少年的一种干预，如果运用不当，会使社会与少年两受其害。美国早期的少年司法实践已经印证了这一点。对保护处分，也应当极为谨慎，并不能因其以"保护"为最高价值诉求而有丝毫的放松，因为**人世间无数的悲剧都是在爱的名义下造成的**。处分法定原则虽可能会限制保护处分的功能发挥，但这是一种我们不得不选择的相对最佳原则。

尽管大多数国家（地区）未在其少年法中明确规定处分法定原则，但是实际上贯彻了处分法定原则，处处体现出处分法定原则。从少年刑法立法与司法实践来看，大部分国家（地区）在专门的少年法中明确规定了保护处分的种类、适用对象、适用程序等基本内容，非依照少年法的明确规定不得对少年施以保护处分。

笔者认为，完整的处分法定原则应当包括以下三个基本内涵：一是罪错之法定。必须明确规定可以适用保护处分的罪错类型以及其他适用保护处分所必须具备的条件。二是类型之法定。必须明确规定可以选择适用的保护处分的种类、裁量适用保护处分的原则以及具体罪错类型可以适用的保护处分。三是程序之法定。必须明确规定适用保护处分所必须遵循的基本程序。

（二）处分优先原则

处分优先原则的基本含义是，保护处分具有优先于刑罚[1]的效力，非在不得已的情况下不得运用刑罚。保护处分以替代刑罚为基本价值。对刑罚予以替代，以避免刑罚加诸少年，这也是保护处分运作

---

[1] 在刑法中规定保安处分的国家（地区），保护处分还具有优先于保安处分的效力。

的基本特点。

处分优先原则强调的是保护处分的优先性、对刑罚的替代性以及刑罚的例外性,但是并不完全排斥刑罚,这实际上是一种折中的"以教代刑"主义。少年刑法的理想是完全意义上的"以教代刑",完全排斥以刑罚加诸少年。但是,这毕竟只是一种需要我们努力奋斗的理想,在大多数国家或地区,其实现尚需假以时日。从各国(地区)少年刑法来看,实现保护处分一元主义的尚属少数。大多数国家或地区的少年法脱胎于普通刑法,但是仍然如"风筝不断线",无法完全摆脱刑法的束缚,因此还是一种刑事特别法——少年刑法,尽管它有"不是刑法的刑法"之称。日本是贯彻保护处分优先原则较为彻底的国家,但是并不绝对禁止刑罚的适用。非行少年中的犯罪少年受刑事处分的可能性仍是存在的,尽管适用这种处分的比例很低。因此,正如木村龟二所言:"在少年法上可以说替换主义和择一主义都是认可的。"[1] 我国台湾地区"少年事件处理法"于1997年修改之后,确立了"以教代刑"的保护处分优先原则。但是,在少年年满14岁,犯最轻本刑为5年以上有期徒刑,或者少年法院依调查之结果,认犯罪情节重大,参酌其品行、性格、经历等情状,以受刑事处分为适当等情况下,少年法院仍可以将该案件移送检察机关提起公诉,追究其刑事责任,尽管实际上适用刑罚的少年案件比例也非常低。

笔者主张今后我国少年刑法的改革可以借鉴日本少年法的做法,确立处分优先原则。这是一种具有可行性,而且仍不失少年刑法特性的相对理想的做法,也是一种容易为立法、司法机关和普通公众所接受的观点。需要强调的是,在处分优先原则下,刑罚的运用必须真正

---

[1] 参见〔日〕木村龟二主编:《刑法学词典》,顾肖荣、郑树周译校,上海翻译出版公司1991年版,第471页。

成为一种例外情况。

(三) 处分相称原则

处分相称原则的基本内涵包括两个方面：一是保护处分的发动与执行均应当首先与少年的健康成长和福祉的需要相称，体现儿童最大利益原则这一少年刑法的根本原则。二是保护处分应当考虑与社会的需要相称，即应当考虑少年行为的严重性以及社会的需要。如果完全否定这一点，超出社会的容忍范围，最终必然不利于少年福祉的实现，因此保护处分也不可避免地残留保安处分的色彩。

处分相称原则要求立法规定的保护处分符合不同类型罪错少年健康成长和福祉的需要。因此，保护处分的种类宜多样，以供少年法庭作出最佳选择。另外，保护处分的类型也应当以社区性保护处分为主，尽量避免拘禁性保护处分。

为了实现处分相称原则，少年司法程序必须保持必要的弹性。这是为了便于给罪错少年以最佳的处理。例如，《联合国少年司法最低限度标准规则》（《北京规则》）第17.4条规定："主管当局有权随时撤销诉讼。"《北京规则》在对该条款的"说明"中指出："随时撤销诉讼的权力（规则17.4）是处理少年犯与成人犯不同的固有特点。主管当局随时可能掌握到事实情况，而致完全停止干预似乎是对案件最好的处理。"需要强调的一点是，少年司法程序保持必要的弹性并不是否定"正当法律程序"，只是要求程序设计符合少年的福祉需要。否定正当法律程序的少年司法程序最终将有害于少年的福祉，这一点已经为美国的少年司法实践所证实。

处分相称原则蕴含着保护处分的谦抑性。任何一种不必要的干预都是应当被禁止的。少年的成长是一个自然的过程，即便是发生了危害社会的行为，更多的也是成长过程中具有一定自然性的现象。保护处分是一种"不得已之爱"，也是一种不得已的保护措施，属于对少年自然成长的一种不得已的司法干涉，这种干涉会不可避免地产生负面效应。因此，保护处分的运作应当具有谦抑性，保持必要的内敛性。在处分优先原则使保护处分呈现出必要的积极性的同时，处分相称原则所要求的保护处分的内敛性，是防范保护处分在爱的名义下实际损害少年健康成长的必要保障。

五、建构我国保护处分制度的设想

我国目前并无保护处分制度，适用于罪错少年的非刑罚性措施[1]基本不具有保护处分的性质，均不具有替代和避免刑罚的功能，而且报应性色彩、社会防卫色彩过浓。

"教育是对未成年人犯罪的主要手段"[2]这一处理少年犯罪的基本理念，已经在我国得到较为广泛的认同和未成年人专门立法的肯定。例如，《未成年人保护法》第38条规定："对违法犯罪的未成年人，实行教育、感化、挽救的方针，坚持教育为主、惩罚为辅的原则。"《预防未成年人犯罪法》第44条第1款规定："对犯罪的未成年人追究刑事责任，实行教育、感化、挽救方针，坚持教育为主、惩罚

---

[1] 2013年12月28日，第十二届全国人大常委会第六次会议通过《全国人民代表大会常务委员会关于废止有关劳动教养法律规定的决定》。这意味着已实施五十多年的劳教制度被依法废止。2018年12月24日，全国人大常委会法工委主任沈春耀在向十三届全国人大常委会第七次会议汇报备案审查工作情况时透露，为了深入贯彻全面依法治国精神，全国人大常委会法工委建议有关方面适时提出相关议案，废止收容教育制度。2019年1月2日，全国人大常委会法工委在对广东政协委员朱征夫关于废止收容教育制度的提案的答复函中指出，通过调研论证，各有关方面对废止收容教育制度已经达成共识，启动废止工作时机已经成熟。

[2] 这是2004年9月在北京召开的第17届国际刑法大会与会各国代表的共识。参见秦平：《保护：未成年人刑事责任的指导原则》，载《法制日报》2004年9月16日。

为辅的原则。"遗憾的是，事实上，在现有法律制度下，少年违法犯罪的主要法律后果与成人一样，也是刑罚或者以惩罚为主要特点的行政性措施。这是我国少年法制改革中迫切需要突破的瓶颈。

（一）比较中的反思

从指导思想上说，我国少年刑法亦有诸多值得称道之处，但是少年刑法制度建设现状，尤其是少年刑法立法却十分落后。在少年刑法思想上，无论是理论界还是实践部门，都赞同少年"宜教不宜罚"之主张，均提倡"教育为主"的原则与"教育、感化、挽救"方针。但是，无论是从刑事立法还是刑事司法来看，均缺乏真正体现和贯彻这些思想的制度，尤其缺乏刑罚的有效替代措施和制度保障。在此种情况之下，刑罚仍然不得不成为抗制少年犯罪的主要手段。

近些年来，非刑罚化与非监禁化的理念日益为人们所接纳，特别是对于少年案件。但是，由于缺乏必要的配套制度，对于采用非刑罚、非监禁措施处置的少年，却面临着无法有效监管、教育的窘境。这使得少年司法机关面临巨大的司法风险，并因此而不得不"宁左毋右"。这已经成为困扰少年司法机关的一个重大问题。

基于未成年人刑事政策而被排除在刑罚处罚之外的少年，却落入行政权"膨胀"的"圈套"之中。警察与教育行政机关拥有对于不良行为少年封闭式的处置权力。不良少年的权利既无法得到必要的程序保障，施加于其身的各种非刑罚性措施大多数也属于具有较强惩罚与社会防卫色彩的行政处罚措施。这些行政处罚措施轻者可以剥夺不良行为少年数天的人身自由，重则可以剥夺其长达数年的人身自由，实际上既难以起到教育和保护少年的作用，最终也无益于社会保护。

反观国外和我国港澳台地区的少年刑法，无不是在刑罚之外建立起较为完备的保护处分制度。少年犯罪适用普通刑罚予以处罚的，在理论上和实践中真正成为一种例外措施，大多数少年罪错的处理采用的均是保护处分措施。例如，在日本，大多数少年案件都以保护观察、送交少年院等保护处分的方式处理。经过家庭裁判所移送检察官起诉、刑事法院判决有罪、执行刑罚等程序把少年服刑者送入监狱的情况极为少见。从1988年的统计数字来看，28243名新服刑者中，不满20岁的少年仅有81名。同年年末的在监少年服刑者不过39名。有的设施名为"少年监狱"，里面一个少年犯都没有。[1]近些年来，美国少年司法制度曾经一度呈现"严罚主义"的趋向，表现为少年法院通过放弃管辖权的方式，对严重少年犯罪施以普通刑罚。但是，从1989年到1999年的统计数字来看，通过放弃管辖权对少年判处普通刑罚的案件仍然只占很小的比重，而且在1994年达到顶峰后又呈下降趋势，并未改变以保护处分处置少年犯罪的基本性质。从具体数字来看，1998年，美国具有青少年司法权的法院大约处理了1800000件少年案件，其中约56%（1000300件）被正式处理[2]。在被正式处理的少年案件中，只有不到1%（8100件）通过弃权程序，转到普通刑事法庭审理。[3]我国台湾地区也是如此，对于少年案件由少年法院（庭）裁定移送检察官提起公诉的，无论是在少年案件中所占比重还是绝对人数均非常小。从1989年到1998年，移送检察官提起公诉的少年总人数仅为9099，约占终结少年案件人数的3.54%。也就是说，绝大多数少年案件均是以保护处分而非刑罚处理的。详见下表：

---

[1] 参见〔日〕官泽浩一：《少年违法犯罪与违法犯罪少年的处遇》，载〔日〕西原春夫主编：《日本刑事法的形成与特色》，李海东等译，法律出版社、成文堂1997年版，第206页。

[2] 即提交了要求判决（adjudication）或者弃权听证（waiver hearing）的起诉状（petition）。

[3] See Charles M. Puzzanchera, Delinquency Cases Waived to Criminal Court, 1989-1998, September 2001.

表 9-1

年份	移送检察官人数	终结人数	所占百分比
1989	1204	20462	5.88
1990	1168	19203	6.08
1991	663	24556	2.70
1992	762	30150	2.53
1993	815	30720	2.65
1994	868	28569	3.04
1995	1196	30534	3.92
1996	1072	28047	3.82
1997	810	24512	3.30
1998	541	20638	2.62
合计	9099	257391	3.54

从各国（地区）少年刑法的规定来看，保护处分呈现以下几个基本特征：一是保护处分具有替代刑罚的特性，无论是在理论上还是实践中，刑罚只是不得已和最后的手段，并且实际适用率很低。二是保护处分的种类、适用条件、适用程序、执行等基本内容，一般均由独立的少年法予以明确规定。三是保护处分的适用一般均通过少年司法程序，由少年法院（庭）决定。四是在适用对象上，不仅仅适用于犯罪少年（包括触法少年），有的还扩大适用于虞犯少年。

我国目前存在着某些在形式上类似于域外保护处分的措施，如工读教育、非刑罚处理方法等，但是在与刑罚的关系、适用对象范围、适用程序等方面均与域外保护处分制度有着重大区别。重要的是，这些措施基本上不具有替代刑罚的性质，充其量不过是作为刑罚的补充，且大都属于行政处罚措施的范畴。它们的适用程序基本上属于封闭的行政权自决系统，罪错少年无法获得必要的程序救济权，如律师帮助权、上诉权、辩护权等。我国目前急需建立少年刑法保护处分制度，以作为刑罚替代措施，使少年刑法"以教代罚"的思想能够得到切实贯彻，在实现对于罪错少年保护的首要目的之后，达到少年保护与社会防卫目的的和谐统一。各国（地区）少年刑法无不以保护处分制度为核心内容，仍然停留于报应主义阶段的我国少年刑法急需加快改革，建立保护处分制度。

（二）保护处分类型的设计

除了刑罚外，我国现行法规定的可以适用于罪错少年的措施主要有以下一些：责令严加管教、工读教育、警告、罚款、拘留、训诫、强制戒毒、责令具结悔过、赔礼道歉、赔偿损失等，其法律依据主要是《刑法》《治安管理处罚条例》《预防未成年人犯罪法》等。这些措施大体上可以划分为三类：一是行政处罚措施，主要包括警告、罚款、拘留、强制戒毒。[1] 二是特殊教育行政措施，即工读教育。三是《刑法》规定的非刑罚处理方法。《刑法》第37条规定："对于犯罪情节轻微不需要判处刑罚的，可以免予刑事处罚，但是可以根据案件的不同情况，予以训诫或者责令具结悔过、赔礼道歉、赔偿损失，或者由主管部门予以行政处罚或者行政处分。"这条规定确定我国非刑罚方法的种类有训诫、责令具结悔过、赔礼道歉、赔偿损失、行政处罚或者行政处分，适用的条件是"犯罪情节轻微不需要判处刑罚"以及"可以免予刑事处罚"。

建构我国的保护处分制度，上述措施中有的应予以废止，有的则可以改革为保护处分措施。此外，还宜吸收少年司法实践中探索的一些有益措施（如社会服务令、监管令）和借鉴域外经验，设置一些新的保护处分措施，从而建立我国的保护处分类型体系。总的方向应当是，尽量限缩拘禁性措施，扩大社区性措施，建立融社区性保护处

---

[1] 关于强制戒毒是否属于行政处罚措施，在理论界存在争议，笔者主张行政处罚措施说。

分、中间性保护处分、拘禁性保护处分于一体的和谐的保护处分体系。

1. 社区性保护处分：多样化

社区性保护处分宜多样化，以适应少年法庭处分个别化的需要。我国现有的处置罪错少年的非刑罚性措施中，有多种可以改革为社区性保护处分措施。同时，还可借鉴域外的经验，新设置一些社区性保护处分措施。具体而言，社区性保护处分可以包括以下几种：

（1）赔偿损失。即责令罪错少年就其犯罪行为对他人、社会造成的损失进行赔偿。赔偿的形式可以为缴纳财物或者以社会服务替代。缴纳财物以教育、挽救为目的，最高额不得超过罪错少年的犯罪行为造成的损失。少年父母、监护人对少年违法犯罪负有疏于管教职责的，可以责令其代为赔偿。在少年无力缴纳财物时，或者认为以社会服务代替缴纳财物更有利于对于少年的教育、挽救的，可以令少年以从事社会服务代替财物赔偿。

（2）罚款。这也是一种适用于罪错少年的措施，现行罚款处分可以改革为保护处分措施。罚款最高额宜确定为不得超过5000元。对少年罪错负有疏于管教职责的父母或监护人，可以责令其代为少年缴纳罚款。在少年无力缴纳罚款时，或者以易处社会服务为宜者，可以令少年从事社会服务以代替缴纳罚款。

（3）赔礼道歉。即责令罪错少年向被害人正式表示歉意和忏悔，请求被害人原谅。赔礼道歉宜由少年法庭负责执行，它具有恢复性司法的意味，是一种值得重视的保护处分措施。

（4）训诫。即以言词的方式指出少年行为的违法犯罪性、社会危害性、违法犯罪的原因等，并告诫其不得再犯，让其知晓再犯的法律后果等。训诫的同时，可以责令罪错少年具结悔过，向被害人赔礼道歉等。训诫宜由少年法官当庭执行。

（5）社会服务。即责令罪错少年从事公益劳动，或者到某一指定场所完成一定时间无偿的社会服务。社会服务的时间可以确定为 4—240 小时，即相当于半个工作日到 30 个工作日的时间。社会服务通常由少年法庭负责执行；必要时，可以交由青少年社工执行，少年法庭负责监督。

（6）责令严加管教。现行法规定的责令父母、监护人严加管教措施有一个弊端，即疏于对父母、监护人履行严加管教职责的监督。为了监督少年父母、监护人履行严加管教的职责，可以责令其缴纳 5000 元至 20000 元保证金。对于严加管教的执行情况，由少年法庭负责监督，或者交由青少年社工监督。

（7）假日生活辅导。我国台湾地区"少年事件处理法"规定了假日生活辅导措施，这可以为大陆地区少年法所借鉴。假日生活辅导的次数、执行方式等均可参考"少年事件处理法"的规定确定。假日生活辅导由少年法庭执行，或者由少年法庭交由青少年社工执行，少年法庭负责监督。

（8）保护观察。从前文关于保护处分之域外比较中可以看出，各国（地区）大都将保护观察作为一种重要的社区保护处分措施。我国的社区矫正改革带有保护观察制度的性质。笔者建议在此基础上建立少年保护观察（观护）制度。借鉴域外经验，保护观察可以在以下几种情况下采用：一是对于有严重不良行为的少年，由少年法庭决定采用。二是作为刑罚替代措施，由少年法庭决定对犯罪少年采用。三是与普通刑罚配合适用。例如，对于被判处管制刑的少年，附加适用保护观察。四是与"四缓制度"[1] 连用，即对于缓处、缓诉、缓判与

---

[1] 关于"四缓制度"，详见姚建龙：《缓处·缓诉·缓判与缓刑——大陆少年司法四缓制度述评》，载陈欣欣主编：《"违法犯罪青少年的司法保护"学术国际研讨会论文集》，澳门科技出版社 2004 年版，第 244—250 页。

缓刑的少年采用。五是对于假释少年采用。六是对于被提前解除拘禁性保护处分或者在社区被执行拘禁性保护处分的少年采用。保护观察由少年法庭（可专设少年保护官）负责执行，或者根据需要由少年法庭交由青少年社工执行，少年保护官负责监督。

2. 中间性保护处分：社会化

1997年之前，我国台湾地区"少年事件处理法"规定的保护处分措施在保护观察与感化教育之间缺乏必要的过渡性保护处分。1997年修改的"少年事件处理法"增加了安置辅导这样一种介于保护观察与感化教育之间的新保护处分措施。这一立法经验可为大陆地区所借鉴。笔者建议大陆地区在将来的少年法中规定安置辅导这样一种中间性保护处分措施。即对于有严重不良行为的少年或犯罪少年，在给予社区性保护处分难以收到教育保护效果，而给予拘禁性保护处分又显过严时，少年法庭可以裁定将少年安置于适当的福利性社会机构，如儿童福利院、流浪儿童救助机构等，亦可以视情况安置于志愿家庭。

3. 拘禁性保护处分：单一化

保护处分应以社区性处分为主，而拘禁性处分非不得已不宜采用，这是建构拘禁性保护处分措施必须树立的基本观念。在我国现行法规定的可以适用于少年的各种非刑罚性措施中，拘禁性处分过多，包括拘留、工读教育、强制戒毒等，这与少年罪错处置的非监禁化理念多有背离。笔者主张对其中不是必须存在的、可以替代的措施应当予以废止，不得适用于未成年人，仅保留工读教育一种机构性处分措施，并将其改造为唯一一种拘禁性保护处分措施。

（1）拘留的废止。我国现行法规定的拘留是一种剥夺自由的行政处罚措施。笔者认为，对于未成年人不宜适用拘留措施，主要理由有三：一是没有必要。作为一种短期自由罚，拘留可以为其他处置措施所替代。二是负面影响较大。拘留的时间短，一般难以起到教育少年的作用，还容易对少年的学习、生活、身心健康造成不良影响；同时，容易产生标签效应，不利于对少年的教育、挽救及其成长。实践中，在拘留期间，拘留所难以做到分押分管，容易使少年受到"感染"。三是实现法律的平等性。《公安机关办理未成年人违法犯罪案件的规定》（1995年10月发布）第27条规定："对违反治安管理的未成年人，应当尽量避免使用治安拘留处罚。对在校学生，一般不得予以治安拘留。"也就是说，我国对于拘留少年已经作了严格限制。尽管规定对在校学生一般不得予以拘留有诸多理由，但是毕竟有悖于平等保护原则。在现行法的基础上，完全可以更进一步，彻底废止对未成年人适用拘留措施。

（2）工读教育的改革。根据《预防未成年人犯罪法》的规定，目前工读教育的适用对象是有严重不良行为的少年。但是，从各地方性法规规定的工读教育的具体适用对象来看，不管是年龄界限还是行为类型均有一定的差别。例如，上海市工读学校的招生对象包括两类：一是有违法和轻微犯罪行为，不适宜在原校学习，却又不够刑事处罚条件的青少年学生（包括被学校开除或自动退学，在社会上流浪，有违法和轻微犯罪行为的青少年）。二是未满13周岁，有危害社会的行为，经学校或有关部门教育不改，家庭确无管教能力的学生。[1] 对于这些少年，适用拘禁性处分显然过于严厉，也容易带来负面影响，不利于他们的健康成长。笔者建议把工读教育改革为学校式感化教育性措施，其招生对象为不适宜适用社区性保护处分的有严重不良行为或犯罪行为的少年。除了招生对象的改革外，对工读教育的招生审批手续亦应进行改革，可以将审批权从教育行政部门转归少年法庭，由少年法庭按照保护处分程序决定适用。

---

[1] 参见《上海市工读学校招生管理若干规定》。

此外，对于有吸毒成瘾、酗酒成瘾、患精神病、患性病等情况的罪错少年，可以适用强制医疗措施。强制医疗措施可以在作出保护处分裁判之前或同时决定适用。因此，可以把强制医疗措施称为"附加性保护处分措施"。有必要着重指出的一点是，我国目前的强制戒毒措施带有较强的行政处罚性，而并非真正意义上的强制医疗措施，对此应当进行改革，去除其行政处罚色彩。

为了使保护处分能够得到切实执行，必须组建少年保护官队伍和青少年社工队伍。少年保护官宜设置于少年法庭，如建立少年法院，则可以设置于少年法院。关于青少年社工，可以参考目前上海的改革实践，建立青少年社工管理部门，组建青少年社工社团，建立职业化、专业化的青少年社工队伍。青少年社工与少年保护官互相配合，负责少年保护处分措施的执行。青少年社工还可以发动和组织热心于青少年保护工作的人士，充任青少年义工，共同从事青少年教育、保护工作。

（三）保护处分的适用对象与基本程序

1. 适用对象

在保护处分的适用对象上，有以下三种立法例：一是德国模式，即保护处分只作为刑罚的替代措施，适用于犯罪少年。二是日本模式，即保护处分不仅适用于触犯刑法的少年（包括犯罪少年和触法少年），还基于提前预防与保护思想，扩大适用于法定的、有犯罪之虞的虞犯少年。三是美国模式，即保护处分的适用对象包括犯罪少年、虞犯少年以及仅有一般社会规范的不良少年。

我国保护处分的适用对象应以《刑法》和《预防未成年人犯罪法》为依据，在犯罪少年、严重不良行为少年和一般不良行为少年三种对象中合理确定。笔者认为，宜将保护处分适用于犯罪少年和严重不良行为少年两种对象。排除一般不良行为少年，主要是基于保护处分的谦抑性、避免过度干预、防止产生标签效应的考虑。

犯罪少年是指以普通刑法为依据，构成刑法上犯罪的少年。严重不良行为少年包括触法少年（因不满16周岁而不予刑事处罚的少年）和有严重治安违法行为的少年。当然，对于一般不良行为少年并非放任不管，必要时可以由专门的少年警察与学校、家长等配合，对其进行辅导、教育。

2. 基本程序

保护处分的决定权应归于少年法庭，并按照司法化的程序运作。借鉴域外保护处分的适用程序，对于我国处理少年保护案件的基本程序，笔者建议如下：

（1）一般调查。少年案件应当先由专门的少年警察进行调查，调查结束后均直接移送少年法庭审理。

（2）特别调查。这是指少年法庭的审前社会调查，由少年法庭专设社会调查官进行。调查的内容主要围绕少年违法犯罪的原因、家庭环境、人际交往、学习、性格、心理等展开。社会调查完毕后，应制作社会调查报告。

（3）决定。少年法庭根据少年警察的意见以及社会调查结果，初步审查后可以作出以下决定：一是按照少年保护案件开庭审理。二是决定不交付审理。三是认为构成刑事犯罪的，移交相应少年检察机构提起公诉。这种案件可称为"少年刑事案件"。对于少年刑事案件，少年检察机构审查起诉后，认为以不起诉为宜的，仍可以移送少年法庭，按照少年保护案件处理，由少年法庭审理后适用相应的保护处分措施；如果认为应当追究刑事责任，则向少年法庭提起公诉。

（4）审理与裁判。少年法庭应当按照不公开原则，开庭审理少年保护案件。少年可以聘请律师出庭，帮助维护其合法权益。少年的父母、监护人应当出庭，必要时还可以邀请其他近亲属或者教师出庭。少年保护案件的审理实行圆桌式审理，法庭审理程序以弹性为特点。审理结束后，少年法庭可以作出如下两种裁定：一是不给予保护处分，二是决定适用一种或者多种保护处分。对于检察机关提起公诉的少年刑事案件，少年法庭也可以决定免除刑罚，适用保护处分。

第十章
论缓刑滥用及其防范*

一、引言

缓刑起源于19世纪的西方国家,其产生与发展深受早期启蒙思想家和近代新派教育刑理论的影响。由于缓刑被认为是一种宽大、人道的刑罚制度,注重对罪犯的教育和挽救,能在一定程度上避免自由刑的流弊,减少国家经济支出,在实践中也收到了一定的成效,因此一问世即为许多国家所采用。今天,缓刑已成为世界各国普遍采用的一种刑罚制度。有些国家如法国、卢森堡、瑞士等,还专门制定了缓刑法。国外适用缓刑的比例较高,尤其是西方发达国家,一般都超过40%。

缓刑在英语国家被称为"犹豫判决"(suspended sentence),包括

---

* 载《上海警苑》2001年第6期。

刑罚适用的犹豫和刑罚执行的犹豫，在欧洲大陆仅指刑罚执行的犹豫。我国刑法中的缓刑类似于欧洲大陆的缓刑，实际上只是刑罚执行的犹豫。根据1997年《刑法》的规定，缓刑是指人民法院对于被判处拘役、三年以下有期徒刑的犯罪分子，根据其犯罪情节和悔罪表现，暂缓执行原判刑罚，确实不致再危害社会的，规定一定的考验期，在考验期内不再犯新罪，也没有发现漏罪以及没有违反法律、行政法规或者公安部门有关缓刑的监督管理规定等严重情节，原判刑罚就不再执行的制度。缓刑的特点是，判处的刑罚在一定期间内暂不执行，却又保持执行的可能性。这是一种人道、宽缓、经济的刑罚运用制度，其基本理念与宗旨符合现代刑罚的发展趋势。因此，缓刑的扩大适用被认为是现代刑罚制度发展不可逆转的潮流。许多学者主张改变我国缓刑总体适用率低的状况，提高缓刑适用率，司法实践中多判一些缓刑。[1] 20世纪末21世纪初，我国缓刑适用率有较大幅度的提高。以浙江省为例，该省判处缓刑的人数占判有期徒刑、拘役人数的比例，从1997年的12.18%逐步上升到1998年的13.88%、1999年的14.26%，2000年更上升到17.10%，四年内上升了近5个百分点，增长幅度很快。[2] 应该肯定，我国缓刑的发展主流是好的，但是也应该清醒地认识到，在实践中出现了滥用缓刑的现象，不容忽视。2000年4月，青海省共和县十一届人大三次会议作出不予通过法院工作报告并授权常委会会议继续审议的决议，引起了极大震动。该

---

[1] 在笔者所了解的有关学者对于缓刑的观点中，主张扩大缓刑适用率的占了绝大多数。参见陈兴良主编：《刑种通论》，人民法院出版社1993年版，第360页；张文学等编著：《中国缓刑制度理论与实务》，人民法院出版社1995年版，第109—114页；邓又天、邓修明：《修改我国缓刑制度的若干设想》，载《法学评论》1989年第6期；等等。多判一些缓刑也是司法实践的指导精神。例如，中共中央在1989年指示"可以多判一些缓刑"。

[2] 参见应建廷：《缓刑实践的调查与思考》，载《中国刑事法杂志》2000年第5期。

县人大做出此举的一个重要理由是认为法院适用缓刑过多、过滥。这一事件后来在法院承诺今后适用缓刑一律经审判委员会讨论后方才平息。

二、缓刑滥用的主要表现、危害、主要原因分析

（一）缓刑滥用的主要表现

缓刑滥用可以概括为决定阶段的滥用和执行（监督考察）阶段的滥用两类，其中决定阶段的滥用主要包括：

第一，贪污贿赂等经济犯罪、渎职犯罪适用缓刑过多、过滥，群众意见大，一定程度上挫伤了人们反腐的积极性。1999年10月的《报刊文摘》披露："据统计，某市1997年判决经济犯罪分子104人，其中缓刑65人，有个基层法院判决21人，缓刑19人，占90％；1998年判决97人，其中缓刑63人，占65％；有个基层法院判决6人，全部为缓刑，占100％，这些还不包括免予刑事处分的案件。而判处缓刑的经济犯罪案件，95％是万元以上的大案。人们不禁要问：这样轻判，如何能遏制日益严重的腐败现象？"再如，某省的统计分析表明：1997—2000年，经济犯罪、渎职犯罪这两类犯罪的缓刑适用率均保持一个较高的比例。贪污贿赂等经济犯罪适用缓刑的比例在35％至45％之间；徇私舞弊、滥用职权等渎职犯罪适用缓刑的比例达50％以上，2000年1—5月渎职犯罪适用缓刑的比例甚至达到了73.33％。[1] 我国缓刑适用率总体上是很低的，远远低于西方发达国家，但是贪污贿赂等经济犯罪、渎职犯罪的缓刑适用率却不低，甚至

---

[1] 参见应建廷：《缓刑实践的调查与思考》，载《中国刑事法杂志》2000年第5期。

高于西方发达国家。这很难说是一种正常现象，人民群众难以接受不足为奇。

第二，缓刑被滥用为平衡各方关系的工具。有些案件，犯罪事实清楚、证据确凿充分，但是被告人"背景"深厚，法院压力大。在判与不判的两难中，法院"设法"判缓刑，皆大欢喜。还有一些案件，被告人并未构成犯罪，或者按照《刑法》第13条的规定不属于犯罪，但是迫于所谓"民愤"的压力，或者为满足受害人的不正当要求，或者为逢迎某些权势人物的"指示""要求"，先定罪量刑，再宣告缓刑，以求息事宁人。

第三，法官法外恤情，滥用缓刑。有些案件中的被告人，其情可悯、可怜，群众亦要求轻判，但是若严格依法处理，并不符合缓刑的条件。于是，有些法官法外恤情，"设法"判缓刑。笔者曾接触过这样一个案件：哥哥考上大学，却为高额学费一筹莫展，已经因家境困难而辍学的弟弟为帮助哥哥圆大学梦，盗窃4万元。事发后，法官"大胆"判处弟弟有期徒刑3年，缓刑4年，并处罚金5000元。根据最高人民法院的司法解释，盗窃4万元属数额特别巨大，按规定应处10年以上有期徒刑，该法官的处理显属畸轻。但是，他的做法却受到人们赞赏。

第四，所谓"能人""有功之臣"较一般老百姓易得缓刑之"垂青"。这类人物往往有"人"关照，有单位作保、请求，缓刑监督考察似乎也容易落实，在"可适当多判一些缓刑"精神的指导下，法院乐于判缓刑。在受"以功抵过"的旧思想影响、外来压力以及生产或科研急需的借口下，甚至有些并不符合缓刑条件的被告人也被适用缓刑。

第五，缓刑"待价而沽"，成为一些法院"创收"的捷径。这是滥用缓刑中较为恶劣的现象。据《深圳特区报》披露，某法院以"在缓刑期间，我们有时要考察他，要出车用去汽油费等"（在记者质问后，法官给出的答复）为由，要求被告人先交纳考察费2000元以及对原告的医疗费等各种赔偿6352.88元。原告在交钱就判缓刑、不交钱就判实刑的选择中，被迫交钱。

第六，因关押场所有限，缓刑被滥用以减轻监管场所的压力。我国自1983年开始推行"严打"以遏制犯罪增加的势头，每次"严打"时监管场所的收容压力都很大。在关押困难、无法"消化"的情况下，缓刑条件常被人为放宽。

第七，对于某些罪与非罪难断的疑案，某些法院的折中做法是先认定有罪，量刑后再缓刑。这种做法违背刑事诉讼的基本原则，亦属滥用缓刑。

执行阶段的滥用主要是指对缓刑犯放任自流。监督考察不力是缓刑适用中的老问题。1997年修订《刑法》，防止对缓刑犯放任自流是修改缓刑的一个重要方面。但是，实践表明，实际效果难如人意。缓刑犯参军、官复原职、当上村干部等方面的报道，屡见于新闻媒体之上，影响很坏。

（二）缓刑滥用的危害

缓刑制度是一种很好的刑罚运用制度，但是一项好制度如果被滥用，其后果也许会更为严重。缓刑滥用的危害主要体现在以下三方面：

第一，党和政府尤其是司法机关在一些群众心中的形象受到影响。我国是人民民主专政的社会主义国家，人民的支持是国家长治久安的基础。近些年来，由于各方面的原因，党和政府尤其是司法机关在一些群众心中的形象受到影响。江泽民同志曾语重心长地指出："治国必先治党，治党务必从严。"缓刑滥用使一些群众误认为这是在放纵犯罪分子，包庇腐败分子，搞"官官相护"。在此摘录某媒体报道的一则新闻，一些群众对缓刑滥用的不满可略见一斑："据记者了解,尽管林明等人作恶多端,林明还有提供伪证、贪污挪用公款、给上级领导挪用公款提供便利等多项不轨行为,但法院判决的结果却是林明被判处有期徒刑三年、缓刑三年;另外两人分别被判处两年和一年有期徒刑,并分别缓刑两年和一年。对于如此从轻的发落,孙庙乡的群众大为不满。"[1] 近些年,全国人大审议通过最高人民检察院、最高人民法院的工作报告,反对票都较先前多。前文提到的青海省共和县人大对法院的不信任,值得人们深思。有必要指出的是,一些群众对缓刑意见大与很多人误认为"缓刑不坐牢,不坐牢就是没受处罚"有关,而这种误解又与缓刑滥用紧密相关。

第二,削弱刑罚的威严,助长犯罪,放纵腐败。刑罚在本质上是惩罚,是痛苦的,否则它就不是犯罪的必然后果了。无论刑罚发展得多么人道、宽缓,这一本质不会改变,否则就不成其为刑罚。刑罚是威严的,其威严主要靠惩罚的痛苦性、及时性、确定性、必然性得以体现和树立。缓刑滥用必然导致刑罚威严性的削弱,导致刑罚一般预防和特殊预防功能的落空,其结果是犯罪分子(已然的和潜在的)对刑罚的蔑视,助长犯罪。当前,最严重的缓刑滥用是对贪污贿赂等经济犯罪分子和渎职等职务犯罪分子的滥用,即对人民群众深恶痛绝的腐败分子的滥用。这是对腐败分子(已然的和潜在的)的放纵和鼓励,更是对人民群众尤其是反腐斗士们信心的极大伤害。

第三,破坏法制,妨碍依法治国。党的十五大提出了"依法治国"的战略方针,宪法亦确立要"建设社会主义法治国家",而缓刑滥用违背罪刑法定原则、罪刑相适应原则、法律面前人人平等原则等刑法的基本原则,违背"有法必依、执法必严、违法必究"等社会主义法制的基本要求,是对社会主义法制的践踏,是对依法治国进程的

---

[1] 黄勇、靳生:《乡干部竟设牢房拘禁两百人》,载《中国青年报》2000年11月24日。

妨碍。

（三）缓刑滥用的主要原因

1. 立法疏漏

第一，立法规定的适用缓刑的条件过于原则、笼统，赋予法官的自由裁量权过大。现行《刑法》规定的适用缓刑的条件主要有：犯罪人犯罪情节较轻，有悔罪表现，没有再犯罪的危险；被判处拘役、三年以下有期徒刑；非累犯。其中，"有悔罪表现"的具体含义不清，"没有再犯罪的危险"也缺乏评判的具体标准，全赖法官自由裁量，这就为缓刑滥用留下了余地。至于"判处拘役、三年以下有期徒刑"原本是较为客观的标准，但是在实践中却有极少数本应在三年有期徒刑以上量刑的案件，为达到适用缓刑的目的，硬往"拘役、三年以下有期徒刑"上靠。此外，缓刑犯的考察由公安机关负责，所在单位或者基层组织予以配合。这是总结 1979 年《刑法》规定的"由公安机关交所在单位或者基层组织予以考察"的实际效果不佳后作出的调整。但是，实践表明，对缓刑犯的考察并未收到预期的效果，对缓刑犯放任自流的现象并没有得到根本扭转。

第二，缺乏适用缓刑的程序保障。实体公正必须有程序保障，这是现代法治国家的共识。缓刑是一种特殊的刑罚应用制度，但是目前立法上并未规定相应的适用缓刑的专门程序。有些地方为避免缓刑滥用，规定了一些内部或地方性程序，如果适用缓刑，必须经审判委员会批准或讨论决定等。规定或严或松，导致各地缓刑适用或难或易，适用率或高或低，很不统一。有些地方则没有专门程序。

2. 观念偏差

偏差之一：一些学者认为我国缓刑适用率过低，国外缓刑适用率远远高于我国，我国应扩大缓刑适用率。笔者认为，首先，刑罚应提倡缓和，缓和的程度应与本国国情、人民群众的物质和精神生活水平、社会的基本价值观念尤其是社会公众的容忍度相适应。其次，国外缓刑适用率之所以高，与它们将大量轻微违法犯罪行为规定为犯罪的刑法制度密不可分。我国治安行政法律、法规消化了大量在很多国家被认为是犯罪的轻微违法犯罪行为，而触犯轻罪者是适用缓刑的主要对象。基于以上理由，笔者认为我国缓刑适用率并不低，理论界、实务界那种应提高缓刑适用率的观点与缓刑滥用不无联系。

偏差之二：一些学者认为对职务犯罪者定罪处罚已足以防止其再次利用职务犯罪的可能性，而且缓刑监管措施容易落实，因此对贪污贿赂等经济犯罪、职务犯罪应多判缓刑。"从严治吏"是各国刑法共同的价值取向，也是我国刑法历来坚持的一项原则，更是人民群众的愿望和国家长治久安的需要。因此，仅仅因为适于判缓刑就认为应多判缓刑是站不住脚的，这一做法也是不适当的。

偏差之三：某些人认为缓刑就是不坐牢，不坐牢就是犯了法也没事。一些群众、犯罪嫌疑人甚至包括极少数执法人员都存在这种认识上的偏差。其结果是，部分群众对缓刑有成见，一些犯罪人及其亲友想方设法争取判缓刑，极少数执法人员在缓刑上大做文章，缓刑的正确适用受到很大的干扰。

3. 司法体制不健全等外部环境的影响

缓刑滥用的原因并非仅仅存在于缓刑本身，它与缓刑适用的外部环境好坏也有很大关系。我国的司法体制还不是很健全，司法不受干扰的程度还不是特别高，严格执法的环境有待改善，法官依法办案有时还会受到干扰，这些都会对缓刑的正确适用产生一定的影响。另外，少数法官的素质有待提高也是导致缓刑滥用的重要原因。

三、缓刑滥用的防范对策

针对前述缓刑滥用的主要表现、危害、主要原因，笔者提出如下防范对策：

第一，以权力制约权力，分割缓刑决定权。目前，我国缓刑的决定权过于集中，即过分集中于法官手中，检察机关、群众对于缓刑的适用难以施加实质性的影响。在少数法官的素质有待提高、执法环境有待改善的情况下，笔者主张分割缓刑决定权以避免缓刑滥用。笔者建议扩大检察机关、群众在决定适用缓刑中的作用，分割部分缓刑决定权。例如，规定检察机关有权或者必须在公诉书中发表是否能够适用缓刑的意见，法官对于检察机关不予缓刑的建议必须予以采纳。这样做的好处是，促使检察机关全程参与缓刑决定，纠正那种检察机关实际上很少干预缓刑的状况，有利于强化对缓刑的监督。同时，规定在决定缓刑前必须认真听取被告人所在单位或基层组织的意见，对于被告人所在单位或基层组织坚决反对缓刑的，原则上不应缓刑。这样做有利于法院在听取多方意见后科学决策，可以提高缓刑决定的透明度，避免暗箱操作，也有利于今后对缓刑犯的考察监督。

第二，细化缓刑的适用条件。刑法对缓刑的适用条件规定得较为笼统，不便于实际操作和防止缓刑滥用。笔者建议对"有悔改表现""没有再犯罪的危险"规定统一的细化标准。例如，规定"有悔改表现"必须是被告人有真诚的悔罪表现，不仅要看表现——彻底坦白交代自己的犯罪事实，而且要有其他的实际行动——如实交代同案犯、积极采取补救措施防止危害后果的发生、积极进行退赃或经济赔偿、自首等。对"没有再犯罪的危险"，可以根据以下方法判断：一是符合量刑标准——必须被判处拘役、三年以下有期徒刑。二是对犯罪分子进行再犯危险性综合评估，属合格。评估的依据包括：犯罪的性质、情节、危害程度,犯罪分子的生理、心理健康状况,平时的一贯表现,有无前科劣迹,是否初犯,有无职业和稳定、和睦的家庭,缓刑考察地的治安状况,犯罪分子所在单位或基层组织配合考察的能力和态度等。

第三,对贪污贿赂犯罪、渎职犯罪缓刑的适用进行特殊限制。贪污贿赂犯罪、职务犯罪缓刑的适用过多过滥,是缓刑滥用表现最突出、后果最严重、群众意见最大的一方面。最高人民法院曾为此发布了《最高人民法院关于对贪污、受贿、挪用公款犯罪分子依法正确适用缓刑的若干规定》(1996年6月26日,以下简称《规定》),对贪污、受贿、挪用公款三类犯罪适用缓刑作了一定程度的规范,以期遏制这三类群众反映强烈的缓刑滥用现象,但是实际效果并不十分理想。笔者认为这与《规定》本身存在局限性是分不开的。首先,《规定》规范的范围仅限于贪污、贿赂、挪用公款三类案件,明显与反腐的实际要求有差距,在法理上也欠缺充足的理由。以1999—2000年发生的一连串重大事故为例,曾任中华全国总工会副主席、书记处第一书记的张俊九透露,仅2000年1月至6月,全国工矿企业就发生一次死亡10人以上的特大事故42起,共死亡699人。1999年,全国发生火灾18万次,造成2700多人死亡,分别比前一年增长40%和15%。2000年头4个月,全国各地仅火灾事故就造成142人死亡、105人受伤,比1999年同期分别上升了97%、50%。2000年6月下旬,仅四川沉船、武汉空难、广东爆炸,就造成至少248人死亡、340多人受伤。悲剧为何一再重演?正如有新闻记者所言:我们不难发现,几乎每一起重大事故中都有一些严重失职、渎职的领导干部。[1]事故发生之后,对责任人的处罚偏轻,判实刑的少,判缓刑的

---

[1] 参见曾化国、朱玉:《悲剧为何一再重演——对我国近期重大安全事故的反思》,载《劳动安全与健康》2000年第11期。

多，判重刑的少，判轻刑的多。其次，《规定》对限制适用缓刑的规定较为含糊，留有余地。例如，《规定》作如下规定："国家工作人员贪污、受贿数额一万元以上，除具有投案自首或者立功表现等法定减轻情节的之外，**一般**不适用缓刑。""国家工作人员贪污、受贿数额一万元以上不满五万元，根据案件具体情况，适用刑法第五十九条第二款减轻处罚在有期徒刑三年以下量刑的，**一般**不适用缓刑。对其中犯罪情节较轻，积极退赃的，且在重大生产、科研项目中起关键作用，**有特殊需要，或者有其他特殊情况的，可以适用缓刑，但必须从严掌握**。"其结果是，实践中，贪污、受贿一万元免诉，贪污、受贿五万元缓刑的现象并不少见；同时，造成各地缓刑适用不统一，某些腐败分子有恃无恐，群众有意见，有些受处理的腐败分子也不满。有些国家如厄瓜多尔规定对官员不得适用缓刑，值得我们借鉴。根据我国国情，笔者虽不主张对官员一律不适用缓刑，但主张对国家工作人员实施的与其职务有关的犯罪严格限制缓刑的适用。笔者建议对《规定》作如下修改：（1）将渎职犯罪也纳入严格限制缓刑适用的范围之内，规定对因渎职犯罪量刑在一年以上的，不得缓刑。（2）明确规定对贪污、受贿、挪用公款数额在一万元以上的不得适用缓刑，删除诸如"一般""有特殊需要，或者有其他特殊情况的"等模糊性规定。

第四，设置缓刑适用的专门程序。实体公正需有程序保障，特殊的制度应有特殊的程序予以保障。有学者提出可在审判阶段设置一个缓刑听证程序，笔者认为这种建议值得采纳。缓刑听证程序的具体内容应当包括：（1）在开庭审理之后，合议庭拟判缓刑的，应当举行缓刑听证。（2）举行缓刑听证的，应当有检察机关的公诉人、公安机关辖区派出所的管片警察、被告人的家属、被告人所在单位的代表、被告人居住社区的基层组织代表、被告人本人及其辩护人参加。其他群众可以旁听。（3）在缓刑听证中，主要就被告人的再犯危险性进行评估，听取检察机关、公安机关、被告人家庭、被告人所在单位或者居住社区、被告人本人及其辩护人等多方面的意见,并考虑对犯罪分子缓刑期间的监督考察责任能否落实。检察机关对缓刑听证实施监督。(4)在缓刑听证后,经合议庭讨论,综合考虑各方意见,决定是否适用缓刑。设置缓刑听证程序可以将缓刑决定由"暗箱操作"变成"阳光下的操作",体现分权与制衡的原则,使缓刑易于执行,使缓刑宣告更加准确而恰当。[1]

第五,缓刑犯考察组织多元化。1979年《刑法》规定缓刑犯由公安机关交所在单位或者基层组织予以考察,1997年《刑法》第76条则修改为:由公安机关考察,所在单位或者基层组织予以配合。据此,对缓刑犯的考察主体变为公安机关。立法者的本意是想加强管理,改变司法实践中对缓刑犯的考察流于形式的弊端,但是实际效果并不理想。笔者认为,合理确定缓刑犯考察组织应当综合考虑以下三个因素:(1)我国地域辽阔,人口众多,公安机关主要按行政区域设置,每一级公安机关所辖的范围广、人口多、警务繁重(尤其是基层公安机关),很多公安机关还存在警力不足的情况。我国还有一些地区交通不便。因此,由公安机关承担所有缓刑犯的考察任务且完成好并不现实,事实上也是勉为其难的。(2)我国的社会结构正处在向多元结构转变的过程中,缓刑犯所在单位或基层组织的结构松紧程度不一,对缓刑犯的人身控制程度不一,社会责任感不一,对配合或承担起考察缓刑犯任务的态度、能力不一,因此对缓刑犯所在单位或基层组织在对缓刑犯的考察中充当什么样的角色不宜一概而论。(3)对缓刑犯的考察并非消极静观其是否违反缓刑犯应予遵守的规定,以及没有达到撤销缓刑的条件,更重要的是对他们进行教育、帮助和挽救,使之早日成为新人,不再危害社会。在确定缓刑犯考察组织时,

---

[1] 参见阮方民:《对改进我国缓刑制度的两点思考》,载《法学》2000年第10期。

应考虑它是否具备教育、帮助和挽救缓刑犯的条件和能力。这一点常被忽视。因此，笔者建议改变我国缓刑犯考察组织单一，因而难以适应复杂的客观现实，以致对缓刑犯的考察易流于形式的状况，建立多元化的缓刑犯考察组织体系。首先，有条件的地方可设立专门的缓刑犯考察组织（考察员）。该组织可在司法行政机关之下设立，原审法院负责指导，尽量吸收自愿工作人员。有些国家亦实行此制，如美国是由法院任命的观护人承担考察职能，日本设有专门的保护观察所。专门化应是我国缓刑犯考察组织的发展方向。其次，缓刑犯所在单位或基层组织条件好的，亦可由其负责对缓刑犯的考察任务，公安机关予以配合。最后，警力充足的地方，且缓刑犯所在单位或基层组织难以承担考察任务的，可由公安机关负责考察，缓刑犯所在单位或基层组织予以配合。确定缓刑犯考察组织事宜可在缓刑听证程序中由法院根据具体情况决定。

另外，提高法官素质，健全司法体制，保障司法机关依法办案；加强宣传，重塑对待缓刑的正确观念等，对于防止缓刑滥用也非常重要。

第十一章
特赦制度的三重视角[*]
——熊振林案引发的思考

以钝器击打被害人头部，又以鱼叉刺击被害人躯干，残忍地杀害了8位被害人，甚至连两岁的婴儿都不放过的特大杀人罪犯熊振林，在上诉时向法庭提交的一份申请中称："今年（2009年）为新中国成立60周年，党和政府会不会大赦？请求给一次生的机会，感激不尽！"熊振林希图通过国庆大赦保命的申请引发了国内对于赦免制度的关注。一些著名刑法学者、人大代表、政协委员纷纷提出了在国庆60周年之际进行特赦的建议。

吁请全国人大在某些重大年度特赦罪犯的建议与争议早已有

---

* 载《人民检察》2009年第10期。

之,[1]而由随州特大杀人案凶犯所引发的国庆特赦之争,因为有了熊振林这一直接的讨论对象,无疑是极其引人关注的。

一、特赦之界定:特赦与大赦的区别

就熊振林的大赦申请而言,是对我国赦免制度的误解。除了1954年《宪法》规定了大赦之外,其后我国的历部宪法均只有特赦,而无大赦的规定。一般认为,大赦是由国家元首或者最高权力机关以命令的方式,对一定时期内某些种类的罪犯或者一般的罪犯普遍地进行的赦免,这种赦免既赦罪又赦刑。特赦则是针对已经受到罪刑宣告的特定犯罪人,免除其刑罚执行的全部或者部分,只赦刑而不赦罪。也就是说,熊振林要达成免死的心愿,只能寄希望于特赦。

具体来说,特赦与大赦之间的区别主要体现在以下三个方面:一是实施对象不同。大赦对于一般的罪犯或者特定的罪犯均可以普遍地实施,而特赦只能对特定犯罪人的特定犯罪实施。正因为如此,大赦不需要公布赦免者的姓名,而特赦一般要公布赦免者的姓名。二是法律后果不同。大赦既可以赦免刑罚的执行,也可以赦免罪行本身,而特赦只能赦免刑罚执行的部分或者全部。也正因为如此,特赦针对的是生效的判决,而大赦不仅可以针对生效的判决,还可以针对判决前的罪行。同时,大赦后再犯罪不构成累犯,而特赦后再犯罪则仍构成累犯。三是赦免权的享有者与程序不同。大赦决定权的享有者通常要比特赦决定权的享有者之法律地位高。例如,我国1954年《宪法》规定,大赦由全国人大决定,而特赦则可由全国人大常委会决定。与

---

[1] 参见刘仁文:《关于在国庆50周年对部分确已悔改的犯罪分子实行特赦的建议》,载《检察日报》2001年1月5日;《2008特赦争议:人治抑或法治?》,载《时代信报》2007年12月25日;等等。

此相适应，大赦的程序要比特赦严格得多，一般要通过立法程序制定法律加以实施，而特赦一般只要一定的机关、团体或个人提议、申请即可启动。

二、国庆特赦之合法性与价值：法条之内的特赦

不管熊振林的"心愿"能否实现，在国庆60周年之际实行特赦的建议并不是空穴来风。我国1954年以来的历部宪法均有关于特赦的规定。现行宪法（1997年《宪法》第67、80条）也规定，特赦由全国人大常委会决定，特赦令由国家主席发布。也就是说，全国人大常委会有权作出特赦的决定，并且由国家主席通过发布特赦令的方式实施。仅仅从宪法条文的规定来看，在国庆60周年之际进行特赦显然具有合法性。有的学者把"让宪法有些制度不至于空悬在那里"[1]作为建议启动国庆特赦的因素之一，的确具有维护宪法权威的合理性。

特赦是各国较为普遍存在的一项重要法律制度，即便在现代法治国家也不例外。近些年来，国外不乏实行特赦的例子。较近的一次重大特赦发生在2008年8月12日，为纪念国庆60周年，并使国家尽快突破"严重的经济困境"，时任韩国总统李明博宣布赦免本国30多万名罪犯。一些学者和公众容易下意识地对于国庆特赦的建议产生逆反心理，认为特赦是封建社会、人治社会才存在的制度，法治国家不应存在特赦。这是一种误解。

法治国家也普遍存在特赦制度的原因，正是当代特赦制度存在的意义所在。在奥运会、国庆之际或其他重大年度启动特赦的建议，也

---

[1] 《人大法学教授建议国庆60年特赦刑犯》，载《楚天都市报》2009年2月18日。

是基于发挥特赦制度的下列功能所作的考虑：首先，可以在法治框架内，以人道主义方式弥补刚性律法的不足。例如，缓和日益积压的重刑主义气氛，消除因法律变化而带来的明显不公正的惩罚，甚至可以有效调节国家的政治气候，解决国家治理上的一些难题。[1] 其次，特赦以个案审查的形式逐案审查，[2] 更能体现矫正主义。例如，高铭暄教授在建议国庆特赦时即以类比的方式指出："如果病人痊愈，符合出院条件的就要出院。"[3] 最后，特赦可以有效体现刑事政策，有利于社会稳定和控制犯罪。例如，体现宽严相济的刑事政策，将已经改造好的罪犯提前赦免，可以激励其他罪犯努力改造，消除过度惩罚带来的社会仇恨，促进社会和谐。

可见，特赦虽与减刑、假释、监外执行等刑罚制度的功能有类同之处，但也明显具有这些刑罚制度难以替代的独特价值。特别是在体现"政治艺术"和"国家智慧"、弥补刚性律法的不足、"化解国家祸乱、缓和国际国内矛盾、促进社会和谐"上，[4] 特赦更非减刑、假释、监外执行等刑罚制度所能替代。需要注意的一点是，如果特赦仅仅适用于普通刑事罪犯，那么它难以为减刑、假释、监外执行等刑罚制度所替代的独特价值并不能充分展现。也正因为如此，在由熊振林案所引发并仅针对普通刑事罪犯的国庆特赦之争中，持反对意见者相对更占优势。

不过，如果将特赦与减刑、假释、监外执行等刑罚制度结合，那

---

[1] 参见傅达林：《认真对待国庆特赦的建议》，载《中国青年报》2009年2月19日。

[2] 参见阴建峰：《现代特赦制度新探》，载《中共中央党校学报》2006年第2期。

[3] 《人大法学教授建议国庆60年特赦刑犯》，载《楚天都市报》2009年2月18日。

[4] 参见《特赦，一个生涩而敏感的话题》，载《南方周末》2009年2月26日。

么国庆特赦对于有效纠正我国减刑、假释、监外执行率低、适用面窄、运作机制不合理的弊端，[1]充分发挥减刑、假释、监外执行的功能，不无积极的作用。

三、国庆特赦之可操作性：法条之下的特赦

不过，特赦作为一项具有非常态性的法律制度，不仅应从宪法"条文之内"的视角去考察，也应从"条文之下"的视角去考察，看宪法有关特赦的规定能否得以具体执行。我国现行宪法只是笼统地规定全国人大常委会有权决定特赦，并且由国家主席发布特赦令，但是对于特赦的对象如何确定、特赦的具体程序、特赦的法律后果、特赦的具体执行机关等具体问题，并没有明确规定。从国外的做法来看，有的是在刑法、刑事诉讼法中明确规定，有的则是通过专门制定特赦法予以细化。

我国并无专门的特赦法，刑法、刑事诉讼法中也没有将宪法所规定的特赦制度予以细化的规定，而仅是在有关累犯、不起诉的条款中对特赦予以确认。[2]因此，国庆60周年行赦的建议要被接受，还面临

---

[1] 21世纪初，我国的假释率只有约2%左右，远低于发达国家和地区40%左右的假释率。减刑率虽较假释率高，但也大约只在20%至30%之间。参见李勇、杜永浩：《减刑假释法律运作机制调查与研究》，载《福建法学》2003年第3期。

[2] 《刑法》第65条第1款规定："被判处有期徒刑以上刑罚的犯罪分子，刑罚执行完毕或者赦免以后，在五年以内再犯应当判处有期徒刑以上刑罚之罪的，是累犯，应当从重处罚，但是过失犯罪和不满十八周岁的人犯罪的除外。"根据《刑法》第66条的规定，危害国家安全的犯罪分子，在刑罚执行完毕或者赦免以后，在任何时候再犯危害国家安全罪的，都以累犯论处。《刑事诉讼法》第16条规定："有下列情形之一的，不追究刑事责任，已经追究的，应当撤销案件，或者不起诉，或者终止审理，或者宣告无罪……（三）经特赦令免除刑罚的……"

着因下位法缺位而难以实施的难题。

不过，上述关于具体操作性的问题尚可以通过参考特赦先例去解决。当代中国不但具有特赦的宪法依据，也有特赦的先例。截至2009年10月，新中国先后进行过七次[1]特赦，其中1959年为庆祝国庆十周年特赦的对象包括战犯、反革命罪犯和普通刑事罪犯，其他六次特赦的对象均为战犯。就普通刑事罪犯而言，1959年9月17日颁布的《中华人民共和国主席特赦令》规定如下：

………

三、普通刑事罪犯，判处徒刑五年以下（包括判处徒刑五年）、服刑时间已经达到刑期三分之一以上、确实改恶从善的……予以释放。

四、判处死刑、缓期二年执行的罪犯，缓刑时间已满一年、确实有改恶从善表现的，可以减为无期徒刑或十五年以上有期徒刑。

五、判处无期徒刑的罪犯，服刑时间已满七年、确实有改恶从善表现的，可以减为十年以上有期徒刑。

………

可见，1959年特赦令并没有从犯罪类型角度确定普通刑事罪犯特赦的对象，而是从以下三个方面规定了特赦的条件：一是刑期。适用于判处五年及五年以下徒刑、死缓和无期徒刑的罪犯。二是原判刑期执行时间。判处五年及五年以下徒刑的罪犯须已经执行刑期的1/3以上，判处死缓的罪犯的缓刑时间须已满一年，判处无期徒刑的罪犯的服刑时间须已满七年。三是改造效果。判处五年及五年以下徒刑的罪

---

[1] 2015年8月29日，国家主席习近平签署主席特赦令，对参加过抗日战争、解放战争等四类服刑罪犯实行特赦。此为第八次特赦。

犯须确实已经改恶从善，判处死缓和无期徒刑的罪犯须确实有改恶从善表现。值得注意的是，这一次唯一适用于普通刑事罪犯的特赦实践并没有适用于死刑立即执行的罪犯。也就是说，尽管现行宪法对于特赦的对象并没有作特别的限制，熊振林在理论上可以成为特赦的对象，但是从适用于普通刑事罪犯的唯一一次特赦实践来看，熊振林并不属于特赦的对象。对于这样一个恶行累累的暴力犯罪人，也几乎不具有开特赦之特例的可能。

1959年特赦令规定："这个命令，由最高人民法院和高级人民法院执行。"其后的几次特赦也是由最高人民法院具体确定特赦的对象以及宣布特赦的。

四、国庆特赦之可能性：法条之外的特赦

尽管新中国有特赦的宪法依据与实践，但是在国庆60周年之际是否应实行特赦的决定性因素并不是合法性以及具体操作性问题，而是法条之外的因素，这些因素包括国际政治环境、国内治安环境、法治建设程度、赦免制度的法律文化传统等。如果综合考虑这些宪法条文之外的因素，那么在国庆60周年之际实行特赦的建议虽然值得被认真对待，但是基本上不具有被接受的可能性，也是不宜实行的。

2009年是国庆60周年，这是一个值得庆祝的年份，也是国际国内环境极为复杂的一年，是应对国际国内环境重大挑战、推动党和国家事业实现新发展的关键一年。此外，2009年还是五四运动90周年、西藏实行民主改革50周年、平息1989年春夏之交政治风波20周年、取缔"法轮功"邪教组织10周年，同时也是国际金融危机加剧、国内经济发展压力巨大的一年。正因为如此，2009年也被称为"经济发展遇到严峻挑战的一年、各类社会矛盾碰头叠加的一年、社会治安压力增大的一年和敌对势力联合发难的一年"，敏感时刻多，维护社会

稳定的压力巨大。在这样的一年，针对普通刑事罪犯进行特赦显然是不合时宜的，它更可能加剧维护社会稳定的压力，而不是促进社会和谐；也可能恶化我国所处的国际环境，而不是展示"政治艺术"与"国家智慧"。

国庆特赦虽可能发挥促进罪犯改造的积极作用，但更可能加剧原本已经严重的社会治安形势。各国犯罪现象的发展体现了这样一个共同的规律，即在人均 GDP 从 1000 美元向 3000 美元过渡的时期，一般是社会矛盾高发期、违法犯罪现象恶化期。另外，当一国反映贫富差距状况的基尼系数超过 0.4 时，表明这个国家处于犯罪现象恶化、社会矛盾激化的时期。据世界银行计算，我国 2004 年的基尼系数已经达到 0.469，人均 GDP 约为 2000 美元，处于典型的社会矛盾突出、犯罪形势恶化的社会转型时期。在这样的特殊时期，如何有效发挥刑罚的威慑作用以实现对犯罪的有效控制，显得尤为重要。

特赦的一个特点是对政治目的以及矫正主义的追求，高于刑罚必定性的刑罚观念使犯罪与刑罚之间的必然联系变得不再确定，即便这种不确定性被特赦的严格程序降到最低。基于某种特定的政治诉求，可以进行"刑法外开恩"，减免罪犯的刑罚。基于罪犯已经改造好，没有必要再执行刑罚的判断，也可以打破等价报应的原则，以超出正常减刑、假释、监外执行等刑罚制度的方式给予与罪犯的犯罪行为不相匹配的轻缓处罚，甚至免除处罚。特赦的这一特点会对刑罚的犯罪控制功能产生重大的损害。贝卡利亚曾经指出："对于犯罪最强有力的约束力量不是刑罚的严酷性，而是刑罚的必定性。"[1] 同时，他对特赦的危害性作了深刻的阐述：

如果让人们看到他们的犯罪可能受到宽恕，或者刑罚并不一

---

[1] 〔意〕贝卡利亚：《论犯罪与刑罚》，黄风译，中国大百科全书出版社 1993 年版，第 59 页。

定是犯罪的必然结果，那么就会煽惑起犯罪不受处罚的幻想。既然罪犯可以受到宽恕，那么人们就认为：无情的刑罚不是正义的伸张，反而是强力的凌暴。[1]

从我国所处的社会治安恶化的特定历史时期来看，国庆特赦并不适宜，一些学者对于国庆行赦将加剧本已严峻的社会治安形势的担忧并非杞人忧天。此外，从小处来看，特赦容易使罪犯产生刑罚执行的"相对剥夺感"，也不利于监狱的稳定。例如，1959年的首次特赦对监狱改造秩序造成了一定的冲击。[2]

即便是支持特赦的学者也承认特赦存在的负面作用，而要想降低这种负面作用，还有赖于健全的法治环境的保障。我国的法治化水平还不是非常高，尤其是权力寻租、司法腐败现象在客观上还很严重。此时贸然实行特赦，很可能加剧司法腐败，造成司法秩序的混乱，扰乱司法制度建设的正常步伐。另一个不能不考虑的因素是，大赦与特赦（古时所谓"曲赦"[3]）在普通民众的观念中与"封建君权""仁政""人治"等概念有着密切的联系。国庆特赦因其高调而凸显"仁政"与"德治"，很可能极大损害司法、法治的权威，误导民众产生或者加深对我国法治建设成果的不信任。

---

[1] 〔意〕贝卡利亚：《论犯罪与刑罚》，黄风译，中国大百科全书出版社1993年版，第60页。

[2] 首次特赦在发挥促进各类罪犯在狱中改造这一积极作用的同时，也曾经对监狱秩序产生过负面影响。例如，首批特赦战犯的举动就使抚顺战犯管理所引起波动。以伪满参议府参议张焕相等为代表的几名伪满大臣级战犯就公开对特赦的做法和特赦的名单提出了质疑。参见纪敏：《1959：共和国主席发出特赦令》，载《纵横》1998年第10期。

[3] 毛泽东语。转引自纪敏、新锐：《共和国首发特赦令》，载《兰台世界》1999年第2期。

五、结语

如果仅从宪法条文的规定来看,国庆特赦的确是一个值得认真对待的具有"诱惑性"的建议。如果在宪法条文之下进行审视,虽然我国尚缺乏具体实施特赦的法律规定,但是 1959 年的国庆特赦以及其后仅针对战犯的几次特赦也为特赦的具体落实提供了实践依据。因此,国庆 60 周年特赦是一个并不存在操作性障碍的建议。

但是,如果综合考虑宪法条文之外的因素,那么在国庆 60 周年之际实施特赦是一个弊大于利的建议,也基本上是一个只会停留于理论争议层面的建议,而真正决定法律制度生命的,正是法条之外的因素。

第十二章
社会排斥理论与前科消灭制度改革[*]

国家"不能仅满足对于违法者的处罚,而且还必须考虑到,在刑罚执行完毕后,他能够在社会上重新找到一个适当的位置"[1]。对于受过刑罚干预的失足未成年人,国家更负有使他重新回归社会的义务。基于这样一种认识,美国、日本、俄罗斯、法国、瑞士等国家纷纷在有关法律中明确规定了未成年人犯罪前科消灭制度,以最大限度地保护未成年人的健康成长,其实践也取得了良好的社会效果。

我国的刑事立法尚未正面承认前科及其消灭制度,这是一个遗憾。但是,同时又存在这样一个不争的事实:有过犯罪前科的未成年人将承受各种不利影响,甚至是伴随一生的不利影响。与国外建立前科消灭制度背道而驰的是,我国现行《刑法》第100条第1款甚至规

---

[*] 原名《社会排斥理论与未成年人犯罪记录封存制度改革》,载《青年探索》2015年第2期。

[1] 〔德〕汉斯·海因里希·耶赛克、托马斯·魏根特:《德国刑法教科书(总论)》,徐久生译,中国法制出版社2001年版,第1097页。

定:"依法受过刑事处罚的人,在入伍、就业的时候,应当如实向有关单位报告自己曾受过刑事处罚,不得隐瞒。"未成年人的人生旅途还很长,前科报告制度实际上剥夺了未成年归正人员的平等受教育权、平等就业权等一系列获得平等尊重的权利与机会,这不仅无助于他们的再社会化,而且从根本上说也不利于社会的稳定以及和谐社会建设。

鉴于此,2008年10月,中央政法委明确提出要"有条件地建立未成年人轻罪犯罪记录消灭制度"。最高人民法院在2009年发布的《人民法院第三个五年改革纲要(2009—2013)》中,将"配合有关部门有条件地建立未成年人轻罪犯罪记录消灭制度,明确其条件、期限、程序和法律后果"作为落实宽严相济刑事司法政策的重要内容。最高人民检察院把"完善未成年人犯罪案件办案方式,积极探索有利于化解矛盾纠纷、修复社会关系的工作机制"纳入2009年检察工作的主要安排。

上海、河北、重庆、浙江、四川、山东等地已经先行在少年司法实践中开始了建立主要针对未成年人犯罪的前科消灭制度的试点改革,如封存犯罪(刑事污点)记录、出具前科消灭证明书、作出消灭前科的裁定等。这些改革大都取得了很好的社会效果,为我国建立未成年人犯罪前科消灭制度提供了宝贵的实践经验,但是尚存在较大分歧和争议。

一、标识犯罪人的方式与功能

自古以来,人类社会就有将异己分子标识出来的强烈冲动。各国古代刑罚制度都有一个共同特点,即通过烙刻犯罪人肌肤的方式,让曾经犯罪的人(罪犯)易于被识别。这种做法本身可能即为刑罚之一种,如中国古代具有耻辱刑和肉刑合一性质的墨刑;也可能是犯罪的附随性后果，如中世纪的欧洲以犯罪者脸上或身上的烙印标识其所犯罪行的类型："R"代表抢劫犯，"B"代表亵渎神灵者，"S"代表奴隶，"SL"代表煽动诽谤者，"F"代表制造事端者——因扰乱教堂而获罪的人。[1]

在古代，很多人的身份难以辨别和确认，因此通过烙刻犯罪人肌肤的方式标识曾经犯罪之人也就成为一种自然的选择。这种方式虽然原始、野蛮，但是能够简单而有效地让公众和司法机关识别犯罪人的身份。

近代以来，通过烙刻肌肤的方式标识罪犯身份的做法逐步从各国刑罚制度中隐退和被废弃，这往往被解读为刑事司法制度向文明化演进的重要体现。这一方面是以贝卡利亚为代表的刑事古典学派倡导刑事司法文明化的结果，另一方面与科技的发展和刑事司法制度的完善使得标识犯罪人身份无须通过烙刻肌肤这样一种野蛮而又原始的方式有着重要的关联，如人体测量技术的应用，指纹技术的兴起直至DNA检测、基因测试技术的应用，完善的犯罪档案保存制度等，取而代之的是前科制度。

无论是烙刻犯罪人肌肤的野蛮做法，还是采用指纹技术等"文明"方式，其共同特点都是试图将犯罪人的犯罪前科"记录"下来，以使犯罪人容易被识别。当然，识别犯罪人的身份并非"记录"的主要目的，而是为了有效地将有犯罪前科的犯罪人作为"异类"，从正常人群中区别出来。

将有犯罪前科的犯罪人标识为"异类"，在一定程度上有其合理性或者积极作用，具体来说至少包括以下三点：

一是惩罚的作用。早期烙刻犯罪人肌肤的做法不管是否被明定为

---

[1] 参见〔英〕凯伦·法林顿：《刑罚的历史》，陈丽红、李臻译，希望出版社2003年版，第25页。

刑罚之一种，其本身毫无疑问是一种非常有力的兼具使犯罪人肉体痛苦和精神羞辱之作用的惩罚手段。随着这种手段的被废弃，标识犯罪人的惩罚作用以一种"隐性"的方式表现出来。一旦一个人有了犯罪前科，那么他将面临被隔离出"正常人"社会的严重后果。在很多时候，这种后果要比刑罚惩罚更为持久和严厉，因为犯罪人要重新回归"正常人"社会将十分困难，甚至是永远不再可能。这意味着有犯罪前科的人将不能再获得"正常人"的社会地位、职业、教育、社会保障等。

二是社会防卫的作用。且不论有犯罪前科的人是否实际上是危险人群，在"正常人"的通常观念中，他们毫无疑问属于高危险人群。将有犯罪前科的人"标识"出来，可以使"正常人"时刻保持对这一高危险人群的警惕，确保群体安全。当然，随着烙刻犯罪人肌肤的野蛮做法被现代犯罪记录制度替代，司法机关也替代公众担负起警惕、监督有犯罪前科人群的主要职责。

三是预防犯罪的作用。标识犯罪人的犯罪预防作用不仅仅通过这一做法的惩罚作用体现出来，更重要的是通过标识犯罪人的方式维持"正常人"与"犯罪人"之间的界限，强化两类人群之间的对立与冲突，对于维护"正常人"的群体意识、群体身份，防止"正常人"向"犯罪人"异化——犯罪，有着更为特殊的意义。正如美国社会学家刘易斯·科塞所言：

> 冲突是一种社会过程，对于社会结构的形成、统一和维持来说，它可以充当一种手段。冲突能够使群体内部和外部界限得以建立和维持。与其他群体的冲突，有助于群体身份的界定，它使群体不与其周围的社会相混淆。[1]

---

[1]〔美〕L. 科塞：《社会冲突的功能》，孙立平等译，华夏出版社1989年版，第71页。

标识犯罪人有一个必须明确的前提，那就是确定"犯罪人"的标准，即判断"前科"的标准是什么。从不同的视角，可能得出不同的结论，而得到最广泛认同也是最权威的标准是"定罪说"[1]。这种观点认为，只要被正式定罪，前科即成立，犯罪人的身份亦被标识确定。不过，持"定罪说"这一观点的学者往往只看到了《刑事诉讼法》第12条规定的"未经人民法院依法判决，对任何人都不得确定有罪"，而遗漏了我国检察机关实际上也享有定罪权的事实[2]，因此常常容易缩小前科的外延。当然，检察机关行使酌定不起诉权定罪所形成的前科与法院定罪所形成的前科相比，对当事人所造成的不利影响要小得多。为便于区别，可以将法院定罪所形成的前科称为"狭义的前科"，将包括检察机关在内定罪所形成的前科归入"广义的前科"之范畴，亦可称为"犯罪记录"。[3]需要注意的是，"前科"的概念通常仅仅是指狭义的。

在现代社会，烙刻犯罪人肌肤的做法早已经不被采用，犯罪人的前科会通过更为精细的方式被正式记录下来。例如，公安机关的数据系统（户籍资料、案件管理系统、罪犯指纹系统等）、司法机关的案卷以及人事档案等。从烙刻犯罪人股肤到犯罪记录的转变带来了两个值得注意的变化：一是犯罪人身份公开的范围被大大限制，一般公众

---

[1] 详见房清侠：《前科消灭制度研究》，载《法学研究》2001年第4期。笔者曾经亦指出前科是"曾经被定罪的事实"。参见姚建龙：《少年刑法与刑法变革》，中国人民公安大学出版社2005年版，第293页。正因为前科是一种被定罪的客观"事实"，所以无法将之予以消灭。从这个角度来看，中央政法委在有关司法改革的文件中提出要建立"未成年人犯罪轻罪记录有条件消灭制度"，而没有使用理论界通常使用的"前科消灭制度"这一概念，是有其合理性的。

[2] 我国检察机关享有酌定不起诉权，可以在认定"犯罪情节轻微，依照刑法规定不需要判处刑罚或者免除刑罚"的情况下作出不起诉的决定。

[3] 值得注意的是，中央政法委在有关司法改革的文件中提出要建立"未成年人犯罪轻罪记录有条件消灭制度"，并没有使用"前科"的概念。

难以通过外表的判断获悉犯罪人的前科身份。二是有犯罪前科的事实与犯罪前科记录之间存在脱离的可能，即可以通过封存或者销毁犯罪前科记录的方式，在形式上消灭犯罪人的前科，最大限度地消除前科给曾经犯罪之人带来的不利影响。这为犯罪前科记录消灭制度的产生留下了空间。

二、社会排斥理论的解释框架

对于有前科者来说，被标识为犯罪人的不利后果主要有二：一是再犯加重惩罚，其主要表现是刑法所确定的累犯制度。二是社会排斥，即有前科者将因其犯罪人的身份而遭受各种社会排斥。这种社会排斥具有如影相随的特点，只要前科记录不被正式消灭，社会排斥的后果将伴随有前科者一生。这也正是前科之非正式惩罚功能的主要体现，也是社会防卫、预防犯罪功能得以实现的媒介。与再犯加重惩罚的后果不同，社会排斥并不是一种或然性的后果，而是犯罪人面临的必然后果。

对"社会排斥"的研究始于 20 世纪 60 年代，当时主要关注的是贫困和社会不平等问题，如今已经成为解释各种社会问题的一个核心概念。这一理论模式不仅对社会问题根源的解释更为深入，而且为社会问题的解决提供了新的思路。[1]对于社会排斥的内涵虽存在不同的界定，[2]但大体上都是在最早使用"社会排斥"（social exclusion）一

---

[1] 参见景晓芬：《"社会排斥"理论研究综述》，载《甘肃理论学刊》2004年第 2 期。

[2] 关于"社会排斥"概念的梳理，详见王立业：《社会排斥理论研究综述》，载《重庆工商大学学报（社会科学版）》2008 年第 3 期；代利凤：《社会排斥理论综述》，载《当代经理人》2006 年第 4 期；黄佳豪：《西方社会排斥理论研究述略》，载《理论与现代化》2008 年第 6 期。

词的法国学者勒内·勒努瓦所持观点的基础上发展的。在勒内·勒努瓦看来，社会排斥是指某些社会群体被排除在了社会安全体系之外。[1]

借鉴社会排斥理论对于社会排斥维度的分析,[2] 可以将有前科者遭受的社会排斥分为以下几种类型：

一是经济排斥。"经济排斥是指个人和家庭未能有效参与生产、交换和消费等经济活动。"[3] 就犯罪人而言，经济排斥的主要表现是就业排斥，有前科者被明确禁止从事某些特定的职业，而这些职业往往属于社会地位高、收入高、稳定性强的行业，如公务员、军人、教师、医生、律师、社会团体负责人、会计、公司董事等。这意味着有前科者将基本丧失进入主流社会的可能性。尽管有的国家法律也有禁止有前科者进入某些职业领域的规定，但是其就业排斥的范围受到严格限制，一般有一定的禁止年限，而且大都有前科消灭制度作为救济，以避免这些人受到过度排斥。但是，在我国，对就业排斥的范围并无明确的限制，反而有不断扩大的趋势，而且一般都是终身禁止有前科者进入这些行业，同时没有建立前科消灭制度作为就业排斥救济的途径。

二是政治排斥。"政治排斥是指个人和团体被排斥出政治决策过程，这些个人和团体缺乏权力，没有代表他们利益的声音。"[4] 有前科者即便没有被附加剥夺政治权利刑或者剥夺政治权利刑执行完毕，其政治参与权仍然会受到极大的限制，不可能参与政治决策，包括涉及其利益的政治决策。结果是，这一群体缺乏利益代言人。在我国，

---

[1] 参见牟永福：《"社会排斥"解释框架与城市居民收入的差异性分析》，载《河北学刊》2008年第5期。

[2] 参见黄佳豪：《西方社会排斥理论研究述略》，载《理论与现代化》2008年第6期。

[3] 同上。

[4] 同上。

虽然《选举法》仅禁止被剥夺政治权利的人享有选举权和被选举权，但是在实践中，有前科者实际享有被选举权作为候选人的事例是罕见的，即便出现一些特例，也常常受到质疑。

三是教育排斥。教育是一个人发展的重要基础，但是有前科者的受教育权受到了较大的限制。例如，我国各地高考规定中长期明确禁止有前科的考生参加高考，或者明确规定"有违法犯罪行为"的考生属于不予录取的范围。尽管近些年来在有些地区这一规定开始松动，[1]但是由于高等院校招生机制中存在政审机制，有前科的考生即便有幸参加高考，获得录取机会的可能性也是十分微小的。教育排斥剥夺了有前科者的发展权，使得其无法通过教育这样一种主要的方式获得个人发展，进入主流社会。

四是社区排斥。社区排斥表现为有前科者将被隔离在正常的社区生活之外，无法融入所生活的社区，或者其社区迁移受到较大的限制，不能选择适合自己的社区生活。在我国，社区中的有前科者一般会被作为重点管控人而受到严密监控，一些地方性法规更是明确禁止有前科者的迁入，[2]或者采取所谓"劝离"[3]的方式。尽管这些做法受到了是否合法的质疑，但是仍得到了公安部门的肯定。[4]更有

---

〔1〕 参见《京高校首次允许录取有前科的考生》，http：//newedu.jxnews.com.cn system/2006/03/14/00220522.shtml，2015年1月3日访问。

〔2〕 例如，山东济南2002年在户籍制度改革实施细则中明确规定，对有刑事犯罪记录的外地人员，无论什么情况，均不予批准迁入。参见俞评：《"有刑事犯罪记录"者该上哪？》，载《法制日报》2002年1月27日。

〔3〕 参见向南：《温州鹿城区劝离有前科暂住者》，http：//news.sina.com.cn/c/2007-06-05/122213157312.shtml，2015年1月3日访问。

〔4〕 参见《鹿城做法得到公安部肯定》，载《法制日报》2007年6月7日。

一些民众建议将有前科者遣送回家。[1]

五是心理排斥。有前科者受到的无形却又极为沉重的社会排斥还有来自他人的心理排斥。在我国,"近朱者赤,近墨者黑"的观念深入人心。在普通人的观念中,有前科者往往被视为高危险的另类人群,属于"不可交往的人群"。心理排斥会给有前科者造成巨大的心理压力,阻碍其回归社会,其后果是迫使这部分人生活于亚文化群体之中,进入重新犯罪的恶性循环。

有学者统计,截至 2009 年,在我国生效的法律中,除了刑法典及其相应的辅助性刑法外,大约有 160 余部法律对接受过刑事处罚的公民的权利予以规定。其中,全国人大常委会立法 17 部,包括《法官法》《检察官法》《人民警察法》《公证法》《律师法》《执业医师法》《注册会计师法》《教师法》《对外贸易法》《拍卖法》《收养法》等;行政法规 10 部,包括《导游人员管理条例》《国家自然科学基金条例》《国际海运条例》《社会团体登记管理条例》等;其余的主要是部门规章 130 余部以及少量的立法解释和司法解释,其中部门规章的制定部门主要有:文化部(现为文化和旅游部)、教育部、人事部(现为人力资源和社会保障部)、司法部、公安部、建设部(现为住房和城乡建设部)、海关总署、国家税务总局等。这些行政法规对刑事处罚的规定绝大多数集中在资格限制方面,即受过刑事处罚的公民无法获得相应的资格或受到资格限制。看到如此广泛和深入的对有前科者的"社会排序",这位学者不禁感慨地说:

> 这 160 多部法律所设下的樊篱几乎将受过刑事处罚的公民完全隔绝在公共服务领域以外。他们从此再也不是国家人,而成为

---

[1] 参见《严打中要把所有有前科的外地人员遣送回家 不准进入慈溪》,http://bbs.cixi.cn/dispbbs.asp?boardid=53&id=269151;《建议:深圳应该不准外地有前科的人进入,限制不文明》,http://bbs.tianya.cn/post-free-368891-1.shtml,2009 年 6 月 12 日访问。

游荡于体制之外的社会人。我国是一个以国家本位和官本位为核心的社会,制度的基本出发点是国家利益,社会分层的主要标准是官阶。由于我国没有一个相对自足的市民社会的存在,如果一个人被排斥出国家体制,成为一个体制外的人,那就意味着被放逐,意味着失去基本的保障。[1]

相关研究者注意到,社会排斥往往是强势群体利用其优势地位对弱势群体进行的,与对其他群体的社会排斥往往较为"隐讳"不同,对犯罪人的社会排斥是直接的、正式的、制度性的,甚至是通过立法的形式确立的。在我国,这一点尤为突出。尽管在合理限度内保持对有前科者的社会排斥有其合理性,但是在我国,这种对有前科者的社会排斥明显过度和滥用。

社会排斥的不良后果是显而易见的,有学者将其归纳为导致贫困、不利于社会整合、造成被排斥者巨大的社会焦虑和心理压力、违背了社会公正原则四个主要方面。[2]就对有前科者的社会排斥而言,其悖论主要在于与现代矫正理论、矫正体系以及刑事政策的冲突。现代矫正理论的一个基本立场是认为犯罪人是可以矫正的,惩罚不是目的,犯罪人可以而且应当重新社会化,回归社会。[3]目前,各国犯罪

---

[1]《从隐形的刑法到刑法背后的隐形——从两起刑事案件说起》,http://www.bloglegal.com/blog/cac/1450004586.htm,2009年6月11日访问。

[2] 参见景晓芬:《"社会排斥"理论研究综述》,载《甘肃理论学刊》2004年第2期。

[3] 20世纪70年代中期,以美国学者马丁森为代表的一些学者经实证性研究认为犯罪人可以被矫正是一种幻想。这一结论被认为是投给现代矫正理论与矫正体系的"重磅炸弹",曾经引起巨大的争议。但是,马丁森的反对者们也通过实证性研究,多方面证明犯罪矫正的有效性,证实了犯罪人是可以被矫正的。参见刘强、王贵芳:《美国新"改造无效论"对我们的启示——评〈重思罪犯改造〉一书》,载《青少年犯罪问题》2008年第5期;姚建龙:《超越刑事司法:美国少年司法史纲》,法律出版社2009年版。

矫正体系都是建立在这样一种以矫正为目的的理论基础之上的。针对有前科者,各国刑事政策的一个基本立场毫无例外地都是主张其回归社会,重新融入社会。

对有前科者予以过度社会排斥的严重后果是,人为制造一个不断膨胀、恶化、难以消解的社会敌对阶层,最终构成对社会安全的严重威胁;社会排斥可能存在的社会防卫、预防犯罪等积极作用也将不复存在。颇值得深思的是,试图通过犯罪记录的方式达到社会防卫目的的最终后果是,走向了制度设计的对立面。

正是因为认识到对有前科者的社会排斥存在的这一显著弊端,许多国家致力于建立针对有前科者的反社会排斥机制。例如,"中途之家"、前科消灭制度、归正群体就业特别政策等。由于前科消灭制度可以从根本上消除社会排斥,同时还可以尽量发挥社会排斥的积极作用,因此它被视为这一反社会排斥机制的核心。

目前,我国前科制度的显著弊端是:一方面,对于有前科者的社会排斥处于过度反应的状态,如社会排斥的范围过大,社会排斥往往终身相伴。另一方面,缺乏前科消灭这样一种救济机制。一旦被贴上"犯罪人"的标签,几乎意味着有前科者被永远地隔离于主流社会之外,被作为异类对待,对其的社会排斥将无法消除。这对于有前科者的心理、生存所造成的压力是巨大的。一个人为造成且不断膨胀的社会敌对阶层将时刻威胁社会的安宁。

令人费解的是,我国《刑法》还在第100条规定了前科报告制度,要求有前科者在入伍、就业时如实报告曾经受过刑事处罚的经历,将有前科者隐瞒前科这一唯一对抗社会排斥的自救途径也予以堵塞。尽管刑法并没有规定没有如实报告前科记录的法律后果,但是这种在前科制度架构中有报告和确立机制而无消除机制的立法显然是我国刑事立法的一大"硬伤"。[1]

三、社会排斥理论视野下的前科消灭制度探索

我国前科制度的缺陷在面对未成年犯罪人这样一个特殊犯罪群体时，尤其变得令人难以容忍。

在我国，由于恤幼传统文化的深入影响，对于未成年人表现出特别的宽容，即便他们实施了危害社会的犯罪行为。不仅在犯罪学理论上，而且在一般公众的观念中，对于未成年人犯罪的原因与对策大体上存在以下两点共识：一是在未成年人犯罪的原因上，具有外部归因的特点。在我国，"未成年人是纯洁的"这一观念自古即被广泛认同，体现在未成年人犯罪归因上，强调未成年人犯罪主要并非个人的理性选择，而是受到了外部不良环境的影响，与成年人没有保护好未成年人、没有净化好未成年人成长的环境密切相关。这具体体现为"综合治理""教育为主、惩罚为辅"的未成年人犯罪刑事政策。二是认为未成年犯罪人的社会化尚未完成，具有较强的可塑性，即便一时失足，也具有矫正的可能性。因此，如果未成年人犯罪，不能单纯地惩罚，而应注重矫正。这具体体现为我国未成年人刑事政策与立法的"教育、感化、挽救"原则。

对未成年犯罪人采"一日是贼，终身是贼"的过度社会排斥，与未成年人犯罪刑事政策之间存在着明显的对立性冲突，也不符合一般公众对于失足未成年人的通常观念。正因为如此，建立前科消灭制度的改革方案开始在体现宽严相济刑事政策的思路下，出现在中央有关司法改革的文件中。较近的例证是，中央政法委在有关司法改革纲要

---

[1] 有学者把我国前科制度的这一弊端概述为"有始无终"。参见于志刚：《刑罚消灭制度研究》，法律出版社2002年版，第604页。

中明确提出，要"按照教育为主、惩罚为辅的原则，探索处理未成年人犯罪的司法制度"；"有条件地建立未成年人轻罪犯罪记录消灭制度，明确其条件、期限、程序和法律后果"。

尽管刑法、刑事诉讼法等以理性的成人为假设对象所制定的成人法确立的前科制度也未加区别地适用于未成年人，但是联合国少年司法规则以及我国针对未成年人的专门立法均毫无例外地对这种以过度社会排斥为特点的前科制度予以明确否定。例如，《联合国保护被剥夺自由少年规则》第19条规定："释放时，少年的记录应封存，并在适当时候加以销毁"，明确提出应建立犯罪记录消灭制度。尽管这一规定没有使用"前科消灭"的概念，但是对于犯罪记录的销毁也意味着前科事实的被"抹销"。此外，《联合国少年司法最低限度标准规则》（《北京规则》）还规定要对未成年人的犯罪档案严格保密："未成年罪犯的档案不得在其后的成人诉讼案中加以引用"；"对未成年罪犯的档案应严格保密，不能让第三方利用。只有与案件直接相关的工作人员或其他经正式授权的人员才能接触这些档案"。

可见，无论对于"前科消灭""犯罪记录消灭"等概念或制度的界定是否一致，联合国少年司法规则和我国未成年人立法反对针对未成年犯罪人的社会排斥的立场是明确的。这种反社会排斥的立场主要体现在反教育排斥、反就业排斥与反心理排斥上，与未成年人犯罪后可能遭受的社会排斥是相适应的，也是基于确保未成年犯罪人正常实现社会化所作的考虑。

如果在社会排斥的理论框架下审视我国犯罪记录消灭制度的改革，会发现各地在探索前科消灭制度过程中遇到的很多操作性的难题，如消灭什么、前科污点记录是消灭还是封存、能否消灭、是否与现行法律相冲突、有没有用、谁来消灭以及如何消灭等问题，都可以迎刃而解。以下选择其中四个方面进行阐述：

第一，消灭什么？对前科的界定，无论是西方国家还是我国，都有一个基本的共同点，即它是被曾经定罪的事，是一种无法消灭的事实。但是，社会排斥是可以消灭的，而且是应当消灭的。特别是过度的社会排斥，更应该将其消灭掉。因此，一个基本的立场应当是：我们在研究轻罪记录消灭制度时，应当入乎其内，出乎其外，消灭的重心应当是社会排斥，而不要着眼于前科、污点或者说犯罪记录。从这个思路出发，相对不起诉决定等因为同样会带来社会排斥的后果，所以也应当被纳入前科消灭制度探索的范围。

第二，能否消灭？我国刑法、刑事诉讼法有一个很典型的特点，即是以理性的成年人为假设对象制定的法律，可称为"成人法"。如累犯制度、前科报告义务、资格禁止、档案保存等，都来自成人法。有关未成年人的专门立法，如《未成年人保护法》《预防未成年人犯罪法》《联合国儿童权利公约》《联合国少年司法最低限度标准规则》等，有一个共同的特点，那就是反社会排斥。比如，我国《未成年人保护法》明确规定，归正的未成年人在升学、就业方面不受歧视。所以，我们在进行制度建设探索时所面临的不是一个违法与合法的问题，而是一个法律冲突问题，即如何选择适用法律的问题。目前在少年司法领域进行的改革和探索遵循的是依据儿童最大利益原则所确定的未成年人法，而不是成人法，是有其法律依据的。

第三，谁来消灭？少年司法制度是一种反社会排斥制度，全社会都有责任消除针对未成年归正人员的社会排斥。所以，必须建立多部门合作机制，否则无法消除社会排斥。

第四，如何消灭？不管是通过隐瞒犯罪记录的"隐瞒模式"，还是通过出具前科消灭证明的"证明模式"，无论是采用自然消灭、登记消灭还是考察消灭的方式，都是有其积极意义的，只要有助于社会排斥的消除都可以使用。如争议较多的考察消灭，笔者认为这一方式也有其合理性。因为经过司法机关的考察程序出具的证明，会大大提高以司法信用作为担保的证明文书的效力，有助于说服其他部门，也容易被其他部门接受。

淡化犯罪人标签，让有前科者融入主流社会，这就是制度探索的价值所在。《刑法修正案（八）》在《刑法》第100条中增加一款限制性规定："犯罪的时候不满十八周岁被判处五年有期徒刑以下刑罚的人，免除前款规定的报告义务。"这是难得的进步，但是显然还远远不够。

第十三章
晚近我国死刑立法改革之反思[*]

死刑改革是我国法学界长期聚讼的问题。该问题至少包含以下两个子问题：第一，我国是否应当减少死刑？第二，我国应当如何减少死刑？尽管仍然不乏争议，但是各方基本达成了逐步减少死刑的共识。中共十八届三中全会更进一步，明确提出了"逐步减少死刑适用罪名"的要求。

不过，学界对于"逐步减少死刑适用罪名"的理解存在一定程度的分歧。从《刑法修正案（八）》和《刑法修正案（九）》对于死刑立法改革的态度来看，在一定程度上存在将"减少死刑适用罪名"等同于"减少死刑罪名"的认识偏差，本章将对此作一初步的分析。

---

[*] 本章为笔者与王江淮合作撰写，原名《"减少死刑罪名"不是"减少死刑适用罪名"——晚近我国死刑立法改革之反思》，载《河南警察学院学报》2016年第4期。

一、现状与问题：我国死刑立法之变迁

中华人民共和国成立以来，死刑立法改革之历程并不长，但是死刑罪名的增减却经历了"增（1979年）——增（1997年）——减（2011年）——减（2015年）"四个阶段，其中成就与问题同在。

（一）我国死刑立法之演进历程

中华人民共和国成立后，毛泽东一方面强调保留死刑的必要性，另一方面又强调慎用死刑。1979年，新中国颁布了第一部刑法典，共设置了28个死刑罪名，强调不应废除死刑，但是要尽量减少。这是对毛泽东的"杀人要少"这一政策思想的继承。改革开放后，为应对严重经济犯罪不容乐观的社会治安形势，增设50余种死刑罪名，扩大到许多经济犯罪和非暴力的危害社会管理秩序的犯罪。在死刑适用上，也有着扩大的趋势。1997年《刑法》秉持"不增不减，大体保持平衡"的政策思想，用47个条文规定了68种死刑罪名，其中"破坏社会主义市场经济秩序罪"这类非暴力犯罪占到第一位。[1]

我国减少死刑罪名的立法进程是在1997年修订刑法典之后开始的，而其实质进展始于2011年，这一年通过的《刑法修正案（八）》取消了13种死刑罪名，分别是：走私文物罪，走私贵重金属罪，走私珍贵动物、珍贵动物制品罪，走私普通货物、物品罪，票据诈骗罪，金融凭证诈骗罪，信用证诈骗罪，虚开增值税专用发票、用于骗取出口退税、抵扣税款发票罪，伪造、出售伪造的增值税专用发票罪，盗窃罪，传授犯罪方法罪，盗窃古文化遗址、古墓葬罪，盗掘古

---

[1] 参见刘仁文：《死刑政策：全球视野及中国视角》，载《比较法研究》2004年第4期。

人类化石、古脊椎动物化石罪。2015年,在《刑法修正案(九)》中,又取消了9种死刑罪名,分别是:走私武器、弹药罪,走私核材料罪,走私假币罪,伪造货币罪,集资诈骗罪,组织卖淫罪,强迫卖淫罪,阻碍执行军事职务罪,战时造谣惑众罪。至此,我国刑法中尚有46个死刑罪名,仍然远多于其他国家死刑罪名的数量。

由以上所列的22个被取消的死刑罪名可知,晚近我国的死刑立法改革具有如下两个特征:

第一,死刑立法改革主要针对备而不用和备而少用的罪名。我国的死刑罪名虽然较多,但是适用死刑最多的罪名主要是故意杀人罪、毒品犯罪、故意伤害罪、抢劫罪、强奸罪。研究表明,在死刑的适用上,"故意杀人罪最多,其次是抢劫罪和走私、贩卖、运输、制造毒品罪。而学者们掌握的总体情况是,近几年毒品犯罪上升势头明显,超过抢劫排到第二。故意杀人、伤害、抢劫、强奸、毒品五个主要罪名占到了所有死刑判决的百分之九十以上。"[1] 然而,在我国的死刑立法政策指导下,被消减的死刑罪名并不属于这"百分之九十以上",而是所占比例相当小的备而不用和备而少用的罪名。例如,《刑法修正案(九)》取消的走私核材料罪、阻碍执行军事职务罪和战时造谣惑众罪等属于备而不用的罪名,而走私假币罪和走私武器、弹药罪等则属于备而少用的罪名。对于司法实践中常用甚至滥用的死刑罪名,此次刑法修正并没有涉及。

第二,死刑立法改革注重的是减少刑法中死刑罪名的数量,而不是司法实践中死刑罪名的适用,即不能将"减少死刑适用罪名"等同于"减少死刑罪名"。这种死刑改革思路也与部分学者的观点一致。例如,有学者认为:"限制死刑已经成为中央的政策,并且正在逐渐

---

[1] 苏永通、任重远:《152份死刑复核裁定书分析报告公开的死刑密码》,载《南方周末》2014年10月16日。

落实。限制死刑在立法和司法这两个领域具有不同的表现：在立法上表现为减少死刑罪名，在司法上表现为减少死刑的适用。"[1]这种观点将立法上限制死刑狭义地理解为减少死刑罪名的数量。循此观点，死刑立法改革也当然以罪名数量的削减为重心。此外，我们认为，正是因为我国死刑罪名繁多历来为西方国家所诟病，而且确切的死刑适用数量不得而知，所以人们才将眼光聚焦于刑法中死刑罪名的数量。

（二）基本评价

我国死刑立法政策主要是以死刑罪名为中心建构的，主要针对备而不用和备而少用的罪名。我们认为，这种死刑立法改革的思路具有一定的合理性，但是也应当予以反思。

1. 优点

第一，成批量地取消死刑罪名对于推动我国死刑改革有一定的积极意义。尽管这些罪名大多数是备而不用或者备而少用的，但是这为我国死刑改革开了一个好头。有学者主张，我国废止死刑应分为三个阶段："一是先行逐步废止非暴力犯罪的死刑；二是进一步在条件成熟时废止非致命犯罪（非侵犯生命的犯罪）的死刑；三是在社会文明和法治发展到相当发达程度时，全面废止死刑。"[2]按照这种设想，先易后难，取消备而不用和备而少用的死刑罪名，是完成第一阶段任务的必由之路，对于全面的死刑改革具有推动作用。

第二，有利于迅速提升我国的国际形象。长期以来，一些国家以死刑罪名过多为由批判我国的人权状况。通过取消备而不用和备而少

---

[1] 陈兴良：《减少死刑的立法路线图》，载《政治与法律》2015年第7期。
[2] 赵秉志：《论中国非暴力犯罪死刑的逐步废止》，载《政法论坛》2005年第1期。

用的死刑罪名，我国在不到十年的时间内取消了22个死刑罪名。这种改革力度昭示着我国保护人权的坚定决心，有利于在短时间内提升我国的国际形象。

2. 不足之处

尽管我国当前的死刑立法政策具有一定的优点，但是我们仍看到以下三点不足：

第一，以减少死刑罪名为主要方式的死刑改革具有一定的风险。取消备而不用和备而少用的死刑罪名，是有一定立法风险甚至政治风险的。直接取消这类罪名的死刑配置，相当于从根本上断绝这类犯罪适用死刑的可能性，而且几乎不可能恢复。我国的国情、司法实践真的对这类死刑没有任何需求吗？在对强迫卖淫罪和走私核材料罪等罪名是否应当取消死刑还存在较大争议的情况下贸然取消死刑，势必存在一定的风险。

第二，纯粹减少备而不用和备而少用的死刑罪名，未能涉及社会关切的多用、滥用的死刑罪名，对于死刑现状并没有实质的改变。如前文所述，"百分之九十以上"的死刑适用集中在五个罪名，这是矛盾的主要方面，却缺乏应有的关注。那些备而不用和备而少用的死刑罪名实际上居于从属地位，是矛盾的次要方面。因此，在未解决矛盾的主要方面的情况下，纯粹抓次要矛盾，并不能实质性地解决问题。如果不能正视我国死刑面临的主要问题，那么死刑与人权保障相冲突的局面仍难以改观。

第三，这种政策下的死刑立法改革有可能破坏刑法生态平衡。任何事物都有其内在的系统，只有协调系统内的各要素，使其达到高度适应、协调统一的状态，才能达到生态平衡。刑法的内部系统亦是如此，同样应当追求内部系统的生态平衡。然而，当备而不用和备而少用的死刑罪名被成批量地取消后，现行刑法的死刑配置局面会是怎样的？显然，我国刑法中存在的死刑罪名将全部是多用、滥用的罪名。这相当于突然把事物的两极去掉一极，由此也可能会对刑法的生态平衡造成破坏。此外，我们还应当认识到，备而不用或备而少用并不等于没有任何用处，这类罪名实际上有其独特的功能，其存在促使刑法内部系统达到一种平衡状态。

将"减少死刑适用罪名"等同于"减少死刑罪名"的认识导致我国死刑立法改革存在上述不足之处。我们认为，减少死刑的立法改革之重心应针对多用、滥用的死刑罪名，而不是备而不用和备而少用的死刑罪名。

二、备而不用和备而少用仍是我国死刑立法改革应当坚持的路径

学界一般认为，控制死刑有三种方式：宪法控制、立法控制和司法控制。至于我国应采取何种控制死刑的方式，学界存在不同的看法。有的学者主张通过其中一种方式进行死刑改革，有的学者则主张立法控制与司法控制并进。[1]无论选择何种方式，立法都是绕不开的环节。那么，应选择何种立法思路？学界的主流观点认为："对于那些备而不用的死刑罪名来说，其不用或者基本不用，当然应该成为废除其死刑的首要考虑因素。在目前的情况下，从立法上减少死刑罪名，如果不从那些不用或者基本不用的死刑罪名下手，难道还从那些经常适用的死刑罪名开启死刑废除之路吗？对于那些备而不用的死刑罪名应尽可能地从立法上予以取消，这是我国刑法减少死刑罪名的一个根本出路，如果确立了这样一条减少死刑罪名的思路，则立法上减

---

[1] 参见赵秉志：《再论我国死刑改革的争议问题》，载《法学》2014年第5期。

少死刑罪名具有极大空间。"[1] 但是,我们认为,备而不用和备而少用仍是我国死刑立法改革应当坚持的路径。

(一) 何为备而不用和备而少用的死刑立法改革思路

就我国当前的刑事司法状况而言,备而不用和备而少用的死刑立法改革思路至少包含以下两层含义:第一,留存部分备而不用和备而少用的罪名,回应社会关切;第二,将备而不用和备而少用作为那些被多用、滥用却又无法在短时间内取消死刑的罪名的改革方向。

当然,应当说明的是,坚持备而不用和备而少用的立法政策并不意味着死刑改革的最终目标是将所有死刑罪名改为备而不用或备而少用的状态,而是有区别地对待。例如,对于那些并不适用死刑的非暴力犯罪、经济犯罪,应当坚决废除死刑,如盗窃罪等。对于那些被多用、滥用的死刑罪名,应当加强限制,努力使其成为备而不用或备而少用的罪名。此外,本章探讨的死刑改革是就当前状况而言的,至于我国最终是否全面废除死刑则是另外一个问题。

(二) 为何要坚持备而不用和备而少用的死刑立法改革思路

我们之所以认为备而不用和备而少用仍是我国死刑立法改革应当坚持的思路,主要有以下三点理由:

第一,备而不用和备而少用的罪名并不会成为死刑适用的"积极推动者"。正如支持率先废除备而不用和备而少用的死刑罪名的学者所言:"成批量地减少那些备而不用、备而少用的死刑罪名,不会对中国的刑事司法和社会治安形势造成太大的冲击和影响。"[2] 这意味

---

[1] 陈兴良:《减少死刑的立法路线图》,载《政治与法律》2015年第7期。
[2] 赵秉志:《中国死刑立法改革新思考——以〈刑法修正案〉(九)(草案) 为主要视角》,载《吉林大学社会科学学报》2015年第1期。

着，这类罪名的存在与我国死刑适用量并不会呈正相关的关系，因此不必担心这类罪名会成为死刑适用的"积极推动者"。事实上，对备而不用和备而少用的死刑罪名的保留是一种消极的保留，其主要意义在于"备"，而不在于"用"。减少死刑适用不能等同于减少死刑罪名数量。同理，保留死刑罪名并不等同于增加死刑适用。

第二，备而不用和备而少用的死刑罪名有其独立的价值。如前所述，我们应当认识到，备而不用和备而少用并不代表这些罪名是毫无用处的。

首先，备而不用和备而少用的死刑罪名在必要时可以回应社会关切。以强迫卖淫罪为例，该罪的社会危害性较大，尤其是近年来频频发生强迫幼女卖淫案件。同时，由于幼女的特殊性以及公众对有关未成年人案件的敏感性，这类案件常常引起社会的广泛关注，如轰动一时的唐慧案。有的学者也担心废除强迫卖淫罪的死刑后，该罪很难与强奸罪相协调。"无论是组织卖淫中的强迫女性卖淫行为，还是单纯的强迫女性卖淫行为，被强迫卖淫者所谓的'卖淫'行为都是被迫与他人发生性关系的行为，被强迫卖淫者系强奸行为的被害人。因此，'嫖娼'行为人可构成强奸罪……由于强奸罪尚存死刑，对直接实施强奸的行为人可以起到严厉惩治作用。但事实上所有的强迫卖淫者都实施了违背妇女意志的强迫行为，为其后的强奸行为提供了前提条件、便利条件。部分案件中，还存在多次强迫卖淫、强迫多人卖淫、强迫未成年人卖淫等恶劣情节，社会危害性极大。废除组织卖淫罪、强迫卖淫罪的死刑不利于严厉打击强迫妇女与他人发生性关系的犯罪行为，这与强奸罪刑罚有失协调。"[1] 从未成年人保护的角度来看，面对性侵未成年人的行为，各国刑事法律都设置了"高压线"。在未

---

[1] 董文辉：《废除部分死刑应注意与相关犯罪是否协调》，载《检察日报》2015年5月13日。

成年人保护状况不容乐观、幼女被性侵案件高发的情形下，取消强迫卖淫罪的死刑，难言是一种合理的改革。因此，取消这类罪名的死刑显然不符合一般公民的正义观，不能回应社会对这类案件以及未成年人保护的关切。

其次，备而不用和备而少用的死刑罪名能够在不用或少用的情况下确保刑罚的威慑力。尽管有的学者不承认死刑具有最有效的威慑作用，[1]但是无法否认死刑具有独特的威慑力。我们认为，刑罚的威慑力可分为事前的威慑力、事中的威慑力和事后的威慑力。备而不用的死刑至少具有事前的威慑力，而备而少用的死刑则具有事前、事中和事后三种威慑力。值得注意的是，具有这种威慑力的前提并不是死刑的适用，而是死刑的存在。既然我国坚持走逐步废除死刑的道路，那么面对当前某些具有严重社会危害性的暴力犯罪，在保留死刑的同时坚持不用或少用，是一条较为务实、合理的路径。

第三，坚持备而不用和备而少用的死刑立法政策有助于降低立法风险，稳健立法，保持刑法内部的生态平衡。坚持备而不用和备而少用的死刑立法政策意味着我国不能一味地通过立法修正案减少死刑罪名，由此可以降低刑事立法、修法的风险，也有助于形成稳健的立法风格。事实上，大多数死刑罪名的立法初衷是打击犯罪，而取消的理由则是"备而不用"或"备而少用"，这多少让人有点困惑。因为在当初的立法理由中所欲打击的犯罪并未被消除或者有所缓解的情况下，就将相应的死刑废除，至少说明要么当时的立法很草率，要么当下的修法很莽撞。"现在立法减少死刑罪名有些缺乏章法，到底哪些死刑罪名能减，哪些死刑罪名不能减；哪些死刑罪名先减，哪些死刑

---

[1] 参见周蔚：《死刑具有最有效的威慑作用论之否定》，载《政治与法律》2007年第6期。

罪名后减,并没有一张明确的路线图。"[1] 简言之,我国在死刑废除的标准上尚无统一的认识。我们认为,在我国刑法中,"社会危害性"是一个核心概念,设置或者取消死刑应当以社会危害性的大小为依据。"随着时空的变换,行为的社会危害性的有无与大小可能会发生变化,但总的来说行为的社会危害性的有无与大小在一定的历史时期是稳定的。这是刑事法律的根本。"[2] 较之于社会危害性观念的稳定,一个罪名及其刑罚的适用频数则难以揭示犯罪行为的本质。基于此,在判断一种罪行是否需要配置死刑时,应当坚持以社会危害性为核心,确定刑罚的适用频数,这样才能确保立法的稳健,降低风险。因此,给备而不用和备而少用的死刑罪名留有空间,可以作为废除与保留死刑之间的"缓冲带"。此外,备而不用和备而少用的死刑罪名的存在保证了死刑系统的协调性,有助于保持刑法内部的生态平衡。

综上,我们应当"善待"备而不用和备而少用的死刑罪名,坚持备而不用和备而少用的死刑立法政策。

三、减少死刑的立法改革应当重点针对被多用、滥用的死刑罪名

在坚持备而不用和备而少用的死刑立法改革思路的前提下,也应当明确其重点针对的死刑罪名。我们认为,减少死刑的立法改革应当重点针对被多用、滥用的死刑罪名,那些被多用、滥用的死刑罪名是死刑立法改革中不得不啃、迟早要啃、应当早啃的"硬骨头"。

如上文所述,故意杀人、伤害、抢劫、强奸、毒品五个主要罪名

---

[1] 陈兴良:《减少死刑的立法路线图》,载《政治与法律》2015 年第 7 期。
[2] 储槐植、张永红:《善待社会危害性观念——从我国刑法第 13 条但书说起》,载《法学研究》2002 年第 3 期。

占到了所有死刑判决的"百分之九十以上",这五个罪名也属于典型的多用甚至滥用的死刑罪名。我国减少死刑的立法改革应重点针对这些罪名。

(一)针对被多用的死刑罪名的改革

上述五个罪名中,故意杀人、伤害、抢劫、强奸属于多用的罪名,减少死刑的立法改革应当将重点放在这类罪名上,主要有以下两点理由:

第一,影响我国人权状况评价的是死刑适用数量,而司法实践中被使用较多的几个罪名决定了我国的死刑适用总量。如果不针对此类罪名进行立法限制,我国的死刑改革将难以取得实质性的进步。减少死刑的立法改革将重点放在被多用甚至滥用的死刑罪名上,实际上是对死刑"动真格",也必将是死刑改革的核心任务。

第二,将减少死刑的立法政策之重点放在被多用的死刑罪名上,能够巧妙引导社会大众的心理。现阶段,我国的死刑改革只能采取渐进的模式。那么,在渐进改革的过程中,是否可以换一种思路,将最常用的死刑罪名作为死刑改革的重点?

我国正处于社会转型期,变革是时代的主题,而死刑改革并非纯粹的理论论证,更需要一定的政治艺术,其中最为关键的是如何引导民意支持死刑改革。社会心理学上有一个重要的理论,叫作"羊群效应",指的是具有优势地位的行为会直接影响到其他行为。

在处于变革时代的中国社会,社会观念也是处于变化中的。如能把握变革时代"社会观念处于变化中"的特征,对占有优势地位的死刑罪名(被多用、滥用的罪名)进行重点改革,就能在死刑改革中获得主动权,从而引导民意。现阶段,若将精力集中于将少用或者不用的死刑罪名废除,即使废除了,也难以触及死刑改革的核心问题,对民意的引导作用甚微。错过社会转型期这个特殊时期,社会观念将会趋于稳定，死刑改革的难度将会增加。

需要注意的是，在立法上减少死刑适用罪名并非只是减少死刑罪名数量，而是至少包括两方面的多种措施：

一方面，通过死刑实体法作出立法限制，比如减少死刑罪名、严格限制死刑的适用对象、扩大死缓的适用范围、创新刑罚方式、完善死刑替代刑罚（如增设终身监禁）等。

另一方面，通过死刑程序法作出立法限制，比如提高死刑的证据标准、完善死刑犯的诉讼权利保障机制、完善死刑减刑程序、将死刑纳入赦免的范围、进行死刑执行方式的人性化改革等。

（二）针对被滥用的死刑罪名的改革

如前文所述，毒品犯罪已超越抢劫罪而成为适用率排名第二的死刑罪名，仅次于故意杀人罪。在 11 种毒品罪名中，适用死刑的是走私、贩卖、运输、制造毒品罪。2015 年 5 月召开的全国法院毒品犯罪审判工作座谈会继续传达了从严处罚毒品犯罪的信号。2015 年 9 月，手握死刑复核权的最高人民法院表态："最高人民法院对报请核准死刑的毒品犯罪案件，凡符合判处死刑条件的，坚决依法核准……2014 年，全国法院审结的毒品犯罪案件的重刑率为 22.66%，高出同期全部刑事案件重刑率 13.23 个百分点。"[1] 这些都表明我国毒品犯罪中的死刑有被滥用之嫌。

不可否认，毒品是"邪恶之物"，为了维护社会秩序，保持国家的长期稳定发展，应当对毒品犯罪予以打击。立法政策的制定往往将

---

[1]《最高法：毒品犯罪案凡符合判处死刑的坚决依法核准》，http://news.sohu.com/20150624/n415539537.shtml，2015 年 10 月 7 日访问。

打击毒品犯罪视为一场战争,[1]将毒品犯罪人视为敌人,以至于将打击力度扩大到了极致——动用死刑。

上述毒品犯罪刑事政策是非理性的,取消毒品犯罪的死刑是我国死刑改革中亟待完成的首要任务。取消毒品犯罪的死刑主要有以下四点理由:

第一,毒品犯罪在我国死刑适用中占较大的比例,取消该罪的死刑配置能大大降低死刑适用量,从本质上改变死刑适用格局。尽管就我国当前的毒品刑事政策而言,取消毒品犯罪的改革难以毕其功于一役,但是率先取消运输毒品罪的死刑应当能够取得较为广泛的共识。开启毒品犯罪领域的死刑废除工作,在一定程度上也能将死刑改革立法政策的重心引至毒品犯罪这类被滥用的死刑罪名上,加快死刑改革的步伐。

第二,对部分毒品犯罪适用死刑无法改变毒品犯罪的严峻形势。以运输毒品罪为例,实践中,运输毒品者基本上是"马仔",他们在整个毒品犯罪中处于被支配的地位,为这些分量较轻的人员配置分量最重的刑罚显然是不合理的。当前的毒品犯罪刑事政策与当年的"严打"政策颇为相似,而后者已被实践证明对于长期的犯罪治理是不利的。因此,我们不能期待刑法全面解决每一个社会问题,而应当正视刑罚的局限性。[2] 此外,"84.8%的运输毒品罪的被告人被判处了重刑。而在运输毒品罪案件中,绝大多数(77.9%)的案件只有一名被

---

[1] 在一些官方的重要文件中,常常将禁毒活动定义为"战争"。例如,中共中央、国务院印发的《关于加强禁毒工作的意见》要求各地区各有关部门"进一步完善毒品问题治理体系,深入推进禁毒人民战争,坚决遏制毒品问题发展蔓延"。

[2] 有的学者则认为:"在目前社会经济发展不平衡的环境下,一味、片面地强调以死刑来威慑毒品犯罪人,充分发挥刑罚的威慑功能来降低毒品犯罪是不现实的。"参见李邦友:《惩处毒品犯罪的"宽"与"严"》,载《华中科技大学学报(社会科学版)》2006年第6期。

告人。在这些案件中,大部分被告人是受别人雇用、为赚取运费而实施运输毒品行为。他们的主观恶性相对来说比较低,对他们适用重刑显得过于严厉。"[1]

第三,设置毒品犯罪的死刑有违国际公约的规定。《公民权利和政治权利国际公约》第6条规定,不得任意剥夺任何人的生命,在未废除死刑的国家,判处死刑只能是作为对最严重的罪行的惩罚。何为"最严重的罪行"?1984年,联合国经济及社会理事会在一份决议中指出,"最严重的罪行"是指"不应超出导致死亡或其他特别严重结果之故意犯罪"。该决议的意见最后被联合国大会采纳。国际社会通常将毒品犯罪归为经济犯罪,它显然并非国际公约中所说的"最严重的罪行"。事实上,联合国人权委员会也多次强调,毒品犯罪并不是"最严重的罪行"。[2] 因此,在毒品犯罪中设置死刑并不符合国际法的相关规定。

第四,毒品犯罪是没有被害人的非暴力犯罪,不是我国刑法中规定的"罪行极其严重"的犯罪。首先,毒品犯罪是没有被害人的犯罪,所侵害的法益是社会管理秩序。在整个犯罪过程中,毒品犯罪活动以出售毒品获得利润为目的,购买毒品者、吸毒者的行为属自愿行为,并没有因此成为被害人。其次,毒品犯罪是非暴力犯罪。它的主要表现形式是走私、贩卖、运输、制造毒品,并没有暴力因素。"非暴力"与"没有被害人"这两个特征决定了毒品犯罪并不属于我国刑法中规定的"罪行极其严重"的犯罪。因此,我们认为,应当取消毒品犯罪的死刑。

---

〔1〕 赵国玲、刘灿华:《毒品犯罪刑事政策实证分析》,载《法学杂志》2011年第5期。

〔2〕 参见何荣功、莫洪宪:《毒品犯罪死刑的国际考察及其对我国的借鉴》,载《华中科技大学学报(社会科学版)》2012年第2期。

中共十八届三中全会对死刑改革提出的要求是"逐步减少死刑适用罪名",而非"减少死刑罪名",二者之间虽有一定的相通性,但也存在重大差异。尽管先行废除那些备而不用和备而少用的罪名具有死刑改革先易后难的合理性,但是《刑法修正案(九)》之后的死刑立法改革应当将那些被多用和滥用的死刑罪名作为改革的重点。

第十四章
对"婚内强奸"以强奸罪定罪量刑的反思*

1999年12月由上海市青浦区人民法院判决的王卫明婚内强奸案引发了各界有关如何看待和处理婚内强奸行为的激烈争论。在这场争论中,主张对婚内强奸以强奸罪定罪量刑的观点明显占优势。最高人民法院发布的判例中表达了支持这一观点的倾向。实践中,部分法院也开始仿效上海市青浦区人民法院的做法,以强奸罪处理婚内强奸案件。然而,对婚内强奸行为以强奸罪定罪量刑是否符合现代市民刑法的基本精神?是否真的保护了妇女的权益?是否真的顺应了国际潮流?最有发言权的中国妻子们是否真的愿意将丈夫的婚内强奸行为犯罪化?……

一、引言

1999年12月,上海市青浦区人民法院以强奸罪的罪名,判处对

---

* 载《天津律师》2002年第3期。

妻子实施强奸行为的被告人王卫明有期徒刑三年,缓刑三年。这起看似普通的刑事案件在社会上引起了不小的波动,其影响远远超出法学界的范围。一些报纸、期刊、网站纷纷对婚内强奸问题展开了讨论。一时间,婚内强奸问题成为一个焦点话题。有学者指出:"迄今为止,大概还没有任何一个刑法问题能像'婚内强奸'那样,在学术、立法、司法各领域中,引起如此尖锐的意见对立和争论。"[1]

一般认为,婚内强奸是指在有婚姻关系的夫妻之间,男方违反女方意愿,采用暴力强行与之性交的行为。从形式上看,婚内强奸与强奸的唯一区别在于有无婚姻关系。早在20世纪初,英国一位与弗洛伊德齐名的性科学家霭理士就说过:"婚姻内的强奸确实比婚姻外的强奸多。"美国学者黛安娜·E.拉塞尔于1982年出版了《有婚姻关系的强奸》一书。在她组织的一次调查中,24%的已婚妇女反映,她们至少有一次被丈夫强奸或强奸未遂。今天,虽然美国已经将婚内强奸犯罪化,但是婚内强奸现象依然十分严重。有研究人员估计,美国有10%—14%的妇女在婚内被强奸。[2] 据调查,我国香港地区九成三受虐待的妇女曾经遭受丈夫性虐待,其中包括威逼性交以及模仿色情影视内容进行性行为。部分妇女忍受丈夫的此种暴力虐待达20年之久。[3] 在我国内地,1989年到1990年进行的2万例性文明调查显示:在夫妻性生活中,丈夫强迫妻子过性生活的占调查总数的28%,受害女性的绝对人数有几百万之多。[4] 从以上资料可以看出,婚内

---

[1] 周崎、胡志国:《王卫明强奸案》,载《判例与研究》2000年第2期。
[2] 参见李立众:《婚内强奸定性研究——婚内强奸在我国应构成强奸罪》,载《中国刑事法杂志》2001年第1期。
[3] 参见吕丽蝉:《七成被虐妇曾遭夫强奸,多被逼性交,半数宁哑忍》,载《星岛日报》(香港)2000年3月22日。
[4] 参见周崎、胡志国:《王卫明强奸案》,载《判例与研究》2000年第2期。

强奸已经成为一种广泛存在的女性性受害现象。

二、罪与非罪之争

问题的关键并不在于有无婚内强奸，也不在于婚内强奸中女性是否遭到性伤害，而在于如何看待和应对这种现象。事实上，丈夫使用暴力强迫妻子性交的现象自古即存在。但是，长期以来，无论是东方还是西方，在男性主义社会之中，人们并不把它当成一个值得在法律上探讨的问题，甚至在道德上也不会去谴责这种会给妻子带来伤害的行为。婚内强奸这种广泛存在的女性性受害现象越来越受到人们的关注，在很大程度上是因为随着社会的发展，女性在夫妻性生活中的主体意识、权利意识觉醒和西方女权主义运动的结果。1980年，美国一妻子告丈夫强奸获胜，"婚内强奸"从此在美国成为一个有关强奸罪法律规定的新概念。今天，美国几乎所有州的法律都将丈夫包括在强奸罪的主体范围之内。在美国的影响下，世界上部分国家也实行婚内强奸的犯罪化。不过，即便是在已经将婚内强奸犯罪化的美国，罪与非罪之争依然很激烈。

在我国，在主要因王卫明案所引发的对婚内强奸罪与非罪的争论中，主要形成了以下三种观点：

一是否定说。这种观点认为，丈夫不能成为强奸罪的主体，婚内强奸不能成立。从争论的结果来看，持否定说者主要提供了以下几种有代表性的论据：（1）契约论，即认为婚姻是男女双方自愿订立的以永久共同生活为目的之特殊契约，只要婚姻关系不解除，根据夫妻间法定的同居义务，配偶间性生活的合法性和自愿性就不容置疑，丈夫不需要在每次性交前都征得妻子的同意。（2）暴力论，即认为应受处罚的是婚内强奸所使用的暴力而非性交，应作为婚姻暴力中的伤害罪予以处理，而不能按强奸罪对待。（3）报复论，即认为允许妻子控告丈夫强奸，将会使丈夫经常处于提心吊胆的状态，唯恐妻子事后报复。即使丈夫违背妻子意愿而强行与之性交，至多属于性生活不协调，应该用性道德加以规范。若因此而构成强奸，那么丈夫的命运就掌握在妻子手中，这将不利于维持夫妻亲密无间的关系和家庭的和睦。（4）道德论，即认为合法的夫妻关系受法律保护，婚姻双方均有过性生活的权利和义务，因此丈夫不能成为强奸罪的主体；婚内强奸并不违法，而属于道德调整的范畴。（5）婚内无"奸"论，即认为从人们对"奸"字的通常理解来看，婚内强奸不能被称为"强奸"。这种观点还认为，在婚姻关系内，妻子的性支配权是相对的，而非绝对的。

二是肯定说。这种观点认为，丈夫可以成为强奸妻子的犯罪主体，婚内强奸能够成立。肯定婚内强奸可以成立强奸罪的论点和依据主要有以下四种：（1）合法论，即认为婚内强奸是一种丈夫在婚姻关系中违背妻子意志，采用暴力或其他威胁手段进行的强迫性性交，完全符合强奸的本质特征。或者说，婚内强奸符合我国《刑法》第236条规定的强奸罪的所有构成要件，其中并没有明确将丈夫排除在外。因此，将丈夫排除在强奸罪的犯罪主体之外无法律依据。（2）丈夫无豁免权论，即认为我国以及西方许多国家的立法与司法实践实际上贯彻了一条强奸行为中的丈夫豁免原则，但是丈夫豁免权是人类从野蛮社会带入文明社会的"脐带"，建立在男女不平等的基础上，不应予以保留。（3）妻子权利论，即认为女性有性自主权，不仅存在于婚姻外，而且存在于婚姻内。妻子有权自主地决定是否同意性交，丈夫应尊重妻子的这一权利。（4）世界潮流论，即认为婚内无强奸的观点已经被越来越多的国家否定，婚内强奸犯罪化已经在相当一部分国家实现，这是世界性的发展潮流。

三是折中说。这种观点认为，虽然婚内强奸符合强奸罪的本质特征，但是由于夫妻关系的特殊性，因此应区别具体情况予以处理。

"一、丈夫如果在无别人帮助,只在夫妻二人在场的情况下,强行同妻子发生性关系,且次数较少,则即使手段有点过火,也不宜以犯罪论处;二、丈夫教唆或者帮助别人强奸,应以犯罪论处;三、丈夫错把妻子当作其他妇女而强行奸淫的,应以强奸罪论处;四、丈夫在他人协助下,众目睽睽之下强行与妻子发生性关系的,应以强奸罪论处。"[1]《刑事审判参考》1999年第3期所载第20号案例的观点实际上采用了折中说。这种观点的主要论据就在于认为婚内强奸是一种特殊类型的强奸,故应该区别对待。另有一种观点认为,在当前的现实背景下,对婚内强奸不作犯罪处理是一种无奈却理性的选择,[2] 实际上也采折中说。

三、对婚内强奸以强奸罪定罪量刑的反思

尽管有关婚内强奸是否构成强奸罪的争论还很激烈,但是总体而言,肯定说明显占了优势。严格来讲,折中说也可被归入肯定说,因为它与肯定说的主要差别在于处理的区别对待,其前提也是肯定婚内强奸属于强奸。上述《刑事审判参考》1999年第3期所载的有关婚内强奸的案例之"裁判理由"采用了可以强奸罪定罪的倾向性意见。[3] 在司法实践中,一些地方的法院也开始以强奸罪对婚内强奸行为定罪量刑。笔者认为这种做法是值得商榷和反思的。

---

[1] 周崎、胡志国:《王卫明强奸案》,载《判例与研究》2000年第2期。
[2] 参见付立庆:《"婚内强奸"立法遭遇现实问题》,载《检察日报》2001年1月31日。
[3]《刑事审判参考》1999年第3期所载第20号案例的"裁判理由"中写道:"如果是非法婚姻关系或者已经进入离婚诉讼程序,婚姻关系实际已经处于不确定中,丈夫违背妻子的意志,采用暴力手段,强行与其发生性关系,从刑法理论上讲是可以构成强奸罪的。但是,实践中认定此类强奸罪,与普通强奸案有很大不同,应当特别慎重。"

（一）刑法应该严格恪守谦抑的价值准则，避免对市民社会领域的过度干预

我国正处在向二元社会结构的过渡之中，传统的政治刑法正向市民刑法转变。市民刑法的一个基本要义是抛弃"刑法万能"的思想，恪守谦抑的价值准则，避免公权力对市民社会领域的过度干预。在市民刑法的构建进程中，应该倡导刑法的民法化，尽量用民事手段等非刑罚的方式处理社会纠纷，刑罚手段始终应充当"最后的堤坝"。[1] 婚姻是典型的市民社会的私域，对婚内强奸行为以强奸罪定罪量刑与现代市民刑法的基本精神明显相悖。贺卫方教授也认为，婚姻是感情和性水乳交融的私人生活领域，应由人民自我安排，国家权力不应对婚姻家庭这个私人生活领域过度干预，否则会破坏整个社会自我调整的能力。刑法对私域的介入应该慎之又慎，在理论界和司法部门对罪与非罪的争论尚无明确的结论，谁也说服不了谁时，司法实践中应该遵循类似于疑罪从无的原则处理，而不应断然以强奸罪定罪量刑。

（二）婚内强奸与强奸有本质的区别

一些学者认为，婚内强奸与强奸没有本质差别，都违背了妇女的意志，侵犯了妇女的性权利。这种看法是值得商榷的。一般认为，强奸是男子违背女子的意志，使用暴力、胁迫等手段强行与之性交的行为，侵害的客体是妇女的性权利。从表面上看，婚内强奸的确与强奸区别不大，唯一的差别只是有无婚姻关系。但是，实际上，婚内强奸与强奸只具有形式上的共性，二者存在本质上的差别。人们都承认夫妻之间性生活的合理、合道德与合法性，之所以在婚内强奸问题上产生争论，主要是因为丈夫为与妻子性交而使用暴力、胁迫等不适宜的

---

[1] 参见姚建龙：《论刑法的民法化》，载《华东政法学院学报》2001年第4期。

手段。同样，妻子所拒绝的并非性生活本身，而是丈夫所使用的暴力、胁迫等不适宜的手段。与婚内强奸相比，强奸中，妇女所反对的除了暴力、胁迫等手段外，还有"性交"（而且主要是"性交"）。可见，婚内强奸所侵害的客体并非妻子的性权利，而主要是妻子的身体权、健康权等其他权利。也就是说，婚内强奸与强奸所侵害的客体是不同的。归根结底，婚内强奸所违背的不是妇女不愿性交的意志，而是妇女不愿遭受暴力、胁迫等非法手段伤害的意志。人们在探讨强奸的最本质特征——违背妇女意志时，往往忽略了"妇女意志"的真正内涵。在这个层面上，婚内强奸并未违背妇女意志。因此，也可以说，把婚内强奸等同于强奸行为是对我国《刑法》第 139 条的机械解读。也正因为如此，笔者认为，有学者用"婚内强迫性行为"的概念替代"婚内强奸"的提法更为科学和准确。[1]

（三）"婚内强奸犯罪化是世界趋势"的提法过于牵强

迄今为止，绝大多数国家的刑法对婚内强奸所持的仍然是否定态度。这种否定态度主要通过以下两种方式反映：一是法律明文规定将非婚姻关系作为构成强奸罪的前提。例如，《德国刑法典》第 177 条规定："以强暴或对身体、生命之立即危险，胁迫妇女与自己或第三人为婚姻外之性交行为者，处两年以上自由刑。"《瑞典刑法典》第 187 条、《加拿大刑法典》第 143 条等也作了类似的规定。二是刑事立法本身未明确丈夫可以被排除，但是在刑法学理解释上一般排除丈夫作为强奸犯罪主体的地位。大多数否定丈夫可以作为强奸犯罪主体的国家采用的是这种做法。主张"婚内强奸犯罪化是世界趋势"的学者实际上并未提出令人信服的证据。更有一些学者在承认世界上大部分

---

[1] 参见杨德寿：《婚内强迫性行为的法律责任论——由王卫明强迫妻子性交被判强奸罪说起》，载《中国刑事法杂志》2001 年第 5 期。

国家仍然没有将婚内强奸认定为犯罪行为的同时，依然坚持认为还可以清楚地看出婚内强奸犯罪化是一种世界性刑事立法潮流。既然婚内强奸犯罪化的国家尚属少数，又如何形成犯罪化的"潮流"呢？另一个不容忽视的事实是，即便是在婚内强奸犯罪化的国家，真正以强奸罪处罚丈夫的案例也极少，而且这些国家大多已经意识到这种法律在实际操作上很难把握。退一步说，即便承认具有婚内强奸犯罪化的世界性刑事立法潮流，根据我国的实际情况，是否需要去赶这个潮流，也值得深思。

（四）以强奸罪定罪量刑影响婚姻家庭的稳定

否定婚内强奸犯罪化的传统论据是报复论——允许妻子控告丈夫强奸，将会使丈夫经常处于提心吊胆的状态，不利于婚姻家庭的稳定。这一在西方社会产生广泛影响的观点并非空穴来风。一些学者反驳报复论，认为丈夫应承担破坏婚姻家庭稳定的责任。这种反驳是苍白无力的。仅就发生婚内强奸行为的个体家庭而言，丈夫的确应该承担影响婚姻稳定的责任，但是婚内强奸犯罪化的负面效应主要在于它对一般家庭的稳定所产生的不利影响。人类社会对男女在性生活中的角色定位仍然是男主动、女被动，忽略这个事实去否认婚内强奸犯罪化对婚姻家庭稳定的冲击是不足取的。另外，既然婚内强奸问题已由婚内走向婚外，那么就可以大体推断，夫妻之间基本已经无感情可言，或者说感情已经破裂；即使不能说夫妻关系已经进入一种敌我状态，也至少可以说已经进入一种严重的对立状态。那么，妻子以婚内强奸诬告丈夫就不是不可能的了。在司法实践中，处理强奸犯罪比较困难的一点是取证。然而，如果妻子欲以婚内强奸控告丈夫，那么获得"证据"问题并不困难。在这种情况下，司法机关能在多大程度上做到客观公正？又有多少丈夫能不提心吊胆？

（五）从保护女性权益的角度看婚内强奸犯罪化

持否定说者在反对婚内强奸犯罪化时，大都不是从维护妇女权益的角度出发进行论证的。因此，面对婚内强奸这种世界性的女性性受害现象和女权主义的兴起，持否定说者多少显得有些底气不足。持肯定说（包括折中说）者绝大多数都声称自己是站在"男女平等"的立场上，尊重妇女人格，从维护妇女合法权益的角度力主婚内强奸以强奸罪论处。但是，这种主张真能产生他们所声称或期望的结果吗？

笔者认为，将实施婚内强奸行为的丈夫以强奸罪论处的主张和司法实践中的做法，客观上并不会产生如这些善良的人所期望的积极结果，尤其是在我国这样一个极具东方色彩和儒家文化传统的国度。相反，这种做法只会加重损害女性的权益。

其一，强奸案属于公诉案件，一旦进入刑事诉讼程序，是否要追究丈夫的刑事责任以及怎样追究、如何处罚将不再以妻子的意志为转移。然而，夫妻关系是一种非常特殊的人际关系，双方的恩恩怨怨随时可以发生、发展和变化。婚内强奸行为发生后，女方进行指控，使案件进入公诉程序。在此期间，女方意志有可能发生变化而不欲追究丈夫的刑事责任。但是，公诉案件是不允许撤诉的，施暴丈夫被追究刑事责任几乎无挽回的可能性。此时，婚内强奸犯罪化是保护还是损害了女性的合法权益？另外，对于公诉案件，司法机关是主动追究的，如果被强奸的妻子根本不愿意追究丈夫的刑事责任，而司法机关依法主动追究，这是保护还是损害了女性的合法权益？

其二，如果丈夫被追究刑事责任，还没有发生离婚的后果，妻子很可能会遭受更严重的带有报复性的伤害；即使夫妻之间达成了谅解，妻子也不得不共同承担丈夫被处罚的不利后果。我们再来看发生离婚后果的情形。从对婚内强奸的调查情况来看，我国大部分婚内强奸案件都发生在农村，即便不是发生在农村，也主要是发生在经济发展水平较为落后的地区。婚内强奸的受害女性有很大一部分没有独立的经济来源。从我国的实际情况来看，丈夫仍然是这些女性的重要生存保障。然而，即使是在一般情况下，被强奸的女性要组成新家庭也存在一定困难，更何况是先前将丈夫"绳之以法"的女性。虽然承认这一点可能会引起一些非议，但是在我国目前的社会背景下，这毕竟是客观事实。因此，以强奸罪中对施暴丈夫定罪量刑的方法处理婚内强奸案件，在我国的实际后果可能是加重损害受害女性的合法权益，而并非保护受害女性的合法权益。显然，这并非理智的做法。

其三，关于最有发言权的女性自身会有多少真正赞同婚内强奸犯罪化的做法，颇值得研究。一项经常被持婚内强奸犯罪化观点者引用的调查结果[1]显示，至少还有30%的女性对婚内强奸持否定或怀疑态度。另外70%的女性虽承认存在婚内强奸现象，但她们仅赞同以法律手段解决，并未明确表示要以强奸罪处理。更为重要的一点是，这项调查的对象仅仅是京、沪、穗三地的都市青年女性。同时，调查也显示，对婚内强奸的态度与年龄、学历、收入、是否已婚有密切的联系——年龄较高、学历较低、收入较低、已婚的女性中的反对者较多。如果以此推断全国女性对婚内强奸的看法，赞同以强奸罪处理者的比例可能并不会如持肯定说者所认为的那样。本章开头引用的资料显示，婚内强奸现象在我国并不鲜见。但是，从实际情况来看，以法律手段解决的案例极少，甚至向妇联、工会等社会团体、组织求助的也不多。尽管如此，我们不要把这些女性的这种沉默视为没有权利意识。事实上，这些女性采取了她们认为更适宜的方式对待这种现象。在对生存、孩子、名誉等因素之间作权衡后，她们作出了自己认为理性的抉择。仅有善良的动机是不够的，法律尤其是刑法在介入婚姻这一典型的私域之前，不能不对此慎重考虑。

---

[1]《法制日报》2000年11月7日。

另外，如前文所述，婚内强奸犯罪化会影响婚姻家庭的稳定。如果婚姻家庭不稳定，当然也会对女方产生不利影响。

虽然笔者从维护女性权益、尊重女性自由意志的角度对婚内强奸以强奸罪定罪量刑持否定态度，但是并不意味着对婚内强奸这种广泛而严重的女性性受害现象持放任态度。在经过反思后，笔者对婚内强奸问题提出以下三点主张或建议：（1）在现有法律体系下，除了那些情节特别严重和处于婚姻关系非常阶段（如离婚诉讼期间）的婚内强奸行为，而且受害女性坚持要处罚加害人的，可以以故意伤害罪、虐待罪、侮辱罪等罪名定罪量刑外，其他任何形式的婚内强奸行为都不宜让刑法介入，更不应以强奸罪定罪处罚。（2）对于夫妻之间的婚内强迫性性行为，应尽量通过家庭长辈、社区、妇联、工会等非司法途径予以解决。（3）加强和普及性知识教育，倡导夫妻之间互相理解、互相尊重的和谐性生活观念。

第十五章
对我国首例贞操损害赔偿案的法理评析*

2001年5月,我国首例贞操损害赔偿案由深圳市中级人民法院开庭审理。对于强奸犯罪被害人的贞操损害赔偿,我国在立法上尚属空白。无论是从平抚被害人的伤痛,体现犯罪人与司法体系对被害人人格、价值的尊重,还是从鼓励被害人举报犯罪、遏制强奸犯罪等方面考虑,我国都应明确赋予强奸犯罪被害人贞操损害赔偿请求权。强奸犯罪被害人获得赔偿应是一种普遍现象,而不应是个别案例。贞操损害赔偿诉讼宜采用刑事附带民事诉讼程序审理,赔偿范围应包括经济损失和精神损害两个方面。在贞操损害赔偿中,不能忽略被害人的责任。

一、案情

1998年8月,张丽(化名)结识了一个叫刘某的澳大利亚籍华

---

* 载《法学》2001年第11期。

人。刘某邀请张丽吃饭,并将张丽骗到其住处强奸。张丽乘刘某上卫生间时拨打"110"报警,公安人员接到报警后立即将刘某抓获。深圳市中级人民法院于2000年6月9日作出判决,认定被告人刘某的行为已经构成强奸罪,判处其有期徒刑12年。张丽向法院提起刑事附带民事诉讼,称刘某的强奸行为给自己的身体和心灵造成极大创伤和损害,请求法院判令刘某赔偿其精神损失费10万美元。法院对张丽的起诉作出裁定,认为张丽的起诉理由不符合《刑事诉讼法》第77条[1]的有关规定,其精神损害赔偿请求不属于物质损失。张丽不服,向广东省高级人民法院提出上诉。广东省高级人民法院指出,像张丽这种情况,"应循一般的民事诉讼程序另行起诉"。2000年11月,原告张丽向深圳市罗湖区人民法院提出民事诉讼,认为被告刘某侵犯其贞操权,要求法院判决刘某赔偿精神损失费45万元。2001年1月,罗湖区人民法院开庭审理该案并宣判。法院认为,被告刘某犯强奸罪,侵害的是原告的生命健康权和贞操权,应当承担赔偿责任。又因被告刘某的犯罪情节恶劣,法院一审判决被告赔偿张丽精神损害赔偿金8万元。被告不服一审判决,向深圳市中级人民法院提起上诉。原告认为法院判决确定的精神损害赔偿金数额过低,也依法上诉。同年5月,深圳市中级人民法院开庭审理了该案。

该案被称为我国首例贞操损害赔偿案(以下简称"张丽案"),法院作出一审判决后,在社会各界特别是法学界引起很大反响。本章拟结合该案对强奸犯罪贞操损害赔偿问题作一粗略探讨。

---

[1] 经过2012年、2018年两次修改,该条已经调整为现行《刑事诉讼法》第101条的部分内容。

二、评析

对强奸犯罪被害人的贞操损害赔偿，西方国家的立法和司法早已确认。《德国民法典》第847条规定："对妇女不道德行为的重罪或轻罪、欺诈、威胁或滥用从属关系使其承诺为婚姻外的性交者，该妇女亦有同样的请求权。"此即赔偿请求权。在司法实践中，此类判例更是司空见惯。譬如，美国著名拳击运动员泰森因强奸一位黑人选美小姐而作出巨额赔偿一事曾经被新闻媒体广泛报道。但是，在我国现行法律中，对强奸犯罪被害人贞操损害赔偿的规定基本上是空白。如果强奸致使被害人伤残或者死亡，也许被害人或其家属尚可能获得有限的赔偿，而大多数没有造成有形损害的被害人则只能"哑巴吃黄连"。我国是否应该确立强奸犯罪被害人损害赔偿制度，赋予强奸犯罪被害人贞操损害赔偿请求权？这正是张丽案争论的焦点所在。笔者认为，答案应该是肯定的。

强奸给被害人造成的伤害是巨大且特殊的，这种伤害可分为基本的伤害和从属的伤害两类。基本的伤害直接来自犯罪行为，包括直接伤害和间接伤害。前者主要是指犯罪行为对被害人的身体器官、机能组织造成的损伤。犯罪人在实施强奸犯罪中往往使用暴力，行为粗暴。后者主要是指犯罪行为直接给被害人心理造成的短期和长期的伤害，如气愤、忧郁、羞耻、无助等短期症状，以及多年后仍然持续着的对被害经历噩梦般的回忆等。从属的伤害产生于第二次受害过程，即被害人受到他人正式或非正式的、不恰当甚至错误的反应。正式的反应主要是指司法机关对于强奸犯罪发生后的反应。因为强奸是典型的"一对一"犯罪，所以为了将犯罪人绳之以法，被害人不得不一次又一次地在警察、检察官、法官面前揭开伤疤，在公安局、检察院、法庭等各种场合暴露隐私。在"漫长"的诉讼中，被害人所受的第二次伤害常常被忽略。非正式的反应是指被害人的亲人、朋友们的态度。强奸被害人有时不被亲友理解，在默默忍受被强奸的痛苦时，还不得不面对丈夫或者男友的白眼和误解，多年后仍然在亲友邻里的流言蜚语中生活，其婚恋、家庭、就业等都会因此而受到很大影响，社会评价值下降，也许一生的幸福也因此而毁于一旦。被害人张丽谈到被害的感受时说道："事情发生后，我的精神几乎崩溃，不敢面对任何人，包括我的家人，因为这件事同样会令我的父母精神崩溃。我不敢想这件事会对我今后的生活带来什么样的影响。我至今不敢谈恋爱，因为这件事的阴影会影响到我的家庭生活。事情过去三年了，我晚上还会做噩梦，重现当时的恐怖情景，工作时一想到这件事就走神。"一些美国学者的研究证实了主要是精神伤害的强奸创伤综合征的存在，包括急性期和历时长久的重组期。[1] 可见，以强奸未对被害人身体器官造成有形损伤为由否定犯罪人对被害人的精神损害赔偿是片面的、站不住脚的。

我国法律对妇女贞操权的保护采用的是公法形式，如刑法对强奸犯罪予以刑罚制裁，行政法对猥亵、流氓、侮辱等行为予以行政处罚。但是，有关的法律、法规、司法解释对于贞操权这种民事权利恰恰没有规定民法的保护方法，没有规定给予精神损害赔偿，这是一个很大的漏洞。强奸会给被害人造成严重的肉体和精神损害，这种损害显然要比单独侵害名誉权、肖像权严重得多。但是，侵害名誉权、肖像权可以请求精神损害赔偿，为什么被强奸反而不能请求赔偿？"在实务上，一方面，对于强奸罪、奸淫幼女罪、流氓罪等严重侵害他人贞操权的行为，均认其为严重的刑事犯罪，给予严厉的打击；另一方面，对于被害人人格上、精神上、经济上造成的损害，却不能给予任

---

[1] 参见〔美〕珍尼特·希伯雷·海登、B. G. 罗森伯格：《妇女心理学》，范志强等译，云南人民出版社1986年版，第265—267页。

何的民事救济以补偿其损失，抚慰其精神创伤。这种立法实践、理论研究和司法实务相脱节的现状，是值得法学理论工作者、实际工作者以及立法机关重视的。"[1]

给予被害人损害赔偿，其意义并不在于赔偿金本身，而在于对被害人价值、人格的尊重。以色列学者萨拉·本-戴维在对强奸罪中强奸犯与被害人互动关系的研究中指出：研究表明，在强奸过程中，被害人根本没有被强奸犯当作人。在此特定情境下，被害人对强奸犯来说只是一种象征或客体。正如雷斯尼克和沃尔夫冈所指出的，强奸犯使用了非人格化的"技巧"。在强奸过程中，强奸犯似乎是当被害人完全不认识他那样行事，即使他们过去曾有过亲密和长期的交往。在迪纳·梅茨格立足于男女平等主义的著作中，也可以找到与此类似的观点。他认为，强奸就是将妇女转化成一种客体、一件财产或一个肉体的表现。对于强奸犯人格的研究证实了这一观点。[2] 犯罪人对被害人的非人格化并非仅仅存在于强奸犯罪过程中，事实上，在犯罪实施完毕后依然持续着。我国的刑事诉讼中存在一个较大的误区：司法机关重视的只是如何利用被害人打击犯罪，被害人处于一种从属的地位，没有独立的诉讼地位，其合法权益也常常被忽视。张丽在从美国回复记者的一封电子邮件中，对"被告已被判刑 12 年，你还要坚持民事诉讼，原因在哪里"这一问题，这样答复："我现在国外，这里小猫、小狗抓伤了人都要赔偿，何况我是人啊！"正如德国著名犯罪学家施奈德所言："对于受害者来说，与其说赔偿具有金钱方面的意义，不如说他们更重视赔偿是代表国家和社会的法庭以及罪犯本人承认他作为人的价值的表示。比起国家赔偿来，受害者更愿意得到罪犯

---

〔1〕 王利明、杨立新、姚辉编著：《人格权法》，法律出版社 1997 年版，第 162 页。

〔2〕 参见〔德〕汉斯·约阿希姆·施奈德：《国际范围内的被害人》，许章润等译，中国人民公安大学出版社 1992 年版，第 229 页。

的赔偿。他们倾向于要求罪犯赔偿，不想依赖国家的慈善捐助。受害者非常重视法庭宣布：作案人伤害了受害者，必须支付赔偿。他们希望通过这样的方式得到司法体系对自己的尊重和承认。"[1]对人的价值、人格的尊重，是对法治国家的基本要求。

美国一些学者的调查研究表明，在强奸案中，受害人往往存在着一种"沉默的强奸反应"，即大多数受害人（有关专家估计达80%以上）不愿举报，甚至也不向包括母亲和丈夫在内的任何人提及此事。[2]因此，大多数强奸犯罪事件被隐瞒起来，并未被纳入警方统计之中。"强奸的发生率很难测定，尽管所报告的强奸案占所有暴力犯罪的5%——大约2000个女子中每年就有一个被强奸，但是据估计，每10个真正被强奸的人中只有一个报告警方。每20个强奸者中大约只有一个被逮捕，每30个强奸者中只有一个被起诉；而且每50个强奸者中只有一个被定罪。"[3]我国的情况如何？苏力教授在《法律规避和法律多元》一文中，分析了一个在农村发生的强奸私了案件。被害人为什么会选择私了，而不愿向司法机关举报？因为如果她请求严格执法，可能失去很多未来的利益，或者要准备承受许多"成本"。她不能不认真考虑这些可能的后果。如果她选择私了，不仅可以在某种程度上保护自己的名声，较少承担那些可能发生的后果存在的风险，而且她及其家庭可以得到一笔赔偿。这笔钱对一个不富裕的农民家庭来说是不能轻视的。[4]功利主义的基本原则是"两利相权取

---

〔1〕〔德〕汉斯·约阿希姆·施奈德：《犯罪学》，吴鑫涛、马君玉译，中国人民公安大学出版社、国际文化出版公司1990年版，第847页。

〔2〕参见〔美〕珍妮特·希伯雷·海登、B.G.罗森伯格：《妇女心理学》，范志强等译，云南人民出版社1986年版，第269页。

〔3〕〔美〕罗伯特·G.迈耶、保罗·萨门：《变态心理学》，丁煌、李吉全、武宏志译，辽宁人民出版社1988年版，第23页。

〔4〕参见苏力：《法律规避和法律多元》，载《中外法学》1993年第6期。

其重,两害相权取其轻"。对于被害人的这种"理性"抉择,我们不应单纯指责,更多的应该是对现行司法体制的反思。赋予强奸犯罪被害人损害赔偿请求权,可以明显增加被害人与犯罪人做斗争的收益,鼓励被害人与强奸犯罪做斗争,遏制强奸犯罪。试想,如果不但可以将犯罪人绳之以法,而且可以获得合理甚至巨额赔偿,那么还有多少被害人会保持沉默?从另一个角度来说,这也是对被害人所遭受的诉讼伤害的必要补偿。

张丽案中的犯罪人刘某在法院判决赔偿8万元后立即上诉。其实,强奸犯罪人拒绝向被害人赔偿是一种普遍现象。一项调查以色列和美国强奸犯对其被害人的态度的研究证实,约有一半的美国罪犯(47%)和近2/3的以色列罪犯(61.9%)否认其给被害人造成任何损害。该研究还证实,以色列和美国的罪犯(包括承认给被害人造成损害的罪犯)几乎都毫不例外地不愿意给被害人以赔偿(占以色列罪犯的88%,占美国罪犯的91%)。[1] 有一种观点认为,强奸犯在犯罪过程中运用了将犯罪中立化的"技巧"。[2]根据这种观点,如果犯罪人承认给被害人造成损害并给予被害人赔偿,就等于破坏了罪犯的自我形象。强奸是对于被所有社会包括犯罪社会接受的道德准则的违犯。作为结果,罪犯心理上会出现不平衡,同时存在着要求重新恢复平衡的强烈压力。这就是犯罪人要采取将犯罪中立化这一"技巧"的原因所在。他们否认曾经伤害过被害人,拒绝给予被害人赔偿,这样就不会感到自己曾经违犯过那项道德准则,而使心理平衡得以恢复。从这个意义上说,让犯罪人给予被害人赔偿还可以促使他们认识到自己的罪行,有利于对他们的矫治。

---

〔1〕 参见〔德〕汉斯·约阿希姆·施奈德:《国际范围内的被害人》,许章润等译,中国人民公安大学出版社1992年版,第228页。

〔2〕 同上书,第227—228页。

三、几点思考

2001年2月26日通过的《最高人民法院关于确定民事侵权精神损害赔偿责任若干问题的解释》是我国人格权法律保护的重大进步，但是遗漏了贞操权。有些学者主张，贞操权精神损害赔偿应被包括在该司法解释第1条第2款的"其他人格利益"的范围之内。另有一些学者则主张，贞操权可以被看成名誉权、身体权、健康权、人身自由权等多种权利的组合，因此亦可据此要求精神损害赔偿。这些都不过是带有补漏性质的观点，我国当前应该明确通过立法建立强奸犯罪被害人贞操损害赔偿制度。强奸犯罪人获得赔偿应是一种普遍现象，而不应是个别的案例。

我国《刑事诉讼法》第77条[1]规定，被害人由于被告人的犯罪行为而遭受物质损失的，在刑事诉讼过程中，有权提起附带民事诉讼。也就是说，由于犯罪引起的精神损害赔偿不属于刑事附带民事诉讼的范围。因此，张丽作为刑事附带民事诉讼提出精神损害赔偿的起诉被驳回，她不得不另行提起民事诉讼。笔者认为，对于强奸犯罪贞操损害赔偿，宜采用刑事附带民事诉讼程序，而不宜另行提起民事诉讼。理由如下：其一，符合诉讼经济原则。无论是对于法院还是被害人，另行提起民事诉讼都会增加诉讼成本。其二，有利于对被害人的保护。强奸是一种涉及被害人隐私的犯罪，多一次诉讼就意味着被害人多遭受一次诉讼伤害，意味着强奸所带来的从属伤害的加重。其三，强奸也可能会对被害人造成物质损失。如果被害人在刑事诉讼中同时提出物质损害赔偿和精神损害赔偿，那么采用刑事附带民事诉讼

---

[1] 经过2012年、2018年两次修改，该条已经调整为现行《刑事诉讼法》第101条的部分内容。

程序显然更为适宜。其四，从举证责任的角度来说，在刑事附带民事诉讼中，原则上由附带民事原告举证，但是司法机关亦有证明责任；而在民事诉讼程序中，举证责任在原告即被害人。在司法实践中，被害人要单独完成举证是很困难的。因此，采用刑事附带民事诉讼程序，有利于对被害人合法权益的保护；同时，可以尽早息讼，也有利于犯罪人安心改造。

虽然存在片面夸大强奸犯罪被害人责任的偏见，但是如果确立贞操损害赔偿制度，那么强奸犯罪被害人的责任问题不可回避。当然，其目的不在于单纯地责备被害人，而在于维护司法公正。被害人学研究表明，犯罪事件是双方当事人相互作用的结果，在许多强奸犯罪中，被害人的责任是一种客观存在。[1]矫枉要避免过正，应按过失相抵原则，公平合理地确定犯罪人的赔偿责任。

犯罪人的赔偿范围应包括：（1）侵害被害人贞操权所造成的经济损失。这种经济损失主要包括强奸致使被害人受伤的医疗费、流产费、生育及营养费、感染性病的治疗费等，以及因强奸而给被害人造成的其他经济损失。（2）对精神利益和精神痛苦的损害赔偿。同时，还可以判令被告人承担非财产性民事责任，如恢复名誉、消除影响、赔礼道歉等。

---

[1] 参见姚建龙:《强奸犯罪被害人责任研究》，载《青少年犯罪研究》2001年第4期。

第十六章
强索类案件司法疑难问题与破解*

近些年来,未成年人违法犯罪数量和比例逐年上升,逐渐成为社会普遍关注的问题。未成年人犯罪形式的团伙化、结构的低龄化、手段的暴力化、动机的趋财化也越来越引起社会各界的重视。如何对待这些具有不良行为的未成年人,在给予相应处遇措施的同时,保证他们顺利社会化,体现社会对未成年人的特殊人文、法律关怀,却又能保证社会的安定和利益不受损害?这成为司法实践中必须处理的难题。强索行为作为未成年人违法犯罪案件中的一种典型行为,表现形式多样,实施暴力的程度轻重不一,行为危害后果较为复杂,而这也与刑法规范中的抢劫罪、寻衅滋事罪等罪名的犯罪构成有一定程度的类似,特别是抢劫罪没有规定抢劫数额限制。如何正确界定未成年人强索行为成为实践中的一大难点。

---

* 本章为笔者与田相夏合作撰写,原名《未成年人"强索类"案件疑难问题与破解》,载《青少年犯罪问题》2011年第3期。

一、未成年人强索行为的界定、要素及其特点

强索行为作为一种外延较广的行为,并不属于严格意义上的刑法学概念,其外延包括抢劫行为、强行向他人索要财物行为、寻衅滋事行为以及其他相关行为。"强索行为"是人们对于类似抢劫行为的一组行为的统称,更多的是一种高于生活的通俗说法,属于社会学上的一种概念。

(一)未成年人强索行为的界定

通说认为,未成年人强索行为[1]是指未成年人以大欺小、以多欺少、以强凌弱,采取语言威胁或暴力手段,用强拿、硬要、假借、敲诈、勒索等方式,公开非法获取他人财物的行为。强索行为在各地的称谓不同,如四川称之为"校园强索",上海称之为"少年强索",还有些地方叫作"暴力逼取"。虽然名称各异,但是基本都包括未成年人使用暴力或者强制手段进行索取财物行为的典型特征。

(二)未成年人强索行为的要素

未成年人强索行为的内涵反映了这一行为的本质属性和特征,体

---

[1] "强索行为"并非严格的刑法学意义上的行为,更多的是以未成年人为主体实施的类似行为的专门术语。虽然我国刑法条文并没有直接规定强索行为,但是《预防未成年人犯罪法》规定的不良行为和严重不良行为中包含强行向他人索要财物的行为和情节严重的强行索要他人财物的行为。很多学者在关于未成年人实施的类似行为上都使用"强索行为"这一术语。例如,姚建龙:《少年刑法与刑法变革》,中国人民公安大学出版社2005年版,第113页;康树华:《审理未成年人刑事案件的最新司法解释》,载《法学杂志》2006年第3期;周幽丽:《少年"强索"类案件适用法律的探讨》,载《青少年犯罪问题》1999年第5期。另外,《青少年犯罪问题》曾登载一组关于少年强索行为的文章。

现了人们观念中强索行为与抢劫等行为的本质区别。强索行为的外延就是组成此种行为的各种要素。只有综合认识适合这个概念的一切对象的范围，才能更好地把握未成年人强索行为的特质。笔者在此将强索行为分为主体要素、行为要素、时空要素、心理要素、被害要素等，通过认识这一概念的各个组成部分，从而综合把握强索行为的界限。

一是主体要素。未成年人强索行为多发生在学生群体之间，其主体是少年，包括年幼少年和年长少年，即14周岁到18周岁的未成年人。按照我国《刑法》第17条关于刑事责任年龄的规定，已满14周岁不满16周岁的人犯抢劫罪的，应当负刑事责任。所以，对于年幼少年而言，实施了情节严重的强索行为也达到刑法规范进行评价的年龄界限，属于刑法规范进行规制的年龄范围。对于年长少年而言，如果实施了情节较为轻微的强行索要他人财物的行为，即便不属于刑法规范的评价范围，也违反了我国《预防未成年人犯罪法》关于未成年人不良行为的规定，属于未成年人成长中不良行为的一种，由此也进入刑法规范的评价范围。

二是行为要素。未成年人强索行为既表现为以大欺小、以多欺少、以强凌弱等轻微的暴力形式，也可以覆盖强拿硬要、敲诈勒索等较为严重的行为方式；既可以通过言语方式进行威逼利诱，也可以通过强拿等方式直接索取。正是因为强索的行为方式比较广泛，从轻微到严重不等，才造成在刑法适用上可能进入寻衅滋事、敲诈勒索、抢劫等罪名的评价范围，引起司法实践中法律适用上的不统一。

三是时空要素。有的未成年人实施强索行为时存在游戏性心理，作案一般不考虑时间、地点和环境等条件对自己是否有利，作案地点一般较为固定，强拿硬要多发生在公共场合，在众目睽睽之下进行。有时，行为人甚至在抢得财物后大摇大摆，毫无惊慌躲避之意，这与传统的抢劫财物行为的发生完全不同。学生之间的强索行为一般发生在校园周围或校园合理辐射区内,[1] 时间上多发生在课间和上学、放学回家时。

四是心理要素。根据实施者主观动机和心理的不同,强索行为可以分为追求物质满足和追求精神满足两种。追求物质满足一般表现为劫取财物。强索行为的动机和对象一般比较明确,指向被害者的财物。为了获取财物,强索行为往往会伴随着故意或者放任对被害者身体权利的伤害。追求精神满足是指实施强索行为的主观动机并非获取财物,而是获得精神满足。未成年人实施强索行为的动机一般比较单纯和随意,获取财物、破坏社会秩序只是满足其不成熟的心理要求的手段。实践中,甚至不乏未成年人劫得被害人财物后出于"可怜"对方,又将财物交还的案例。未成年人处于生理和心理的发育期,其强索行为更多是为了填充空虚的心理,获得精神上的慰藉,而这也在一定程度上反映了强索行为人的主观恶性程度并不严重。

五是被害要素。强索行为的客体一般指向人身权利、财产权利、社会秩序。情节较为严重的强拿硬要行为一般会侵害社会公共管理秩序。例如,学生之间的强索行为很容易使被害学生产生恐惧心理,不敢去上课,从而影响学校正常的教学秩序。行为对象明确、暴力程度严重的强索行为之实施者的动机比较明确,一般指向财产权利,为了劫得财物,放纵对受害人人身权利的侵害。未成年人强索行为一般发生在同龄人之间,即被害对象一般也是未成年人,特别是在校学生。

(三) 未成年人强索行为的特点

作为未成年人不良行为的一种,强索行为与抢劫罪中的抢劫行为

---

[1] 参见姚建龙:《校园暴力:一个概念的界定》,载《中国青年政治学院学报》2008年第4期。

不甚相同,是一种"非典型犯罪"。[1] 有学者认为,未成年人强索行为与成年人实施的有预谋的抢劫财物行为有诸多不同,属于非典型抢劫行为,具有一般是未成年人对未成年人实施、作案时主观动机不明确、行为暴力程度轻微、一般针对生活用品、无严重危害后果等特点,具体表现为:第一,实施主体具有特殊性。强索行为的实施主体是未成年人,是生理、心理和社会化程度迥异于成年人的人,[2] 他们处于身心的发育时期,个性处在人生的塑造期和多变期,其行为具有一定的可宽恕性。第二,获取的财物一般指向学生随身携带的生活用品,如手机、书包、文具等,价值比较小,情节较为轻微。第三,行为动机具有特殊性。未成年人的辨认和控制能力还不成熟,他们实施强索行为更多是由于盲目逞强、虚荣心等不成熟的心理作祟。另外,他们较少有预谋,常常是受到某种因素诱发或一时感情冲动而突然犯罪。只有少数惯犯或连续作案的人才具有预谋性,而多数人在作案前的犯意并不明显,其人身危险性不大,主观恶性较小。第四,社会危害程度有限。未成年人强索行为一般针对在校学生进行,表现为同学之间以大欺小、恃强凌弱等,一般不会造成很严重的社会危害后果。第五,暴力程度轻微。未成年人强索行为由于主观恶性及主体的原因,暴力程度一般比较轻微,很少通过携带凶器进行,往往是吓唬一下对方、踢几脚、打几个耳光等,一般不会对被害人造成身体伤害。第六,外在诱发性。未成年人实施强索行为更多是由于外在环境的诱发,如盲目的哥们儿义气、学校教育的失败、家庭温暖和照顾的缺乏等。社会控制理论认为,犯罪的产生与个人和社会的联系减弱有关,外在不良行为的推力导致一部分未成年人缺乏对社会生活的依恋

---

[1] 参见姚建龙:《少年刑法与刑法变革》,中国人民公安大学出版社2005年版,第113页。

[2] 参见徐建:《少年犯罪实体法适用中的犯罪构成特殊性探析》,载《青少年犯罪问题》1997年第6期。

和参与，缺乏对他人利益的敏感性，从而实施犯罪。

二、对未成年人强索类案件法律适用的分歧

目前，我国对未成年人强索行为的法律适用散见于《刑法》《预防未成年人犯罪法》之中。例如，《刑法》第263条关于抢劫罪、第293条关于寻衅滋事罪的规定，《预防未成年人犯罪法》第14条和第34条关于少年不良行为和严重不良行为的规定。在司法实践中，《最高人民法院关于审理未成年人刑事案件具体应用法律若干问题的解释》于2006年发布并施行，通过第7、8条[1]详细规制了上述两法的适用界限，通过第17条规定了对未成年人强索行为的保护性处理措施。另外，《治安管理处罚法》第26条[2]也作了相关规定。各地司法部门针对未成年人强索行为出台了相关内部解释和适用标准。

情节严重的劫取财物行为一般被定性为抢劫罪，这在实践中没有异议。但是，对于那些在团伙犯罪中未成年人实施的索取财物行为如何判断暴力严重程度、行为动机以及危害后果的严重程度成为矛盾的焦点，而这又是对未成年人强索行为进行定性并采取合理、有效的处

---

[1]《最高人民法院关于审理未成年人刑事案件具体应用法律若干问题的解释》第7条规定："已满十四周岁不满十六周岁的人使用轻微暴力或者威胁，强行索要其他未成年人随身携带的生活、学习用品或者钱财数量不大，且未造成被害人轻微伤以上或者不敢正常到校学习、生活等危害后果的，不认为是犯罪。已满十六周岁不满十八周岁的人具有前款规定情形的，一般也不认为是犯罪。"第8条规定："已满十六周岁不满十八周岁的人出于以大欺小、以强凌弱或者寻求精神刺激，随意殴打其他未成年人、多次对其他未成年人强拿硬要或者任意损毁公私财物，扰乱学校及其他公共场所秩序，情节严重的，以寻衅滋事罪定罪处罚。"

[2]《治安管理处罚法》第26条规定："有下列行为之一的，处五日以上十日以下拘留，可以并处五百元以下罚款；情节较重的，处十日以上十五日以下拘留，可以并处一千元以下罚款：（一）结伙斗殴的；（二）追逐、拦截他人的；（三）强拿硬要或者任意损毁、占用公私财物的；（四）其他寻衅滋事行为。"

遇措施的基础。举一案例：2008年1月5日17时许，朱某（26周岁）伙同施某（17周岁）、张某某（15周岁）至某区一社区学院门口，先后拦截路过的徐某某（18周岁）、李某（18周岁）、赵某某（18周岁），称要借用手机。因徐某某等人不从，朱某等三人遂对被害人拳打脚踢并搜身，共取得手机三部（总价值约2000元）及现金200元，未造成轻微伤或其他危害后果。虽然有两部法律及相关法规的规定，但是由于未成年人主体、危害后果、危害对象、暴力程度等的特殊性，同时抢劫罪与寻衅滋事罪等罪名在刑事责任年龄、法定刑等方面有一定的差异，如何既依法定罪量刑又保护未成年犯罪人的顺利成长，贯彻少年司法制度的双保护原则，从而平衡社会利益与未成年人利益，成为司法实践中未成年人强索行为定性、法律适用以及法定刑裁判方面的难点。由于没有统一的认识和适用标准，各种外在环境影响因素、案件的复杂程度不同，以及法官在认识上存在差异等原因，基于不同的视角往往会得出不同的结论。

第一，认定为抢劫罪。根据《刑法》第263条的规定，行为人只要以非法占有为目的，对财产的所有人、保管人当场使用暴力、胁迫或其他方法，强行将公私财物抢走，其行为就构成抢劫罪。我国刑法并未对抢劫罪涉及的暴力行为的程度作任何限制，只要行为属于暴力的范畴，又是当场针对被害人人身实施并取得财物的，就应当认定为抢劫。但是，也有学者认为，暴力行为要达到足以抑制对方反抗的程度。[1] 上述案例中，朱某等人在下班高峰时间的"学院门口"这一公共场所，公开拦路抢劫，行为时间和场所都具有一定的公开性，而且采取拳打脚踢的暴力方式，压制了被害人的反抗行为，并取得总价值约2000元的手机三部及现金200元，参照上海市法院系统内部关于扒窃数额的规定，已经达到数额较大的标准，故定性为抢劫罪。

---

[1] 参见张明楷：《刑法学》（第三版），法律出版社2007年版，第710页。

第二，认定为寻衅滋事罪。由于未成年人强索行为的特殊性，情节较为轻微，社会危害性较小，本着对未成年人教育为主、惩罚为辅的原则，我国法律将未成年人实施的部分强索行为拟制为寻衅滋事罪。2006年《最高人民法院关于审理未成年人刑事案件具体应用法律若干问题的解释》第8条规定："已满十六周岁不满十八周岁的人出于以大欺小、以强凌弱或者寻求精神刺激，随意殴打其他未成年人、多次对其他未成年人强拿硬要或者任意损毁公私财物，扰乱学校及其他公共场所秩序，情节严重的，以寻衅滋事罪定罪处罚。"上述案例中，犯罪人虽然通过强索行为获取了财物，但是他们对被害人实施的拳打脚踢行为仅属于轻微暴力行为，并未达到被害人不能反抗的程度，而且未造成轻微伤或其他危害后果。因此，法院对朱某和施某以寻衅滋事罪追究刑事责任，对张某某不追究刑事责任。

第三，认定为犯罪，但是免予起诉或刑事处罚。由于未成年人强索行为的社会危害性较小，情节较为轻微，符合刑法的构成要件，因此必须给予刑法上的否定评价。但是，从感化、挽救的角度而言，有必要给予未成年人特殊的处遇措施。《刑法》第37条规定："对于犯罪情节轻微不需要判处刑罚的，可以免予刑事处罚，但是可以根据案件的不同情况，予以训诫或者责令具结悔过、赔礼道歉、赔偿损失，或者由主管部门予以行政处罚或者行政处分。"因此，对未成年人强索行为通过刑法作否定评价，但是为了避免刑罚对未成年人的社会化产生不利影响，免予刑事处罚。另外，《最高人民法院关于审理未成年人刑事案件具体应用法律若干问题的解释》第17条将《刑法》第37条的规定予以细化："未成年罪犯根据其所犯罪行，可能被判处拘役、三年以下有期徒刑，如果悔罪表现好，并具有下列情形之一的，应当依照刑法第三十七条的规定免予刑事处罚：（一）系又聋又哑的人或者盲人；（二）防卫过当或者避险过当；（三）犯罪预备、中止或者未遂；（四）共同犯罪中从犯、胁从犯；（五）犯罪后自首或者有立功表现；（六）其他犯罪情节轻微不需要判处刑罚的。"由此，特殊处遇措施的适用根据和标准得以明确。

第四，不认定为犯罪。对于主观上为玩玩游戏而索取少量钱财，客观上仅使用轻微暴力、胁迫手段，危害后果不大，偶尔实施的强索行为，不认定为犯罪。对于此类案件，因为被告人自身是未成年人，侵害对象往往也是未成年人，使用暴力、胁迫手段的程度轻微，往往指向一般生活用品，在被告人对行为性质的认识、行为的社会危害程度等方面与刑法规定的一般意义上的抢劫罪有着明显的区别，属于非典型抢劫行为，所以我们应结合被告人的主观状态和客观暴力行为进行综合判断。根据《刑法》第13条的规定，"情节显著轻微危害不大的，不认为是犯罪"。另外，《最高人民法院关于审理未成年人刑事案件具体应用法律若干问题的解释》第7条第1款规定："已满十四周岁不满十六周岁的人使用轻微暴力或者威胁，强行索要其他未成年人随身携带的生活、学习用品或者钱财数量不大，且未造成被害人轻微伤以上或者不敢正常到校学习、生活等危害后果的，不认为是犯罪。"

三、适用法律出现分歧的根源

情节轻微的未成年人强索行为在司法实践中比较容易认定，一般不存在适用法律上的争议，不是本章讨论的重点，在此不再细表。但是，未成年人实施的强索行为更多体现的是自身蕴含的概括故意性、行为的持续性、场所的特定性、取物的劫夺性，这也造成法律适用上容易产生分歧。情节较为严重的强索行为在实践中与抢劫的行为要件类似，都是通过暴力取得财物的行为。但是，由于其主观恶性和社会危险性较小，我国法律将情节不严重的强索行为拟制为寻衅滋事。在实践中，未成年人实施强索行为的情况复杂，如采用的暴力行为因场合的不同而很难判断轻重、社会危害性的大小没有明确的界限、动机比较随机和单纯、财物数额大小不等，而且抢劫罪没有规定数额界限，使得认定行为性质时因缺乏明确的量化要件而出现较大分歧，从而导致各地适用法律的不统一，影响了法律的公正效力。在此，我们希望从强索行为的各种具体要件角度进行区分，努力量化强索行为进入刑法评价的要素，合理比较抢劫罪与寻衅滋事罪等罪名的异同，为实践中出现的强索行为的定性以及法律适用提供参考。

（一）客观标准的不统一

对于未成年人强索类案件，不但各地定性的根据不同，相同地区的公安机关、检察院、法院等部门之间办案也可能基于不同的角度和职责，适用不同的标准。

1. 不同部门之间的差距

公安机关作为打击犯罪、维护社会治安的主要力量，不但要考虑各种行为事实，还要兼顾被害人等群体的力量。"两抢一盗"（抢劫、抢夺、盗窃）案件是公安机关保障民生、维护社会和谐政策打击的重点。强索类案件的基本情况较为简单，在很大程度上与抢劫行为有相似性。为了兼顾被害人的意见，公安机关一般从事实出发，去除政策的个人价值判断色彩，只要强索行为符合刑法规范的构成要件，不管其实施者是否为未成年人，一般进行定罪并移交起诉。检察院和法院在考虑案情的基础上，从兼顾未成年被告人再社会化的角度出发，对于被告人往往作轻缓化处理。

2. 财物数额的适用标准

在未成年人强索类案件中，一般都会涉及财物数额问题，但是对财物数额大小及其社会危害程度都没有客观的判断标准，而由于抢劫罪没有财物数额规定，造成在实践中就如何适用法律产生分歧。有些地区参照抢夺罪的财物数额标准,也有些地区参照盗窃罪的财物数额标准,从而导致强索行为因索取的财物数额不同而在各地适用不同的罪名和处罚措施。

3. 共同犯罪的复杂程度

未成年人强索行为一般通过团伙化的方式实施,在同一犯罪行为中,如果实施者都是未成年人,那么通过一案处理适用罪名没有争议。但是,对于共同犯罪中既有成年人又有未成年人的强索行为如何进行处理,成为司法处理中的一个难点。有学者从犯罪共同说的角度出发,认为在共同犯罪中,每个人都有自己的主观故意,对于共同犯意范围内的犯罪行为,应该适用同一罪名;对于超出共同犯意范围而造成的个别危害后果,应该按照具体犯罪的故意进行定罪处罚。比如,大塚仁提出"部分行为共同责任说",主张共同犯罪中存在脱离问题,由此可能适用不同的罪名。[1] 也有学者从犯罪共同说的角度出发,认为对于未成年人与成年人共同实施的强索行为,应该按照目前的司法实践,使用同一罪名进行定罪;而在处罚方面,应该参照成年人的刑罚幅度,对未成年人减轻处罚。

(二)暴力程度的判断

未成年人强索行为往往夹杂着使用暴力,通常采用拳打脚踢、言语威胁等方式,一般不会造成轻伤等进入刑法规范评价范围的身体伤害程度,故暴力程度的轻重难以判断。但是,我们认为,抢劫罪的行为人往往是为了获取财物,其暴力行为一般针对人身实施,程度较为严重,而且劫取财物的行为往往具有当场发生的可能性;而寻衅滋事

---

[1] 参见〔日〕大塚仁:《刑法概说(总论)》,冯军译,中国人民大学出版社2003年版,第294页。

行为的暴力程度一般较低，强制性不会达到让人不能反抗的程度。在侵害客体方面，抢劫罪侵犯的必要客体是公民的财产权利和人身权利；而寻衅滋事罪侵犯的必要客体是社会公共秩序，行为人强拿硬要的暴力行为往往不针对人身实施，对公民人身或财产权利的侵犯只是随机的。[1] 另外，寻衅滋事罪的行为人虽实施一定的暴力，但一般不会携带或者使用凶器。在行为的暴力程度上，多数未成年人以拳打脚踢或威胁要打人的方式索要钱财；在被害人难以被制服时，就地取材，使用砖头、木棍等器具作案。还有些行为人会使用随身携带的水果刀、匕首等凶器威胁侵害对象。在对被害人造成人身伤害的程度上，大多数强索行为不会对被害人造成任何身体损伤，有些造成被害人皮肤挫伤，有些则导致被害人轻微伤、轻伤等后果。抢劫罪的行为主体则不排除使用凶器，往往会对受害人造成较为严重的身体伤害。

（三）主观动机的判断

主观故意的内容是抢劫罪与寻衅滋事罪的根本区别。实践中，未成年人实施的强索行为通常在一定程度上伴有言语威胁或者暴力威胁，往往存在暴力行径，但是由于主观动机属于主观范畴，具有一定的综合性，没有可以参照的客观标准；而抢劫罪并没有钱财数额的限制，由此容易将未成年人强索行为认定为抢劫罪。我们认为，将未成年人强索行为定性为抢劫罪还是寻衅滋事罪取决于主观方面的不同，包括行为动机和目的的不同。抢劫罪的主观故意表现为行为人以暴力或暴力胁迫方式非法占有财物，非法占有财物是其主要、终极的目的。虽然往往伴随着威胁、侵害他人身体权利的行为，但是抢劫者的侵犯目标是财物，伤害他人身体只是其行为的手段。寻衅滋事罪行为

---

[1] 参见张永红、兰志龙：《论轻微暴力索财案件的定性》，载《吉林公安高等专科学校学报》2007年第6期。

人在主观方面则更多是为了填补心理空虚，而非获取财物。行为人非法占有他人财物，主观恶性较小，并非其实施行为的主观目的。未成年人通过强拿硬要、以大欺小的手段实施寻衅滋事行为，动机一般比较单纯和随意，是想"弄点钱花"，或受高年级同学指使，或为了找点乐子，寻求精神刺激等。另外，未成年人作案往往具有团伙化的特点，他们因哥们儿义气而被动卷入团伙作案之中，实施强索行为并非出于自己的意思表示，主观恶性不大，而且在团伙作案后实际分得的赃款数量比较少。因此，对于未成年人实施强索行为，我们应该仔细分析其作案时的主观心理状态，辨别其动机和目的。如果他们的主观恶性较小，占有财物的目的性不强，或者在团伙作案中没有明确的劫财目的，只是团伙从犯（如前文案例中的施某），我们倾向于将其认定为寻衅滋事罪而非抢劫罪。

四、未成年人强索类案件法律适用的基本立场

青少年处在身心发育的不成熟时期，辨认和控制能力有别于成年人，他们实施不良行为具有属于青少年成长中的"自然行为"的特质，是社会化不完整的一个畸形产物。因此，我们在处理未成年人强索类案件时，应该秉持不同于成年人的立场，认清不良行为少年的特殊性，培育未成年人观念；严格确定未成年人强索行为的入罪机制，从而避免标签效应对他们产生的负面影响；鼓励对涉罪未成年人采用非监禁刑处罚措施，避免"交叉感染"对他们再社会化的影响；采取各种符合儿童利益最大化原则的措施，追求法律效果与社会效果的统一。

（一）细化强索行为的操作规则

未成年人强索行为由于暴力程度、主观动机以及危害后果的不

同，不但有可能涉及不同的罪名，更由于缺乏客观的操作标准，容易造成罪与非罪之间界限的模糊。针对未成年人强索行为的特殊性和复杂性，必须构建适合司法操作的实体规则和实体标准。[1] 我们认为，应该从强索行为的具体构成要件如主体要素、行为要素、心理要素等方面进行区分和量化，严格确定各行为要件的认同标准，区分主犯与从犯之间的差异，从而正确定罪与量刑。对于由未成年人对未成年人实施的暴力程度轻微、危害性不大、主观动机不明确、索取钱财数额较小的非典型犯罪行为，要坚决不以犯罪认定。对于多次实施强索他人少量钱财的行为，将其认定为寻衅滋事罪时也要谨慎。"多次"是必要条件，而非充分条件。同时，为了统一司法适用标准，更好地贯彻宽严相济的刑事政策，必须在公、检、法三部门之间统一入罪和处罚标准，并将其贯彻到各相关司法部门的具体工作中，明确定罪与否以及保证罪名之间在时间和空间上的协调统一。[2] 比如，公安机关必须有确实充分的证据证明未成年人实施的强索行为构成寻衅滋事罪或者抢劫罪，然后再将提请逮捕纳入其程序，谨慎实施逮捕。这样，能够有效避免公安机关为了推脱逮捕证据不确实的责任或者因逮捕错误而撤案引起的相关法律责任追究，人为地将强索行为办成刑事案件。检察机关和法院要各负其责，严守法律监督和审判职能，不能因为"扛不住"相关部门的压力而认同案件前手相关部门的错误意见。由此，建立时间和空间上统一适用的标准，有助于增强司法操作的统

---

[1] 很多学者和实务部门的工作人员都有这个提议。例如，2010年5月28日，在由上海市人民检察院检察委员会未成年人犯罪研究小组和上海市普陀区人民检察院共同举办的"未成年人强索类案件法律适用研讨会"上，华东政法大学杨兴培教授和上海市人民检察院葛建军在发言中都有关于建立强索行为操作标准的统一的提议。

[2] 参见谢彤：《未成年人犯罪的定罪与量刑》，人民法院出版社2002年版，第70—71页。

一适用性和权威性,正确定罪与量刑。

(二) 宜教不宜罚

未成年人是社会中的特殊群体,应该认识到他们实施不良行为甚至走上犯罪道路与成年人不同,因此需要适用不同的刑事责任。我国关于未成年人刑罚及刑事责任的规定散见于《刑法》《预防未成年人犯罪法》《未成年人保护法》等法律法规之中,由于部门利益问题,各种法律规范及司法解释欠缺系统性,有关未成年人的专门法律的适用率较低,因此在适用过程中造成司法的不统一,损害了司法的权威性和统一性。应当根据未成年人的生理和心理特点,尽快完善和细化关于未成年人保护的法律规范及司法解释,加大对他们的保护力度,体现对他们的人文关怀和特殊关怀。这样做有利于解决困扰刑法适用的不统一问题,也有利于给予未成年人特殊保护,贯彻"教育、感化、挽救"的方针,将宽严相济的刑事政策予以具体落实。

有学者认为,对于目前未成年人强索行为的处理,应该持守客观主义的立场,参照相关司法解释关于扒窃的犯罪数额之规定,对于达到1000元这一数额较大标准的,应该按照抢劫罪进行认定,从而区分抢劫罪与寻衅滋事罪。我们认为,传统刑法已经不能满足给予未成年人特殊保护的需要,对于未成年人实施的违法犯罪行为,应该严格遵循2006年《最高人民法院关于审理未成年人刑事案件具体应用法律若干问题的解释》的规定和精神,以及相关司法解释的指导思想。考虑到未成年人可塑性强的特点,对于具有不良行为或犯罪的未成年人,应当尽量采用教育性手段,不宜施以惩罚。惩罚未成年人只是不得已而为之的最后手段。[1] 对于未成年人强索类刑事案件,司法处

---

[1] 参见姚建龙:《长大成人:少年司法制度的建构》,中国人民公安大学出版社2003年版,第45页。

遇应该"以不入罪为原则,以寻衅滋事罪为补充,以抢劫罪为例外"[1],严格贯彻"教育为主、惩罚为辅"的司法解释原则,明确不将未成年人强行索要钱财认定为犯罪,对以大欺小以寻衅滋事罪处罚。[2] 但是,与此同时,也要作适度保护的理性选择。[3] 对于那些行为动机难以判断、暴力程度复杂的强索行为,应该综合考虑各种事实,严格明确其入罪和处理机制。对于那些劫财动机明确、危害后果严重、符合犯罪构成要件的未成年人强索行为,按照"教育为主、惩罚为辅"的原则,合理确定定罪和刑罚幅度,做到刑罚与犯罪的相称。[4]

(三) 宽容而不纵容

标签理论认为,"贴标签"是违法犯罪的催化剂,长此以往,被"贴标签"者便会认可这种"标签",进而实施更加严重的违法犯罪行为。[5] 在现行的罪刑法定主义思想的影响下,我们必须依法定罪量刑,严格依法办事,在保证刑法规范适用的统一性和有效性、维护司法权威的同时,特别注意对不良行为少年采取的处遇措施,避免将未成年人推向严重犯罪的深渊。但是,对未成年人犯罪不可一味强调从

---

[1] 在前述 2010 年 5 月 28 日召开的"未成年人强索类案件法律适用研讨会"上,笔者提出对于强索行为适用的处理原则。

[2] 参见康树华:《审理未成年人刑事案件的最新司法解释》,载《法学杂志》2006 年第 3 期。

[3] 参见楼笑明、吴永强:《未成年人是否构成抢劫罪不应以抢劫对象为标准》,载《人民检察》2007 年第 10 期。

[4] 参见〔意〕贝卡利亚:《论犯罪与刑罚》,黄风译,中国大百科全书出版社 1993 年版,第 34 页。

[5] 参见许章润主编:《犯罪学》(第三版),法律出版社 2007 年版,第 44 页。

宽和非犯罪化，其副作用也是明显的。[1] 应当通过严格明确入罪和处罚机制，贯彻宽容而不纵容的保护精神，贯彻双向保护原则。为此，必须通过严格明确未成年人的入罪机制，避免标签效应对未成年人的不利影响；同时，通过对表现较好的入罪未成年人推行前科消灭制度，降低有前科的罪错未成年人复归社会的成本。

具体到未成年人强索类案件，首先，要严格罪与非罪的界限，严格明确入罪机制。对于未成年人的入罪，应当保持慎重，严格按照刑法的规定进行定罪。对于那些情节轻微、社会危害性不大的强索行为，应该严格按照《刑法》第13条的规定进行排除，不认定为犯罪行为。当然，宽容不等于纵容，对于那些情节严重的强索行为，要严格按照相关规定给予否定性评价，确保未成年人的入罪机制是公平合理的。其次，要正确确定罪名。对于未成年人强索类案件，要综合判断各种事实，综合考虑案件的情节、危害和影响，合理确定罪名，正确区分寻衅滋事罪和抢劫罪以及其他罪名，做到依法裁判、正确定罪。最后，要合理确定未成年人的处遇措施和刑罚幅度，做到宽严相济。对于行为要件虽然符合刑法的规定，但是社会危害性较小，可以通过其他非刑罚措施处理的案件，要严格适用《刑法》第37条的规定，先给予刑法的否定性评价，再通过其他非刑罚措施处理，给予其合理的处罚；对于犯罪情节不甚严重，却又需要给予处理的未成年人，要本着"教育、感化、挽救"的方针，确定合理的刑罚。

（四）追求法律效果与社会效果的统一

未成年人是国家和民族的希望和未来。对于具有不良行为的未成年人，我们应该认识到他们的特殊性，在儿童利益最大化原则的指导

---

[1] 参见康均心、杜辉：《对未成年人犯罪出罪化解释的刑事政策审视》，载《青少年犯罪问题》2008年第4期。

下，尊重他们的个性特征，对于他们的不良行为予以教育，放弃社会防卫和报应的思想，采取有针对性的立法对策和司法对策，使用个别化的教育方法，注重特殊预防。针对未成年人强索行为，应本着教育、保护的目的，适用不同于成年人的规范，注重对他们的个别化与特殊性处理，超越刑事司法的界限，采取各种适合未成年人身心发展的措施感化他们，帮助他们改掉恶习，顺利复归社会。按照规范对未成年人强索行为进行定性是一方面，明确如何处罚未成年人，追究其相关的责任又是另一方面。考虑到未成年人强索类案件的案情相对简单和主体的特殊性，即便是达到抢劫罪程度的强索行为，其社会危害性也与一般的成年人实施抢劫行为不同。社会危害性是客观危害与主观恶性的统一,[1]在一定程度上决定了刑事处罚和刑事政策的取向。因此，在量刑方面，不仅要考虑强索行为的社会危害程度等客观方面，还要综合平衡未成年人本人的特殊情况（犯罪的诱因、主观可责性、矫正的难度、可塑性较强、社会的特殊保护政策）与被害人的特殊情况，将教育矫正思想贯彻到具体刑罚中，将刑事和解观念融入对未成年人的处理程序中，综合平衡被告人与被害人的合法权益，将《联合国少年司法最低限度标准规则》（《北京规则》）关于少年司法的相称原则落实到行动中，从而平衡规范与事实。

对未成年人强索行为的处罚，一方面通过正确适用法律，满足了大众对罪刑法定、适用刑法平等等一般社会公正的追求，确立了法律和司法的权威，保护了社会利益。另一方面，由于未成年人实施的强索行为的事实一般比较简单，因此对于未成年人实施的违法犯罪行为，更应该关注如何保证他们再社会化，合理适用刑罚措施，预防再犯，体现对他们的特殊关怀政策，同时兼顾被害人的利益。未成年人

---

[1] 参见陈兴良：《刑法哲学》，中国政法大学出版社1992年版，第126页。

实施的强索行为的情节一般较为轻微,危害后果并不严重,本着对未成年人"教育、感化、挽救"的方针,应该加大对未成年人适用社区矫正刑,通过刑事立法的形式完善对于未成年犯罪人的非刑罚处理方法。[1] 适用非监禁刑措施,可以减轻监狱人满为患的压力,降低行刑成本,有效节省司法资源。另外,通过对未成年人适用短期自由刑、缓刑等社区矫正的非监禁刑,能够有效避免监禁刑的"交叉感染"对未成年人产生的不利影响,有助于对不良行为少年的改造,保证他们顺利再社会化,而这也符合恢复性司法关于刑法谦抑性和刑罚轻缓化的精神。同时,对于危害性不大的轻微强索行为,应当适时引导适用刑事和解,减少法律干预,这样才能在保护未成年犯罪人基本权利的同时,保护被害人的利益,满足社会的需要。这体现了中国传统的"和为贵"的和合文化,[2] 也体现了保护社会利益和未成年人利益的双保护原则,平稳地兼顾了矛盾的双方,符合构建和谐社会的需要,实现了法律效果与社会效果的统一。

---

[1] 参见张忠斌:《未成年人犯罪的刑事责任》,知识产权出版社2008年版,第184页。

[2] 参见杨兴培:《刑事和解制度在中国的构建》,载《法学》2006年第8期。

第十七章
托幼机构虐童案司法疑难分析与对策建议

——以虐待被看护人罪的司法适用为分析视角[*]

近些年来,托儿所、幼儿园等托幼机构内虐童案件频发,引起社会各界的广泛关注。此类虐童案件具有以下一些特点:一是发生领域为各类托儿所、幼儿园等本应为儿童提供安全舒适生活、学习环境的场所;二是机构内儿童的年龄为0—6周岁;[1] 三是施虐者是对儿童负有保护职责的教师;四是虐待行为通常持续时间较长;五是托幼机构虐童案不是个案,具有一定的普遍性。[2] 2017年11月,上海携程

---

[*] 本章为笔者与林需需合作撰写,载《中国青年社会科学》2018年第2期。
[1] 参照2010年11月1日施行的《托儿所幼儿园卫生保健管理办法》关于托幼机构中儿童年龄的规定。
[2] 近些年来,影响较大的幼儿园虐童事件有:2010年江苏徐州市天马幼儿园虐童事件、江苏兴化板桥幼儿园虐童事件;2011年西安某幼儿园幼儿被锯手腕后遭威胁事件;2012年山西某幼儿园教师连扇儿童70多个耳光事件、浙江温岭市蓝孔雀幼儿园虐童事件;2013年河北燕郊镇幼儿园虐童事件、(转下页)

亲子园虐童事件的视频在网上流传，视频中幼师殴打学生，强喂疑似芥末物，引起公众的极大愤怒。三名工作人员因涉嫌虐待被看护人罪，被依法刑事拘留。同月，北京朝阳区红黄蓝新天地幼儿园发生虐童事件，幼师刘某某对部分儿童采用针扎的方式"管教"，因涉嫌虐待被看护人罪，被依法刑事拘留。这两个影响较大的案件已经进入司法程序，但是通过对罪名以及司法适用情况的分析可以发现，这类案件最后被认定为虐待被监护、看护人罪并受到刑事追诉的极少，与托幼机构虐童案件频发的现状形成了鲜明对比。本章的目的即在于梳理和反思《刑法修正案（九）》增设的虐待被看护人罪[1]在司法适用中的疑难及争议问题，并寻求刑法规制虐童行为的更加合理的路径。

一、托幼机构虐童行为的刑法规制历程

托幼机构虐童事件的性质恶劣，严重影响社会安宁，社会危害性较大。儿童是一个脆弱的群体，儿童期的受虐经历对青少年期与成年期的情感、行为都会产生不利的影响；即使没有严重的身体伤害，长期的言语刺激、孤立和忽视以及不正确的引导也会给儿童脆弱的心灵留下阴影，造成儿童长期焦虑、抑郁、易怒、精神异常、自尊心卑下等心理健康问题，甚至造成酗酒、吸毒、过早发生性行为、卖淫、反

（接上页）黑龙江非法幼儿园虐童事件、山东济宁市机关幼儿园虐童事件、西安枫韵蓝湾幼儿园长期给无病孩子乱吃药事件、北京朝阳区清苑路幼儿园虐童事件；2015年吉林四平市红黄蓝幼儿园虐童事件；2016年河北石家庄市某幼儿园生活老师虐童事件；2017年上海携程亲子园虐童事件、北京金色摇篮幼儿园虐童事件、北京红黄蓝幼儿园虐童事件等。

[1] 《刑法修正案（九）》增设的罪名是"虐待被监护、看护人罪"，这是一个选择性罪名。由于托幼机构虐待儿童行为适用的具体罪名是"虐待被看护人罪"，因此本章将直接以此罪名展开论述。

社会、实施攻击行为等问题。[1] 在托幼机构内，儿童的生活能力低，对幼师的依赖大。这种被依赖的人伤害儿童的行为之主观恶性更加严重。由于儿童始终处于弱势地位，无法基于自身获取有效的保护，因此更容易成为潜在的受害者。这些因素使得虐待儿童案件比一般案件具有更严重的危害性。[2]

相对于家庭内虐待儿童而言，托幼机构虐待儿童的行为之社会危害性更大。但是，我国刑法曾经仅仅规定了虐待罪，托幼机构虐待儿童行为如果没有造成轻伤以上后果，则不会受到刑法的制裁，严重损害了公众对于刑法正义性的期待。刑法的这一显著漏洞在浙江温岭颜艳红虐童案中体现得非常显著，该案因此也成为推动刑法修正的一个具有影响力的事件。

2012年10月24日，浙江温岭市蓝孔雀幼儿园教师颜艳红虐童照片被网络曝光并广泛传播，长达两年的虐童细节引起公众的极大愤怒。尽管引起社会公众的广泛关注与愤慨，温岭警方也作出了积极回应，但是该案最终仍未走出虐待儿童非打死打伤不会受到刑事追究的惯例。颜艳红最终并未受到刑事追究，仅仅受到行政拘留15日及开除的处分。[3] 对如此严重的行为，社会各界纷纷要求通过刑法加以规制，而刑法在规制托幼机构虐童案件中的"无力"暴露无遗。

有观点主张上述行为构成虐待罪，显然忽视了虐待罪对主体应为"家庭成员"的要求，本案主体不适格。本案虽然情节恶劣，危害大，但是满足不了故意伤害罪对"轻伤"的要求，故不构成故意伤害罪。侮辱罪侵犯的法益主要是被害人的声誉、社会评价等，此类案件中的

---

[1] 参见谢治东、卢峰：《虐童行为的类型分析及刑法规制》，载《山东警察学院学报》2013年第3期。

[2] 同上。

[3] 参见姚建龙：《防治儿童虐待的立法不足与完善》，载《中国青年政治学院学报》2014年第1期。

虐待行为虽然也会侵犯被害儿童的声誉,但是主要侵犯的并不是被害儿童的声誉,故也无法适用。笔者认为该行为基本符合"随意殴打他人,情节严重"的情形,属于一种"非典型"寻衅滋事行为,可以以寻衅滋事罪进行处罚,以在罪刑法定与刑法的必要张力之间寻求平衡。[1] 尽管颜艳红被公安机关以涉嫌寻衅滋事罪实施刑事拘留,但是因为争议太大,最终仍被无罪释放,刑法的明显漏洞成为一个无法回避的问题。

针对如何完善刑法对虐待儿童行为的惩治,很多学者纷纷提出了完善刑法的立法建议。一些学者主张增设专门的虐待儿童罪。但是,也有学者提出了不同看法。例如,何剑认为:"因为增设'虐待儿童罪'并不能保证社会生活中其他的虐待行为,如养老院看护人员对老人,医院医务人员对病人的虐待,也能得到同样有效的规制;相反,如果将'虐待罪'的适用主体从'家庭成员'扩大到一般主体,就可以将各种虐待行为都囊括进来,避免顾此失彼。"[2] 孙运梁认为:"为了惩治和预防虐待儿童一类的暴行,为了严厉打击暴力犯罪,全面严密保护公民的人身权利,我们应该借鉴日本、英美刑法的立法理念及法律规定,将暴行罪引入我国刑法。"[3] 综合学者们的观点,主要可分为三类,分别是:(1)完善虐待罪,包括扩大虐待罪的主体范围,完善相应的配套制度,如强制报告制度;(2)增设新的罪名,包括虐待儿童罪和暴行罪;(3)进行专门的儿童立法[4]。

---

[1] 李楠楠:《姚建龙:温岭虐童行为是一种"非典型"寻衅滋事行为》,http://news.163.com/12/1029/16/8F0F04QC00014JB6.html,2018年3月15日访问。

[2] 何剑:《论"虐童"行为的刑法规制》,载《中国刑事法杂志》2013年第2期。

[3] 孙运梁:《我国刑法中应当设立"暴行罪"——以虐待儿童的刑法规制为中心》,载《法律科学》2013年第3期。

[4] 主张进行专门的儿童立法的学者有胡巧绒、姚献军、张静敏等。

在对颜艳红等托幼机构工作人员虐童事件的反思中，笔者曾经提出可从两个方面完善立法：一是参照国外进行专门的儿童立法。二是尊重虐待儿童问题的特殊性，在刑法中增设独立的虐待儿童罪，降低虐待儿童的入罪门槛，同时将虐待儿童罪作为公诉犯罪。具体建议刑法对虐待儿童罪规定如下："对不满十八周岁未成年人实施身体虐待、情感虐待、性虐待、忽视以及商业性或其他形式的剥削行为的，处五年以下有期徒刑或者拘役，可以并处或者单处罚金；虐待儿童，同时构成故意伤害罪、强奸罪、故意杀人罪等其他罪名的，依照处罚较重的规定处罚。"[1]

最终，《刑法修正案（九）》采用了增设虐待被看护人罪的立法模式（作为《刑法》第260条之一），将托幼机构内虐待儿童的案件纳入刑法惩治的对象范围，在形式上弥补了刑法惩治虐待儿童行为的空白。

二、虐待被看护人罪的司法适用情况分析

《刑法修正案（九）》自2015年11月1日起施行，至今已有一段时间。然而，与媒体频繁报道托幼机构虐待儿童事件及公众感受不同的是，适用虐待被看护人罪追究刑事责任的判例极少。我们在中国裁判文书网上以"《中华人民共和国刑法》第二百六十条之一"为关键词进行检索，截至2017年12月26日，共检索到判决书14份，其中

---

[1] 参见姚建龙：《防治儿童虐待的立法不足与完善》，载《中国青年政治学院学报》2014年第1期。

涉及托幼机构的仅有五份[1]。对这五份判决书作进一步的分析，可以发现以下几个特点：

一是罪名适用混乱。《刑法》第 260 条之一规定的"虐待被监护、看护人罪"为选择性罪名，如果是托幼机构幼师虐童，应适用的罪名是"虐待被看护人罪"。但是，从五份判决书所适用的罪名来看，其中认定为"虐待被监护、看护人罪"和"虐待被监护人罪"的分别有一份，认定为"虐待被看护人罪"的有三份。罪名适用的混乱甚至是错误表明，在司法实践中，对该罪名的把握还较为生疏。

二是职业禁止制度的适用不规范。《刑法》第 37 条之一第 1 款规定了职业禁止制度，职业禁止期限为三至五年。我们经分析发现，在这五份判决书中，判处职业禁止的有两份，而且都判处职业禁止三年。可见，职业禁止制度在这类虐童案件上的适用不统一。

三是对"情节恶劣"缺乏统一的认定标准。构成"情节恶劣"是适用虐待被看护人罪的前提。五份判决书中有四份在罪名认定方面提到了"情节恶劣"，一份没有对是否构成"情节恶劣"进行专门分析。四份判决书认定的标准各不相同：任靖、刘志娟一审刑事判决书中写道："本院认为，被告人任某、刘某对未成年人负有看护职责期间，多次故意伤害被看护人身体健康，致被看护幼童轻微伤，情节恶劣……"宋瑞琪、王玉皎虐待被监护、看护人罪一审刑事判决书中写道："本院认为，被告人王玉皎、宋瑞琪身为幼儿教师，多次采用扎、刺、恐吓等手段虐待被监护的幼儿，情节恶劣……"宋某虐待一审刑事判决书中写道："本院认为，被告人宋某身为幼儿园生活老师，违

---

[1] 这五份判决书分别是：(1) 任靖、刘志娟一审刑事判决书（(2016) 内 0105 刑初 516 号）；(2) 宋瑞琪、王玉皎虐待被监护、看护人罪一审刑事判决书（(2016) 吉 0302 刑初 138 号）；(3) 宋某虐待一审刑事判决书（(2017) 冀 0102 刑初 127 号）；(4) 王某某虐待被监护、看护人罪刑事判决书（(2017) 辽 1322 刑初 101 号）；(5) 邢某虐待一审刑事判决书（(2017) 冀 1026 刑初 312 号）。

背职业要求，采用针扎、恐吓方式虐待多名被看护幼儿，情节恶劣……"邢某虐待一审刑事判决书中写道："本院认为，被告人邢某身为幼儿园教师，多次采用针扎的方式虐待被看护幼儿，情节恶劣……"从判决书认定"情节恶劣"的标准来看，主要考虑到了虐待次数、虐待手段、虐待工具、造成的伤害后果等因素，但是具有一定的随意性，总体上缺乏统一的标准，这也可能是实践中很多托幼机构虐童事件无法被作为犯罪处理的重要原因。

四是取证与事实认定困难。此类案件具有"在围墙内静悄悄犯罪"的特点，通常事后的取证与事实认定十分困难。在认定该罪的证据中，主要有书证，证人证言，被害人陈述，被告人供述，鉴定意见，勘验、检查、辨认、侦查实验等笔录，视听资料等法定证据类型。在这些证据中，对该罪的认定起主要作用的有录音录像、证人证言、被害人陈述和被告人供述。其中，作为视听资料的录音录像能够直接证明虐待行为的整个过程。但是，在实践中，很多幼儿园没有安装电子监控设备。即使是安装电子监控设备的幼儿园，行为人进行虐待行为也会选择避开监控区域。在此种情况下，就只能依赖证人证言、被害人陈述和被告人供述，这些在证据类型上都属于言辞证据。言辞证据天然具有缺乏客观性的缺陷，证明力并不强。儿童作为被害人的陈述，受其自身认知能力、记忆能力、语言表达能力等要素的局限，容易受到外界干扰和诱导，能否以及在多大程度上可以被采信存在较大的争议。证人证言（证人通常是被害儿童的亲属或者托幼机构工作人员）、被告人供述都极有可能因受到利害驱使而缺乏真实性。司法实务部门对于此类案件基本上都是零口供办理，可见认定言辞证据的困难之大。

五是刑罚偏轻。从五份判决书来看，对行为人的量刑，两份判决书认定六个月（任靖、刘志娟一审刑事判决书还对被告人适用了缓刑一年的决定），一份判决书认定九个月，一份判决书认定一年六个月，一份判决书认定两年十个月。以第一档最高刑罚三年为准,有一半以上的判决量刑都在最高刑罚的 1/3 以下(量刑小于一年),刑罚明显偏轻。

综上,我们通过对司法实践中已有判例的分析发现,尽管增设了虐待被看护人罪,但是刑法对于托幼机构虐待儿童行为的惩治仍然存在较为明显的问题,包括对"情节恶劣"缺乏统一的认定标准、取证与事实认定困难、刑罚偏轻等,这些问题综合体现为该罪名的适用率严重偏低,与托幼机构虐待儿童行为频发的现状形成了鲜明的对比。

三、惩治托幼机构虐童行为的完善建议

"法律是儿童保护的底线,法律的完善是防治儿童虐待的关键环节。"[1] 尽管《刑法修正案(九)》增设虐待被看护人罪弥补了刑法规制托幼机构虐童案件的空白,但是虐童行为频发与过低的司法适用率暴露出该罪名在立法和司法过程中存在很多问题。针对这些问题,建议从以下几个方面进一步完善刑法对托幼机构虐童行为的惩治力度:

一是明确"情节恶劣"的认定标准。虐待被看护人"情节恶劣"的认定标准可以参照但应当区别于虐待罪"情节恶劣"的认定标准。具体而言,应当贯彻"零容忍原则",综合考虑以下因素,采取低于虐待罪"情节恶劣"的认定标准:(1)虐待行为持续时间长短。虐待行为持续时间越长,对被虐待人身心损害越大。就虐待被看护人而言,只要虐待行为具有重复性或者单次虐待行为持续时间较长,即可以认定为"情节恶劣"。(2)虐待次数和人数。行为人对同一被监护、

---

[1] 姚建龙:《防治儿童虐待的立法不足与完善》,载《中国青年政治学院学报》2014 年第 1 期。

看护儿童多次进行虐待的，或者虐待多个被监护、看护儿童的，其行为的社会危害性相对较大。就虐待被看护人而言，只要行为并非偶发或者虐待二人以上的，即可以认定为"情节恶劣"。（3）虐待手段。不同的虐待手段反映了施虐者的主观恶性大小，手段残忍的行为人的主观恶性大，对受虐儿童的身心伤害也严重。就虐待被看护人而言，只要行为人采取了非公众所理解的通常性的看护管教儿童的行为方式，如采取针扎等足以令幼儿产生恐惧性伤害与痛苦方式的，即可以认定为"情节恶劣"。（4）虐待的后果。这是虐待行为综合反映的结果，总体呈现出施虐者的主观恶性和社会危害性。就虐待被看护人而言，造成身心伤害后果严重或者社会危害性较大的，即可以认定为"情节恶劣"，并且没有达到"轻微伤"的结果要求（虐待罪一般要求达到轻微伤才能认定为"情节恶劣"）。

二是儿童证言的采信应该有特别的标准。儿童言辞证据具有以下四个特点：（1）受其自身认知能力、记忆能力、语言表达能力等要素的局限；（2）具有易受干扰性和反复性；（3）真实性较高；（4）收集和固定可能会对受害儿童产生重复伤害。[1] 针对这些特点，应当完善儿童证言收集和采信制度。具体而言，应当从以下三个方面着手：（1）完善取证制度，参照司法实践中已经出现的性侵案件被害人"一站式"取证探索，建立专门的儿童证言采信标准和询问方式。（2）完善儿童证人陪护制度，建立妥当的诉讼辅助人制度。[2]（3）在儿童证言采信标准中引入国外的"陈述有效性评估技术"。[3] 以往的研究证明，儿童言辞证据易受外界诱导，真实性较差。但是，最近的研究

---

[1] 参见孙娟：《刑事诉讼中儿童言辞证据问题研究》，载《青少年犯罪问题》2017年第4期。

[2] 同上。

[3] 参见李安：《证言真实性的审查与判断——陈述有效性评估技术》，载《证据科学》2008年第1期。

表明,在询问儿童以获取证言的过程中,如果能够采取合适的方式,可以有效区分出哪些是真实发生的、哪些是被诱导的谎言。这种询问技术就是"陈述有效性评估技术"[1]。在儿童证言的收集和采信过程中,可以参考其中的一些办法,多方验证,明确儿童证言的有效性。除此之外,获取儿童证言时,还要强化对儿童的司法保护力度,相关措施包括:(1)严格限定儿童出庭作证的案件范围或条件;(2)创造条件,设计儿童出庭作证替代方式;(3)深化对儿童作证保护的司法外体系支持。[2]

三是规范职业禁止制度的适用。针对司法实践中适用职业禁止制度不统一的情况,托幼机构人员犯虐待被看护人罪的,应当一律适用职业禁止制度。同时,为发挥职业禁止制度的震慑力,还应当考虑在立法上完善职业禁止制度,在现行刑法规定职业禁止期限为三至五年的基础上,建立终身禁止从事与儿童有关职业的制度。

四是提高虐待被看护人罪的法定刑。立法对于虐待被看护人罪法定刑的配置偏低,导致惩罚过轻。法定刑的设置要考虑与相关体系性犯罪的衔接,保持罪刑体系之间的协调性。关联性罪名虐待罪有两档法定刑,分别是二年以下有期徒刑、拘役或者管制和二年以上七年以下有期徒刑,而虐待被看护人罪仅仅规定了一档最高为三年的法定刑。我们建议,在虐待被看护人罪现有法定刑的基础上,增加三至十年的法定刑,以实现罪责刑相适应。

五是在理想模式上,仍应考虑增设独立的虐待儿童罪。与一般的虐待罪和故意伤害罪的量刑依据主要是伤情程度,依据的是《人体损

---

[1] "陈述有效性评估技术"主要包括以下内容:(1)非建构性、不符合组织的陈述内容;(2)陈述细节的数量;(3)插入的情境;(4)交互内容的描述;(5)内容的重复;(6)不寻常的细节;(7)自发性矫正;(8)接纳记忆的缺乏。

[2] 参见孙娟:《刑事诉讼中儿童言辞证据问题研究》,载《青少年犯罪问题》2017年第4期。

伤程度鉴定标准》不同，虐童行为对儿童的伤害程度不能只考虑损伤，还要考虑给儿童成长所带来的严重负面影响。根据世界卫生组织《预防儿童虐待：采取行动与收集证据指南》的界定，儿童虐待包括对儿童的身体虐待、情感虐待、性虐待、忽视以及商业性或其他形式的剥削五种形式，是一个涉及公共卫生、人权、法律和社会等方面的严重问题。[1] 儿童是与成年人不同的独立的个体，在刑法上应当具有独立的地位。我国现行刑法规定的虐待罪与虐待被监护、看护人罪均将儿童与成年人混为一谈。此种立法模式值得反思，也是导致虐待儿童行为无法受到应有惩治的关键原因。从理想角度而言，我国仍然应当致力于整合有关虐待儿童的相关罪名，在刑法上增设独立的虐待儿童罪。

儿童缺乏自我保护能力，其健康成长只能依赖于成人社会的儿童保护意识与完善的制度设计。近些年来，托幼机构虐童事件频发，严重危害儿童的身心健康，也严重影响社会的安宁。尽管《刑法修正案（九）》增设虐待被看护人罪是一个重大的进步，但是该罪的司法适用率畸低，与公众严罚虐童行为的期待仍有着较大的差距。中共十九大报告提出必须取得"新进展"的七项民生要求中，"幼有所育"排在首位，让孩子安全、健康成长是整个社会共同的需求和希望。[2] 对已有判例的分析有助于我们发现立法和司法实践中仍然存在的问题，希望这也有助于对虐待儿童刑法规制的进一步完善。

---

[1] 参见姚建龙：《防治儿童虐待的立法不足与完善》，载《中国青年政治学院学报》2014年第1期。

[2] 参见曹鹏程：《守住"幼有所育"的底线》，载《人民日报》2017年11月13日。

第十八章
性侵未成年人刑法适用若干疑难与争议问题辨析[*]

未成年人是祖国的未来、民族的希望。但是，近些年来，侵害未成年人的案件时有发生。为依法严惩性侵未成年人犯罪，保护未成年人合法权益，2013年10月，《最高人民法院 最高人民检察院 公安部 司法部关于依法惩治性侵害未成年人犯罪的意见》（以下简称《性侵意见》）发布。《性侵意见》对预防和惩治性侵未成年人犯罪发挥了积极的作用。然而，近年来，这一意见在司法实践中暴露出一些问题。例如，由于这一意见对奸淫幼女既遂标准未予以重申，因此司法实践中存在理解的偏差；奸淫幼女型强奸罪加重情节之"情节恶劣"的标准不明确，猥亵儿童罪加重情节之"其他恶劣情节"也缺乏标准，造成司法实践中无法认定或处理意见不统一。再如，对于猥亵儿童罪中"在公共场所当众"这一加重情节的认定存在争议；对于利

---

[*] 本章为笔者与林需需合作撰写，载《中国应用法学》2019年第2期。

用网络等非直接接触方式猥亵儿童是否构成猥亵儿童罪，意见也不统一。除此之外，《性侵意见》的一些规定之合理性也值得商榷。2018年11月9日，最高人民检察院发布第十一批指导性案例（检例第42—44号），其中第42、43号案例有针对性地回应和明确了办理性侵未成年人案件中的若干争议问题，但是在学理上仍有诸多需要探讨的问题。本章将针对上述争议问题作一探讨性分析。

一、关于奸淫幼女的既遂标准

我国现行《刑法》第236条以犯罪对象是否已满14周岁为界限，分别在第1款、第2款规定了普通强奸罪和奸淫幼女型强奸罪。尽管理论界对于奸淫幼女型强奸罪既遂标准的讨论由来已久，也基本形成了"接触说"的定论，但是争议一直都存在。

（一）奸淫幼女既遂标准争议的变迁

1979年《刑法》第139条第2款规定"奸淫不满十四岁幼女的，以强奸论，从重处罚"，仅从"以强奸论"并不能确定该犯罪行为的罪名以及既遂标准。1984年4月26日发布的《最高人民法院　最高人民检察院　公安部关于当前办理强奸案件中具体应用法律的若干问题的解答》（以下简称《解答》）第6条第1款[1]规定奸淫不满14周岁幼女的行为为奸淫幼女罪，并明确奸淫幼女采取"接触说"既遂标准。对此，1997年《刑法》作如下修改：第一，将罪行条款转移至第236条；第二，对加重情节作了修改。此次修改延续了"强奸罪基本

---

[1]《解答》第6条第1款规定："奸淫幼女罪，是指与不满十四周岁的幼女发生性的行为，其特征是：1.被害幼女的年龄必须是不满十四周岁；2.一般地说，不论行为人采用什么手段，也不问幼女是否同意，只要与幼女发生了性的行为，就构成犯罪；3.只要双方生殖器接触，即应视为奸淫既遂。"

犯""奸淫幼女罪"的规范表述,罪名和既遂标准没有变化。2002年3月,《最高人民法院 最高人民检察院关于执行〈中华人民共和国刑法〉确定罪名的补充规定》(以下简称《补充规定》)颁布,废除了奸淫幼女罪,将奸淫不满14周岁幼女的行为也认定为强奸罪。至此,奸淫幼女行为被统一认定为强奸罪(为与普通强奸罪相区分,通常称为"奸淫幼女型强奸罪"),但是在既遂标准上出现延续以往的"接触说"还是依据普通强奸罪之"插入说"的争议。《补充规定》颁布后,引起理论界与实务部门的激烈争论,最终大致达成采取"接触说"这一统一标准。

《性侵意见》原本可以对既遂标准加以明确,却未置可否。在司法实践中,再次出现了质疑"接触说"的观点。一种观点认为,《解答》被《性侵意见》取代后,奸淫幼女型强奸罪缺乏"接触说"的规范依据,是否适用"接触说"值得商榷。另一种观点则认为,明确否定了"接触说"既遂标准的《解答》被废除,表明了向普通强奸罪"插入说"既遂标准倾斜的刑事法立法倾向。据此,在有的地方法院,出现了采取"插入说"既遂标准的判例。

(二)"接触说"与"插入说"的争议要点

《解答》被废除之后,奸淫幼女型强奸罪的既遂标准缺乏明确规定,理论界主要有两种观点:第一,主张"插入说"既遂标准;第二,主张"接触说"既遂标准。

支持第一种观点的理由主要有:其一,罪名一致,应当采取统一的既遂标准。不论奸淫幼女还是强奸妇女,都构成强奸罪,一个罪名不宜采取两种既遂标准,应当统一采取强奸罪一贯的"插入说"既遂标准。其二,不论奸淫幼女还是强奸妇女,侵害的法益主要都是女性的性自主权。虽然奸淫幼女行为侵害的法益包括幼女的性自主权和身心健康,但是主要侵害的法益是性自主权,其标志是行为人生殖器官的插入。其三，强奸行为是一种违背女性意志的性交行为，只有生殖器官的插入才标志着发生性交，仅有单纯的接触而没有插入只能认定为未遂或中止。[1] 其四，强奸罪行为人追求的是生殖器官的插入，虽然幼女的生殖器官一般发育不成熟，行为人的生殖器官难以插入，但是这种状态应该认定为对象不能犯的未遂，[2] 而不能认定为既遂。其五，刑法规定对奸淫幼女行为按照强奸罪加重处罚，照顾到了幼女的特点，实现了特殊保护的效果，不应在既遂标准上再作区别对待。

主张第二种观点的学者主要有以下三点理由：其一，在司法实践中，为了保护幼女的身心健康，《解答》确立了奸淫幼女的"接触说"既遂标准。虽然该司法解释已经失效，但是对于幼女的保护程度在今天并未降低。其二，以"插入说"作为奸淫幼女的既遂标准，未考虑到幼女的生殖器官难以插入的实际情况，会导致只能按照未遂处理，不利于对幼女身心健康的保护。其三，女性的性自主权不仅仅是一种女性的贞操观，而且是女性的一种精神或者人格利益。未经同意接触女性生殖器官的行为虽然没有损害女性的贞操，但是侵犯了女性的精神或者人格利益，应当认定为强奸罪既遂，而是否实际"进入"应当作为一种确定法定刑是否升格的加重结果情节。[3]

可以看出，主张"插入说"既遂标准的学者主要是以罪名这一形式标准为依据的，而主张"接触说"既遂标准的学者则主要考虑了幼女与妇女身心发育的不同，更具有儿童视角。

---

[1] 参见刘明祥：《奸淫幼女若干问题探析》，载《国家检察官学院学报》2004年第1期。
[2] 参见李立众：《强奸罪既遂未遂标准应统一》，载《人民检察》2002年第12期。
[3] 参见王燕玲：《女性主义法学视域下的强奸罪之辨思》，载《政法论坛》2015年第6期。

（三）奸淫幼女型强奸罪仍应坚持"接触说"既遂标准

我们主张，奸淫幼女型强奸罪仍应坚持"接触说"既遂标准，主要理由有三：

第一，奸淫幼女型强奸罪与普通强奸罪的犯罪客体不同，既遂标准不同具有合理性。普通强奸罪侵犯的客体是妇女的性自主权；而奸淫幼女型强奸罪侵犯的客体是幼女的身心健康，具体而言，侵犯了幼女的身体和精神正常发育、健康成长的权利。[1]"行为人即使没有插入行为，仅仅是性器官的接触就足以使幼女遭受严重而持久的心理伤害，扭曲其正常的性心理、性人格、性伦理观，影响未来的异性关系和婚姻生活"[2]，对幼女的身体和精神造成严重侵害，符合奸淫幼女型强奸罪的既遂要求。

第二，采取"接触说"既遂标准符合保护幼女和严惩性侵犯罪分子的刑事政策之要求。刑事政策对于儿童的保护体现为对儿童权益的特殊、优先保护和对性侵儿童犯罪行为的从严惩治。从严惩治表现在两个方面：其一，对侵害儿童权益的犯罪行为设立专门罪名，如拐卖儿童罪、拐骗儿童罪、组织儿童乞讨罪等；其二，对侵害儿童权益的犯罪行为规定更为严格的量刑标准，如奸淫幼女依照强奸罪加重处罚，猥亵儿童依照猥亵罪的法定刑从重处罚。[3]采取"接触说"既遂标准有助于既遂提前实现，是严格量刑的体现；同时，将实际插入

---

[1] 参见姚建龙主编：《刑法学分论》，北京大学出版社 2016 年版，第 199 页。

[2] 周折：《奸淫幼女犯罪客体及其既遂标准问题辨析》，载《法学》2008 年第 1 期。

[3] 参见黄尔梅主编，最高人民法院刑事审判第一庭编著：《最高人民法院、最高人民检察院、公安部、司法部性侵害未成年人犯罪司法政策案例指导与理解适用》，人民法院出版社 2014 年版，第 181 页。

作为重要量刑情节加以考虑，也符合从严量刑的政策要求。

第三，《解答》之所以被废止，主要是因为刑法对强奸罪的加重情节进行了规定，《解答》中的规定已经不合时宜或者有冲突，为统一标准，废除《解答》相对简洁和可行，而并非认为《解答》中规定的"接触说"既遂标准不合时宜。《补充规定》之所以将奸淫幼女罪改为强奸罪，主要是考虑到实践中限制行为能力人奸淫幼女的行为构成奸淫幼女罪而无法认定为犯罪，以及既强奸妇女又奸淫幼女的罪数认定存在较大争议，统一认定为强奸罪可以解决以上问题。同时，特定行为是否构成犯罪的主要判断依据是刑法规范，符合"奸淫不满十四周岁幼女的"即构成某罪。在罪刑规范保持不变的情形下，不管是强奸罪还是奸淫幼女罪，犯罪的构成要件均取决于罪刑规范而不是罪名。此外，采取"接触说"既遂标准符合特殊、优先保护未成年人权益的立法宗旨。实践中，由于幼女性器官发育不成熟，行为人很难插入，在特殊情形下强行插入会严重损害幼女的性器官。此时，若坚持"插入说"既遂标准，则很难认定为既遂，不利于保护幼女的身心健康。实际上，只要行为人的性器官与幼女接触，即侵害了幼女的性自主权和身心健康，符合奸淫幼女型强奸罪所要求的构成要件。

综上，奸淫幼女型强奸罪应当贯彻"接触说"既遂标准。值得关注的是，由最高人民法院刑事审判第一庭编著的《最高人民法院、最高人民检察院、公安部、司法部性侵害未成年人犯罪司法政策案例指导与理解适用》指出："奸淫幼女的，双方性器官接触即为既遂，但未侵入幼女性器官的，可以减少基准刑的20%以下。"[1] 可见，尽管《性侵意见》未明确重申"接触说"，但是这一权威性著作实际上仍然

---

[1] 参见黄尔梅主编，最高人民法院刑事审判第一庭编著：《最高人民法院、最高人民检察院、公安部、司法部性侵害未成年人犯罪司法政策案例指导与理解适用》，人民法院出版社2014年版，第226页。

表明奸淫幼女型强奸罪采取"接触说"既遂标准是题中应有之义而无须重申。

二、关于奸淫幼女"情节恶劣"的认定

《刑法》第 236 条第 3 款规定了强奸妇女、奸淫幼女的五种加重情节，其中第 2 项至第 5 项的规定相对明确，而第 1 项规定的"情节恶劣"则没有明确标准。在司法实践中，各地法院掌握标准不统一，或者基本不适用该项规定。如何认定奸淫幼女"情节恶劣"，是一个急待释明的问题。

对此，理论界存在多种观点。有的学者主张，在公共场所劫持并强奸妇女、聚众强奸妇女、奸淫幼女但不构成轮奸的，属于"情节恶劣"。[1] 有的学者认为，"情节恶劣"是指强奸妇女手段残忍的；因强奸妇女引起被害人自杀、精神失常的；多次利用淫秽物品、跳"黑灯舞"等手段引诱女青年，进行强奸，在社会上造成很坏影响，危害极大的；等等。[2] 还有的学者主张，"情节恶劣"一般是指强奸的手段残酷，在社会上造成恶劣影响。[3] 应当肯定的是，以上观点从场所、手段、后果等不同角度为认定"情节恶劣"提供了标准，但是与司法实践的确定性要求还存在差距。

最高人民检察院印发的第十一批指导性案例中的齐某强奸、猥亵儿童案（检例第 42 号）打破奸淫幼女未达到三人不能认定为"情节

---

[1] 参见张明楷：《刑法学（下）》（第五版），法律出版社 2016 年版，第 876 页。

[2] 参见刘宪权主编：《刑法学（下）》（第四版），上海人民出版社 2016 年版，第 568 页。

[3] 参见姚建龙主编：《刑法学分论》，北京大学出版社 2016 年版，第 203 页。

恶劣"的形式标准，主张："本案中，被告人具备教师的特殊身份，奸淫二名幼女，且分别奸淫多次，其危害性并不低于奸淫幼女三人的行为，据此可以认定符合'情节恶劣'的规定。"这一指导性案例在要旨部分提炼指出："奸淫幼女具有《最高人民法院、最高人民检察院、公安部、司法部关于依法惩治性侵害未成年人犯罪的意见》规定的从严处罚情节，社会危害性与刑法第二百三十六条第三款第二至四项规定的情形相当的，可以认定为该款第一项规定的'情节恶劣'。"第42号指导性案例为如何认定奸淫幼女"情节恶劣"明确了方向，具体而言：

首先，认定奸淫幼女"情节恶劣"，应当坚持相当性标准，即社会危害性与《刑法》第236条第3款第2至4项规定的情形相当。相当性标准的提出和确立，坚持的是实质解释的立场，有助于克服办理性侵未成年人案件中的形式主义倾向，更有利于保护未成年人的合法权益。第42号指导性案例的重大进步是，克服了奸淫幼女如果没有当众强奸、轮奸以及致使被害人重伤甚或死亡，也未达到奸淫幼女三人及以上，则基本不可能认定为"情节恶劣"的严重弊端，从社会危害性相当的角度主张："本案中，被告人具备教师的特殊身份，奸淫二名幼女，且分别奸淫多次，其危害性并不低于奸淫幼女三人的行为，据此可以认定符合'情节恶劣'的规定。"

其次，关于"相当性"的判断，可以《性侵意见》规定的从严处罚情节为依据。有观点认为，即便有多个从严处罚情节，也不能累加升格为加重处罚情节。基于社会危害性相当的标准，这一观点是值得商榷的。我们认为，尽管从严情节与加重情节存在差异，单独一项内容可能达不到"情节恶劣"的程度，但是若同时具有几种情形，社会危害性相当，则可以认定为"情节恶劣"。[1]《性侵意见》第 25 条从犯罪主体、犯罪对象、犯罪地点、犯罪手段、犯罪后果等诸多方面对强奸未成年人从严处罚情节进行了规定，为认定奸淫幼女"情节恶劣"提供了判断的依据。

我们通过"北大法宝"检索被认定为"奸淫幼女情节恶劣"的判例，截至 2018 年 11 月 29 日，共检索到 17 个。[2] 通过对判例中法官认定"情节恶劣"的影响因素进行分析，可以发现如下规律：（1）影响"情节恶劣"认定的因素包括：犯罪人与被害幼女的关系、是否使用暴力手段、奸淫次数、犯罪行为持续时间、犯罪后果，基本是以《性侵意见》中所规定情形为依据的。（2）具有特殊职责人员，尤其是与幼女有共同家庭生活关系的人员实施奸淫幼女犯罪，一般犯罪行为持续时间长、奸淫幼女次数较多，并常常使用暴力、胁迫等强制手段。（3）在未成年人住所、学生集体宿舍实施奸淫幼女犯罪的，持续时间长、奸淫幼女次数较多或造成幼女怀孕等严重后果的，基本都认定为"情节恶劣"。

结合实证研究结果，可以大致推断出《性侵意见》中列举的七种情形对应的"情节恶劣"之认定的不同比重：（1）第一梯队，比重最大，主要有三种情形：一是场所——进入幼女住所、学生集体宿舍奸

---

[1] 参见黄尔梅主编，最高人民法院刑事审判第一庭编著：《最高人民法院、最高人民检察院、公安部、司法部性侵害未成年人犯罪司法政策案例指导与理解适用》，人民法院出版社 2014 年版，第 123 页。

[2] 17 个判例的案号：（2017）苏 1302 刑初 792 号；（2017）浙 0381 刑初 1640 号；（2018）浙 03 刑终 19 号；（2018）内 0302 刑初 35 号；（2018）皖 0826 刑初 185 号；（2018）皖 08 刑终 248 号；（2017）浙 0212 刑初 908 号；（2017）粤 5122 刑初 208 号；检例第 42 号；（2017）鲁 1491 刑初 137 号；（2017）沪 0114 刑初 1789 号；（2018）黔 0103 刑初 1 号；（2018）浙 02 刑终 155 号；（2018）黑 0822 刑初 119 号；（2018）川 2021 刑初 195 号；（2017）鄂 01 刑再 2 号；（2017）浙 01 刑初 144 号。

淫幼女；二是时间、次数——持续时间长、多次奸淫幼女；三是犯罪结果——奸淫造成幼女轻伤、怀孕、感染性病等后果。（2）第二梯队，比重适中，主要包括两种情形：一是犯罪主体——负有特殊职责的人员、与幼女有共同家庭生活关系的人员等；二是特别弱势犯罪对象——不满12周岁的幼女、农村留守幼女、严重残疾或者精神智力发育迟滞的幼女。（3）第三梯队，比重较小，主要包括两种情形：一是强制手段——使用暴力、胁迫、麻醉等强制手段；二是性侵前科——有奸淫、猥亵儿童前科劣迹。

对各个梯队情形之影响程度进行分析可以发现，第一梯队任意两情形即可达到"情节恶劣"程度；第二梯队两情形不能达到"情节恶劣"程度，但是第一梯队任一情形与第二梯队两情形相结合可以达到"情节恶劣"程度；第一梯队任一情形与第二梯队任一情形加上第三梯队任一情形可以达到"情节恶劣"程度。但是，第一梯队任一情形与第三梯队两情形能否达到"情节恶劣"程度需要视情况综合分析认定。我们尝试对各个梯队的重要性进行赋分，第一梯队为0.6分，第二梯队为0.4分，第三梯队为0.2分，特定案件各情形之影响因素相加超过1分的，即可认定为"情节恶劣"；正好等于1分的，需要结合实际情况综合分析。

值得注意的是，以上重要性分级及赋分虽然基于初步的实证研究，但是仍具备相应的逻辑基础。《刑法》第236条第3款规定了奸淫幼女的五种加重情节，将"情节恶劣"作为其中一种与其他四种并列，说明奸淫幼女的严重程度达到与第2项至第5项规定的内容之社会危害性相当的，即可认定为加重情节中的"奸淫幼女情节恶劣"。从第2项至第5项规定的内容来看，刑法实际上将奸淫幼女的人数、在公共场所当众、奸淫的次数、奸淫造成的后果等因素作为加重情节的重要考量因素。《性侵意见》也正是从这几方面出发，并结合了实践中多发的另外几种情形。需要明确的是，司法实践具有多样性和复杂性，最终能否认定为"情节恶劣"，在参考以上标准的同时，仍应当综合考虑。

三、对"在公共场所当众"猥亵儿童的理解

《刑法》第237条第2款将"在公共场所当众"作为猥亵儿童罪的加重情节，对"公共场所""当众"的认定关涉司法实践的准确适用。若从狭义的文义解释角度出发，则校园、教室等具有相对开放性的场所都不能被认定为"公共场所"，这过分限缩了犯罪圈，不利于对儿童权益的保护。为明确"在公共场所当众"这一加重情节，《性侵意见》第23条进行了专门规定，在很大程度上缓解了司法困境。经过几年的适用，实践中出现了在学生宿舍、教室、卫生间等场所猥亵儿童的犯罪案件，再度引起各方对"公共场所""当众"的争议。为回应争议，2018年，最高人民检察院在公布的第十一批指导性案例中进一步明确："只要场所具有相对公开性，且有其他多人在场，有被他人感知可能的，就可以认定为在'公共场所当众'犯罪。"从指导实践的角度出发，我们有必要在理论层面对指导性案例的精神作进一步的解读。

（一）对"公共场所"的多样化理解

学术研究的理论性、司法实践的确定性都要求对"公共场所"的认定需有据可循。各方认定"公共场所"的规范来源主要包括《辞

海》[1]、《刑法》[2]、《性侵意见》[3]等。通过对这些规范进行解读,各方形成了多样化的认定标准。其中,公共场所一般是指车站、码头、街道及其他不特定人员可以随意进出、使用的场所。[4]该定义被认为是最狭义的理解。除此之外,主要还有四种不同解释:(1)公共场所的本质特征是不特定多数人使用的开放性空间,具体包括空间的开放性和共享性、人员的不特定性和高流动性、活动的开放性和透明性。[5](2)公共场所的实质属性是"公共",体现在人员的不特定性和非排他性上,其中不特定性与固定性相对立,肯定相对特定性属于不特定性;非排他性与私密性相对立,强调不特定人员可以出入。[6](3)"公共场所"是与"私人场所"相对而言的,只要是供社会公众使用的,具有涉众性、社会性特征的场所都是公共场所。[7](4)公共场所应当具有涉众性的对象特征和供多数人使用的功能特

---

[1]《辞海》:"公共场所是指公众可以去的地方或对公众开放的地方。"

[2]《刑法》第291条规定,聚众扰乱车站、码头、民用航空站、商场、公园、影剧院、展览会、运动场或者其他公共场所秩序,情节严重的,构成聚众扰乱公共场所秩序罪。

[3]《性侵意见》第23条规定:"在校园、游泳馆、儿童游乐场等公共场所对未成年人实施强奸、猥亵犯罪,只要有其他多人在场,不论在场人员是否实际看到,均可以依照刑法第二百三十六条第三款、第二百三十七条的规定,认定为在公共场所'当众'强奸妇女,强制猥亵、侮辱妇女,猥亵儿童。"

[4] 参见黄尔梅主编,最高人民法院刑事审判第一庭编著:《最高人民法院、最高人民检察院、公安部、司法部性侵害未成年人犯罪司法政策案例指导与理解适用》,人民法院出版社2014年版,第219页。

[5] 参见王丽枫:《性犯罪行为地系公共场所的认定标准》,载《人民司法》2015年第16期。

[6] 参见郭芮、李龙跃:《"公共场所当众实施"情节的认定》,载《中国检察官》2015年第22期。

[7] 参见缪树权:《猥亵儿童罪中"公共场所当众"的理解和认定》,载《中国检察官》2015年第22期。

征，其中涉众性的对象特征包括特定人员和不特定人员。[1]

(二) 对"公众"的多样化理解

除了"公共场所"，对"当众"的理解也呈现出多样化趋势，主要有以下几种观点：(1)"当众"包括行为人主观方面的不惧怕被发现和客观方面的当着众人的面实施猥亵。[2] (2)"当众"并不要求在场人员实际看到，但是要可能发现、可以发现。[3] (3) 从主观立场出发，"当众"是指犯罪行为实施之时必须有其他不特定多数人在场，并从行为人角度判断具有被公众发现的现实可能性，具体而言，具有目标的随机性、行为的公然性、潜在的威胁性。[4] (4)"当众"的两个标准为感知的可能性和即时性，其中感知的可能性以不特定多数人存在为标准进行推定，即时性意在排除行为人实施性侵行为时所在场

---

[1] 参见王永兴：《在公共场所当众实施性侵犯罪的认定》，载《人民司法》2017年第26期。

[2] 具体而言，"当众"即当着众人的面，包括：行为人主观方面的"当众"，猥亵应当含有行为人公然实施猥亵，不惧怕其犯罪行为被公众发现的意思；客观行为的"当众"猥亵，就是当着众人的面实施猥亵。二者都属于对"公众"作狭义的文义解释。参见黄尔梅主编，最高人民法院刑事审判第一庭编著：《最高人民法院、最高人民检察院、公安部、司法部性侵害未成年人犯罪司法政策案例指导与理解适用》，人民法院出版社2014年版，第62页。

[3] 参见黄尔梅主编，最高人民法院刑事审判第一庭编著：《最高人民法院、最高人民检察院、公安部、司法部性侵害未成年人犯罪司法政策案例指导与理解适用》，人民法院出版社2014年版，第62页。

[4] 参见王丽枫：《性犯罪行为地系公共场所的认定标准》，载《人民司法》2015年第16期。

所实际上无他人。除此之外，还有一些不同理解。[1]

（三）排除"私密场所"的反向认定思路之建议

以上学者对"公共场所""当众"的理解都具有一定的合理性，但是我们认为，要准确界定该加重情节，需从合目的性和《性侵意见》的规定出发。量刑升格的处罚设定基于以下三个方面：一是对特定罪行基本法益的侵害程度超越一定限度，二是对超出人性合理范围的主观恶性评价，三是对社会基本公共秩序等其他法益的较大侵害。[2] 就合目的性而言，刑法对该情节加重处罚主要是因为性活动具有高度的私密性，而当众对被害人实施性侵，不仅侵犯了普通公民最基本的性羞耻心和道德情感，对被害人身心造成的伤害更严重，社会影响更恶劣，需要对此配置与其严重程度相适应的更重的法定刑。[3] 一般而言，猥亵儿童罪基本犯侵害了儿童的身心健康，主要

---

[1] 第一，"当众"强调公然性和非隐蔽性，具体指性侵行为处于其他在场人员随时可能发现、可以发现的状况下。参见缪树权：《猥亵儿童罪中"公共场所当众"的理解和认定》，载《中国检察官》2015年第22期。第二，"公众"的一般含义是公然猥亵，不惧怕被公众发现，甚至当着众人的面实施猥亵。参见阮齐林：《猥亵儿童罪基本问题再研究》，载《人民检察》2015年第22期。第三，认定"当众"不要求其他在场多人实际看到，只要其他多人在行为人实施性侵行为时视力所及的范围内，处于其他多人随时可能发现、可以发现的状况下。参见周峰、薛淑兰、赵俊甫、肖凤：《〈关于依法惩治性侵害未成年人犯罪的意见〉的理解与适用》，载《人民司法》2014年第1期。第四，其他多人一般要在行为人实施犯罪地点视力所及的范围内，性侵行为处于其他多人随时可能发现、可以发现的状况下。参见赵俊甫：《猥亵犯罪审判实践中若干争议问题探究——兼论〈刑法修正案（九）〉对猥亵犯罪的修改》，载《法律适用》2016年第7期。

[2] 参见王丽枫：《性犯罪行为地系公共场所的认定标准》，载《人民司法》2015年第16期。

[3] 参见黄尔梅主编，最高人民法院刑事审判第一庭编著：《最高人民法院、最高人民检察院、公安部、司法部性侵害未成年人犯罪司法政策案例指导与理解适用》，人民法院出版社2014年版，第62页。

是对儿童造成身体和心理上的伤害。但是，在公共场所当众猥亵儿童还侵害了儿童的性隐私权，违背了性活动私密性的基本伦理道德，表征了行为人更大的主观恶性，损害了大众的性伦理观，对被害儿童造成极大的伤害。

从合目的性出发，在"在公共场所当众"这一加重情节中，"公共场所"是形式概念，核心在于"多人"在场，实质是为了突出"多人"，违背了性活动私密性这一性禁忌。因此，对该加重情节更合适的理解是：只要有多人在场，即符合加重刑罚的条件。但是，目前受罪刑法定原则限制，对"公共场所"的解释不能脱离基本的文义范畴。从尽可能扩大保护范围的角度出发，将与"公共场所"相对立的"私密场所"排除既具有合理性，又不至于超出刑法解释的基本范畴。因此，对"公共场所"的界定就转化为对"私密场所"的明确。私密场所具有明显的人员的固定性和排他性两个特点，体现为固定的人员组成和阻止他人进入的性质。基于该理解，教室明显不是私密场所，因为教室中人员组成具有相对特定性而非固定性，没有明确的阻止他人进入的性质，应当界定为"公共场所"。学校宿舍在夜晚熄灯以后，人员组成基本固定，但是并不具有明显的阻止他人进入的性质，老师等管理人员基于管理需要实际上可以随时进出，不属于私密场所。此外，《性侵意见》中以列举方式明确的校园、游泳馆、儿童游乐场等场所都不是典型意义上的私密场所，属于公共场所的范畴。

至于对"当众"的理解，《性侵意见》作出了相对明确的规定：只要有其他多人在场，不论在场人员是否实际看到，均可以认定为在公共场所"当众"。对于该规定，应当从两个方面进行理解：第一，对"有其他多人在场"的界定，明确要求他人实际在场还是有在场的可能性；第二，明确在场人员实际看到还是有看到的可能性。就第一方面而言，基于加重刑罚的严厉性，如果无法证明有他人实际存在，从刑法的人权保障机能、疑点利益归属于被告人的基本原则出发，不宜加重被告人的刑罚。因此，应当界定为有其他人"实际在场"，并且判断在场与否应当保持客观性，避免主观判断带来的不确定性。就第二方面而言，《性侵意见》的规定相对明确，不要求他人"实际看到"，即只要有其他多人在场，都推定为他人能够看到。需要注意的是，对"在场"的认定不能局限于视力所及的范围内，其他多人能够感知到性侵行为发生的，也应当认定为"在场"。例如，夜晚学校寝室熄灯以后，行为人实施性侵行为，虽然其他同寝同学不能看到，但是能够感知到性侵行为正在发生，也应当认定为"有其他多人在场"，推定他人能够看到，符合该加重情节。

综上所述，对"在公共场所当众"这一加重情节的认定，应当从加重刑罚的目的和相配套的刑法解释规范出发，注意刑法规范与其他规范的差异性。"公共场所""当众"的词义相对开放，放在不同的场合中可能有不同的理解，应注意根据语境的不同选择适当的定义范围。就猥亵儿童罪的加重情节而言，应明确"侵犯性活动的隐私性"这一加重因素，从"公共场所"这一形式概念推导出"其他多人"的实质属性。根据以上分析，"在公共场所当众"应界定为：在客观上具有其他多人在场的非私密性场所，行为人对儿童实施猥亵行为。

四、其他几个争议问题

（一）关于以非直接接触方式猥亵儿童行为的定性

在实践中，只要行为人主观上以满足性刺激为目的，客观上实施了猥亵儿童的行为，侵害了特定儿童的人格尊严和身心健康，就应当认定为构成猥亵儿童罪。刑法对猥亵儿童罪的行为方式并没有列举，需要结合司法实践中的具体情况进行分析。猥亵儿童的手段包括强制手段与非强制手段，这已经得到理论界与实务部门的肯定。根据行为人实施猥亵行为时与被害儿童的物理空间距离，猥亵行为可以分为直接接触型、非直接接触但近身型、非直接接触且非近身型。

传统意义上的猥亵行为有抠摸、舌舔、吸吮、亲吻、搂抱、手淫、鸡奸、要求行为人抚摸其生殖器官等。这类猥亵行为的特点是行为人与被害儿童有身体上的直接接触，认定为猥亵儿童罪没有异议。同时，实践中出现大量行为人与被害人虽没有身体上的直接接触，但近身实施的猥亵行为，如让儿童与自己一起观看淫秽图片、视频、影片，在电梯里向儿童暴露生殖器官，要求儿童进行色情表演等。有观点认为，这种类型的行为属于猥亵儿童行为，构成猥亵儿童罪。[1]但是，也有观点认为，关于对具有一定意识的儿童做出的露阴行为是否成立猥亵儿童罪，还需要作具体分析。[2] 第三类猥亵行为的特点是行为人与被害儿童没有身体上的接触并且非近身，典型的如通过QQ、微信等网络社交软件，以诱骗、强迫或者其他方法要求儿童展示、拍摄、传送暴露身体的不雅照片、视频等。最高人民检察院以指导性案例的方式，确定这类行为也属于猥亵儿童行为，这是惩治性侵未成年人理论与司法的重大进步。

有观点认为，通过网络实施的猥亵儿童行为并没有身体接触，也非近身，与通常意义上的猥亵儿童行为不同，而且社会危害性较小，不应将之认定为猥亵儿童罪。这种观点是值得商榷的。首先，特定犯罪是类型化的犯罪方式，会随着社会的发展变化而出现新的形式，通过网络实施猥亵儿童行为是网络时代人们行为方式发展的结果，与以传统方式实施的猥亵儿童行为并无本质区别。刑法之所以将某种方式认定为猥亵儿童罪的行为手段，主要是因为该行为侵犯了该罪所保护

---

[1] 参见姚建龙主编：《刑法学分论》，北京大学出版社2016年版，第207页。

[2] 参见张明楷：《刑法学（下）》（第五版），法律出版社2016年版，第881页。

的法益——儿童的人格尊严和身心健康。在网络环境下，以诱骗、胁迫等手段要求儿童做出不雅行为或者拍摄、传送暴露身体的不雅照片、视频，同样严重侵害了儿童的人格尊严和身心健康，具有获得性刺激的猥亵目的，完全符合猥亵儿童罪的构成要件之要求。其次，从社会危害性的角度看，这种通过网络方式实施的猥亵儿童行为，其行为人还极易将不雅音像视频等电子资料保存，使被害人的法益处于不确定的危险状态，由此导致的二次危害的传播范围及严重程度远远超过传统的猥亵手段。因此，通过网络手段实施的猥亵儿童行为更应被认定为构成猥亵儿童罪。

（二）关于性承诺年龄红线

《性侵意见》第19条规定性侵不满12周岁幼女不用证明即认定为明知，而对于性侵已满12周岁不满14周岁的幼女则要求证明行为人明知对方是幼女，正式、变相地将性承诺年龄从14周岁降到了12周岁。《性侵意见》降低性承诺年龄，不仅仅是司法解释僭越立法权限的问题，实际上还体现了近年出现的将性侵未成年人的加害人病人化的倾向和莫名其妙的同情心理，加大了预防未成年人被性侵的风险。我们认为，立足于保障未成年人和严惩性侵未成年人的价值追求，必须坚持14周岁这一年龄红线，甚至应当再提高；不能以任何理由——即便是打着"为了孩子"的名义或者所谓"先进"刑法理论的名义，将性承诺年龄实际降低；要把注意的义务转交给成年人，而不应当移至未成年人这边。成年人在实施性行为的时候，要尽到最大注意义务，一旦触及性承诺年龄红线，无论由于什么原因，都应当承担法律责任。只有坚定、不可动摇地守住这条红线，才可能最大限度地强化成年人的注意义务，最大可能地预防性侵儿童。对于以长得成熟、主动、自愿、主客观相统一这类莫名其妙的理由变相归责未成年人的主张，应当保持警惕并予以否定。

(三) 关于"特殊职责人员"的界定

"特殊职责人员"的界定应当以实际从事对未成年人的监护、教育、训练、救助、看护、医疗等工作为标准。《性侵意见》第 9 条规定，负有特殊职责的人员，是指对未成年人负有监护、教育、训练、救助、看护、医疗等特殊职责的人员。第 25 条规定，特殊职责人员性侵未成年人的，要从严惩治。之所以作出这样的规定，主要是由于从事此类工作的人员是基于职业道德和职业规范的要求，对于未成年人具有较之社会上的普通人更高的注意义务和保护义务。同时，由于职业关系，他们有更多的机会接触不特定多数未成年人，若实施性侵未成年人行为，造成的后果更严重，社会影响更恶劣，因此应当依法予以严惩。基于此，对于"特殊职责人员"的界定，不能仅依据职业资格、劳动关系等是否合法、规范，而应当以是否实际从事对未成年人的监护、教育、训练、救助、看护、医疗等工作为标准。

更为理想的做法是将"特殊职责人员"扩大解释为特殊关系人。相关司法解释将"特殊职责人员"界定为父母、医生、教师等负有监护、医疗、看护、教育等职责的人员。这类负有特殊职责的人员性侵儿童的，要从严惩治。考虑到未成年人性侵案件很多涉及熟人关系，为了进一步严密防治性侵未成年人的法网，有必要将"特殊职责人员"进一步扩大解释为特殊关系人。比如，应当将邻居等与未成年人熟悉的人员界定为特殊关系人，对于他们性侵未成年人也要从严从重处罚。我们要从儿童的视角去解释什么叫特殊关系，而不能单纯从法定义务、职责的角度去界定，这是出于严密防治性侵未成年人法网的需要。

第十九章
互联网金融犯罪:一个概念的界定*

概念界定是理论研究的基本起点。近年来,学界关于互联网金融犯罪的研究成果逐年增多,但是在最基本的研究起点——互联网金融犯罪的概念界定上,仍然缺乏详细的论证,也尚未得到足够的重视。

一、互联网金融犯罪:现象、研究、术语的使用

(一)从现象到研究:互联网金融犯罪研究的兴起

"2015年,上海市检察机关共受理金融犯罪审查逮捕案件1387件1725人,金融犯罪审查起诉案件2140件2684人。"[1]上海作为我国的金融中心,其金融犯罪人数的基数之大,反映了我国金融犯罪的

---

* 本章为笔者与王江淮合作撰写。

[1] 肖凯等:《上海:发布2015年金融检察白皮书》,http://www.spp.gov.cn/zdgz/201608/t20160810_162142.shtml,2016年8月15日访问。

严峻态势。另外，最高人民检察院新闻发言人肖玮表示，从检察机关办案数量来看，金融犯罪整体上呈现快速上升趋势。2014年，全国检察机关共批准逮捕金融犯罪案件12883件16645人，同比分别上升59.4%和66%；受理移送审查起诉金融犯罪案件21101件29483人，同比分别上升22.6%和25.69%；提起公诉16591件22015人，同比分别上升13.46%和12.25%。[1] 这表明金融犯罪案件呈现急速增长的趋势。

"2015年上海市检察机关办理的金融犯罪案件具有如下特点：涉互联网金融犯罪骤增，集中表现为涉P2P网络借贷案件集中爆发。如2014年上海市检察机关受理涉P2P网络借贷刑事案件仅1件1人，涉案金额105万余元，投资者20余人。而2015年受理涉P2P网络借贷刑事案件共36件139人，其中集资诈骗罪4件19人，非法吸收公众存款罪32件120人，涉案金额逾12.83亿元。"[2] 互联网金融犯罪日益严重、普遍，与之相伴的是互联网金融犯罪研究的兴起。

（二）互联网金融犯罪术语的使用

1. 刑法中的表述

在我国刑法中，并不存在"互联网金融犯罪"这样的术语。我国《刑法》关于金融犯罪的规定基本位于分则第三章第四节"破坏金融管理秩序罪"和第五节"金融诈骗罪"中，而关于互联网犯罪的专门规定主要见于分则第六章"妨害社会管理秩序罪"中的第286条——

---

[1] 参见王小伟：《最高检：保持对金融犯罪高压打击态势》，http://www.China.com.cn/legal/2015-09/24/content_36667985.htm，2016年8月15日访问。

[2] 肖凯等：《上海：发布2015年金融检察白皮书》，http://www.spp.gov.cn/zdgz/201608/t20160810_162142.shtml，2016年8月15日访问。

破坏计算机信息系统罪。互联网与金融犯罪的结合在刑法条文中尚未体现。

2. 学界表述

学界对于互联网金融犯罪术语的使用多种多样，既有"互联网金融犯罪""金融互联网犯罪"，也有"计算机金融犯罪""金融计算机犯罪"，还有"网络金融犯罪""金融网络犯罪"等。值得注意的是，在2005年以前，学界习惯于使用"计算机金融犯罪"，而该术语近些年几乎完全被"互联网金融犯罪"或者"网络金融犯罪"取代。

3. 官方表述

官方倾向于使用"互联网金融"这样的表述。例如，2013年《国务院关于促进信息消费扩大内需的若干意见》指出："推动互联网金融创新，规范互联网金融服务……"2014年国务院政府工作报告中提出："促进互联网金融健康发展，完善金融监管协调机制……"2015年国务院政府工作报告中也使用了"互联网金融"一词。

4. 本章的立场

"计算机""网络""计算机网络""互联网"的具体含义并不相同。事实上，上述不同主体借助这几个术语所表述的都是同一种事物，即金融领域的信息化、网络化及其所面临的风险（包括犯罪）。为了避免术语使用上的杂乱，本章统一采用"互联网金融犯罪"这一术语。

二、互联网金融犯罪概念界定的现实：争议与分歧

尽管有关互联网金融犯罪的研究成果越来越多，但是互联网金融

犯罪的概念界定尚未引起学界与实务界应有的关注。既有的研究成果对于该概念的界定主要有以下几种模式：

（一）工具说

所谓的工具说，是指在界定互联网金融犯罪时，将互联网视为该类犯罪的工具，并将其作为核心要素，进而对互联网金融犯罪进行界定。例如，有的学者认为，互联网金融犯罪的本质是金融犯罪，犯罪行为的事实或者犯罪目的的实现必须借助互联网媒介，这也是它与传统的金融犯罪的区别所在。[1] 有实务工作者指出，金融领域的计算机犯罪主要以计算机为作案工具，以窃取、篡改、破坏以及非法输入数据或非法修改软件程序为手段，以达到诈骗金钱、破坏金融机构正常运转的目的。[2] 还有实务界人士指出，计算机金融犯罪是指利用计算机实施金融诈骗、盗窃、贪污、挪用公款，在主观上具有以非法占有或挪用公私财产为目的的犯罪形式。[3]

工具说是一种较为直接的互联网金融犯罪概念界定方式。早年（尤其是 2000 年前后），学界与实务界对于互联网金融犯罪的界定基本上都采取这种模式。时至今日，这种界定模式仍然有一定的市场。这种界定模式将"互联网"视为犯罪工具并作为互联网金融犯罪的最主要特征，进而进行概念的界定。其主要优点是：简洁明了的概念界定有利于在学术研究、实务工作中迅速、准确地掌握互联网金融犯罪的外延，明晰互联网金融犯罪的概念边界。然而，其缺点也非常明

---

[1] 参见傅跃建、傅俊梅：《互联网金融犯罪及刑事救济路径》，载《法治研究》2014 年第 11 期。

[2] 参见朱学明：《金融领域计算机犯罪与控制防范》，载《理论月刊》2004 年第 10 期。

[3] 参见张新志、刘新平：《金融领域计算机犯罪特点与预防》，载《计算机安全》2002 年第 4 期。

显，即这种概念的内涵不够明确。在对一种犯罪进行界定时，仅对其犯罪工具予以明确，显然是片面的。因为犯罪工具只是互联网金融犯罪的要素之一，它无法揭示互联网金融犯罪的本质。

（二）领域说

所谓的领域说，也可以称为"业务说"，是指将金融领域或业务（包含互联网金融领域或业务）视为互联网金融犯罪概念的核心特征，主张互联网金融犯罪是发生在互联网金融领域或业务中的犯罪行为。具体而言，领域说又可以分为"领域＋法益"说和"领域＋工具"说。

第一，"领域＋法益"说。这种学说主要是将互联网金融犯罪界定在互联网金融领域中，再通过刑法所保护的法益确定互联网金融犯罪的范围。例如，有的学者认为，所谓的互联网金融犯罪，是指互联网金融业务活动中各类侵害金融秩序的犯罪行为。[1]

第二，"领域＋工具"说。这种学说在确定互联网金融犯罪的领域为金融领域（含互联网金融）之后，再通过描述其犯罪手段或者工具以确定概念。比如，有的学者认为，金融领域的计算机犯罪，是指发生在金融领域内，通过使用计算机系统或者计算机网络侵害金融业务的犯罪行为。[2]

领域说的主要特征是，先确定互联网金融犯罪的发生领域，相当于一种空间上的范围确定，再辅之以其他特征描述，完成对概念的界定。这种以某种行业、领域作为犯罪空间并作为概念中心进行界定的方式，在其他类型犯罪概念的界定中是较为少见的，它比纯粹以犯罪

---

[1] 参见王铼、姜先良、宋宇：《互联网金融犯罪和刑法干预机理》，载《中国检察官》2016年第3期。

[2] 参见王品：《金融领域计算机犯罪探析》，山东大学2008年硕士学位论文。

工具为互联网金融概念核心的工具说更为明确。但是，领域说的缺点与工具说一样，都难以揭示互联网金融犯罪的本质。

(三) 其他学说

除了工具说和领域说，学界和实务界还存在其他模式的定义，主要围绕上述概念界定中所用的"工具""法益""领域"等要素。

例如，"工具＋法益"说。有的学者认为，所谓金融领域计算机犯罪，是指在金融电子时代，行为人以计算机资源为作案工具或者侵害对象而实施的，危害金融领域正常交易秩序、管理秩序，侵害公私财产所有权，情节严重的行为。[1]

再如，有的学者认为，从刑法学的角度而言，计算机犯罪是指违反国家规定，利用计算机系统的特性，侵犯计算机信息系统，危害社会信息交流安全，严重危害我国刑法所保护的各种社会关系，应该负刑事责任的行为。金融领域计算机犯罪是计算机犯罪中的一类，与其他计算机犯罪相比，具有以下两个特征：第一，仅限于发生在金融领域的计算机犯罪。这里的"金融领域"，是指金融电子化环境下的银行、证券公司、投资公司、电子商务认证授权机构等所属的金融业及其相关行业。第二，仍然属于计算机犯罪，具有计算机犯罪的共性，可能侵犯涉及金融领域的各种社会关系，不仅包括金融领域的正常交易秩序、管理秩序以及公私财产所有权，还包括其他社会关系。[2]

上述关于互联网金融犯罪的概念界定模式之划分，基本上涵盖了学界和实务界在此问题上的各种观点。尽管概念界定存在多元观点，但是这些分歧与争议尚没有引起学界对相关概念界定的重视，各种观

---

[1] 参见张竹英：《金融领域计算机犯罪的特征及法律对策》，载《社会科学家》1998年第4期。

[2] 参见皮勇：《论金融领域计算机犯罪》，载《法学评论》2000年第2期。

点也缺乏详细的论证。当然，也有的学者转换研究思路，忽略对"互联网金融犯罪"这个概念的定义，直接对一些类型化的互联网金融犯罪行为进行论述。例如，有的学者在对互联网金融犯罪进行论述时，并不直接界定其具体概念，而是先对互联网金融进行界定，再在此范围内讨论互联网金融违法犯罪的样态。[1]

三、互联网金融犯罪概念界定面临的困境

理论上认为，在给一个法律概念下定义时，必须保证其精确性、客观性、概括性、周延性。[2] 不过，这些应然的要求与现实的实践、研究之间有一定的出入，互联网金融犯罪概念界定也面临这样的困境。

（一）概念界定的精确性要求与构成要素的模糊性之间的矛盾

概念界定的精确性，是指在界定某种概念时，必须准确无误，定义与所指对象一一对应，而不能含糊不清。

"互联网金融犯罪"由"互联网""金融""犯罪"三个异质的词汇构成。这是一种复合型的概念，即由多个概念组成的一个新概念。其中，"互联网"是作为工具还是互联网金融的空间存在尚存争议，而"金融犯罪"更没有明确、权威的概念。学界存在"金融要素相关标准说""行业或主体标准说""目的、手段标准说"和"金融业务标

---

[1] 参见郭华：《互联网金融犯罪概说》，法律出版社2015年版，第78—88页。

[2] 参见刘宪权：《金融犯罪刑法理论与实践》，北京大学出版社2008年版，第2页。

准说"等。[1] 在国外，同样存在这种情况。"无论在荷兰还是在欧盟的法律文件里都没有金融犯罪的概念。在其他国家也不容易找到一个令人信服的定义。金融犯罪和其他许多类似的概念一样，人们只知道概念的核心，然而却无法确定其边界。"[2] 此外，犯罪的定义也存在不同语境、不同国境的区别。因此，当三个基本构成要素都存在一定的分歧、模糊性时，由它们构成的"互联网金融犯罪"这个整体性的概念更加难以被精确定义。这就与界定概念时所要求的精确性存在矛盾。

（二）概念界定的客观性要求与行业主导的概念界定之间的矛盾

尽管学术研究不可避免地与研究者的主观想法密切相关，但是作为概念界定，应当具备较强的科学性。这种概念界定的科学性应当体现为可重复性，即不随个别研究者偏好的改变而改变。

在互联网金融犯罪的概念界定中，甚至在整个金融犯罪的刑事政策制定、刑事立法与司法中，金融行业和金融监管机构的主导性不容小觑。有的学者指出，近年来，金融行业和金融监管部门积极促成、推动金融刑法资源的投入，并利用专业知识和业务优势，积极建言完善刑法修正案，帮助出台司法解释等，试图充分利用刑法资源减轻自身压力，维护行业利益。[3]

金融行业的相关机构自然希望尽一切可能打击有害于金融机构的行为，并将金融监管责任转嫁给刑事司法机关，试图通过刑法分担其监管压力。在有较大的利害关系的行业、机构的推动下，互联网金融

---

[1] 参见毛玲玲：《金融犯罪的实证研究——金融领域的刑法规范与司法制度反思》，法律出版社2014年版，第4页。

[2] 刘明祥、冯军主编：《金融犯罪的全球考察》，中国人民大学出版社2008年版，第10页。

[3] 参见毛玲玲：《金融犯罪的实证研究——金融领域的刑法规范与司法制度反思》，法律出版社2014年版，第149—159页。

犯罪的概念界定往往带有浓厚的行业色彩，包藏行业利益取向，缺乏客观性。在互联网金融犯罪的概念界定中，这种不客观性主要表现为概念的扩大化。例如，近年来，金融行业的相关机构极力主张将部分新型的互联网金融不法行为纳入刑法规制的范围。

（三）概念界定的概括性、周延性与概念碎片化的现实之间的矛盾

对一个概念进行界定，应当具有概括性。所谓的概括性，是指概念应当体现其所指向的对象的基本特征。当前对于互联网金融犯罪的概念界定所截取的"手段特征""工具特征"以及"所侵害的法益特征"都是片段式的、碎片化的，往往只选择互联网金融犯罪的某个或者某两个特征进行定义，这在概括性上显然是不足的。

对一个概念进行界定，也应当具备周延性。所谓的周延性，是指在概念确定的外延范围内，应当涵盖全部情形。2013年被称为"互联网金融元年"。由此可见，互联网金融是一种新生事物。互联网金融犯罪往往与金融创新密切相关。例如，P2P行业、余额宝等作为金融创新的产物，伴随着不少金融风险，一旦这种风险转化成为实害，往往被界定为互联网金融犯罪。然而，互联网创新日新月异，很难通过一个既有的概念将其全部涵盖。互联网金融犯罪的定义也不例外。

四、互联网金融犯罪概念界定的新思路

正是因为在现实环境中，互联网金融犯罪的概念界定面临着上述诸种矛盾，所以应当采取新思路予以解决。我们认为，可以采取的新思路包括：概念界定和使用的前提是区分不同的语境；超越概念法学范式，超越部门利益，回归概念体系；采用构成要素分析的方法进行概念界定。

(一) 互联网金融犯罪概念界定和使用的前提：区分不同语境

1. 刑法学语境与犯罪社会学语境

在理论上，犯罪可以分为刑法学上的犯罪与犯罪社会学上的犯罪。刑法学上的犯罪是指我国《刑法》第 13 条规定的具备社会危害性、触犯刑法、应受刑罚处罚的行为。犯罪社会学上的犯罪的定义则较为宽泛，包括一切互联网金融中的不法行为、越轨行为。两种语境下的互联网金融犯罪关注的重点并不相同，因此在概念界定和使用中应当注意区分不同语境。

2. 本土语境与域外语境

在我国，危害社会的行为分为违法与犯罪两个层次。我国《刑法》第 13 条规定："一切危害……社会的行为，依照法律应当受刑罚处罚的，都是犯罪……"显然，我国判断犯罪的一个重要标准是"触犯刑法，应当受刑罚处罚"。危害社会但尚未触犯刑法的行为在我国则不被视为犯罪，而是作为违法行为被纳入行政处罚体系。可见，我国对实质上危害社会的行为附加了"应当受刑罚处罚"的形式要件而形成犯罪之概念，并区分出违法与犯罪两个实质相同而形式不同的层次。然而，大多数国家对犯罪进行了广义上的定义。类似于我国的行政违法行为，在国外也往往被定义为犯罪行为。例如，1871 年《德国刑法典》还是按照传统的"三分法"，将重罪、轻罪、违警罪规定在同一部刑法典中，并规定对违警罪处以自由刑、罚金及拘役等刑罚。可见，中外关于犯罪的概念存在较大的分歧。因此，在对互联网金融犯罪概念进行界定和使用时，应当注意区分本土语境（刑事司法二元化）与域外语境（刑事司法一元化）。

（二）互联网金融犯罪概念界定的新思维：超越与回归

1. 超越概念法学范式

概念法学兴盛于19世纪的大陆法系国家，信奉法律适用采取三段论的形式逻辑操作即可胜任。[1] 在概念法学的形式逻辑下，罪刑法定是最高原则。然而，法律语言本身存在一定的局限性，如果按照形式主义的方式机械界定、解读，将难以反映互联网金融市场的实质。因此，在对互联网金融犯罪进行概念界定时，应当超越概念法学范式，以实证为依据，适当加入实质性要素，以满足动态的互联网金融犯罪的司法需求。

2. 超越部门利益

如前所述，部门利益下的概念界定具有较强的行业色彩，客观性不足。在对互联网金融犯罪进行概念界定时，不能仅仅站在金融机构或者金融机构监管者的立场上，也应从刑法谦抑性、金融创新的角度出发，平衡不同角度之间的关系，避免使刑法资源沦为金融部门的利益代言工具。

3. 回归概念体系

在对互联网金融犯罪进行概念界定时，应将目光投于金融犯罪体系、经济犯罪体系甚至整个犯罪体系之上，在具体的犯罪体系中找到其位置。这种体系化的回归能够避免金融犯罪相关概念的碎片化。在此，有必要指出的是，互联网金融犯罪宜作为金融犯罪的一种新类

---

[1] 参见毛玲玲：《金融犯罪的实证研究——金融领域的刑法规范与司法制度反思》，法律出版社2014年版，第7页。

型，而不宜作为互联网犯罪的一种新类型。换言之，将"金融犯罪"作为"互联网金融犯罪"的上位概念更为合适。

（三）互联网金融犯罪概念的具体界定：构成要素分析

互联网金融犯罪的构成要素大体包括以下几个：

1. 空间要素

很多人认为，互联网金融犯罪都是发生在互联网空间内的。这种观点建立在这样一种假设之上：互联网是一种空间。这种假设并没有错，却是片面的。"以第三方网络支付、P2P网络借贷、众筹融资、虚拟货币为代表的网络金融创新模式得以不断普及，网络金融改变了消费者的支付习惯、投资者的理财渠道以及资金的借贷融资方式，也改变了互联网媒介仅仅作为技术工具的传统角色，使其成为促进资源市场化配置的调控平台。"[1] 可见，互联网首先是一种技术工具，然后慢慢演变成为平台、空间。因此，在虚拟空间之外的现实社会中，也存在互联网金融犯罪，不能说互联网金融犯罪的空间就是互联网。

我们认为，互联网金融犯罪的空间应该是金融领域，而非互联网。无论是在整个犯罪活动中的"互联网"还是"犯罪行为"，都必须发生在金融领域，围绕金融业务而展开，否则称不上"互联网金融犯罪"。

2. 主体要素

主体要素是指互联网金融犯罪的实施者，既可以是自然人，也可以是单位。

---

[1] 上海市浦东新区人民检察院课题组：《互联网金融犯罪治理研究》，载《山东警察学院学报》2016年第1期。

值得注意的是，在金融犯罪中，人们往往把金融机构作为受害者而忽视其作为犯罪主体的情形。在互联网金融犯罪中，情况也是一样的。事实上，互联网金融机构作为犯罪主体的情况是较为普遍的。有的学者对当前互联网金融机构作为犯罪主体的常见情形进行了归纳：第一类是相当普遍的"理财资金池"模式引发的涉及资金池的犯罪；第二类是因不合格借款人导致非法集资风险而引发的犯罪；第三类是典型的庞氏骗局引发的犯罪。[1]

3. 心理要素

与一般的金融犯罪一样，互联网金融犯罪中的心理要素基本上都是故意，过失不构成此类犯罪。此外，在互联网金融犯罪中，部分罪名要求行为人以非法占有为目的。

4. 被害要素

作为一种特殊类型的金融犯罪，互联网金融犯罪所侵害的对象一般是金融机构或者金融消费者。它所侵犯的客体既包括金融管理秩序（尤其是互联网金融管理秩序），也包括他人的财产权。例如，利用网络技术的疏漏，攻击互联网金融系统，窃取个人账户或者金融机构的资金，个人或者金融机构因此成为受害对象。

5. 行为要素

行为要素属于互联网金融犯罪的客观方面，是其外在事实特征之一。行为要素在互联网金融犯罪的概念界定中居于主要地位。互联网金融犯罪的行为要素在具体的罪名中有具体的规定，只要是通过互联

---

[1] 参见郭华：《互联网金融犯罪概说》，法律出版社2015年版，第78—81页。

网形式实施的金融犯罪,都属于互联网金融犯罪。

上述五个要素相结合时,只要空间要素、主体要素、心理要素、被害要素、行为要素中的一个或多个要素涉及互联网,即可界定为互联网金融犯罪。

综上所述,我们认为,一般而言,互联网金融犯罪是指发生在金融领域内,空间要素、主体要素、心理要素、被害要素、行为要素中的一个或多个要素涉及互联网的犯罪行为。在刑法的语境中,互联网金融犯罪是指发生在金融领域内,空间要素、主体要素、心理要素、被害要素、行为要素中的一个或多个要素涉及互联网,具备社会危害性和刑事违法性,应当受刑罚处罚的行为。但是,情节显著轻微危害不大的,不被认为是互联网金融犯罪。

第二十章
金融犯罪认定和处理中的疑难问题*

金融犯罪的认定和处理方式在实践中存在一定的争议，主要涉及以下问题：如何评价金融犯罪的社会危害性和危害程度？如何根据当前金融犯罪的基本态势，确定金融犯罪的认定和处理方式？如何完善金融犯罪的处罚方式？如何加强金融犯罪处理中的国际司法合作？对此，要准确把握金融犯罪的态势和处理金融犯罪的刑事政策，并通过对金融犯罪构成的设计以达到对金融犯罪认定和处理方式的调整。此外，还应通过对金融犯罪行为社会危害性的恰当评价以完善金融犯罪处理的范围，并对金融犯罪刑罚方式进行完善，加强合作以提高惩处金融犯罪的有效性。

一、两个案例引发的思考

案例一： 在从银行贷款屡屡碰壁后，孙大午为给其经营的河

---

* 本章为笔者与赵宁合作撰写，载卓泽渊、刘建、李小华主编：《金融法律服务与管理创新建设论坛》，中国人民公安大学出版社2012年版。

北大午农牧集团筹集发展资金,从 1996 年开始,以入股的方式融资,后来逐渐扩大到邻村的村民,共有 4000 多人把钱借给大午集团,累计 1.8 亿元。孙大午有借有还,使公司的借款余额大致稳定在 3000 万元左右。当地银行多次责令孙大午停止吸储,但是没有结果。后司法机关介入,当地检察院起诉孙大午构成非法吸收公众存款罪。法院认定孙大午构成该罪,判处有期徒刑 3 年,缓刑 4 年,并处罚金 10 万元。

案例二:犯罪嫌疑人王某为了筹资赌博,于 2008 年 2 月通过路边小广告留下的信息,将户名为其妻张某的中国建设银行三年期存款 10 万元的存折信息提供给对方,定做了一本内容一致的假存折。嗣后,王某瞒住其妻张某将真假存折对调。2008 年至 2009 年间,王某陆续将原存折内的 10 万元存款取出,用于赌博。2009 年 7 月,张某在不知情的情况下,持被王某调包的假存折至银行办理业务时被银行查获。

对上述两案的处理在司法实践中存在比较大的争议。孙大午非法吸收公众存款案在 2003 年首先引发经济学界和法学界对于非法吸收存款罪的共同思考,并对现行的金融监管法律框架提出了严重质疑。法院最后以缓刑处理,真切地表明在处理金融监管体制"催生"的种种犯罪过程中,司法机关处于相当尴尬的境地。[1] 有学者就此认为,由于刑法游离于金融制度逻辑之外,一些金融行为在产生之初便形成合法性悖论:虽然以相关罪名论处具有规范依据,但是其实际后果导致异议迭起。[2] 对于第二个案例的处理,一种观点认为,对王某的行为应以伪造金融票证罪认定;另一种观点则认为,不论从客观危害

---

[1] 参见刘燕:《发现金融监管的制度逻辑》,载《法学家》2004 年第 3 期。
[2] 参见毛玲玲:《金融犯罪的新态势及刑法应对》,载《法学》2009 年第 7 期。

还是主观恶性的角度考虑，王某的行为均不具有严重的社会危害性，因此不构成犯罪。两种观点的差异也说明，司法机关对金融犯罪行为的认定和处理，并非仅仅判断某种行为与金融犯罪刑法条文的规定是否一致即可。

二、新形势下金融犯罪认定和处理中出现的问题

一般认为，金融犯罪主要是指《刑法》分则第三章第四、五两节的内容，是涵盖货币、信贷、金融凭证、保险、证券、期货、银行、外汇等相关领域，危害国家金融管理制度，破坏金融管理秩序，具有严重社会危害性的行为，集中体现为破坏金融管理秩序罪和金融诈骗罪两大类。在司法实践中，认定和处理金融犯罪经常会遇到以下几个方面的问题：

（一）如何评价金融犯罪的社会危害性和危害程度

金融犯罪与传统的财产犯罪在侵犯的主要客体、损害的对象及范围上均有所区别。尤其是在侵犯的主要客体方面，虽然金融犯罪行为往往也会侵犯到公私财产所用权，但是主要侵犯的社会关系是国家的金融管理制度和金融管理秩序。[1] 在实践中，司法机关在认定某一行为是否构成金融犯罪时，往往会严格根据刑法条文的规定，判断该行为是否符合相应的金融犯罪的客观行为类型；如果符合，再判断在数额、情节等方面是否达到入罪标准。这种判断方式一般能够达到准确认定金融犯罪的目的。但是，在某些情况下，司法实践中会出现一些对金融犯罪客体没有明显的严重危害性的金融违法行为，如上述案

---

[1] 参见刘宪权、卢勤忠：《金融犯罪理论专题研究》，复旦大学出版社2005年版，第5页。

例二。在这种情况下，从社会危害性和危害程度入手，判断某一行为是构成犯罪还是一般的金融违规行为，就可能出现模糊之处和争议。

（二）如何根据当前金融犯罪的基本态势，确定金融犯罪的认定和处理方式

我国刑法规定的金融犯罪大多属于结果犯。但是，一些学者认为，针对当前金融犯罪高发的态势，在刑法中不应过多地采用结果犯这种单一的犯罪构成模式，而应尽量确保立法技术的多样化，根据不同情况下体现的社会危害性分别处理。例如，合理确定一些行为犯、抽象危险犯，以加大对金融犯罪的打击力度。[1] 又如，在司法机关认定犯罪的过程中，对违法发放贷款罪与对违法票据承兑、付款、保证罪的主观罪过是否包括过失，以及对金融诈骗犯罪中"以非法占有为目的"的认定标准存在的争议等，实质上也反映出对金融犯罪的不同处理态度。近年来，与非法集资行为有关的犯罪案件呈多发态势，这类案件的处置具有涉众性的特点，纯粹给予严刑处置将很难取得法律效果与社会效果统一的实效。集资案件被害人对于犯罪化处置结果不予认同，这已经成为一些地方政府工作中的难题。[2] 上述孙大午非法吸收存款案的处理结果就体现了类似问题。

（三）如何完善金融犯罪的处罚方式

对于金融犯罪如何处罚才能够有效地预防和减少金融犯罪的发生，一直是理论界和实务界重点关注和研究的问题。我国刑法对金融犯罪的处罚基本上以自由刑为主，对一些社会危害性特别严重的金融

---

[1] 参见倪爱静：《完善金融刑法 遏制金融犯罪——全国金融犯罪与金融刑法理论研讨会综述》，载《人民检察》2005年第8期（上）。

[2] 参见毛玲玲：《金融犯罪的新态势及刑法应对》，载《法学》2009年第7期。

犯罪还规定了死刑，如伪造货币罪、集资诈骗罪、票据诈骗罪等。我国正处于新旧经济体制转换时期，短期内金融犯罪的上升态势不可避免。在这种形势下，扩大金融犯罪圈，对危害社会主义市场经济健康发展的行为动用刑罚加以惩处完全有必要。[1] 但是，预防金融犯罪显然并非刑罚越严厉就越有效，自由刑并不能最有效地普遍适用于金融犯罪案件的处理。此外，从司法追诉角度看，金融机构和司法机关有重视大案、轻视小案的倾向。实践中，一些人认为金融机构无小案，几万元、几十万元的案件在金融机构算不了什么，于是不经司法程序而在内部处理了之。[2] 但是，如贝卡利亚所言，刑罚的威慑力不在于刑罚的严酷性，而是不可避免性，[3] 重视大案、轻视小案的处理原则并不能更有效地预防和减少金融犯罪。

（四）如何加强金融犯罪处理中的国际司法合作

随着金融流通手段和通信技术的发展，许多金融犯罪呈现出国际化特征，具体表现为：第一，由于金融市场的开放，犯罪分子有更多途径进入一国金融市场实施犯罪；第二，各国之间的经济往来更加频繁，相互依赖性更强，更多的国际贸易为金融犯罪提供了空间；第三，罪犯可以利用发展中国家金融体系的漏洞进行犯罪。[4] 特别是随着金融服务的网络化和电子化，许多犯罪行为人可能根本不需要进

---

[1] 参见章亚梅、杨月斌：《金融犯罪刑罚原则探究》，载《学术交流》2006年第12期。

[2] 参见延红梅：《行政与司法手段并重 努力形成打击金融犯罪的合力——访北京市人民检察院第二分院检察长伦朝平》，载《中国金融》2005年第10期。

[3] 参见〔意〕贝卡利亚：《论犯罪与刑罚》，黄风译，中国大百科全书出版社1993年版，第59页。

[4] 参见宁杰：《金融犯罪全球化 法律如何出招》，载《人民法院报》2007年9月9日。

入犯罪地国家，犯罪所得也可便利地转移出犯罪地国家。如实践中多发的信用卡诈骗类犯罪，组织者和制卡者往往都在国外，在国内能够抓获的往往只是携带伪造信用卡进行消费的一般犯罪成员，由此造成的损失在许多情况下很难追回。此外，由于刑事司法协助方式相对有限，因此导致实践中抓捕潜逃国外的国内金融犯罪分子和追缴赃款处于比较困难的境地。

三、新形势下对金融犯罪认定和处理方式的健全和完善

根据上文对新形势下金融犯罪认定和处理中所出现问题的分析，我们认为，可从以下几个方面对金融犯罪认定和处理方式予以健全和完善：

（一）准确把握金融犯罪的态势和处理金融犯罪的刑事政策

对于金融犯罪的发展态势，有学者作了如下总结："在金融危机背景下考察，金融犯罪呈现出以下新态势：金融犯罪新手段追随金融市场热点，与新兴金融业务如影随形；金融机构的'用户至上'主义衍生金融犯罪的空间；金融冒险成为金融机构内部人员犯罪的重要原因；金融犯罪的处置引发对金融监管制度逻辑的思考；金融犯罪的全球化呼吁国际立法与司法的合作。"[1] 还有学者认为，新形势下金融犯罪呈现高发态势，大案要案幅度上升；作案手段呈智能化、多样化、隐蔽化；涉及金融业务各领域，金融系统的每一项业务、每一个市场、每一个机构都存在着被侵犯的事实和风险；金融诈骗占整个金融犯罪案件的比重突出，其中金融票证、贷款、信用卡、信用证四类诈骗案件更为突出，立案数占金融诈骗案件总数的90%；跨区域作案

---

[1] 毛玲玲：《金融犯罪的新态势及刑法应对》，载《法学》2009年第7期。

现象突出，跨省作案、境内外勾结作案屡见不鲜，且作案后为躲避打击而迅速向境外逃窜也是金融犯罪嫌疑人常用的伎俩，给司法机关的侦破和追赃带来了极大的困难和障碍；具有与其他刑事犯罪的并发性，如保险或金融诈骗犯罪。[1]

上述观点基本上概括了目前金融犯罪的发展形势和特征。随着市场经济的深入发展，金融犯罪在我国总体上呈现高发态势，而且作案手段和危害方式、领域均出现很大的扩展，侦破和处理金融犯罪的难度也大大提高。针对金融犯罪的现状和发展形势，我们认为，与我国金融市场初步建立，国内经济的国际化程度并不太高的市场经济建设初期相比，对金融犯罪的打击力度不应受到"激发金融市场活力"观念的过多牵制，而应同时着眼于对金融市场秩序的规范和完善，加大对各类金融犯罪的打击力度。"司法机关在加大对金融犯罪大案打击力度的同时，……要重视查办发生在金融机构的'小案'。只要触犯了刑法，无论是大案还是小案，都必须严格依照司法程序处理，做到有案必查、有罪必惩，强化'只要犯罪刑罚就不可避免'的威慑力。"[2] 当然，在加大打击金融犯罪力度和重视查办金融"小案"的过程中，要准确把握金融犯罪危害的客体，只有对对金融管理秩序产生严重社会危害性的行为才能运用刑罚进行处理。

（二）通过对金融犯罪构成的设计，达到对金融犯罪认定和处理方式的调整

有学者认为，金融犯罪侵犯或主要侵犯的是金融秩序，而金融秩序的核心是信用交易行为，这是市场经济条件下的一个社会基本伦理

---

[1] 参见李波：《新形势下金融犯罪特点研究》，载《经济师》2008年第2期。

[2] 延红梅：《行政与司法手段并重 努力形成打击金融犯罪的合力——访北京市人民检察院第二分院检察长伦朝平》，载《中国金融》2005年第10期。

规范。为了维护这一社会基本伦理规范,金融犯罪的构成形态应首选行为犯,而不是结果犯。[1] 对于金融诈骗犯罪中"以非法占有为目的"之认定标准的确定,多数学者主张必须有相应的证据证明行为人具有非法占有目的;而在实践中,司法机关多是根据行为人的行为方式和危害后果进行推定。[2]

以上论述的实质是如何根据我国金融犯罪的发展态势和处理政策,对金融犯罪构成进行一定的设计和解释,从而达到调整金融犯罪处罚范围的目的。例如,我国刑法规定的金融犯罪大多属于结果犯,一般要求具备一定的数额、情节或者危害结果,如果要加大对某类金融犯罪的打击力度,那么可以采用以行为犯或者抽象危险犯为犯罪构成的金融刑法。对于金融诈骗犯罪,则可以根据行为方式和危害结果对其是否具有非法占有目的进行推定。此外,有学者指出,金融诈骗犯罪只能表现为目的性结果犯,而欺诈犯罪既可以表现为危险犯,也可以表现为结果犯。因此,可以通过将"以非法占有为目的"减缩为"以非法获利为目的",以实现堵截性立法。[3] 对于主观罪过存在模糊认识的某些犯罪,行为人对结果是持故意还是过失态度,在司法实践中予以证明的难度较大,学界的认识分歧也较大。但是,不管将上述行为定位为故意还是过失犯罪,对这种故意违反有关法律、规章并造成较大损失的行为,应当将其纳入刑事法律规制的视野,[4] 基本方式就是将这种行为的主观罪过予以拓展,包括过失类行为。

---

[1] 参见倪爱静:《完善金融刑法 遏制金融犯罪——全国金融犯罪与金融刑法理论研讨会综述》,载《人民检察》2005年第8期(上)。

[2] 参见刘宪权、卢勤忠:《金融犯罪理论专题研究》,复旦大学出版社2005年版,第544—549页。

[3] 参见李运平、王金贵:《全球化背景下的金融犯罪问题国际学术研讨会综述》,载《人民检察》2007年第37期。

[4] 参见倪爱静:《完善金融刑法 遏制金融犯罪——全国金融犯罪与金融刑法理论研讨会综述》,载《人民检察》2005年第8期(上)。

（三）通过对金融犯罪行为社会危害性的恰当评价，完善金融犯罪处理的范围

有学者认为，总体而言，根据罪刑法定原则，认定一种行为是否构成金融犯罪，应当以刑法分则规定的这种犯罪的犯罪构成为依据。其中，金融不法行为的社会危害性及其程度、刑事违法性是认定某种行为是否构成金融犯罪的实质标准，对于区分金融犯罪与非罪具有特别重要的意义；同时，也只有注重将两者紧密结合，正确处理彼此的关系，才能做到准确把握金融犯罪与非罪的界限。[1] 如前述案例一，对于集资诈骗行为是否构成犯罪的认定，就直接涉及对其社会危害性如何进行评价的问题。有司法实务人员认为，非法集资、非法吸收公众存款等涉众性经济犯罪多发频发，司法惩治效果不佳，原因在于游存于市场的大量民间资本和需要起步资金的大量中小企业为民间融资的存在提供了合理性基础。与其采取"堵"的办法，不如采取"疏"的措施，为民间融资构筑一个合法平台，同时严格规范民间融资活动。[2]

对此，我们认为，应从两个方面进行把握：首先，金融犯罪侵犯的主要客体是金融管理制度和金融管理秩序，包括破坏货币管理秩序，破坏金融机构管理秩序，破坏金融业务管理秩序，破坏证券、股票、债券发行管理秩序，破坏外汇管理秩序。当然，某些金融犯罪对公私财产所有权也会造成损害。其次，对金融管理制度和金融管理秩序造成的危害要达到具有严重社会危害性的程度，在刑法规定上一般

---

[1] 参见杨月斌：《金融犯罪与非罪的认定标准问题》，载《理论探索》2006 年第 6 期。

[2] 参见王会甫、杨立凡、孙永生：《完善金融刑法 维护金融安全——中国金融安全的刑法保护暨湖北省法学会刑法研究会 2008 年年会综述》，载《人民检察》2008 年第 23 期。

体现为数额、情节、危害结果。在此，重点是明确两个问题：

其一，金融违规行为对金融管理制度和金融管理秩序的社会危害性会随着经济政策和经济发展需求的变化而变化，对于这种变化的把握来自刑法之外。如前述案例一中，这类问题主要依靠立法的完善予以解决。

其二，对于刑法没有直接规定行为社会危害性标准的，是否只要实施刑法或者相应司法解释规定的客观行为就构成犯罪？这是前述案例二所反映的问题。根据《刑法》第13条，对于形式上符合具体犯罪的刑法条文规定，实质上不具有严重社会危害性的行为，只能通过对具体犯罪罪状的实质解释，将这类行为排除在犯罪行为以外。例如，《刑法》第359条"引诱、容留、介绍卖淫罪"的罪状为"引诱、容留、介绍他人卖淫的"，但是我们不能仅依此就认为只要有引诱、容留、介绍他人卖淫的行为，而不论其是否达到具有严重社会危害性的程度，均以引诱、容留、介绍卖淫罪处理。在上海的司法实践中，对于引诱、容留、介绍卖淫罪的认定，一般要求具有引诱、容留、介绍他人卖淫二次以上或者二人次以上等情节的，才以犯罪处理。没有达到这个标准，又没有其他严重情节的，则可以根据《治安管理处罚法》第67条的规定进行处理："引诱、容留、介绍他人卖淫的，处十日以上十五日以下拘留，可以并处五千元以下罚款；情节较轻的，处五日以下拘留或者五百元以下罚款。"认定《刑法》第245条规定的非法搜查罪，同样要求该类型行为达到具有严重社会危害性的程度，否则也只能根据《治安管理处罚法》的相关规定进行处理。因此，对于刑法条文规定的金融犯罪的理解也要坚持实质解释的原则，而不能仅根据行为的形式要件是否具备就作出是否构成犯罪的判断。前述案例二中，王某的行为显然没有达到严重危害相关金融票证管理秩序的程度，因此不作为犯罪处理更合适。

(四) 对金融犯罪刑罚方式进行完善，加强合作以提高惩处金融犯罪的有效性

关于对金融犯罪刑罚的完善，有学者认为，首先，要完善刑罚体系，包括完善罚金刑的适用，减少倍比罚金制，代之以实定罚金制；合理完善刑罚幅度设置，细化量刑档次。其次，要在刑种配置上增加资格刑的种类，对自然人犯罪可增加禁止从业的资格刑，对单位犯罪应该增设停业整顿、限制从事业务活动与强制解散三种资格刑。[1] 还有学者认为，在对金融犯罪分子适用刑罚处罚的时候，除了应当遵循我国刑法的基本原则即罪刑法定原则、适用刑罚人人平等原则、罪责刑相适应原则外，还应当考虑金融犯罪的特点，遵循谦抑性、适度轻缓、公私权利平等保护、经济性、人本主义等原则，以确保对金融犯罪定罪量刑的准确、适度，从而最大限度地实现金融刑罚的根本目的。[2] 此外，根据目前金融犯罪跨区域、国际化的特征，加强合作对于提高惩处金融犯罪的有效性非常重要。对此，许多学者提出，防范金融犯罪是一项涉及国际、国内政治、经济、金融、司法等各方面，难度极大的工作。这既要加强金融系统内部职能部门的协调配合，更要大力加强横向联系，由金融机构与公、检、法等政法部门共同建立完善的防范体系。[3] 还有司法实务人员认为，加强国际刑事司法合作和接轨，是当前打击金融犯罪特别是涉外金融犯罪的一个重

---

[1] 参见王会甫等：《完善金融刑法 维护金融安全——中国金融安全的刑法保护暨湖北省法学会刑法研究会 2008 年年会综述》，载《人民检察》2008 年第 23 期。

[2] 参见章亚梅、杨月斌：《金融犯罪刑罚原则探究》，载《学术交流》2006 年第 12 期。

[3] 参见刘晓明：《加强金融法制 维护金融安全——"上海金融领域预防经济犯罪、维护金融安全"研讨会观点综述》，载《政治与法律》2001 年第 5 期。

要方面。[1]

我们认为，金融犯罪不同于传统的自然犯罪，而是与市场经济和金融贸易发展相伴随的犯罪行为，具有贪利性强、涉及范围和领域广、技术含量更高、需要借助于金融市场和金融工具、危害性更大等特征。因此，在对金融犯罪进行处罚以达到刑罚一般预防和特殊预防的过程中，也需要体现其刑罚方式的一些特殊性。首要的完善方式就是对金融犯罪尽量慎用、少用死刑，在使用自由刑的基础上，多采用财产刑和资格刑。这样，不仅能降低刑罚执行的成本，还能更有效地实现刑罚惩罚的目的。不管是处罚金还是没收财产，都要求犯罪分子交出若干财产。这一方面是对犯罪分子的惩罚，另一方面也是补偿因其实施的金融犯罪行为给国家带来的经济损失。对于触犯金融刑法的一类经济犯罪分子来讲，这无疑是"掏心割肉"。[2] 此外，加强合作和联动对于有效地处罚和打击金融犯罪至关重要，只有加强行政监管部门与司法部门协调机制和信息沟通，才能形成打击金融犯罪的合力。目前，北京、上海等地的一些检察机关还专门成立了金融公诉组，并将组里的检察官送往各个金融监管部门进行专门学习。这一方面可以培养办理金融犯罪业务的专业检察官，另一方面也可以加强金融监管部门和司法部门的合作和沟通，提高打击金融犯罪的效率。同时，由于金融犯罪的国际性特征日趋明显，犯罪实施地和损失地可能不在同一国家，而各国对金融犯罪的界定和处理方式存在一定的差异，因此加强处理金融犯罪中的国际沟通和合作，以保证对涉外金融犯罪的有效追诉，在当前同样是亟待解决的问题。

---

[1] 参见延红梅：《行政与司法手段并重 努力形成打击金融犯罪的合力——访北京市人民检察院第二分院检察长伦朝平》，载《中国金融》2005年第10期。

[2] 参见章亚梅、杨月斌：《金融犯罪刑罚原则探究》，载《学术交流》2006年第12期。

第二十一章
内幕交易、泄露内幕信息罪司法疑难问题研究
——基于裁判文书的分析*

2016年11月19日,凤凰网在其首页报道:"今年1月到9月,大陆资金非正常流失高达21400亿元人民币,国有商业银行、地方开发银行的不良资产率上升至2.9%—3.8%。"近年来,我国资金非正常外流情况严重,金融市场监管有漏洞,其中致命问题是人为的,而且是明显不作为、乱作为造成的。

内幕交易是典型的有证券业从业人员参与的危害证券市场正常秩序的违法行为。根据证监会的统计数据[1],证监会对内幕交易的处

---

* 本章为笔者与郗培植合作撰写,载《福建警察学院学报》2017年第1期。
〔1〕 参见《监管执法:资本市场健康发展的基石——肖钢主席在〈求是〉杂志发表署名文章》,http://www.csrc.gov.cn/pub/newsite/jcj/gzdt/201310/t20131014_236112.html,2016年11月21日访问。

罚占所有行政处罚的一半以上,并且内幕交易案件的数量逐年递增,但是进入司法程序的内幕交易案件寥寥无几,其中缘由引人深思。造成此种差异既有刑事政策的原因,也有刑法规定的内幕交易、泄露内幕信息罪在司法实践中认定难的原因。本章以内幕交易、泄露内幕信息罪为研究对象,选取相关刑事裁判文书为研究样本,拟对内幕交易、泄露内幕信息罪的主要司法疑难问题作一初步的探究。

一、裁判文书的选择与司法疑难问题的发现

(一)罪名内涵与由来

内幕交易、泄露内幕信息罪,是指证券、期货交易内幕信息的知情人员或者非法获取证券、期货交易内幕信息的人员,在涉及证券、期货的发行、交易或者其他对证券、期货的价格有重大影响的信息尚未公开前,买入或者卖出该证券,或者从事与该内幕信息有关的期货交易,或者泄露该信息,或者明示、暗示他人从事上述交易活动,情节严重的行为。[1]

中华人民共和国成立以后,刑法中长期没有关于规制内幕交易、泄露内幕信息行为的规定。我国在1990年建立起自己的证券交易所后,对于内幕交易、泄露内幕信息行为的处理一直停留在行政处罚的层面,并未将相关行为纳入刑法包括单行刑法处罚的视野之中。直到1997年修订的《刑法》才在其第180条中第一次将内幕交易行为规定为犯罪,但是仅处罚证券内幕交易、泄露证券内幕信息的行为。

此后,内幕交易、泄露内幕信息罪通过刑法修正案进行了两次修

---

[1] 参见张明楷:《刑法学(下)》(第五版),法律出版社2016年版,第786页。

订。1999年12月25日全国人大常委会通过的《刑法修正案（一）》增加了处罚期货内幕交易、泄露期货内幕信息的规定。2009年2月28日全国人大常委会通过的《刑法修正案（七）》对内幕交易、泄露内幕信息罪进行了第二次修改，增加了该罪名的第4款，并最终形成了现行《刑法》第180条的规定。

2012年3月29日，《最高人民法院、最高人民检察院关于办理内幕交易、泄露内幕信息刑事案件具体应用法律若干问题的解释》（以下简称《解释》）公布，细化了内幕交易、泄露内幕信息罪在司法实践中的认定。

（二）裁判文书的选择

本章研究的裁判文书来自中国裁判文书网，这是裁判文书上网的重要载体，是司法公开建设的重要一环。近些年来，最高人民法院大力推进裁判文书上网工作。2013年7月1日，《最高人民法院裁判文书上网公布暂行办法》正式实施。依据该办法，除法律规定的特殊情形外，最高人民法院发生法律效力的判决书、裁定书、决定书一般均应在互联网公布。2014年1月1日，《最高人民法院关于人民法院在互联网公布裁判文书的规定》正式实施。该司法解释明确规定，最高人民法院设立中国裁判文书网，统一公布各级人民法院的生效裁判文书。

2016年10月29日，我们在中国裁判文书网的检索栏中以"内幕交易、泄露内幕信息罪"为关键词，检索出30条与内幕交易罪相关的记录，相关案件的时间跨度从2013年到2016年。经过查看与比较，我们统计出30份与内幕交易罪有关的司法文书，其中包括11份执行裁定或减刑假释裁定、2份发回重审的裁定、7份二审裁定以及10份生效的一审判决。基于上述裁判文书对于案件情况记载的详略差异，在逐一统计后，我们最终决定以下列17份裁判文书作为本章的

主要研究对象：

1. 冯大明等人内幕交易二审刑事裁定书，（2013）粤高法刑二终字第274号。

2. 李宏生内幕交易一审刑事判决书，（2013）锡刑二初字第0010号。

3. 金某、吕某内幕交易、泄露内幕信息罪二审刑事判决书，（2013）浙刑二终字第135号。

4. 高某内幕交易、泄露内幕信息罪一审刑事判决书，（2014）锡刑二初字第00008号。

5. 黄梅芳内幕交易、泄露内幕信息罪一审刑事判决书，（2014）浙台刑二初字第4号。

6. 郭福祥内幕交易二审裁定书，（2015）津高刑二终字第9号。

7. 宋某等内幕交易、泄露内幕信息罪一审刑事判决书，（2014）二中刑初字第315号。

8. 余某某内幕交易一审刑事判决书，（2014）江开法刑初字第546号。

9. 冯伟林等人受贿案二审刑事判决书，（2015）湘高法刑二终字第6号。

10. 李某甲、钟某、徐某甲等内幕交易、泄露内幕信息罪一审刑事判决书，（2015）浙台刑二初字第1号。

11. 倪鹤琴、胡宁和内幕交易、泄露内幕信息二审刑事裁定书，（2015）粤高法刑二终字第151号。

12. 石某甲、蔡某甲内幕交易一审刑事判决书，（2015）中二法刑二初字第243号。

13. 陈必红等泄露内幕信息、内幕交易二审刑事裁定书，

（2015）沪高刑终字第 140 号。

14. 刘志强挪用资金、内幕交易一审刑事判决书，（2016）冀 08 刑初 12 号。

15. 鹿某犯内幕交易、泄露内幕信息罪一审刑事判决书，（2016）鲁 03 刑初 12 号。

16. 张健业犯内幕交易罪一审刑事判决书，（2016）川 01 刑初 00008 号。

17. 张宇翔、杨建斌内幕交易、泄露内幕信息二审刑事裁定书，（2016）粤刑终 399 号。

（三）裁判情况及主要疑难争议问题

我们在对 17 份裁判文书进行比较分析的基础上，梳理出内幕信息的认定、内幕交易主体的认定、内幕交易罪的刑罚结果三个方面，以呈现内幕交易、泄露内幕信息罪的主要司法疑难问题。

1. 内幕信息的认定

内幕信息是一切内幕交易行为的源头，因此也就构成了内幕交易、泄露内幕信息罪的核心要件。在司法实践中，司法机关在审理案件时，第一步就是确定内幕信息以及内幕信息敏感期，需要法院对作为认定内幕交易、泄露内幕信息罪的证据进行审查。

我们在对 17 份裁判文书中关于认定内幕信息以及内幕信息敏感期的证据材料进行梳理时发现，2 起案件中，犯罪嫌疑人投案自首，主动交代了犯罪事实，作为内幕信息的证据由犯罪嫌疑人以口供的方式提出，侦查机关基于犯罪嫌疑人提供的线索，在犯罪嫌疑人的账户交易记录中予以确认，在作为定罪依据时，控辩双方没有产生争议。但是，剩余 15 起涉及内幕交易、泄露内幕信息罪的案件全部由证监会发现后再移送到司法机关,因此在这 15 起案件中对内幕信息的认定全部由证监会作出。

在我国的证据规则中,行政机关作出的处罚结果,司法机关可以用作刑事审判的证据。但是,在案件移送司法机关后,上述 15 起案件中有 6 起案件的被告人对证监会作出的内幕信息的认定提出异议,要求法院重新认定内幕信息以及内幕信息敏感期。这就要求法官有相当专业的证券知识以作出判断。但是,在司法实践中,由于金融犯罪的专业性,法官对于专业问题不能很好地把握,往往只能依赖行政机关的认定进行裁判。在这种情况下,法院裁判的独立性与中立性难免受到质疑。对于内幕信息以及内幕信息敏感期的认定也因此成为司法实践中的一个难点问题。

2. 内幕交易主体的认定

《刑法》第 180 条将内幕交易、泄露内幕信息罪的犯罪主体分为"证券、期货交易内幕信息的知情人员"和"非法获取证券、期货交易内幕信息的人员"两大类。对于如何认定这两类犯罪主体,《解释》作了进一步的明确规定。

《解释》第 1 条将"证券、期货交易内幕信息的知情人员"细化为:(1)《证券法》第 74 条规定的人员;(2)《期货交易管理条例》第 85 条第 12 项规定的人员。《解释》第 2 条将"非法获取证券、期货内幕信息的人员"细化为三种:(1)利用窃取、骗取、套取、窃听、利诱、刺探或者私下交易等手段获取内幕信息的;(2)内幕信息知情人员的近亲属或者其他与内幕信息知情人员关系密切的人员,在内幕信息敏感期内,从事或者明示、暗示他人从事,或者泄露内幕信息导致他人从事与该内幕信息有关的证券、期货交易,相关交易行为明显异常,且无正当理由或者正当信息来源的;(3)在内幕信息敏感期内,与内幕信息知情人员联络、接触,从事或者明示、暗示他人从事,或者泄露内幕信息导致他人从事与该内幕信息有关的证券、期货交易,相关交易行为明显异常,且无正当理由或者正当信息来源的。可见,内幕信息知情人员即法定的内幕人员,非法获取内幕信息的人员为非法定的内幕人员。

我们通过对17份裁判文书中关于内幕交易主体的专项统计发现,法定的内幕人员实施的内幕交易案有11件,非法获取内幕信息的人员实施的内幕交易案有6件,法定的内幕人员实施的内幕交易案件占全部案件的64.7%。从受到刑事处罚的人员构成来看,法定的内幕人员有9人,非法定的内幕人员高达20人。从传播的路径来看,内幕信息只要泄露即具有容易大面积扩散的特点。上述统计结果进一步表明,内幕信息大多由上市公司高管、股东等法定的内幕人员泄露,其他非法定的内幕人员实施证券交易。因此,法定的内幕人员在这类案件中起主要作用,应当成为法律管控的重点人群。

对上述17份裁判文书中的内幕交易主体,依照《刑法》第180条以及《解释》的相关规定非常容易作出判断,一般不会产生争议。然而,我们在对证监会作出行政处罚的案件进行分析后发现,部分法定的内幕人员由于酒后失言或者对外吹嘘,令不相关人员被动知悉内幕信息。这些被动知悉内幕信息的人员以及相关人员是否构成内幕交易、泄露内幕信息罪的犯罪主体,成为司法实践中的争议问题。

3. 内幕交易的刑罚结果

在上述17份裁判文书中,自然被告人共29人,单位被告人1人。其中,被判处实刑的有11人,被判处缓刑的有18人,缓刑适用率高达62.1%。

再来看附加刑——罚金的适用情况。我们从17份裁判文书中提取"没收非法所得"的相关数据,并以此数据为基础,整理出内幕交易非法所得的一些特点。统计显示,平均非法所得为589万元,扣除刘志强案、冯大明案两起"大案"，平均非法所得为 145.48 万元。在案件非法所得的区间分布上，非法所得在 100 万元以下的案件有 10 起，100 万元到 1000 万元的有 5 起，1000 万元以上的有 2 起。《刑法》第 180 条规定："……情节严重的，处五年以下有期徒刑或者拘役，并处或者单处违法所得一倍以上五倍以下罚金；情节特别严重的，处五年以上十年以下有期徒刑，并处违法所得一倍以上五倍以下罚金。"在对案件罚金数额进行统计后，排除个别罚金数额特别巨大的案件，平均罚金数额为 184.55 万元，罚金数额大约是非法所得的 1.3 倍，处于"违法所得一倍以上五倍以下"这一较低区域。这一分析表明，罚金刑的适用并没有充分体现出对内幕交易的必要惩戒和威慑，内幕交易的违法成本仍然较低。

从上述刑罚结果的相关数据不难看出，在司法实践中，对内幕交易、泄露内幕信息罪的处罚普遍具有轻刑化的特征，罪刑关系并不相匹配。

(四) 问题总结

为了更加准确地分析内幕交易、泄露内幕信息罪在司法实践中认定的疑难问题，我们又对中国证监会对于内幕交易案件的行政处罚情况进行了分析。

2016 年 10 月 29 日，我们登录中国证监会网站首页，在"行政处罚"一栏输入关键词"内幕交易"进行信息搜索，搜索到共计 926 条与内幕交易相关的信息。我们截取 2007—2016 年的数据为样本，经过统计和对比后得到如下数据：10 年间，证监会共作出行政处罚 710 次，对于内幕交易案件的处罚达 204 次，对于内幕交易案件的处罚数量从 2007 年的 3 起增加到 2016 年的 51 起；内幕交易案件占所有行政处罚案件的比例也呈增长态势，从 2007 年的 8.57％增加到 2016 年的 43.59％。值得注意的是，内幕交易案件具有极强的隐蔽性，内幕交易的实际情况可能更加严重。

综合以上分析，可以初步得出以下结论：内幕交易案件在我国证券市场频发，案件数量增长迅速，已经成为所有证券违法案件中占比最高的类型。内幕交易已经成为危害我国证券市场健康发展的主要顽疾。同时，内幕交易案件以行政处罚为主，存在较为明显的"以罚代刑"倾向。

我们通过比较行政处罚与刑事处罚发现，之所以存在"以罚代刑"倾向，主要原因在于内幕交易、泄露内幕信息罪存在较为突出的认定难问题，具体表现为：(1) 内幕信息以及内幕信息敏感期的认定不准确；(2) 内幕交易、泄露内幕信息罪主体的认定有分歧；(3) 内幕交易、泄露内幕信息罪的行为方式不清晰。如何破解这三个较为突出的司法疑难问题，正是本章研究的重点。

二、关于内幕信息以及内幕信息敏感期的认定

认定内幕交易、泄露内幕信息罪的核心要素是"内幕信息"，没有内幕信息的形成，就不会有内幕信息的泄露、传递，更不会有内幕交易行为的完成。因此，对于"内幕信息"的准确界定是认定内幕交易、泄露内幕信息罪的第一步。

(一) 内幕信息及其特征

刑法视野中的"内幕信息"特指内幕交易、泄露内幕信息罪涉及的内幕信息，而非通俗意义上的内幕信息。由于内幕交易、泄露内幕信息罪具有专业性、隐蔽性的特点，法院在对内幕信息的认定上大部分采纳的是证监会的认定结果，因此司法实践中对于"内幕信息"的界定是根据《证券法》第75条作出的。

《证券法》第75条第1款规定："证券交易活动中，涉及公司的

经营、财务或者对该公司证券的市场价格有重大影响的尚未公开的信息,为内幕信息。"第 2 款采取列举的方式,将下列信息认定为内幕信息:"(一)本法第六十七条第二款所列重大事件;(二)公司分配股利或者增资的计划;(三)公司股权结构的重大变化;(四)公司债务担保的重大变更;(五)公司营业用主要资产的抵押、出售或者报废一次超过该资产的百分之三十;(六)公司的董事、监事、高级管理人员的行为可能依法承担重大损害赔偿责任;(七)上市公司收购的有关方案;(八)国务院证券监督管理机构认定的对证券交易价格有显著影响的其他重要信息。"

然而,《证券法》第 75 条的规定仍然不能满足刑事司法实践中认定内幕信息的需要。一些刑法学者试图提炼出内幕信息的典型特征,以利于司法实践的适用。例如,有的学者指出,内幕信息具有两个特征:未公开性和敏感性。[1] 有的学者指出,内幕信息具有三个特征:第一,应为内幕人员所知悉;第二,应为未公开的信息,即公众尚未获取或经合法渠道无法获取的信息;第三,应具有价格敏感性,即有可能引起公司证券价格的波动。[2] 还有的学者认为,内幕信息应当具有四个特征:第一,尚未公开的信息;第二,真实准确的信息;第三,与可转让证券发行人或可转让证券有关的信息;第四,影响证券、期货市场价格波动的信息。[3]

在以上各种观点之中,关于内幕信息的核心特征,都包含信息的

---

[1] 参见薛瑞麟主编:《金融犯罪研究》,中国政法大学出版社 2000 年版,第 262 页。

[2] 参见郭立新、杨迎泽主编:《刑法分则适用疑难问题解》,中国检察出版社 2000 年版,第 86 页。

[3] 参见孙昌军、易建华:《关于内幕交易罪几个问题的研究》,载赵秉志主编:《新千年刑法热点问题研究与适用》,中国检察出版社 2001 年版,第 825 页。

未公开性与重要性。在司法实践中，一般也认可内幕信息主要有两大核心特征：一是重要性，二是秘密性。[1]"重要性"是指该信息自身就会对一般投资者的投资判断产生重大影响，并且足以使特定公司的证券、期货交易价格发生变动。"秘密性"是指该信息尚未公开，证券、期货的投资者尚不知悉该信息。因此，知晓内幕信息的重要性与秘密性，就抓住了内幕信息特征的核心与实质。

对于内幕信息的重要性，可以通过是否影响投资者的决策和证券、期货交易价格的变化进行判断。如果信息确实具有重要性，那么知情人会在短期投资上利用此信息大量买进或抛出；如果信息不重要，那么知情人就会选择继续观望，等待之后的投资机会。假如一个信息的出现使得相关人员的买卖行为导致证券、期货市场的价格变动，则可以反推出相关信息具有重要性。对于内幕信息重要性的把握还可以直接套用《证券法》第67条、第75条中关于内幕信息的正向列举。一般而言，上述方法的运用可以使内幕信息重要性的认定相对简单。

内幕信息的秘密性是司法实践中突出的难点问题。秘密具有时效性，若超过一定的时效，则不能认定为内幕信息。因此，对于秘密性的把握需要界定清楚内幕信息的产生时间与结束时间。"两高"在其颁布的《解释》第5条中使用"内幕信息敏感期"这一概念，以判断内幕信息的秘密性。

（二）内幕信息敏感期

内幕信息敏感期，是指自内幕信息开始形成之时起，至内幕信息

---

[1] 参见《杜兰库、刘乃华案及刘乃华泄露内幕信息案——内幕信息、内幕信息的知情人员和非法获取人员的认定以及相关法律适用问题的把握》，载最高人民法院刑事审判第一、二、三、四、五庭主办：《刑事审判参考（2012年第2集）》，法律出版社2012年版。

公开之时止，这一期间的确定直接关系到内幕交易的认定。在司法实践中，内幕信息的形成时间与公开时间直接关系到内幕交易性质的认定以及内幕交易数额、获利数额的计算。因此，"抓好"内幕信息敏感期的"头"——内幕信息的形成时间，"掐好"内幕信息敏感期的"尾"——内幕信息的公开时间，对于内幕交易、泄露内幕信息罪的认定至关重要。

1. 内幕信息的形成时间

在司法实践中，司法机关一般依据《解释》第 5 条第 2 款与第 3 款的规定认定内幕信息的形成时间。其中，第 2 款规定："证券法第六十七条第二款所列'重大事件'的发生时间，第七十五条规定的'计划''方案'以及期货交易管理条例第八十五条第十一项规定的'政策''决定'等的形成时间，应当认定为内幕信息的形成之时。"第 3 款规定："影响内幕信息形成的动议、筹划、决策或者执行人员，其动议、筹划、决策或者执行初始时间，应当认定为内幕信息的形成之时。"

上述两款规定解决了内幕信息形成时间的基本问题，但是这样的司法解释方式没有充分考虑到两个形成时间的竞合与冲突。

按照《解释》的规定，内幕信息的形成时间既是"重大事件"的发生时间，也是"计划""方案"的形成时间，还是"动议""筹划""决策"或者"执行"的初始时间。从公司治理的角度来说，前者是果，后者是因，而因未必导致果的发生。举例来说，在公司正常的运营过程之中，对于公司证券价格产生重大影响的决定（如公司合并、分立、解散，公司作出重大的担保等）都会经历一个动议、筹划、决策、执行的过程。如果这个过程失败了，就不会发生所谓的"重大事件"；如果这个过程成功了，则公司管理人员、公司外部的第三方以及相关监管机关的人员都会参与进来。这样，如果按照《解释》第 5

条第 2 款认定内幕信息的形成时间，很可能会造成认定滞后的结果；而如果按照第 3 款的规定认定内幕信息的形成时间，则前一款的规定形同虚置，从而不能确定内幕信息准确的形成时间。

针对上述矛盾与冲突，有学者认为，《解释》的相关规范建构方式与具体内容都表明它不能应对内幕信息形成时间的判断问题。[1] 有的学者建议，在司法解释中增加"某事实的发生表明相关重大事项已经进入实质操作阶段并具有很大的实现可能性"，以平衡二者间的关系。[2] 也有的学者认为，"两高"在发布《解释》时，还发布了黄光裕案、杜兰库案两个内幕交易罪典型案例，试图在文本不能完全覆盖判断内幕信息形成时间的途径的情况下，以个案中可总结出来的规则提供有效的指导。[3]

上述观点都需要借助外部构造予以认定，其实可以从解释论的角度解决其矛盾与冲突。内幕信息的特征除了秘密性外，还有重要性，对这两个特征不能孤立看待，应当在司法实践中结合起来进行判断。对于内幕信息的形成时间到底是"重大事件"的形成时间还是"动议"等的初始时间，法官可以依据自由裁量权，针对不同案件的不同情况进行自由心证，若是在相关内幕信息得到较好保护的情况下，则可以认定"重大事件"的形成时间为形成时间；反之，则认定为"动议"等的初始时间。这样的解释论可以保证这项规定的张力。

2. 内幕信息的公开时间

内幕信息的公开时间在内幕交易、泄露内幕信息案的司法实践中

---

[1] 参见谢杰：《内幕信息形成时间司法认定问题研究——以法释〔2012〕6 号司法解释第 5 条为中心的刑法解析》，载《中国刑事法杂志》2013 年第 5 期。

[2] 参见王涛：《内幕信息敏感期的司法认定》，载《中国刑事法杂志》2012 年第 11 期。

[3] 参见郑惺：《我国内幕交易、泄露内幕信息罪的法律认定》，南京大学 2014 年硕士学位论文，第 10 页。

常常是控方与辩方的争论焦点。在杭萧钢构案中,杭萧钢构董事长在职工表彰大会上,利用开大会对员工讲话的时机,向全厂职工披露了内幕信息。被告人王某的辩护律师认为,大会讲话已经将内幕信息转化为大众知晓的公开信息,因此所有人都不应因买卖该股票而获罪。在案件背后,决定罪与非罪的,实际上是对内幕信息公开到底采用何种标准进行判断,不同的标准将会导致对内幕信息公开时间的认定得出不同的结论。

学界关于公开内幕信息的标准主要有两种观点:一种是形式公开论,另一种是实质公开论。形式公开论主张:"内幕信息的公开,是指内幕信息在国务院证券、期货监督管理机构指定的报刊、网站等媒体披露。"[1] 实质公开论则认为,只要内幕信息被一般投资者广泛知悉和理解,即认定为内幕信息公开。[2]

形式公开标准在我国证券市场的框架下具有极强的操作性,如台阶规则、停牌制度都可以保障形式公开的落实。但是,在日常的证券市场中,信息的公开既要符合一定的法定形式,又要给予市场投资者适当的消化和吸收时间。形式公开最大的弊端就在于,内幕信息在网络、报刊等相关媒介公布之后,证券、期货市场中的一部分投资者并不能立即获知,内幕信息知情人员在大众还不知悉的时间段内,依据之前所获悉的内幕信息买进、卖出证券、期货,这样的行为方式极易规避法律的制裁。

实质公开标准虽然能够避免形式公开标准的以上缺陷,但是也有很多缺点。例如,该标准的可操作性不强,在认定实质公开时间时需要有极高证券业务水平的人加以确定,这样就会增加认定标准的主观

---

[1]《解释》第 5 条第 4 款。
[2] 参见王涛:《准确认定内幕信息形成和公开之时》,载《检察日报》2015 年 2 月 25 日。

程度，认定过程中难免会有不确定性，造成"同案不同判"的现象发生，也会影响刑法的指引功能。

2007年证监会下发的《证券市场内幕交易行为认定指引（试行）》（以下简称《指引》）第11条对内幕信息的公开采用综合标准进行认定，即综合考虑形式公开标准与实质公开标准。该条规定，"内幕信息在中国证监会指定的报刊、网络等媒体披露，……或者被一般投资者广泛知悉和理解"，就视为信息公开。条文中明确运用了"或者"，这就意味着在内幕信息的公开标准上，形式公开和实质公开均可，在法律上都予以承认，只要采取其中一种就完成了信息的公开。但是，依照这样的规定，内幕信息的知情人仍有可乘之机。因此，这里的实质公开标准并没有很强的可操作性，也不会产生预想的效果。至于信息从非公开状态到公开状态跨越的时间，《指引》第10条给出了"价格敏感期"的概念。遗憾的是，《指引》事实上并未发挥应有的作用。

综上而言，由于内幕信息的价值与时间有着直接的联系，在每个案件中，具体的情形千差万别，因此很难就内幕信息的公开时间作出一般性规定，而只能根据具体情况进行具体分析。这些具体情况一般涉及公司的大小和影响、信息的性质和内容以及信息传播的范围和速度等因素。因此，可从内幕信息的公开范围、信息性质、传播影响等方面综合考虑，认定内幕信息是否已经公开。

三、关于内幕交易、泄露内幕信息罪主体的认定

前文提及，我国将内幕交易、泄露内幕信息罪的主体划分为法定的内幕人员和非法定的内幕人员。明确二者的边界，理解区分二者的本质，对于处理涉及被动知悉内幕信息人员的案件具有重要意义。

(一)"证券、期货交易内幕信息的知情人员"的界定

根据《解释》第 1 条,"证券、期货交易内幕信息的知情人员"包括《证券法》第 74 条规定的人员与《期货交易管理条例》第 85 条第 12 项规定的人员。《证券法》第 74 条在其前六项使用列举的方式确定了"证券交易内幕信息的知情人"的类型:(1)发行人的董事、监事、高级管理人员;(2)持有公司 5%以上股份的股东及其董事、监事、高级管理人员,公司的实际控制人及其董事、监事、高级管理人员;(3)发行人控股的公司及其董事、监事、高级管理人员;(4)由于所任公司职务可以获取公司有关内幕信息的人员;(5)证券监督管理机构工作人员以及由于法定职责对证券的发行、交易进行管理的其他人员;(6)保荐人、承销的证券公司、证券交易所、证券登记结算机构、证券服务机构的有关人员。该条在最后用"国务院证券监督管理机构规定的其他人"这一兜底条款概括了其他证券、期货交易内幕信息的知情人员。

上述六类内幕信息的知情人员是基于信托义务理论发展而来的。信托义务大多表现为三类关系:公司任职关系、履行职务关系和业务往来关系。[1] 公司股东会、董事、监事会人员以及所有公司员工都对公司负有信托义务,公司聘请的法务人员、证券投资经纪人也对公司负有信托义务,证监会的工作人员对基于法定的职责而在日常工作中可以接触到的内幕信息涉及的公司同样负有信托义务。上述人员必须遵守基于职业伦理产生的"或披露或禁止"义务,禁止泄露内幕信息以及进行内幕交易;如果从事相关活动,产生严重后果的,就会受到刑法的制裁。

---

[1] 参见刘峰:《从信托义务理论到盗用信息理论:美国内幕交易监管经验与启示》,载《社会科学研究》2012 年第 3 期。

有学者指出,《证券法》第 74 条只作了列举式规定,并未描述内幕信息的知情人员的实质特征。[1] 这样的批评意见对于指导今天的内幕交易、泄露内幕信息案件并无多大意义。清晰明确的列举式规定更有利于执法,在法条中加入过于理论化的规定反而会增加执法者的理解难度。还有批评意见指出,《证券法》第 74 条最后一项兜底条款太过模糊,会造成内幕信息的知情人员范围的不确定状态,有扩大证监会的裁量权之嫌。[2] 其实,《指引》第 6 条规定了"国务院证券监督管理机构规定的其他人"的具体内容。但是,《指引》只是证监会的内部文件,并不是法律,司法机关直接引用会影响裁判的公正性。

《指引》中还有另外一个问题需要探讨,即《指引》将《证券法》第 74 条前六项所规定人员的配偶划分到"国务院证券监督管理机构规定的其他人"这一兜底条款之中,而这些人在《解释》中属于法定的内幕信息的知情人员,因此相关人员的配偶属于法定的内幕信息的知情人员。但是,《解释》第 2 条将相关人员的配偶归入非法定的内幕信息的知情人员。两处规定在这个问题上产生了分歧与冲突。从第一部分的数据来看,相关人员的配偶涉嫌内幕交易案件的数量占案件总数的 62%,比例如此之大,显然有规制的必要;而从人伦关系来说,配偶在获取内幕信息方面具有天然的优势,更应成为内幕交易处理的对象。但是,将配偶归入法定的内幕信息的知情人员是不合适的。举例来说,一个公司高管将内幕信息告知其配偶,其配偶从事了内幕交易行为,在认定内幕信息主体时,高管的配偶应当被认定为非法定的内幕信息的知情人员。因为一个公司管理人员的配偶对公司并不负有信托义务,公司高管的配偶获知内幕信息,是因为公司高管违

---

[1] 参见王志强:《对内幕交易认定中基本要素属性之认定》,载《法制与社会》2015 年第 20 期。

[2] 参见张小宁:《内幕交易犯罪主体研究》,载《山东社会科学》2009 年第 6 期。

背了对公司的信托义务，而其配偶只是对内幕信息加以利用。所以，在这个问题上，我们认为，对于《证券法》第 74 条前六项所列举的主体的配偶，应作为非法获取内幕信息的人员加以规制。

（二）"非法获取证券、期货交易内幕信息的人员"的界定

《解释》第 2 条明确了三种类型的"非法获取证券、期货交易内幕信息的人员"。第一类为通过非法途径获取证券、期货交易内幕信息的人员，这类行为人盗用内幕信息并加以利用，应当受到刑法的规制。第二类是基于与内幕信息的知情人员的亲缘关系或密切关系而从事相关违法活动的人员，这类行为人违背了信息义务理论，[1] 因此也应当受到刑法的规制。第三类人员与第二类人员相似，我们在此不作过多阐述。

对于"非法获取"这一概念，不能简单理解为通过非法途径获取，还应当包括不该获取而获取的所有情形。因此，被动获取内幕信息的人员的认定就成为实践中的难点。我们认为，非法获取证券、期货内幕信息的人员中应当包括被动获取内幕信息的人员。原因有二：第一，从本章第一部分的数据分析可以看出，内幕交易案件数量激增，加大对内幕交易、泄露内幕信息案件的处罚符合刑事政策的要求，并且被动获取内幕信息的人员在"非法获取信息的人员"的语义"射程"之内，符合刑法的解释。第二，在司法实践中，有法院也采取了相关观点作出审判。例如，在赵丽梅等内幕交易案[2]中，对于

---

[1] 参见刘峰：《从信托义务理论到盗用信息理论：美国内幕交易监管经验与启示》，载《社会科学研究》2012 年第 3 期。

[2] 参见《赵丽梅等内幕交易案——内幕信息知情人员的近亲属或者与其关系密切的人被动获悉内幕信息的，能否认定为"非法获取证券交易内幕信息的人员"》，载最高人民法院刑事审判第一、二、三、四、五庭主办：《刑事审判参考（2012 年第 2 集）》，法律出版社 2012 年版。

赵丽梅的身份认定存在很大的分歧。一种观点认为，被告人明显不属于《证券法》第 74 条规定的内幕信息的知情人员。这个案件是杜库兰、邓乃华案的关联案件，被告人没有直接从内幕信息的知情人员处获取内幕信息，而是非法获取内幕信息的人员主动向其泄露内幕信息的，因而不属于非法获取内幕信息的人员。《刑法》第 180 条规定的"非法获取"应当理解为通过"窃取、骗取、套取、窃听、利诱、刺探或者私下交易"或者与此相类似的积极的违法手段，而被告人并未采取积极的违法手段，属于被动获悉内幕信息的人员，故不符合内幕交易、泄露内幕信息罪的主体要件。另一种观点认为，对非法获取内幕信息的手段不应作过多的限制，通过泄露内幕信息的人员获取内幕信息，同样属于非法获取内幕信息，被告人应当被认定为非法获取内幕信息的人员。法院最终采纳了后一种观点。因为如果明知是内幕信息的知情人员泄露的内幕信息或者是非法获取的内幕信息，还从事与该内幕信息有关的证券、期货交易，实际上意味着利用了内幕信息的知情人员和非法获取内幕信息的人员的违法结果，这一行为在整体性质上应当属于禁止情形。内幕信息的知情人员的近亲属或者与其关系密切的人具有获取内幕信息的便利途径，如果对这类人员被动获悉内幕信息后从事与内幕信息有关的证券、期货交易的行为不予禁止，那么将会激发大量内幕交易犯罪案件的发生。因此，应当从政策导向上明确禁止这类人员被动获悉内幕信息后从事内幕交易的行为；违反此禁止性规定情节严重的，应当追究其刑事责任。

四、关于内幕交易、泄露内幕信息罪的行为方式的认定

（一）内幕交易行为

内幕交易行为，是指拥有内幕信息的人从事内幕交易的行为。

"拥有内幕信息的人"既包括法定的内幕信息的知情人员,又包括非法定的获取内幕信息的人员。内幕交易行为最简单的形式就是拥有内幕信息的人开设账户进行证券、期货买卖,但是这样的情形在司法实践中并不常见,因为这种操作极易被查处。从第一部分的统计数据可以看出,在内幕交易案件中,行为人大多内外勾结,作案路径如下:基于职务关系、业务关系等能够获知内幕信息的人员获取并泄露内幕信息,其近亲属、关系密切人、接触人获知后从事内幕交易行为,从而达到获利或者避免损失的目的。这种行为方式较为隐蔽,在案件追查上有一定的难度。在司法实践中,对于内幕交易行为的认定应当注意以下三点:(1)证券、期货内幕交易行为可以由本人操作,也可以由代理人操作;(2)对于涉案账户操作的认定,可以是使用本人的账户操作,也可以是利用他人的账户操作;(3)对于内幕交易行为目的的认定,可以是为本人谋利,也可以是为他人谋利。

对于内幕交易行为的认定存在争议的一点是,行为人未能获得利益甚至亏损是否可以构成内幕交易罪。肯定说认为,未获益也可以构成本罪,因为本罪侵犯的客体是证券、期货市场的管理秩序,而这也是我国刑法将其归入"破坏社会主义市场经济秩序罪"的原因。因此,只要行为人实施了侵害上述客体的行为,就可构成本罪。[1] 否定说则认为,本罪的客体是证券、期货市场的保密制度和投资者的合法权益,属于复杂客体,[2] 要考虑情节,只有达到《刑法》第180条规定的"情节严重"的标准才构成本罪,未获益的情况不宜被认定为本罪。

我们认为,在司法实践中,肯定说更具有价值。原因有二:其

---

[1] 参见苏长青、章志祥:《新刑法导论》,中国人民大学出版社2000年版,第402页。

[2] 参见高铭暄、马克昌主编:《刑法学》(第五版),北京大学出版社、高等教育出版社2011年版,第344页。

一,"情节严重"不应只限于是否获利这一标准,还应包含交易数额的多少、实施行为的次数、是否造成证券或期货市场动荡等诸多因素。其二,"两高"颁布的《解释》中明确指出,除获利或者避免损失数额在15万元以上的情形之外,证券交易成交额在50万元以上的、期货交易占用保证金数额在30万元以上的、实施内幕交易行为三次以上的都是"情节严重"的表现形式。因此,即使内幕交易行为未获利,也构成内幕交易罪。

(二)泄露内幕信息的行为

泄露内幕信息的行为方式有很多种,既可以秘密向少数人透露,也可以在公开场合向不特定多数人透露;既可以给出准确具体的内幕信息,也可以透露具有导向性的粗略信息。这样的行为方式不可能列举穷尽,但是在司法实践中可以通过对内幕交易人身份及行为的认定,判断是否存在泄露内幕信息的行为。非法定的内幕信息的知情人员一般不会轻易刺探到内幕信息,大多由法定的内幕信息的知情人员对其泄露。

在内幕信息扩散之后,对于内幕信息的二次泄露甚至多次泄露是否构成泄露内幕信息罪是司法实践中的一大难点。日本对于内幕信息泄露的层级有具体的规定。[1] 我国虽没有类似的规定,但可以确定的是,法定的内幕信息的知情人员基于受托义务,不论其处在信息传递的第几层级,都不能泄露内幕信息。争议的焦点是,非法定的内幕信息的知情人员对于内幕信息的二次泄露是否构成泄露内幕信息罪。

在我国法学界,对这个问题主要有四种观点:第一种观点是反对

---

[1] 参见段磊:《内幕信息传递和交易推荐的构成要件及违法所得计算的重构——2013年日本〈金融商品交易法〉修改对中国法的借鉴意义》,载《证券法苑》2013年第11期。

说，其主要论据是：内幕信息的二次泄露行为难以侦查，即便公诉机关提起公诉，由于证据的缺乏，最后也会不了了之。第二种观点是支持说，其主要理由如下：不应知悉内幕信息的人员在获知内幕信息后也应承担保密义务；如果行为人在知悉内幕信息后再泄密，那么其主观恶性与内幕信息的知情人员的泄密行为没有差别。第三种观点认为，应当对不同主体区别对待，明确非法获取内幕信息的人员获取内幕信息究竟是主动的还是被动的，被动获知内幕信息的人员因不用承担保密义务而不必被纳入规制范围。第四种观点同样认为应当区别对待，但是标准不一样，认为应当以通过非法手段获知和通过合法手段获知为标准，将再泄密行为区分开来，后者不必被纳入规制范围。[1]

基于我国内幕交易、泄露内幕信息罪高速增长的趋势，我们认为支持说更为合理。内幕信息的再泄露就像第一次泄露一样，同样会严重影响证券市场的正常秩序，并且内幕信息二次传递的范围很有可能比第一次更广，而后的传播人数会呈指数倍增长，影响更加恶劣。因此，对于内幕信息的再泄露应当被纳入刑法的规制范围。从杜库兰、刘乃华案可以看出，正是刘乃华得知内幕信息后的二次泄露造成了赵丽梅案的发生。因此，内幕信息的再泄露亟待刑法的规制。

（三）明示、暗示他人从事内幕交易行为

"明示、暗示他人从事上述交易活动"这一行为方式的表述是由《刑法修正案（七）》新增的。在《刑法修正法（七）》尚未颁布之前，我国在《禁止证券欺诈行为暂行办法》中曾使用"建议"的表述。这样的"建议"行为涉及建议者和被建议者，因此可能存在如下情形：(1) 以建议的方式为幌子，实际上是建议者泄露内幕信息给被建议

---

[1] 参见郑惺：《我国内幕交易、泄露内幕信息罪的法律认定》，南京大学2014年硕士学位论文，第16页。

者,并且二者都知悉该信息为内幕信息;(2)以建议的方式为幌子,建议者泄露内幕信息给被建议者,被建议者不知道该信息为内幕信息;(3)建议者告诉被建议者何时购买何种证券,而不告知其该建议系基于内幕信息作出。可见,"建议"行为可以由内幕交易行为、泄露内幕信息行为所分别包含,并且上述第三种情形不属于犯罪。这样的规定不利于司法实践中的操作,因此《刑法修正案(七)》采用"明示、暗示"的表述规定这类行为,这样的表述更为合理。

对于"明示"和"暗示"的区别,《解释》并未作出具体的规定。我们认为,可以从文义解释的角度予以阐明。"明示"就是拥有内幕信息的人采取正面肯定的方式表明一个信息为内幕信息,如明确的口头告知、书信告知以及行为告知等。其余非正面的方式都可被认定为"暗示"的方式。

五、结语

《刑法》第 180 条是一条再普通不过的刑法条文,但是细细探究,却与《证券法》《期货交易管理条例》《解释》《指引》等众多法律法规息息相关并相互衔接。在司法实践中,如果仅仅关注该法条本身,内幕交易案件的处理就无从下手;如果仅仅机械地应用不同法条,不细究法律背后的成因,则会在出现新司法问题时手足无措,无从解决。正是因为法律关系的复杂性,以及司法实践中内幕交易、泄露内幕信息行为的复杂性,本章对内幕交易、泄露内幕信息罪司法疑难问题的探讨只是初步的。

第二十二章
漏洞交易行为的刑法边界及相关思考
——以李某出售游戏漏洞案为例*

发现游戏漏洞的未成年人在出售漏洞遭拒后以向第三方出售相要挟，这一行为在司法实务中引发了定性之争——无罪？强迫交易罪？敲诈勒索罪？从行为角度分析，游戏漏洞发现者的上述行为符合强迫交易罪的构成要件。但是，从刑法谦抑性原则、未成年人刑事政策、现代市场经济发展以及科技创新的要求角度来说，上述行为不具备有责条件，不宜定罪入刑。这类行为的突现应当引起我们对网络行业监管的重视，建议由政府搭建第三方网络平台，发挥其评估功能、转交易功能以及监督功能，以便游戏漏洞在公平、安全的环境下进行交易；同时，建立健全网络安全立法，从法律上为网络行业的发展提供强有力的保障，以应对多样化的网络行为。

---

* 本章为笔者与张少男合作撰写，载《上海公安高等专科学校学报》2017年第1期。

一、案情简介与定性之争

2014年下半年，犯罪嫌疑人李某（未成年人）与其他七人在使用上海市某网络科技公司（以下简称"网络公司"）开发的手机游戏中，在QQ聊天软件上建立了"新秀WPE公司，专用学习群"。QQ群建立后，群内成员不断将该款游戏的漏洞发布到QQ群内。后群内网友经商议，决定由李某出面将该款游戏的漏洞出售给网络公司。2014年12月3日，李某作为网友代表联系了网络公司，称已经掌握了该公司手机游戏的漏洞，现要求将漏洞出售给该公司，却遭到该公司的拒绝。被拒后，李某声称若网络公司不买，便将漏洞出售给其他玩家，由此网络公司将面临更大的损失。在此情况下，网络公司以人民币5000元的价格购买了3个漏洞。12月5日，李某再次以同样的方式联系网络公司，要求以人民币1万元的价格出售该款游戏的其他漏洞，网络公司假意答应后报案。[1]

司法实务部门和理论界在对李某行为的性质进行法律上的认定时出现了分歧。

观点一认为李某构成敲诈勒索罪。敲诈勒索是指以非法占有为目的，对被害人使用威胁或要挟的方法，强行索要公私财物的行为。主张者认为，从主观方面而言，李某明知"将游戏漏洞出售给其他玩家，将使网络公司遭受巨大损失"这一事实，却在遭到网络公司拒绝购买后，仍以"出售给其他玩家"相威胁，反映出李某要求网络公司"允诺购买"的强制性态度，其非法占有他人财物的主观目的显露无遗。从客观方面而言，网络公司在李某的言语威胁下，无奈选择购买

---

[1] 案例来源于"互联网犯罪与互联网安全监管相关问题研讨会"（2016年2月19日，上海市徐汇区人民检察院主办）。

游戏漏洞，该购买行为纯属被迫，由李某的威胁行为造成，二者之间存在直接的因果关系。李某的行为在主客观方面均已符合敲诈勒索罪的构成要件。同时，根据《最高人民法院关于敲诈勒索罪数额认定标准问题的规定》，敲诈勒索罪的起刑点为 1000 元至 3000 元（各地根据实际情况确定）。在本案中，所涉金钱数额已经达到了入罪标准，因此应当以敲诈勒索罪对李某进行定罪量刑。反对者认为，敲诈勒索罪属于财产犯罪，其成立的前提是行为人具有非法占有财产的主观恶性心态。虽然李某的言语威胁行为体现出其渴望获得网络公司一定金钱的强烈欲望，但是他同时对网络公司实施了对待给付，即将其智力成果所得——游戏漏洞告诉对方，这是一种各取所需的交易行为，与财产犯罪中传统意义上的"占有"并不完全相同。因此，李某是否具有非法占有他人财物的主观恶性心态值得商榷。

观点二认为李某构成强迫交易罪。强迫交易是指以暴力、威胁手段强买强卖商品，强迫他人提供或者接受服务，情节严重的行为。主张者认为，在本案中，游戏漏洞系李某的智力成果，具有一定的价值，具备商品的本质属性；同时，李某经过智力劳动发现漏洞后提供给网络公司，从而使网络公司得以及时修复漏洞，这一过程系一种服务活动。因此，无论将游戏漏洞作为一种商品还是服务，均可以成为强迫交易罪的对象。此外，李某与网络公司的交易并非正常的市场交易，其中充斥着李某对网络公司的言语威胁，系强迫行为，与网络公司允诺交易之间存在着直接的因果关系，因此应当以强迫交易罪定罪处罚。然而，反对者认为，游戏漏洞是否系商品或者服务在法律上尚无定论，而且强迫交易罪的行为特征是以"暴力、威胁"为基础的。那么，在本案中，李某的言语威胁行为是否达到了刑法意义上"威胁"的程度呢？这些在目前都没有形成统一的意见，因此以强迫交易罪论处依旧存在争议。

观点三认为李某的行为不构成犯罪。赞同此观点者又持有不同角度的评判标准,以"刑法介入"为界限进行划分,主要包括两种角度:(1)李某的行为纯属民事行为,不应当由刑法介入评价;(2)李某的行为具有一定的社会危害性,符合犯罪的基本特征,但是基于刑事政策、科技发展等的需要,目前不宜入罪处罚。

综上所述,对于此案的定性之争的焦点主要集中在以下三方面:第一,李某是否具有非法占有的主观恶性心态;第二,李某对网络公司的言语威胁是否达到了犯罪构成要件意义上的程度;第三,李某的行为是否具备刑法评价的条件,有无处罚的必要性。

我们以为,游戏漏洞发现者要求出售漏洞遭拒后以向第三方出售相要挟的行为作为网络游戏行业中新出现的一种具备潜在风险性的"行为模式",对其进行法理上的分析实属必要。因此,我们以本案为契机,围绕上述三方面的矛盾焦点,对这类案件所涉"行为模式"的法律定性予以论证。

二、"发现、交易、胁迫"行为的应有之义

在本案中,"发现、交易、胁迫"行为紧紧围绕着游戏漏洞展开,因此有必要对游戏漏洞的概念及其特征予以说明。从科技信息角度来说,漏洞是指在网络环境下,系统存在的弱点或者缺陷,它影响着系统对特定威胁攻击或危险事件的敏感性或者导致对系统进行攻击的威胁作用的可能性。漏洞可能来自应用软件或者操作系统在设计时的缺陷或者编码时的错误,也可能来自业务交互处理过程中的设计缺陷或者逻辑流程上的不合理之处。在网络游戏系统中,这些缺陷、错误、不合理之处即为游戏漏洞。游戏漏洞一旦被游戏开发商或者运营商以外的人如游戏玩家有意或无意地利用,将对网络游戏公司的运行产生不利影响,甚至使其遭受巨大的经济损失乃至无法运转。

游戏漏洞有其自身的特征:第一,游戏漏洞的普遍性与不可避免

性。由于技术的局限性，任何一款游戏都不可避免地存在着自身的漏洞，而且这些漏洞与时间紧密联系。一款游戏从发布之日起，随着用户的深入使用，系统中存在的漏洞就会不断被发现。这些被发现的漏洞不断被系统开发商或供应商修复或者在日后发布的新版系统中加以纠正。然而，新版系统在纠正旧版本中的漏洞的同时，也会出现一些新的漏洞。就这样，旧漏洞消失，新漏洞出现，不断往复，游戏漏洞的问题会一直存在，不可避免。第二，游戏漏洞的价值性。游戏漏洞的价值性源于虚拟物的价值性。在司法实践中，虚拟物（包括金币、装备、角色等）作为无形财产的价值性已经得到了肯定。在网络游戏中，这些虚拟物除了通过正规途径，如从游戏运营商处直接购买或者通过完成游戏中的任务取得外，还存在着利用非法代码获得游戏道具或虚拟货币，即利用游戏漏洞的途径。正是由于游戏漏洞有创造虚拟财产的可能性，因此对于玩家来说，它是创造财富的"助手"；对于网络公司来说，它有助于减少财产损失。因为有所需，所以游戏漏洞获得了在网游行业中的市场价值。

（一）"发现漏洞"行为的应有评价

法律之所以禁止某一行为的实施，从根本上说，是因为该行为所产生的效果不利于整个社会的稳定发展与进步。站在全局的立场上，法律选择牺牲个人部分的自由行为，将其作为禁止的消极行为，从而规避该行为所带来的社会风险，营造良好的社会稳定环境。从这个角度来说，"发现漏洞"的行为是否应当为法律所禁止可通过评价该行为所创造的效果——利与弊作出判断。

我们应当明确"发现漏洞"不等于"制造漏洞"。所谓"发现"，是指通过对某一个目标的研究或经验而找到，它所指向的对象本身是客观存在的；而"制造"是指把原材料加工成适用的物品，它所指向的对象一般是从无到有的，更加强调人为性。其实，从严格意义上说，游戏系统经编码后一旦完成，游戏漏洞就随之产生。因此，所谓的玩家"制造漏洞"本身是并不存在的，因为制造漏洞的能力在游戏系统生成之初就已经消失了，只有网络游戏公司的游戏创造者在创造游戏的过程中才可能因主观的非法目的而进行游戏漏洞的制造。在游戏市场上盛行的非法代码的游戏道具与虚拟货币是利用游戏漏洞而非法产生的，并不是"制造游戏漏洞"的结果。"制造漏洞"本身具有一定的主观恶性，严重影响了游戏的公正性与平衡性，不利于网络游戏行业的发展，而且制造者本身失去了一定的职业道德，因此应当成为法律所禁止的行为。既然"发现漏洞"并不等于"制造漏洞"，那么应当如何界定"发现漏洞"的性质？

我们在前文中已经讲到，"发现"是通过一定的经验和研究找到一些客观存在的事物或者事实。因此，首先，发现漏洞行为应当是一种智力性行为，玩家对漏洞的信息掌握是依靠自己的智力劳动所获取的。其次，发现漏洞行为应当是一种中立性行为。既然漏洞是客观存在的，那么发现漏洞行为本身既没有给社会带来积极的作用，也没有造成消极的影响。最后，发现漏洞行为应当具有普遍性和长期性，这是由漏洞的不可避免性所决定的。在游戏行业的实践中，为了提高游戏的质量，规避漏洞所带来的风险，游戏公司会不断对漏洞进行检测，然后发现、修复。一般而言，游戏漏洞的检测分为内测与外测。内测是指在游戏开发商或者运营商将新款游戏投入市场之前，聘用游戏测试员对游戏进行试玩，通过不断测试，发现漏洞。外测是指将游戏投入市场后，不特定多数玩家在长时间不断玩的过程中发现漏洞，然后予以反馈，定期进行修复。可见，不论是游戏开发商、运营商还是玩家，在网络游戏行业，各方对于发现漏洞行为都持无可诟病甚至是支持的态度。正是因为发现漏洞行为的智力性、中立性、普遍性和长期性，所以它不应当成为法律作出否定性评价的对象。

回归本案，犯罪嫌疑人李某对漏洞的掌握并不是不劳而获的，而是通过自己长时间的投入，凭借经验与智慧获得的，因此应当属于发现漏洞的行为，不在法律的禁止范围之内。

（二）"交易"行为的应有评价

虽然发现游戏漏洞这一行为本身不具有法律作出否定性评价的意义，但是漏洞所具有的价值性决定了发现者享有支配这些价值去向的权利。从法律意义上说，漏洞信息是游戏漏洞发现者因其智力劳动成果而享有的一种特殊财产，对其的支配实质上是一种民事权利的行使。玩家对于发现的漏洞信息可以进行消极的处分——无视它，也可以进行积极的处分。具体而言，在网络游戏市场中，对漏洞信息的积极处分包括两种类型：一种是利用漏洞实施"私服""外挂"行为，获取不正当利益。这种行为带有明显的恶意，严重影响了游戏的公正性与平衡性，基本上已由法律介入，对其进行规制。另一种是交易行为。目前，法律对漏洞信息的交易并无明确的规定。从理论上说，"法无明文规定即自由"。这样看来，漏洞信息的交易应当是合法的。但是，法律具有滞后性，漏洞信息的交易是否由法律进行评价，应当回归漏洞交易行为在社会实践中呈现的社会效果，依此作出判断。

漏洞信息的交易在网络游戏行业十分普遍，首先表现在游戏开发商或者运营商对游戏漏洞进行测试的环节中。例如，在外测环节中，为了及时掌握漏洞信息，避免玩家利用漏洞而造成巨大损失，网络游戏公司通常会在官方的游戏平台上发布诸如"对漏洞发现举报者的奖励"的公告。经官方鉴定后，网络游戏公司根据漏洞的价值，通过Q币、高额道具等形式对举报者进行奖励，并对所获得的漏洞进行修复，以提高游戏质量。网络游戏公司先发布公告，继而对不特定人发出要约，而玩家即漏洞发现者向官方进行举报就是即时完成承诺，这在本质上是一种民事交易行为。这种交易行为几乎在所有网络游戏公司与玩家之间都形成了一种固定的模式，被普遍接受。

漏洞信息的交易除了在发现者与网络游戏公司之间进行外，其巨大的商业价值滋生了灰色的市场交易平台，如地下黑市 The Real Deal 提供漏洞交易服务。[1] 网络安全公司"知道创宇"的技术 VIP 余弦曾说："有巨大价值的漏洞，都会在黑市上被交易。如果你把一个 Win10 的致命漏洞提交给微软，可能拿到几万美金；如果你拿到漏洞黑市上交易，你可以得到几倍、几十倍、几百倍的利润。撇开道德因素，一个理智的黑客一定会在黑市中交易他手中的漏洞。"尽管如此，余弦并不认可黑市市场，他启动"漏洞社区"计划，这个"社区"最独特的地方就在于可以公开地合法交易漏洞。他认为，每个人都能换得所需要的漏洞，这是"漏洞社区"最大的价值所在。[2] 虽然游戏漏洞并未达到如 Win10 的致命漏洞那样的价值，但是对于网络游戏行业而言，其价值性同样打开了所谓"阳光下买卖"的灰色交易市场甚至是黑色交易市场的大门。不论是漏洞的黑色交易市场还是非官方的第三方漏洞买卖平台，都在一定程度上打破了正常的市场秩序，给网络游戏公司带来了巨大的危机，有碍于整个行业的稳定健康发展，应当成为法律予以限制甚至禁止的对象。

回归本案，犯罪嫌疑人李某在发现游戏漏洞之后，要求将漏洞出售给网络公司。对李某的这一行为，一些学者认为李某具有非法占有的目的，是非法占有行为的前置表现。但是，什么是"非法占有"？张绍谦认为，"非法占有"应当是一方纯粹以非法手段，把属于对方的财产转为本人或者第三人所有，从而使得自己纯粹获益、对方纯粹

---

[1] 参见《地下黑市 The Real Deal 提供 0 day 漏洞交易服务》，http：//www.myhack58.com/Article/60/76/2015/61477.htm，2015 年 9 月 20 日访问。

[2] 参见金红：《知道创宇余弦——阳光下的"漏洞买卖"》，http：//www.leiphone.com/news/201509/S8fxoNLO2KnSkjql.html？utm＿source＝tuicool，2015 年 9 月 20 日访问。

受害的行为。[1] 在本案中，李某出卖漏洞，从网络公司处获得相当价值的货币。但是，网络公司并非纯粹受害，而是获取了漏洞信息，从而有机会对漏洞进行修复，提高游戏的质量。可以说，这是一种互利互惠的交易行为。这种交易行为发生在漏洞发现者与网络游戏公司之间，与网络游戏公司发布公告搜集漏洞的性质一样，只是要约主体与承诺主体发生了转换而已。因此，李某要求出卖漏洞的行为在本质上是一种处于协商过程中的交易行为，他没有非法占有的意图，不构成敲诈勒索罪。

（三）"胁迫"行为的应有评价

交易行为强调双方意思的一致性。在本案中，李某提出将游戏漏洞出卖给网络公司，遭到拒绝，而后称"将漏洞出售给其他玩家，由此网络公司将面临更大的损失"，迫使网络公司答应进行交易，对这一行为到底应该如何进行评价？有观点认为，这属于正常的商务谈判技巧，但是谈判应当是双方利益的博弈，双方不断通过手中的筹码以获得更多利益或者迫使对方让步。这应当建立在一个公平的基础上，双方都有着相对自由的选择。但是，在本案中，李某所掌握的漏洞这一筹码打破了双方自由选择的格局。这种通过言语表现出的所谓"谈判技巧"已经突破了"双赢"的谈判理念，更带有胁迫性。因此，不应当认为李某的言语表达仅仅是谈判技巧的表现。由于胁迫行为本身就直接表明了交易的非正当性，因此有观点主张李某的行为构成强迫交易罪。在本案中，李某与网络公司之间是一种交易行为，上文已作阐述，那么李某的言语胁迫是否达到了刑法意义上的强迫交易罪中"威胁"的程度？有观点认为，在学理上，一般将"威胁"分为三个

---

[1] 这是张绍谦在"互联网犯罪与互联网安全监管相关问题研讨会"上表达的观点。

层面：第一层面，行为人实施了某种行为，使得对方产生恐惧心理；第二层面，行为人实施了某种行为，使得对方产生恐惧心理并影响了对方的自由意志，使得对方不得不与之交易；第三层面，行为人实施了某种行为，使得对方丧失了反抗和认知的能力。从刑法介入的角度来说，第一层面的威胁不足以启动刑法进行规制，第二层面的威胁通常达到了强迫交易罪所涉构成要件的程度，第三层面的威胁则上升到诸如抢劫、敲诈勒索等罪名中"威胁"的程度。

在本案中，判断李某的"威胁"达到何种程度，关键在于厘清漏洞之于网络游戏公司的价值。如前文所述，漏洞具有极其重要的价值，许多第三方依靠对漏洞的利用"发家致富"，而损失皆由网络游戏公司承担。一些较为重要的漏洞若卖给第三方，还会使网络游戏公司遭受致命打击，甚至直接倒闭。可见，漏洞对于网络游戏公司具有至关重要的作用，任何一家网络游戏公司都面临漏洞带来的安全隐患。因此，李某的言语威胁足以影响网络公司的自由意志，迫使其作出交易。但是，有观点指出，并非所有的漏洞都有影响网络游戏公司生存的威胁。一些小的漏洞虽会给网络游戏公司带来不好的影响，但在其合理承担损失的范围之内，而不会达到上述第二层面的威胁程度，因此不应一概而论。

我们以为，在检测与验证之前，无法确定漏洞对网络游戏公司造成的影响。李某在与网络公司交涉的过程中，不可能先让网络公司进行价值评估。因此，对于网络公司而言，不管漏洞的实际价值是多少，都会将之当作一个潜在的巨大风险来看待，而这种心理就足以达到"威胁"的程度。在本案中，事后的漏洞价值评估应当作为是否达到强迫交易罪的立案标准予以采用，而非作为是否达到强迫交易罪中"威胁"的程度之影响因素。因此，我们认为，李某的"胁迫"行为达到了刑法意义上强迫交易罪中"威胁"的程度。

三、本案的法律定性分析

从发现漏洞、交易漏洞到"胁迫"公司,虽然李某发现漏洞的行为不应当为法律所评价,但是从构成要件角度来看,其后的交易和"胁迫"行为构成的整体符合强迫交易罪的定罪标准,看似应当以强迫交易罪定罪量刑。不过,本案有其特殊性。在新时代背景下,对于新类型案件的定罪不应当仅仅立足于犯罪构成要件——行为视角,而应当回归刑法甚至是法律最基础的理念和原则。基于此,我们认为,虽然本案符合强迫交易罪的行为特征,但是不宜进行定罪量刑,主要理由如下:

(一)刑法谦抑性原则的要求

刑法谦抑性原则强调刑法介入的谨慎性。日本学者大谷实认为,谦抑性既是刑法解释的原理,又是刑事立法的原理,包括补充性、不完备性、宽容性。刑法所具有的保护法益、作为最后手段的特性被称为"补充性";刑法不介入市民生活的各个角落的特性被称为"不完备性";即使现实生活中已发生犯罪,但是从维持社会秩序的角度来看,缺乏处罚的必要,因而刑法不进行处罚的特性被称为"宽容性"。[1]

在本案中,李某的行为符合强迫交易罪的构成要件,也符合犯罪的该当性要件,而是否具有违法性则处于模糊地带。漏洞交易是漏洞发现者合理行使处分权的行为,法律并未作出明确的禁止。根据"法无禁止即自由"的罪刑法定理论,漏洞交易在网络实践和社会生活中

---

[1] 参见〔日〕大谷实:《刑事政策学》,黎宏译,中国人民大学出版社2009年版,第86页。

是被允许的。转售给第三方作为处分权的一种延伸,虽然确实对网络游戏公司造成了损害,影响了网络游戏行业的整体发展,法律应当介入调整,但是转售行为是在遭拒后做出的,是由于整个网络游戏行业对漏洞发现者的智力劳动成果缺乏保护造成的。在未来网络游戏行业政策法规的调整中,这种转售行为在特定条件下可能被予以合法化。因此,李某的行为在违法性层面上是模糊的、值得考虑的。在本案中,李某的行为并未给网络公司造成实质性损害,又基于李某的未成年人身份,并无处罚的必要。既然刑法作为调整社会生活的最后补充手段,在其违法性模糊、无处罚的必要的情况下,动用刑法违背刑法谦抑性原则。再者,刑法谦抑性又称"二次评价理论",是指对于某种危害社会的行为,国家只有在运用民事、行政等手段仍不足以抗制时,才能运用刑法手段。在本案中,李某的行为介于民事与刑事之间,民法尚未对此类行为进行规制,若直接采用刑法对其进行评价,同样违背刑法谦抑性原则。因此,李某的行为不宜入罪。

(二)未成年人刑事政策的要求

我国对未成年人刑事犯罪案件坚持采取"教育为主、惩罚为辅"与"少捕、慎诉、少监禁"的刑事政策方针。在本案中,李某作为未成年人在发现游戏漏洞之后,对漏洞的利用是十分有分寸和节制的,并没有实施诸如"外挂""私服"等法律禁止的行为,也没有直接将漏洞信息出卖给第三方,而是先与网络公司交涉,而且要求获得的金额是符合漏洞价值的,在合理议价的范围之内,是合理处分智力劳动成果的表现。在协商未果之后,李某采取言语威胁,虽然达到了足以影响网络公司自由意志的程度,但是鉴于未成年人较易冲动,言语威胁时常带有"吓唬吓唬"的孩子心态,遭拒后的失落与不甘促使"非理性"的未成年人做出这样的行为是可以理解的。在本案中,未成年人是弱势群体,法律不应当只立足于网络公司一方的利益得失作出评价。对未成年人的"错",应当保持必要的宽容,以教育、感化为主,刑法评价应当极为慎重。

(三) 现代市场经济发展以及科技创新的要求

我国以互联网产业为代表的信息产业日益蓬勃发展,已成为国民经济和社会发展的重要组成部分,其中网络游戏产业的发展速度惊人。以下两图可为佐证:

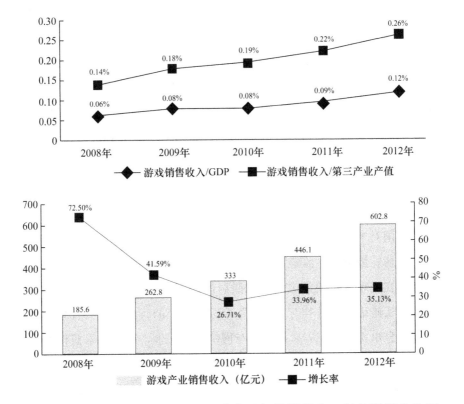

网络游戏为国民经济的发展带来了新的增长点,但是漏洞作为网络游戏发展不可避免的制约因素,直接影响到社会发展。唯有通过科技的不断创新,持续不断地发现漏洞,及时修复漏洞,减少网络游戏行业的损失,才能使网络游戏这一新兴行业拥有良好的发展前景。在本案中，李某通过智力劳动发现漏洞，若能及时且成功地与网络公司进行协商，网络公司便可防范漏洞造成的损失。同时，通过对漏洞的研究，不断提高网络游戏的质量，推动行业发展且利于科技发展，这是网络游戏这一特殊行业立足的需求和必然要走的循环路径。倘若对李某的行为予以刑法规制，在对漏洞发现者的合理处置权缺乏保障的前提下，将会降低玩家发现、报告漏洞的积极性。仅仅依靠网络游戏公司研发者对漏洞的发现、修复的探索，会制约科技创新的步伐，影响网络游戏行业发展的效率。同时，法律若过分注重对网络游戏公司的保护，将会使得一些玩家选择"外挂""私服"以及黑市交易等极端路径，而这更加不利于行业发展和社会进步。

四、本案引发的进一步思考

网络游戏行业的兴起与发展带来了社会行为的多样化与不可预测性，法律在应对这些新出现的行为类型时多少显得有些无力与无所适从。在互联网时代，法律如何发挥对网络背景下出现的新行为的引导作用值得思考。在本案中，李某的行为之所以引发理论界与司法实务界的争论，是因为现行的政策、法规在网络监管方面存在缺失。跳出定性之争，我们应当重点审视本案引发的理论思考，即网络游戏行业的发展如何与行为规制之间做到"无缝对接"。

在本案中，几名涉案未成年人都是酷爱网络游戏的玩家，在游戏漏洞的发现上都具有极高的天分。在网络游戏行业中，游戏漏洞具有较强的价值性，这决定了玩家对于漏洞信息的支配权应当属于其该有的民事权利。但是，漏洞不仅仅涉及金钱价值，还影响着网络游戏公司的生存与发展，在整个网络游戏行业的发展过程中具有举足轻重的地位。此外，漏洞更涉及网络的安全问题，因此其支配权应当是有一定限度的。在我国的民商法律关系中，优先购买权就是出卖人权利受限的一个典型。所谓优先购买权，是指特定人依照法律规定或合同约定，在出卖人出卖标的物给第三人时享有的在同等条件下优先于第三人购买的权利。优先购买权的价值在于，法律作为利益分配的调节器，应坚持"两利相权取其重"的价值取向进行平衡，保护这一利益对于个人与经济秩序的稳定发展均具有十分重要的意义。针对漏洞交易，网络游戏公司应当被赋予优先购买权，玩家对漏洞信息应当合理地使用，而非肆意地支配。

在理论上，网络游戏公司虽然享有优先购买权，但是在实践操作中存在一定的问题。第一，优先购买的对象是漏洞信息，而漏洞信息是虚拟物，对其价值性难以判定。在涉利双方——玩家与网络游戏公司之间，对漏洞信息的可靠性与价值性的判断皆有失偏颇。第二，对玩家合理使用权的保护。虽然网络游戏公司享有优先购买权，但是玩家对漏洞信息的支配权仍然是合法正当的权利。在网络游戏公司拒绝行使购买权的前提下，玩家如何保护自己的合理使用权？我们认为，有必要引入第三方中立机构，对上述实践难题的解决予以必要的帮助。

第三方网络平台作为中立机构，应当发挥三大功能：一是评估功能。第三方网络平台作为无利害关系的第三方，对漏洞的评估具有客观性。通过第三方网络平台的介入，能够消除网络游戏公司对玩家所提供漏洞价值的质疑，合理作出是否购买的决定，同时减少玩家与网络游戏公司之间斡旋的时间成本。二是转交易功能。玩家与网络游戏公司之间存在着利益博弈，有时候漏洞的交易在双方之间难以达成合意。此时，第三方网络平台就可以发挥转交易功能，充当"中转站"，由其收购玩家提供的漏洞，再转卖给网络游戏公司。这种转交易避免了玩家因遭拒后导致智力劳动成果利益享有权的丧失，将对不利后果的承担由玩家个人转向第三方网络平台，保护了公民的合法权利，同时也可以避免玩家因不得利而实施"私服""外挂"等禁止行为。三是监督功能。目前，漏洞交易中存在着诸如"阳光下的漏洞买卖"这种灰色的民间交易市场，甚至还存在着黑色市场。这种灰色乃至黑色市场交易的存在不仅仅是利益价值的得与失，更是对整个网络安全的潜在冲击，因此第三方网络平台应当承担起监督功能，及时发现并予以制止，对玩家的合理使用权进行正确的引导。

此外，对于第三方网络平台的搭建主体，我们认为，目前由政府主导最为适宜。虽然网络发展有自身的态势，政府过多的干预容易限制其发展，但是我国尚处在网络安全发展的不稳定期，各种问题层出不穷，将第三方网络平台完全任由民间力量主导，浓厚的商业性质容易使之走向模糊的危险地带。此外，第三方网络平台的转交易功能和监督功能要求搭建主体不仅具有中立性质，还应当具有公立性质和威慑性质，而目前政府是最佳选择。因此，由政府主导，搭建第三方网络平台是应对漏洞问题过程中应有的举措。

由本案所引发的争论以及当前在灰色地带产生的第三方网络平台所带来的问题，其根结点在于如何健全网络安全立法。近年来，我国的网络安全立法有了很大的进展，主要体现在两个方面：一方面，专门的网络安全法进入立法计划。2015年6月，第十二届全国人大常委会第十五次会议初次审议了《中华人民共和国网络安全法（草案）》。随后，该草案在中国人大网上全文公布，并向社会公开征求意见。《网络安全法》进入第十二届全国人大常委会公布的2016年立法计划之中。另一方面，其他相关法律对于网络安全问题多有涉及。例如，《刑法修正案（九）》针对网络违法犯罪中出现的新情况，进一步完善了刑法有关网络犯罪的规定，加强了对公民个人信息的保护，对网络服务提供者、网络信息发布者等主体的责任作了更为严密的规定。此外，《反恐怖主义法》《国家安全法》等相关法律对于网络安全问题也都有所涉及。

在目前的网络安全立法中，进展较快的主要是涉及国家安全和重大社会公共利益的领域。我国的网络安全立法在这些领域作了比较快速的漏洞修复。但是，对于私人领域，包括一般的公司、企业与个人之间的网络安全行为及其合法性边界，在目前的立法中并未作出较为全面的规定。除了涉及国家安全和重大社会公共利益的领域之外，在属于私人领域的网络空间，对个人行为的合法性边界同样需要明确地划定。这不仅涉及公民个人权利保障和企业正当经营权的界限问题，而且从深层次上看，也与某一领域的互联网安全息息相关。

网络的发展伴随着信息技术的革新，"我国网络法律结构单一，难以适应信息技术发展的需要和日益严重的网络安全问题。网络安全保护实践的依据多为保护条例或管理办法，缺少系统规范网络行为的基本法律"[1]。由这起案件所引出的值得思考的问题是，如何合理地界定网络空间中行为的合法性边界，这也是完善网络安全立法应当解决的核心问题。

---

[1] 庄庆鸿：《网络安全立法面临三大"软肋"》，http://zqb.cyol.com/html/2014-11/01/nw.D110000zgqnb_20141101_4-03.htm，2015年11月13日访问。

第二十三章
对国家工作人员利用职务便利骗取"转让费"行为的定性[*]

一、相关案例

犯罪嫌疑人王某系某机场(集团)有限公司(以下简称"机场公司")下属部门的计划经营部部长,全面主持该部门的工作,负责公司经营资源管理、候机楼商业场地租赁、基建工程审核、招投标事务管理等工作。从2004年下半年开始,机场公司为了最大限度地挖掘候机楼潜在的商业价值,提高候机楼的资源利用率,使商业经营收益最大化,对候机楼进行了局部改造。为了不影响局部改造后的规划调整,提高公司经营效益,机场公司确定了在规划调整期间,可以在部分区域与部分商家签订为期半年的短期租赁合同。计划经营部具体负

---

[*] 本章为笔者与赵宁合作撰写,原名《国家工作人员利用职务便利虚构事实骗取转让费如何处理》,载《人民检察》2011年第11期。

责候机楼局部改造的前期调查、改造方案的提出以及落实机场公司的相关决定等工作。

王某在上述期间的管理活动中发现，上海先达餐饮有限公司（以下简称"先达公司"）承租的 B 楼国内出发禁区 20 号登机口场地（以下简称"20 号场地"）一直没有装修经营，而且该场地不宜用于餐饮经营。于是，他与先达公司协商调整。2005 年 1 月，先达公司同意与机场公司终止 20 号场地的租赁关系。同年 4 月，王某向机场公司领导呈报将该场地出租给胜达公司的方案，得到准许。然后，王某指使李某以胜达公司的名义转租 20 号场地。在此之后，租金呈上升趋势。王某又介绍顺达公司张某与李某结识。李某按照其与王某事先的安排，同张某商谈转租事宜。因张某已在机场候机楼租有场地从事经营活动，故同意以 180 万元"转让费"从李某处接手 20 号场地用于经营。从 2005 年 12 月至 2006 年 4 月，张某分三次将"转让费"180 万元打入由王某办理后交给李某的借记卡内。在此期间，顺达公司与王某代表的机场公司签订了租赁合同，租金为每月每平方米 390 元，租赁期限为 5 年。王某将上述 180 万元中的 15 万元给了李某，自己得款 165 万元。

二、实践中对国家工作人员利用职务便利骗取"转让费"行为的定性分歧

关于实践中对国家工作人员利用职务便利骗取"转让费"行为的定性分歧，比较典型地反映在对上述案例中王某行为性质的认定上，主要存在三种意见：

第一种意见认为，本案中，在 20 号场地无实际承租人的情况下，王某主动找到张某，谎称有人欲转租，并指使李某化名，以收取"转让费"为名，骗取张某额外支付 180 万元。王某、李某采用虚构事实

的方法，使张某产生有人"转让"场地的错误认识，并基于此认识支付"转让费"180万元。王某的行为构成诈骗罪，具体理由是：

首先，本案中存在两个法律关系：一是虚构的胜达公司将承租权转让给张某，对应双方为李某和张某；另一个是张某向机场公司承租场地，对应双方为张某和王某代表的机场公司。本案涉及的180万元只是发生在李某向张某转租场地的事实中。对于张某来说，虽然最后租到了场地，但是实际上仍损失了180万元。因为该场地没有原租赁人，180万元的"转让费"原本是不应支付的。因为被骗，不应支付的却支付了，被害人存在实际损失。

其次，贿赂犯罪是相对应的犯罪，即受贿人有受贿的故意和行为，行贿人也有行贿的故意和行为。即使在索贿案件中，行贿人也明确其是送钱给索贿人。本案中，张某完全没有将180万元作为好处费给王某的意图和行为，180万元的指向很明确，是给李某虚构的胜达公司的商铺"转让费"，与王某或王某代表的机场公司无关，故该笔钱款不属于贿赂款。

再次，诈骗罪的特征是采用虚构事实、隐瞒真相的手法，而贿赂犯罪中不存在对行贿人虚构事实、隐瞒真相的手法。因为贿赂行为本质上是权钱交易的行为，既然是基于本人的职权，就没有必要采用虚构事实、隐瞒真相的手法。本案虽然与王某的职务有一些联系，但是其职务只是加强了"转让场地"这一虚构事实的欺骗性、可信性，而不是作为获取180万元的权钱交易条件。王某最终获取180万元的根本原因并不是张某基于王某的职权，而是基于被骗后的错误认识，向李某支付"转让费"。利用职务进行的诈骗活动，其本质仍旧是诈骗。本案的侵害客体已经远远超越了职务犯罪中仅仅是一般国家工作人员廉洁性的范畴，直接侵害到被害人的财产所有权。

最后，从王某本人的犯罪意图来看，他通过李某出面行骗，可见其本身不想让张某知道"转让费"绝大部分到了自己手中，是想骗张某,而非与张某进行权钱交易。从案发后的还款情况来看,其他人的贿赂款都予以归还,包括张某的银行卡,但是180万元没有归还,王某说自己没有退还的理由、方法。如是索贿,全额退还就可以,正因为该笔钱款是骗得的,所以王某无法在不被张某知晓骗局的情况下正常退还钱款。可见,该行为是诈骗,而非索贿。

第二种意见认为,王某的行为是一种主动索取贿赂的行为,应构成受贿罪。王某作为国家工作人员,在履行职务期间,为达到中饱私囊的目的,伙同李某,向张某索取"转让费"180万元,予以占有,并使张某得到该场地租赁权。其中虽有骗取行为,但难掩王某利用职务便利索取财物,为自己和李某谋取利益的本质。王某的行为构成受贿罪,具体理由是:

首先,王某具有职务便利。王某是机场公司计划经营部部长,主管候机楼商业场地租赁业务,掌握着相关租赁信息。

其次,张某之所以相信王某与李某所共谋编造的信息,是基于王某主管机场公司候机楼商业场地租赁业务,同时王某亦以其职务向张某做了保证。如果撇开王某的职务便利,李某在没有向张某出具任何书面材料的情况下向张某索要"转让费"的行为是不可能成功的。

最后,整个合同关系只存在于机场公司与顺达公司之间,而且只有这两家公司签订了候机楼商业场地租赁合同,李某作为个人或其他公司均未涉及。

第三种意见认为,王某构成贪污罪。王某作为国家工作人员,在经营场地租赁过程中,应当为单位谋取利益。王某以骗取手段获得的"转让费",系国有资产的孳息,应属国有。王某的行为构成贪污罪,具体理由是:

首先,2004年,机场公司已经酝酿改造,主要目的是提高机场营业场地的市场回报率,所以王某明知改造后租金会大幅上涨。

其次,机场公司为便于改造后调整租金,原则上签短期租赁合同。张某付了 180 万元后,租赁协议一签就是 5 年,并按照机场 2005 年的标准确定租金。这在客观上必然损害机场公司的利益。

再次,从同类场地的租赁价格来看,20 号场地每月每平方米 390 元的租赁价格明显偏低。

最后,王某在先前报批的承租人胜达公司发生变更的情况下,未按规定重新办理报批手续,擅自与张某的顺达公司以原来的价格签订租赁协议。

三、对国家工作人员利用职务便利骗取"转让费"行为的定性分析

对国家工作人员利用职务便利骗取"转让费"行为,我们倾向于认定为贪污犯罪,并结合本案分析如下:

第一,这类案件中的行为人利用了职务便利,本案中王某也是如此。根据 1999 年 9 月 16 日公布的《最高人民检察院关于人民检察院直接受理立案侦查案件立案标准的规定(试行)》,贪污罪中的"利用职务上的便利""是指利用职务上主管、管理、经手公共财物的权力及方便条件"。所谓"主管",是指行为人虽然不具体管理、经手公共财物,但是对公共财物具有调拨、统筹、使用的决定权、决策权。比如,国家行政机关的市长、县长、处长、科长在一定范围内拥有调配、处置本单位甚至下属单位公共财物的权力。所谓"管理",是指行为人对公共财物直接负有保管、处理、使用的职权。比如,国家机关、国有企业、事业单位、人民团体的会计、出纳具有管理本单位财务、直接掌管资金之权。[1]

---

〔1〕 参见肖中华:《也论贪污罪的"利用职务上的便利"》,载《法学》2006 年第 7 期。

本案中，王某是机场公司干部，系国家工作人员，其职务在于负责对外经营商业场地租赁业务等事宜。王某利用自己的职务便利，获取 20 号场地承租人先达公司实际上没有装修经营的信息，并通过协商使其同意与机场公司终止 20 号场地的租赁关系。随后，王某主动找到已在候机楼租有场地且有再租场地意愿的张某，而张某正是基于对王某身份及其职务的信任，相信了由王某介绍的李某，支付了 180 万元的"转让费"，并签订了租赁合同。此后，王某代表机场公司与张某签订租赁合同，完全是王某履行职务的行为。这一行为不仅使张某获得了场地租赁权，而且使王某暗中操作的一切表面上合法和圆满。总之，在整个作案过程中，王某说服 20 号场地承租人先达公司放弃承租，促使张某支付 180 万元的"转让费"给李某，并与机场公司签订租赁合同，均是利用其担任机场公司计划经营部部长，全面负责机场商业场地租赁、机场改造项目招投标等职务便利实施的。

第二，这类案件中的涉案财物应属于公共财产，本案中的 180 万元也应属于机场公司的公共财产。刑法理论通说认为，贪污罪的犯罪对象是公共财产。根据《刑法》第 91 条的规定，公共财产包括：(1) 国有财产；(2) 劳动群众集体所有的财产；(3) 用于扶贫和其他公益事业的社会捐助或者专项基金的财产。在国家机关、国有公司、企业、集体企业和人民团体管理、使用或者运输中的私人财产，以公共财产论。此外，根据《刑法》第 183 条第 2 款、第 271 条第 2 款、第 394 条的相关规定，贪污罪的犯罪对象除公共财产外，还包括本单位的保险金、财物以及应当交公而没有交公的礼物。同时，司法实务部门在被隐匿的财产系国有资产，属公共财物，可以成为贪污罪的犯罪对象这一问题上，基本可以达成共识。[1]

---

[1] 参见龚培华、王立华：《贪污罪对象认定中的争议问题研究》，载《法学》2004 年第 12 期。

本案中，180万元表面上是王某骗取张某所获得的，但是从当时的市场情况以及张某毫不犹豫地额外支付180万元来看，此场地的市场价值应当与合同价格加上180万元相当。按照正常的交易程序，要获得此场地的租赁权，支付的钱款应当包含这180万元。张某获得了20号场地的租赁权，并没有产生经济损失，他参与的只是正常的市场交易。对于交付钱款的用途和目的，张某是清楚的。对于交付180万元钱款和签订租赁合同，从而可以获得20号场地的租赁权这一市场交易行为的性质，张某也没有产生错误认识，他交付钱款和签订租赁合同的行为正是基于该认识而实施的。王某在本案中确实存在欺骗行为，但是作为刑法上诈骗行为被害人的最终对象应是机场公司，而不是张某。张某虽然对20号场地的来龙去脉有错误的认识，但是对该市场交易行为的性质并没有产生错误认识，交付钱款和签订租赁合同的行为并没有让其产生财产损失。

同时，本案中的180万元是具有隐匿性质的国有资产，而王某实施一系列欺骗行为的最终目的是希望将20号场地的增值利益据为己有。因此，王某对张某的欺骗行为并不能改变这180万元属于公共财物的性质。根据刑法理论和相关司法解释，公共财物是指归国家或集体所有的各种财物，包括国有或集体所有的财物以及该物所产生的收益。如上所述，这180万元是基于候机楼商业场地产生的利益，该场地系国有不动产，由国有不动产产生的收益应当归属国有，系公共财物。王某负有为单位谋取利益之职责，他通过"动脑筋"获取的这180万元应属于单位的收益。但是，他将本属于单位的这180万元占为己有，其行为符合贪污罪侵吞、窃取、骗取公共财物的行为方式，故应以贪污罪加以认定。

第三，这类案件中的行为不应被认定为诈骗、受贿犯罪，本案中王某的行为也不符合诈骗罪和受贿罪的构成要件。首先，诈骗罪是指以非法占有为目的，采用虚构事实或隐瞒真相的方法，使相对人陷于错误认识而处分财产,骗取数额较大的公私财物的行为。[1] 本案中,场地租赁的基本事实确实存在,王某也确实有负责场地租赁的职权,他虽采用虚构事实的手段,但张某交付180万元是基于20号场地的远大前景利益,事后也确实获得了场地租赁经营权,其交易行为符合市场等价交换的一般规则,并没有因被骗而产生经济损失。可见,王某的骗取行为与张某的财物交付行为之间不具有因果关系,王某与张某之间的市场交易行为不应被认定为刑法中诈骗罪的实行行为。其次,贿赂犯罪系对向性共同犯罪。王某的目的在于占有20号场地"转让"租赁产生的收益,而张某也完全没有将180万元作为好处费支付给王某的意图,他自始至终都以为180万元是支付给李某的"转让费",与王某没有直接关系。可见,张某与王某之间并无行贿与受贿的故意,不具有"权钱交易"的本质,故本案也不符合受贿罪的构成要件。

---

[1] 参见张明楷:《刑法学》(第三版),法律出版社2007年版,第738页。

第二十四章
贿赂犯罪立法结构的调整*

在反腐呼声日益高涨的背景下,《刑法修正案(九)》对行贿罪作出重大修正,包括扩大行贿处罚范围、强化行贿处罚力度、提高行贿"从宽"门槛、增加罚金刑等,体现了对行贿行为从严打击的立法思路,这也被学界解读为行贿与受贿同罪同罚的立法趋向。然而,在传统的"犯罪因果论"基础上发展起来的行贿与受贿同罪同罚甚至重行贿、轻受贿的主张合理与否尚存疑问。在反腐形势严峻的背景下,"用重典"固然有其合理性并容易获得认同,但是法的正义性还在于其对违法犯罪行为进行追究的及时性与必要性。与其在惩治与社会环境、制度缺陷等因素有重大关联的行贿行为中疲于奔命,不如固守相对确定的受贿群体,以寻求腐败犯罪的治理之道。基于此种考量,我们认为,调整贿赂犯罪的立法结构是现阶段腐败犯罪治理的有效途径。

---

* 本章为笔者与李乾合作撰写,提交《法学研究》2016年春季论坛"刑事法治体系与刑法修正"理论研讨会(2016年4月16—17日,《法学研究》编辑部、苏州大学王健法学院联合主办)。

一、行贿与受贿同罪同罚：立法趋向与反思

(一) 立法演变与学术倡导的呼应

1. 行贿罪的立法变迁

中华人民共和国成立之初，中央人民政府于 1952 年 4 月 21 日公布了《中华人民共和国惩治贪污条例》（以下简称《条例》），这是新中国治理腐败问题的首个刑事法律规范。《条例》第 6 条第 1 款规定："一切向国家工作人员行使贿赂、介绍贿赂者，应按其情节轻重参酌本条例第三条的规定处刑；其情节特别严重者，并得没收其财产之一部或全部；其彻底坦白并对受贿人实行检举者，得判处罚金，免予其他刑事处分。"据此，行贿犯罪与介绍贿赂犯罪虽未独立成罪，但已经与贪污受贿行为一样受到刑法的惩治。值得注意的是，《条例》的这一立场并未采用中央人民政府法制委员会于 1950 年起草的《中华人民共和国刑法大纲草案》关于行贿与受贿异罚并可以有条件出罪的规定。[1]

此后制定的几部刑法草案基本采取了行贿与受贿同罪的立场，但在是否同罚上存在一定的反复。例如，由中央人民政府法制委员会起草的 1954 年《中华人民共和国刑法指导原则草案（初稿）》第 74 条第 3 款规定："行贿或者介绍行贿的人和受贿的人同罪。如果行贿是

---

[1]《中华人民共和国刑法大纲草案》第 89 条规定："国家工作人员，就主管事务，要求或收受贿赂者，处一年以上十年以下监禁。情节特别严重者，处死刑或终身监禁，并可没收其财产之全部或一部。"第 90 条规定："向国家工作人员行贿或介绍贿赂者，处三年以下监禁或批评教育。被迫行贿或于行贿后自首者，不予处罚。"

由于被勒索，可以免予处罚。行贿后、介绍贿赂后或者受贿后立即自首，真诚悔过，交出赃物的，可以免予处罚。"1957年由全国人大常委会法律室草拟的《中华人民共和国刑法草案（初稿·第22次稿）》第207条规定："向国家工作人员行贿或者介绍贿赂的，分别依照第二百零五条、第二百零六条的规定从轻处罚。"1963年的第33次稿第198条第3款直接规定："向国家工作人员行贿或者介绍贿赂的，依照前两款的规定处罚。"

1979年《刑法》是新中国第一部正式生效的刑法典，其第185条第3款首次对行贿罪作出规定："向国家工作人员行贿或者介绍贿赂的，处三年以下有期徒刑或者拘役。"值得注意的是，这一关于行贿罪的规定与受贿罪的规定设置于同一法条之中，明确将行贿与受贿一样规定为犯罪（同罪），但采取的是异罚（行贿轻罚）的立场。

面对改革开放背景下贪污受贿犯罪日趋严重的新情况、新问题，全国人大常委会于1988年1月21日公布的《全国人民代表大会常务委员会关于惩治贪污罪贿赂罪的补充规定》（以下简称《补充规定》），在进一步明确行贿罪含义的基础上，大大提高了对行贿行为的处罚力度。《补充规定》第8条第1款规定："对犯行贿罪的，处五年以下有期徒刑或者拘役；因行贿谋取不正当利益，情节严重的，或者使国家利益、集体利益遭受重大损失的，处五年以上有期徒刑；情节特别严重的，处无期徒刑，并处没收财产。"同时，该条第2款增设了特别自首制度，规定对行贿人可以有条件地免罚："行贿人在被追诉前，主动交代行贿行为的，可以减轻处罚，或者免予刑事处罚。"这也是司法实践中行贿与受贿不同罪——行贿入罪率远低于受贿入罪率的重要依据与原因。1997年《刑法》对于行贿罪的规定基本沿用了《补充规定》的相关内容。不同于1979年《刑法》，1997年《刑法》对行贿罪与受贿罪采取了在相异法条作出规定的方式。同时，相关司法解释对于行贿罪的追诉采取了与受贿罪大体一致的入罪标准。[1] 但是，在司法实践中，行贿入罪率远低于受贿入罪率。

2. 行贿与受贿同罪同罚的呼吁与立法倾向

2015年8月29日经全国人大常委会审议通过的《刑法修正案（九）》再次对行贿罪作出调整，在提高刑罚力度的同时，对行贿罪的入罪情形作出如下补充规定：首先，提高了对行贿罪的处罚力度，在《刑法》第390条的基础之上为各个量刑档次增加了罚金刑的设置。其次，对特别自首制度作了限制，将行贿人的特别自首情形由"行贿人在被追诉前主动交代行贿行为的，可以减轻处罚或者免除处罚"变更为："行贿人在被追诉前主动交代行贿行为的，可以从轻或者减轻处罚。其中，犯罪较轻的，对侦破重大案件起关键作用的，或者有重大立功表现的，可以减轻或者免除处罚"。最后，在《刑法》第390条之后增加了对特定关系人行贿罪的规定。不仅如此，《刑法修正案（九）》在对单位行贿罪、介绍贿赂罪以及单位行贿罪等罪名中均增加了罚金刑的设置。

从我国有关行贿罪的刑事立法尤其是刑罚设置来看，除1979年《刑法》出现了所谓的"轻刑化"倾向之外，在整体趋势上表现出由宽至严的立法导向。不仅如此，"行贿与受贿同罪同罚"的观点似乎也逐渐为立法者所接受，并有成为我国未来贿赂犯罪立法方向的趋势。此种立法导向也得到了学术界主流观点的呼应，或者说，学术界

---

[1] 参见《最高人民检察院关于行贿罪立案标准的规定》（2000年12月22日发布）。

要求加大对行贿惩治力度的呼吁促使了此种立法导向与立法思维的生成。[1]

有学者指出："行贿行为破坏了整个社会的正常经济秩序，是在损害国家和社会利益的基础上使一小部分人的利益得到满足。因此，对其应坚持打击为主、预防为重的原则。"[2]另有学者在借鉴国外立法的基础上认为，我国贿赂犯罪刑法治理中存在严重的"非对称性"问题，既不符合源头治理的要求，也难以实现对腐败问题的长效治理，为此应加强对行贿行为的惩治力度以实现治理平衡。[3]还有学者认为，我国作为《联合国反腐败公约》的签署国，应当严格遵守公约义务，在对待行贿受贿问题上坚持"不厚此薄彼"的态度，同罪同罚。如此，我们才能从源头上遏制腐败，从而有效地预防贿赂犯罪的发生。[4]还有学者对行贿犯罪特别自首制度进行了批评，认为这一制度弊大于利，应予以取消。[5]更有学者明确提出，行贿与受贿应同罪同罚。这种观点认为，贿赂犯罪乃双方互为犯罪对象的"对合犯"。除索贿以外，就一般贿赂犯罪而言，行贿是受贿的直接原因，没有行贿就绝无受贿。然而，在实践中，无论从我国刑事立法还是司法层面

---

[1] 在《刑法修正案（九）》制定期间，有个别学者从刑事政策学的角度对修正案拟加重对行贿行为的处罚进行了反思，认为就刑罚一般预防目标的实现而言，加大处罚力度不如提高处罚概率，进而主张废除行贿罪。但是，这一观点显然并未对立法产生影响。参见姜涛：《废除行贿罪之思考》，载《法商研究》2015年第3期。

[2] 徐岱：《行贿罪之立法评判》，载《法制与社会发展》2002年第2期。

[3] 参见钱小平：《"积极治理主义"与匈牙利贿赂犯罪刑法立法转型——兼论中国贿赂犯罪刑法立法改革之方向选择》，载《首都师范大学学报（社会科学版）》2014年第6期。

[4] 参见卢建平、郭健：《中国贿赂犯罪立法之缺陷与完善——以适用〈联合国反腐败公约〉为视角》，载《河北法学》2006年第12期。

[5] 参见刘仁文、黄云波：《建议取消行贿犯罪特别自首制度》，载《检察日报》2014年4月30日。

来看，各环节均偏重对受贿犯罪的惩处，相对轻忽了对行贿犯罪的同等惩处。有鉴于此，应当认真反思关于强化惩处行贿犯罪力度的必要性与可行性问题。[1] 除此之外，亦有学者主张对行贿罪的犯罪构成进行修改，如扩大"为谋取不正当利益"的范围以实现对行贿犯罪的全面治理。[2]

在加大对行贿行为惩治力度的共同前提下，学者们的观点略有分歧。部分学者基于种种因素考量，认为对行贿行为和受贿行为应当配置轻重不同的法定刑，即行贿受贿同罪异（轻）罚论，这也是我国刑事立法的传统立场。另有部分学者对行贿受贿异罚论提出批判，他们在对国际条约、域外立法进行考察后认为，我国为设置所谓的腐败犯罪"囚徒困境"而对行贿人过度轻纵才是腐败犯罪高发的真正根源。为此，这种观点主张，在行贿与受贿同罪的基础上应当同罚，而且同罚不仅应表现在立法上，还应表现在对司法政策的把握上。

在严惩行贿犯罪这一学术倡导的影响下，立法界和司法界均作出积极回应。在《刑法修正案（九）》尚未就行贿犯罪作出定论之前，司法界即有观点主张："在规制和查办贿赂犯罪的立法、执法领域，应当旗帜鲜明地提出'惩办行贿与惩办受贿并重'的刑事政策，抛弃'重受贿轻行贿'的习惯性思维。"[3] 这种"并重"既体现在提高行贿入罪率上，也体现在提高行贿罪量刑上，即行贿应向与受贿同罪同罚靠拢。

从修改内容来看，《刑法修正案（九）》对行贿人特别自首制度的

---

[1] 参见屈学武：《行贿与受贿应同罪同罚》，载《检察日报》2013年10月22日。

[2] 参见赵秉志：《国际社会惩治商业贿赂犯罪的立法经验及借鉴》，载《华东政法学院学报》2007年第1期。

[3] 李少平：《行贿犯罪执法困局及其对策》，载《中国法学》2015年第1期。

从严把握以及受贿罪与行贿罪中罚金刑的设立，均表明行贿受贿同罪论乃至同罚论已在一定程度上为我国立法者所接受，并且他们试图通过立法抑制司法中的行贿与受贿不同罪以及行贿轻罚现象。自2016年4月18日起施行的《最高人民法院、最高人民检察院关于办理贪污贿赂刑事案件适用法律若干问题的解释》也体现了这样的思路：一方面，对行贿罪规定了与受贿罪基本一致的数额与情节入罪标准；另一方面，对特别自首制度作了进一步的细化性限制。

综合而言，要求通过限制甚至取消行贿特别自首制度以使行贿行为与受贿行为共同入罪，以及主张加大对行贿的处罚力度，消除行贿与受贿异罚（轻罚）现象，似乎已经成为我国学术界的"大众话语"，近些年来的刑事立法与司法亦对此观点作出了积极的回应。

（二）行贿与受贿同罪同罚论之理性反思

种种迹象表明，对行贿行为和受贿行为实行"同罪论"甚至"同罚论"似乎已经成为势在必行且顺理成章之事。然而，我们认为，不仅对行贿与受贿同罚论应予以理性反思，行贿与受贿同罪论也存在诸多值得商榷之处。

1. 同罪基础上的行贿受贿异罚制在备受诟病的同时，对于腐败犯罪的治理并无多少裨益

考察近年来我国学者有关贿赂犯罪的研究成果可以发现，多数学者对现有的行贿受贿异罚制这一立法模式持反对态度。他们从国际条约、域外立法、"犯罪因果论"等视角对我国现有的立法模式提出批判，认为我国刑法虽然将行贿行为纳入犯罪体系，但是过于轻纵的刑罚配置以及司法中的过度宽容大幅度削弱了该条款对腐败犯罪的遏制作用。虽然立法者在重重压力之下仍然坚持行贿受贿异罚制的基本立场，但是从实践效果来看，该举措对于腐败犯罪治理的积极效用并不大。

我国自 1979 年《刑法》确立行贿受贿异罚制以来，腐败犯罪案件无论是在案件数量、涉案人数还是在涉案数额、涉案人员行政级别等方面均呈恶化趋势。不仅如此，行贿受贿异罚制的立法模式还使得部分社会公众甚至部分学者掉入"逻辑陷阱"，这也是现阶段要求"行贿与受贿同罚"呼声日益高涨的重要原因。在此立法模式下，部分学者面对日益严重的腐败问题，理所当然地由果溯因，认为腐败问题的日益恶化是因为既有的刑事立法对行贿行为惩罚力度不够所致，却并未考究作为预设前提的行贿行为入罪是否合理。基于此种考量，部分学者在借鉴国外立法经验时有所取舍，在对域外腐败犯罪发生率低等情况进行归因时，多着眼于相关国家对行贿受贿的对称性治理，而对其腐败犯罪发现机制、案件侦查手段、腐败治理配套措施等则多有忽略。此种状况使对行贿行为进行严惩的观点得到了越来越多的认可，而对于行贿行为入罪严惩后的真实效果究竟如何，却很少出现强有力的正面论述，更缺乏严谨的实证性研究的支持。

值得注意的是，立法与司法解释对于行贿与受贿同罪的立场长期被司法实践实际消解和架空，这在某种程度上是对立法与司法解释之不合理性的纠正。这种"纠正"是否应当被"再纠正"，即它对贿赂犯罪治理究竟会产生何种影响，尚值得进一步研究。

2. 从国际视角考量，行贿受贿同罚制能否实现遏制腐败犯罪的目标亦值得考究

以美国为例，作为世界上腐败治理卓有成效的国家之一，其《联邦贿赂法》中规定的行贿受贿同罚制常常被我国学者援引作为加大对行贿行为惩处力度的依据。不仅如此，美国于 1977 年通过的《反海外腐败法》将美国公司向外国政府官员、政党官员或候选人行贿的行

为规定为犯罪,这被称为"世界反腐败历史上的开创之举"。[1] 此外,欧洲大陆的德国、意大利、西班牙等国亦与美国持同一立场,对行贿和受贿行为实行同罚制度。在《欧洲委员会打击欧洲共同体官员或欧洲联盟成员国官员腐败公约》《禁止在国际商业交易中贿赂外国公职人员公约》等地区性或全球性反腐败公约陆续出台的背景下,反海外行贿行为也逐渐得到欧洲各国立法的确认。在立法业已对行贿和受贿行为实行同罚,甚至对行贿行为处以更严厉刑罚(如法国)的语境下,考察国外立法对行贿罪的刑罚设置可以发现,其刑罚严厉程度远高于我国。以美国为例,《反海外腐败法》规定,一旦被查出有贿赂行为,行贿者将面临超过所获利润10倍的罚款。[2] 在此背景下,美国及欧洲各国的国内贿赂犯罪数量较少,这也是我国一些学者推崇行贿受贿同罚制的重要原因。

但是,从美国及欧洲各国在国外的商事主体尤其是跨国公司的行为来看,行贿受贿同罚制的刑事立法模式是否真正有效尚有待商榷。以在华跨国公司为例,截至2013年,我国在10年内至少调查了50万件跨国贿赂等腐败案件,跨国公司在华行贿案件一直呈上升趋势。不仅如此,在华跨国公司行贿案件中约有80%是被其母国司法机关发现并查处的。[3] 由此可见,严刑峻法并不能够完全遏制腐败犯罪的发生。相反,跨国公司之所以在本国不敢"逾越雷池"而在中国却大肆行贿,并不是因为案发后可以逃脱严厉刑罚,其母国依据属人原则,仍可对行贿者追究责任。一个相对合理的解释是,跨国公司的母国对腐败犯罪的严密监督,或者说母国缺乏行贿生成的"土壤",才

---

[1] 参见卢建平、张旭辉编著:《美国反海外腐败法解读》,中国方正出版社2007年版,第41页。

[2] 参见王文华:《打击跨国贿赂犯罪的刑事政策研究》,载《法治研究》2013年第7期。

[3] 同上。

是导致发生此种现象的主要原因。考虑到行贿受贿同罚制将会使得我国司法机关在侦查腐败犯罪案件时面临更大的困境，进而降低腐败犯罪分子被追究刑事责任的概率等因素，机械地主张移植国外立法模式是否可行及有效尚有待研究。

3. 主张行贿受贿同罚论者据以作出判断的现实依据存在断章取义之嫌

考察行贿受贿同罚论者的立论依据不难发现，他们大多认为既有刑法对行贿罪的处罚力度较轻是造成贿赂犯罪高发的重要原因。例如，有学者指出，从 2000 年至 2005 年检察机关立案侦查的受贿罪与行贿罪的绝对数量来看，2000 年立案侦查受贿案件 8406 件 8755 人、行贿案件 1200 件 1298 人；2001 年立案侦查受贿案件 8332 件 8590 人、行贿案件 1686 件 1809 人；2002 年立案侦查受贿案件 8576 件 8828 人、行贿案件 1822 件 1963 人；2003 年立案侦查受贿案件 8457 件 8654 人、行贿案件 1759 件 1885 人；2004 年立案侦查受贿案件 8511 件 8887 人、行贿案件 1712 件 1952 人；2005 年立案侦查受贿案件 8425 件 8811 人、行贿案件 1688 件 1994 人。[1] 从刑罚适用层面来看，从 2009 年至 2013 年人民法院判决生效的案件中，行贿犯罪案件被宣告无罪者 8 人，无罪率为 0.06%；适用缓刑和免予刑事处罚者 9261 人，适用率为 75%；判重刑者 379 人，重刑率为 3%。反观受贿罪的处刑情况，被宣告无罪者 53 人，无罪率为 0.11%；适用缓刑和免予刑事处罚者 24030 人，占比 50%；判处重刑者 16868 人，占比 35%。[2]

---

[1] 参见谢望原、张宝：《从立法和司法层面加大对行贿罪的惩治力度》，载《人民检察》2012 年第 12 期。

[2] 参见李少平：《行贿犯罪执法困局及其对策》，载《中国法学》2015 年第 1 期。

据此，主张行贿受贿同罚论者认为，被立案侦查的行贿人数量少于受贿人于常理不符，而对行贿人处刑过于轻纵则是导致贿赂犯罪泛滥的重要原因。但是，此种思路背后隐藏着明显的逻辑缺陷。从刑事立法的角度来看，我国在1988年发布《补充规定》之后，对行贿罪的处罚力度明显增强，但是贿赂犯罪数量却一路飙升。例如，最高人民检察院2016年工作报告披露，2015年查办行贿犯罪人数与受贿犯罪人数的比率已经从2000年的15%（1298∶8755）提高到了62%（8217∶13210），但是受贿犯罪人数与行贿犯罪人数仍明显增长。

《刑法修正案（九）》所作修改是基于既有刑法规定，而未考察立法发展与实践效果，对行贿行为的再次从严惩处是否能够达到预期效果还有待考究。司法实践中对行贿行为过于宽容也是持行贿受贿同罚论者批判的焦点。但是，立法时所作的价值预设本来就有待司法实践检验，在未达到立法期待之时不进行立法反思，而将责任归咎于司法不严的做法也是有待商榷的。

4. 盲目追求贿赂犯罪治理的国际对接并不可取

部分学者从域外视角考察后认为，美国、日本、德国、匈牙利等国采取的均是行贿与受贿同罚的立场，我国于2003年12月签署的《联合国反腐败公约》亦持相同的态度。因此，我国应在借鉴国际经验的基础上对行贿行为实行同罚制，以实现对腐败问题的有效治理。但是，我们认为此种做法有待考量，理由如下：

一方面，从全球视野来看，的确有一些国家实行行贿受贿同罚制并取得了良好的效果，但是也有一些国家规定行贿行为轻于受贿行为，采取后一种立法例的国家似乎还更多。[1] 因此，认为实行行贿

---

[1] 参见卢勤忠：《行贿能否与受贿同罚》，载《人民检察》2008年第14期。

受贿同罚制已成为国际立法主流的观点尚缺乏充分的事实依据。

另一方面,贿赂犯罪作为一种制度缺陷型犯罪,虽然在世界各国蔓延已久,但是它在本质上仍然是一种本土化犯罪。各国在政治制度、经济制度、文化环境、社会发展阶段甚至民族风俗等方面的不同,都会对贿赂犯罪的犯罪形态及其治理对策产生重要影响。当前,我国正处于从发展中国家向发达国家转型阶段,社会结构快速解组与重构,在公权力逐渐退出市场,相应的制约监督及替代机制尚未建立与完善的情况下,腐败犯罪的数量上升在某种程度上有其必然性。正如美国犯罪学家路易丝·谢利所言:"犯罪是现代化的主要代价之一。"[1] 当然,必须说明的是,描述这一规律绝非对腐败犯罪的认同,更非为其辩护。与此相对应,在既有的腐败问题治理模式中并无可为我国所直接借鉴的,尊重立法与司法的本土性应是我国治理腐败问题的重要前提之一。因此,国外的行贿受贿同罚制并不能成为我国将行贿行为入罪甚至施以重刑的立法依据。

二、行贿非犯罪化的提出及其意义

从上文的梳理中可以看到,行贿受贿同罪制与同罚制均值得商榷。反思我国行贿受贿同罪同罚的刑事政策及其实践效果,我们认为,将行贿行为予以非犯罪化处理才是我国治理腐败的应有对策。

无论是主张行贿受贿同罪异罚论者还是行贿受贿同罪同罚论的支持者,其最终目的均是实现对腐败犯罪的良好治理,而主张行贿非犯罪化亦是如此,其差异只在于路径不同。基于此种考虑,我们认为,在将行贿行为予以非犯罪化处理的同时,也要以腐败治理为核心,对

---

[1] 〔美〕路易丝·谢利:《犯罪与现代化》,何秉松译,中信出版社2002年版,第196页。

行贿人进行必要的义务设置，以实现对腐败犯罪的遏制。为此，可以在《刑法修正案（九）》业已对拒绝作证行为扩大处罚范围的基础上，对《刑法》第311条规定的处罚对象予以进一步扩大，增加行贿人拒绝作证时可入罪处罚的规定。如此，既可以破解上述行贿受贿同罪制甚至同罚制带来的困境，又能够在保持必要威慑的前提下督促行贿人积极配合腐败犯罪调查。具体而言，行贿非犯罪化具有矫正既有逻辑错误、遏制"司法潜规则"、斩断贿赂犯罪的"罪之链"等重要意义。

（一）行贿非犯罪化可以矫正既有逻辑错误

从行贿受贿同罪论者与行贿受贿同罚论者的论证逻辑来看，犯罪因果说、刑罚威慑说等理论是其展开论述的基础。但是，相关理论在从不同侧面对腐败治理问题提供思路的同时，也存在不同程度的缺陷。

首先，无论是主张对行贿行为与受贿行为实行同罚还是主张对二者实行同罪异罚的学者，大都认为行贿行为是受贿犯罪产生的根源，甚至认为受贿是行贿人"围猎"的结果。此种观点在研究成果中多以犯罪因果说的姿态呈现。但是，司法实践中的现实状况却与该论证逻辑相左。以跨国贿赂犯罪为例，虽然我国对跨国商业贿赂犯罪的侦查惩处力度不断加大，但是总体来看，在华企业的贿赂犯罪案件仍呈递增趋势。此种现象固然与在华跨国公司数量增加、我国市场监督机制存在缺陷等因素有关，同时与我国部分司法机关对涉案官员采取的"保护性"措施也不无关系。在"小灵通案""西门子案""丹尼森案"等跨国贿赂案件中，虽然外国司法部门已提供相关涉案官员的信息和线索，但是仍不见我国司法部门有所行动，相关案件最终不了了之。[1] 依据上述犯罪因果说的逻辑展开，此种"重行贿"的贿赂犯罪治理方式应该会遏制在华企业的跨国贿赂犯罪。但是，现实情况并不理想，甚至还可能恰恰相反。此外，从经济学的一般原理角度进行考量，行贿人行贿并不是因为事后的处罚较轻甚至可以免予处罚，其根本原因在于行贿行为的有效性，即作为权钱交易初级产品的"贿赂"存在较大的消费市场，而且行贿人可以在交易中获取利润。因此，彻底切断该交易链条最为直接有效的方法并不是通过对行贿人施以刑罚以增加其交易成本，而应当是通过对消费群体即公权持有者的管制和越权谋利者的惩罚以彻底破坏该消费市场。如此，在消费群体消失后，行贿人的贿赂动机即会因失去其市场价值而消失。

其次，部分学者认为将腐败问题归咎于制度性缺陷是为行贿人开脱罪责，并主张利用刑事措施对行贿行为进行制裁。但是，制度性缺陷导致行贿行为泛滥也是不可否认的事实。此种观点亦为持行贿受贿同罚论者所认可。例如，有学者在对行贿受贿对称性治理政策进行论述时指出："我国目前正处于从传统的公有制集权式封闭经济向开放的市场经济转轨过程中。为确保社会的平稳过渡，我国选择了渐进式的转型模式，其核心就是在一定时期内允许计划和市场两种模式的并行，政府依然保有对市场资源的直接管理权，从而为寻租行为的发生提供了天然的土壤。"[2] 在现阶段我国市场资源并不充足的背景下，一些市场参与主体为了获取竞争优势，进而获得更多利润，容易做出对掌控资源的公职人员进行"积极运作"的行为，腐败犯罪由此增加。在承认这一事实，甚至承认我国由于制度性缺陷而存在一定量

---

[1] 参见王文华：《打击跨国贿赂犯罪的刑事政策研究》，载《法治研究》2013年第7期。

[2] 钱小平：《惩治贿赂犯罪刑事政策之提倡》，载《中国刑事法杂志》2009年第12期。

"不得已"的行贿行为时,仍然认为"不能据此否认此种情形下的行贿行为所具有的法益侵害性"[1],着实令人费解。根据源自德国"癖马案"的期待可能性理论,只有在具有期待行为人实施适法行为的可能性时,才能对其违法犯罪行为追究责任。我国刑法虽未正式引入期待可能性理论,但罪刑法定之国民可预测性要求业已将该理论的诸多要义涵盖其中。因此,在行贿人迫于制度性缺陷而实施行贿行为,特别是在被索贿的情况下,对其以罪论处的确有失妥当。[2]

此外,社会管理的最终目的是实现整个社会的稳定发展,法律作为社会管理的重要手段,虽同时具有保障人权、实现公平正义等价值追求,但保证社会稳定也是其重要任务,其他目标的实现均有赖于社会的稳定发展。依此考察我国腐败犯罪现状可以发现,一个受贿人通常关涉十几个甚至几十个行贿人,多数行贿人又牵连着某一个企业或一批就业者。此种"牵一发而动全身"的局面在行贿受贿同罪制甚至同罚制的反腐语境下,容易引起社会强烈的震荡。同时,相对于受贿人而言,行贿人无疑属于"弱者",同罪同罚制也容易为权力寻租留下空间。[3] 因此,同罪制与同罚制需要指出的是立法思维是否能够实现社会效益最优,这也值得思考。同时,衡平整体的社会效果在我国刑事立法中已有先例。我国《刑法》第201条有关补缴税款后的出罪规定、第276条有关拒不支付劳动报酬罪中责令支付后的出罪规定等,都是立法中进行具体考量后的结果。

---

[1] 钱小平:《惩治贿赂犯罪刑事政策之提倡》,载《中国刑事法杂志》2009年第12期。
[2] 从这个角度看,1954年《中华人民共和国刑法指导原则草案(初稿)》关于如果行贿是由于被勒索,可以免予处罚;行贿后、介绍贿赂后立即自首、真诚悔过、交出赃物的,可以免予处罚的规定仍不乏积极意义。
[3] "陈一超行贿案"即是一个例证。参见卢义杰:《开庭前,他的千万元财产被过户给某些纪委、纪检干部、检察官》,载《中国青年报》2016年4月16日。

考虑到我国的社会机制正处于不断健全之中，行贿行为具有一定的广泛性，将其予以非犯罪化处理也有利于在保持社会稳定的前提下逐步治理腐败问题。

最后，主张对贿赂犯罪进行重刑威慑固然可以在一定程度上遏制腐败问题，但是该措施得以发挥效用的逻辑前提是贿赂犯罪被司法机关及时发现。诚如贝卡利亚所言："惩罚犯罪的刑罚越是迅速和及时，就越是公正和有益"[1]；"对于犯罪最强有力的约束力量不是刑罚的严酷性，而是刑罚的必定性"[2]。因此，只有及时发现犯罪行为并对其施以刑罚，才能够对潜在的犯罪者形成有效威慑，进而实现一般预防的目的。部分实证研究也证明了这一规律的可靠性。例如，有学者对2000名公务人员的调查显示，相对于贪污受贿犯罪被判处重刑来说，这一群体更加关注实施犯罪后被发现的概率有多大。[3] 从我国惩治腐败犯罪的司法实践来看，受贿人犯罪之后被发现的概率仍然有待提高。虽然对处于犯罪"黑数"中的贿赂犯罪公职人员的具体数量无法准确掌握，但是各项调查显示，我国贪污贿赂等腐败犯罪的"黑数"达到了80%甚至90%。[4] 在此状况下，对行贿受贿实行同罪制甚至同罚制，不仅无益于遏制腐败犯罪，反而会因大量腐败分子逍遥法外而强化潜在犯罪人的侥幸心理，最终导致腐败犯罪状况的继续恶化。因此，有必要纠正依赖重刑反腐的思维，通过行贿行为的非犯罪化，增大腐败案件的发现概率，以实现对腐败犯罪的有效遏制。同时，此举与中央"'老虎''苍蝇'一起打"以及"零容忍"的反腐态

---

[1]〔意〕贝卡利亚：《论犯罪与刑罚》，黄风译，中国大百科全书出版社1993年版，第56页。

[2] 同上书，第59页。

[3] 参见姜涛：《废除行贿罪之思考》，载《法商研究》2015年第3期。

[4] 参见梁瑞琴：《当前贿赂犯罪案件查办中存在的问题及对策》，载《河北法学》2012年第2期。

度也是不谋而合的。"零容忍"的反腐态度的首要要求就是对腐败犯罪的及时发现,尽可能多地将腐败犯罪案件暴露于阳光之下,而对行贿行为予以出罪处理以增加腐败犯罪的发现概率与侦破率恰与此要求相契合。

(二)行贿非犯罪化可以遏制"司法潜规则"

考察我国贿赂犯罪治理实践可以发现,行贿人并非自始至终都被司法机关"宽待"。在案件侦查初期,行贿人往往是司法机关关注的重点。但是,随着案件侦查的逐步深入,涉案行贿人的数量会逐渐减少,最后以被告人身份走进法庭者更是寥寥无几。究其原因,司法机关在案件侦破过程中与行贿人进行的类似于辩诉交易的行为在其中发挥了重要作用。鉴于腐败犯罪的封闭性较强,而我国司法机关反贪部门的案件侦查手段有限,行贿人的言辞证据就成为指控受贿行为最为直接和有力的证据。但是,根据我国现行刑法的规定,行贿人在满足法定条件的情况下,也会构成犯罪并受到刑事追究。因此,行贿人往往出于自我保护的需要而拒绝提供证据,这无疑给受贿案件的侦破增加了难度。为了解决这一问题,办案机关往往在案件侦查过程中向行贿人许诺,以减轻甚至是不追究其刑事责任为条件,换取行贿人对受贿犯罪的指控。但是,此举存在违法越权之嫌。一方面,从程序法的角度来看,在《刑事诉讼法》修改前,检察机关拥有的不起诉权主要包括法定不起诉、酌定不起诉以及存疑不起诉三种情况。依此审视贿赂犯罪中检察机关的不起诉行为,法定不起诉与存疑不起诉在此情形下可以当然地被排除。就酌定不起诉而言,我国《刑事诉讼法》明确规定其适用条件为"犯罪情节轻微,依照刑法规定不需要判处刑罚或者免除刑罚",行贿人的行为显然不在此列。因此,检察机关进行的事实辩诉交易有违反程序法之嫌。虽然修改后的《刑事诉讼法》规定了公安机关撤销案件、检察机关不起诉案件的新职权,但是过高的适用条件和过严的审批要求仍然无法普适于绝大多数贿赂案件。另一方面，虽然修订后的《刑事诉讼法》规定了认罪认罚从宽制度，但是量刑建议权属于检察机关，最终决定权属于审判机关，侦查机关进行的事实辩诉交易依然于法无据。同时，虽然我国刑法对行贿罪规定了特别自首制度，但是行贿人能否适用特别自首条款需要审判机关即法院作出裁决。如此，侦查机关进行的辩诉交易又存在擅权与越轨之嫌。

面对缺乏实践关照的法律条文所导致的立法与司法脱节的困境，将行贿行为予以非罪化处理才是相对理性的选择。因为在既有法律规定已经出现立法与司法严重衔接不良的情况下，加大对行贿行为的处罚力度将会进一步扩大立法与司法的分歧。虽然有部分学者对司法机关的侦查能力提出批判，但是批判之后所提的建议少有实际意义。另有部分学者建议对行贿人适用"污点证人制度"，但是该制度的移植与适用本就存在许多问题。如果将行贿行为予以非罪化处理，则既可以使侦查机关摆脱尴尬处境，又能够避免制度移植带来的诸多问题。因为行贿行为出罪化之后，办案人员无须再与行贿人进行辩诉交易，而行贿人拒绝作证时的入罪化处理又能对其保持必要的威慑，从而有利于督促行贿人积极配合司法机关的调查工作。此外，在此种情况下，司法机关与行贿人进行的辩诉交易不仅于法有据，而且不以司法机关掌握较为充分的行贿证据为前提，这也有利于降低司法机关的侦查难度。

（三）行贿非犯罪化有利于斩断贿赂犯罪的"罪之链"

考察有关贿赂犯罪的研究成果可以发现，多数学者认为由于行贿人与受贿人之间存在共同的利益基础，因此在司法机关进行追究时，行贿人与受贿人会形成牢固的利益同盟，从而对抗司法机关的侦查活动。为此，有学者提出了行贿人特别自首制度，以期通过双方刑事处遇的不对等性以打破其利益同盟关系。此观点得到了我国刑事立法的确认，并在客观上发挥了惩治受贿犯罪的积极作用。

尽管如此，此观点仍只看到行贿人与受贿人之间的利益同盟关系，却忽视了这种司法活动中的利益同盟不过是贿赂犯罪"罪之链"的末端结果这一事实。行贿人之所以实施行贿行为，一方面固然是因为既有制度缺失或存在缺陷，从而导致其利益诉求无门或者付出成本过高；另一方面也是因为行贿行为是其最直接、最有效的抢占优势资源的手段。就行贿人而言，在不能通过合法途径与公职人员建立关系的情况下，对公职人员行贿可能会成为其选择之一。对某些具有"特殊利益"需求的公职人员来说，在行贿行为同样要入罪处罚的背景下，通过此种"罪之链"手段，也可以将行贿人与其自身牢牢地捆绑在一起，从而降低其受贿后被发现以及承担法律责任的风险。如此，"罪之链"手段既可以作为行贿人与受贿人相互腐蚀的手段，又可以在面对司法机关时降低各自面临的风险。依此反观我国刑事立法采用的行贿与受贿原则上同罪的立场，在有末端治理之嫌的同时，也可能过分夸大了特别自首制度所具有的实际效果，而忽视了行贿与受贿同罪后可能导致的利益同盟更加牢固这一负面性。

基于上述考量，我们认为，只有对行贿行为予以非犯罪化处理，才能够遏制"罪之链"的形成并解决随之而来的一系列难题。首先，行贿行为的非犯罪化可以打破行贿人与受贿人之间的信任关系，受贿人不能通过"罪之链"手段将行贿人与其自身进行捆绑；行贿人囿于受贿人不信任的态度，在进行行贿行为时也会面临更大的困难。[1]

---

[1] 对于非罪化后行贿人的揭发可能性问题，有学者的实证调查给了我们肯定的答案。这项针对企业管理人员的问卷调查显示，有88.66%的受访者明确表示：如果行贿行为不构成犯罪，那么在事情办完后不再有求于对方时会去揭发受贿人；如果受贿人索贿而立法规定行贿行为不构成犯罪，则有高达98.81%的受访者表示会主动揭发受贿人。诚如该学者所言："这种高比例的揭发表示无疑对受贿者是一种震慑，让其不敢再去接受贿赂。"参见姜涛：《废除行贿罪之思考》，载《法商研究》2015年第3期。

其次，由于行贿行为的非犯罪化，司法机关的侦查讯问不会再受到存在利益同盟的困扰。相反，行贿人拒绝作证时的入罪规定将会大大降低司法机关的侦查难度。最后，面对部分学者提出的行贿非犯罪化后行贿人可能据此要挟公职人员，进而获取不当利益的问题，可以通过公职人员的及时自证以免除其入罪威胁，诬告陷害罪等罪名完全可以反制行贿人此种可能的举动。

三、行贿非犯罪化的可行性分析

行贿非犯罪化不仅具有矫正既有逻辑错误、遏制"司法潜规则"等重要意义，而且从理论基础、实践基础和现实要求等方面来看，也具有可行性。

（一）对合犯同罪的非必要性为行贿非犯罪化提供了理论支撑

"刑法理论上，对合犯也称为对向犯、对行犯，是指在构成要件上，以两个或两个以上的人的相互对向的行为为要件的犯罪。"[1] 从刑法学界的通说来看，对合犯主要存在广义说与狭义说两种不同观点。狭义说认为，对合犯是指互为犯罪对象而构成的共同犯罪。[2] 此说在进行对合犯界定时严格依循规范化的犯罪内涵，以行为双方均构成犯罪为前提。广义说认为，凡是以二人以上相互对向行为为构成要件的犯罪，均为对合犯。此说并不以双方行为均构成犯罪为限，而是指"某一种犯罪的实施或者完成必须基于二个行为人双方之间的对应行为才能成立犯罪，缺乏其中一方的行为，这种犯罪就无法完成乃

---

[1] 〔日〕大谷实：《刑法总论》，黎宏译，法律出版社 2003 年版，第 296 页。

[2] 参见马克昌：《刑法学全书》，上海科学技术文献出版社 1993 年版，第 137 页。

至于无法实施"[1]。

虽然广义说之犯罪概念带有犯罪学、行为学色彩，但是从国内外学者的论述及立法来看，采取广义概念更为妥当。依据广义概念，对合犯更加强调的是行为上的依存关系，而非共同的入罪处罚。在此概念下，对合犯被划分为五种类型，即"同罪同刑、异罪同刑、同罪异刑、异罪异刑、只处罚一方的行为"[2]。据此，虽然贿赂犯罪经常作为典型的对合犯被研究者论及，但是此对合犯并非刑事犯罪意义上的狭义对合犯。正如有的学者所言："受贿罪与行贿罪虽则合称贿赂犯罪，但并不能称为对合犯。以往在刑法理论中，对于对合犯有理解过于宽泛之嫌，这是不妥当的。受贿罪与行贿罪虽然不是共同犯罪中的对合犯，但却不能否认两者之间存在对合关系。因此，犯罪的对合关系包括对合犯，但又不止于对合犯。"[3] 由此可以认为，在贿赂犯罪仅存在对合关系或者说仅属于广义对合犯的情况下，行贿行为与受贿行为的入罪与否可以根据各自的产生原因、社会危害性等因素进行独立判断，而前述行贿行为非犯罪化的诸多意义为其出罪处理奠定了基础。

（二）国内外有关对合犯非同罪化的立法先例为行贿非犯罪化提供了立法借鉴

从对国内刑事立法的梳理来看，我国刑法对于部分具备对合关系或者属于广义对合犯的对合行为采取了仅处罚一方行为人的立法体例。例如，销售侵权复制品罪，非法生产、销售专用间谍器材罪，非法向外国人出售、赠送珍贵文物罪，倒卖文物罪，贩卖淫秽物品牟利

---

[1] 杨新培：《试论对合犯》，载《法律科学》1992年第1期。
[2] 赵秉志主编：《刑法学总论研究述评（1978—2008）》，北京师范大学出版社2009年版，第377页。
[3] 陈兴良：《论犯罪的对合关系》，载《法制与社会发展》2001年第4期。

罪、贩卖毒品罪等，均与行贿行为和受贿行为的对合关系相似。但是，我国刑法仅对其中一方行为人进行入罪处理。国外刑事立法对具有对合关系的对向行为也并非一律以同罪论处。例如，1985年《加拿大刑事法典》在第五章"性犯罪、公共道德与违禁行为"中，通过第163条对制作、印刷、出版、发行、分发、传播淫秽物品的行为进行入罪规定。虽然传播淫秽物品的行为既包括牟利性的也包括非牟利性的，但是该法典并未对非以传播为目的而购买淫秽物品或者接受淫秽物品的行为进行入罪处罚。与此类似，该法典第167条对组织和参加淫秽表演者予以定罪处罚，但是淫秽表演的受众并不会被追究刑事责任。[1] 再如，《匈牙利刑法典》在第十六章"危害治安罪"中，通过第282条对非法使用毒品罪作出规定，又通过第283条对吸毒成瘾者和为自己消费而生产、制造、获取、持有数量较少毒品的行为作出出罪规定。[2] 此外，《意大利刑法典》中关于传播淫秽物品犯罪的规定、《瑞典刑法典》中关于性剥削（嫖娼）入罪而卖淫出罪的规定等，均是对合犯非同罪化的立法范例。

考察国内外相关立法可见，刑事法律之所以作出仅处罚一方的立法抉择，主要是出于以下几点考虑：首先，刑事法律对行为的选择必须实现质与量的统一。虽然购买侵权复制品等行为也具有一定的危害性，但是其危害还未达到进行犯罪评价的程度。其次，对不具备期待可能性的行为，刑事法律一般作出排除性规定。例如，各国对吸毒人员购买毒品的出罪规定就是其适例。再次，虽然对向行为也具有一定的危害性，但是行为主体因要付出金钱、健康甚至生命的代价而具有一定的自害性，故法律对其从宽处理。最后，在特殊情形下，虽然对

---

[1] 参见卞建林等译：《加拿大刑事法典》，中国政法大学出版社1999年版，第112—117页。

[2] 参见陈志军译：《匈牙利刑法典》，中国人民公安大学出版社2008年版，第131—135页。

向行为双方的社会危害性大致相当，但是法律出于某种特殊考虑而仅对其中一方的行为进行定罪处罚。我国刑法有关破坏军婚罪的规定即是如此。

依此反观贿赂犯罪，受贿人受贿与否之自我决定权的存在表明，行贿行为的危害程度是否达到入刑程度尚待考量，并无切实证据证明对行贿行为施以刑罚更有利于腐败犯罪的治理。[1] 制度性缺陷也在很大程度上否定了行贿人实施适法行为的期待可能性，在"无奈"之下进行的大量行贿行为也为这一说法提供了现实支撑。此外，在行贿人为其行贿可得利益付出的成本等于甚至大于正常交易成本的背景下，法律仍对行贿人进行定罪处罚也似有不妥。基于诸种考量，在参照上述诸多立法例的情况下，对行贿行为予以非犯罪化处理似乎更为妥当。

（三）司法实践中行贿行为的低入罪率与高轻刑率为行贿非犯罪化提供了实践基础，司法机关治理腐败犯罪的任务也对此提出了现实要求

行贿行为入罪率低、量刑轻一直是我国腐败犯罪治理中的一大特色。从全国数据来看，在 2000 年至 2005 年检察机关立案侦查的行贿案件中，2000 年为 1200 件 1298 人，2001 年为 1686 件 1809 人，2002 年为 1822 件 1963 人，2003 年为 1759 件 1885 人，2004 年为 1712 件 1952 人，2005 年为 1688 件 1994 人。[2] 从地方数据来看，1998 年至 2000 年，广东省各级法院一审审理的行贿案件被告人仅有 49 人；1999 年至 2000 年，江苏省各级检察院立案查处的行贿犯罪嫌疑人仅

---

[1] 例如，对海外行贿与受贿同等治理的背景下，美国仍然有大量海外贿赂案件发生。

[2] 参见谢望原、张宝：《从立法和司法层面加大对行贿罪的惩治力度》，载《人民检察》2012 年第 12 期。

有87人；2000年至2003年7月，上海市检察机关立案查处的行贿犯罪仅81件95人。[1] 不仅如此，从行贿人被判处的刑罚来看，轻刑化趋向亦十分明显。在2009年至2013年人民法院判决生效的案件中，行贿犯罪案件被宣告无罪者8人，无罪率为0.06%；适用缓刑和免予刑事处罚者9261人，适用率为75%；判重刑者379人，重刑率为3%。[2] 尽管近些年来对行贿犯罪的处罚力度在加大，但是总的来看，行贿行为入罪率低、轻刑率高的状况并未得到根本改变。

上述状况往往成为持行贿受贿同罪论与同罚论者批判的焦点，但是也为行贿非犯罪化的改革提供了现实基础。在行贿行为入罪率较低且入罪后判处轻刑比重较大的情况下，对其予以非犯罪化处理并不会引起贿赂犯罪的较大反弹。同时，在行贿行为入罪率低的实践背景下，对其进行出罪处理也不会引起太大的民意反弹。我们可在此基础上直面部分学者对"重受贿、轻行贿"的批判，从而改变现阶段进退维谷的尴尬局面。从司法实践来看，由于我国司法机关现有的侦查技术有限，而贿赂犯罪的私密性及反侦查能力越来越强，贿赂犯罪的高犯罪"黑数"是不争的事实。因此，在国家和社会公众对反腐的期望越来越高的背景下，将行贿行为予以非犯罪化处理能够切实提高受贿犯罪的可发现性与可侦破性，继而提高我国司法机关的腐败犯罪治理能力，并减轻侦查机关担负的社会压力。此外，行贿行为非犯罪化也与社会转型期诸种制度不完善这一特殊情况相适应，从而可以避免将制度缺陷之下的"犯罪人"纳入刑事处罚范畴。

---

[1] 参见董桂文：《行贿罪量刑规制的实证分析》，载《法学》2013年第1期。
[2] 参见李少平：《行贿犯罪执法困局及其对策》，载《中国法学》2015年第1期。

（四）行贿非犯罪化可能产生的消极影响可以通过扩大拒绝作证犯罪的范围进行遏制

从整体来看，无论是行贿受贿同罪制还是行贿受贿同罚制，其最终目的均是实现对腐败犯罪的有效治理。因此，行贿非犯罪化的主张也必须围绕这一核心进行设置。行贿非犯罪化固然与我国一些制度不健全等因素有关，但是其中蕴含的最重要的价值期待仍是希望通过对行贿人的非犯罪化处理，以实现对腐败犯罪尤其是受贿犯罪的有效治理。为此，行贿人出罪后能否主动配合司法机关对受贿犯罪进行调查，就成为问题的关键所在。虽然如前所述，部分学者对行贿人出罪后能否配合司法机关对受贿犯罪进行积极揭发的实证调查已有肯定性答案，但是制度性保障的缺失必然使其有失稳定性。为此，我们认为，在《刑法修正案（九）》已经对《刑法》第311条拒绝提供间谍犯罪证据罪作出扩大规定的情况下，可以考虑对"拒绝提供间谍犯罪、恐怖主义犯罪、极端主义犯罪证据罪"这一罪名作进一步修改，扩大处罚范围，将行贿人拒绝提供贿赂犯罪证据的行为纳入其中，并将此罪名修改为"拒证罪"。如此，在出罪激励与入刑威慑的双重作用下，贿赂犯罪必将得到有效遏制。

四、受贿犯罪的相应完善

在将行贿行为予以非犯罪化处理的同时，还应当对受贿罪作必要的调整，总体思路是严密受贿犯罪的法网，具体建议如下：

（一）取消"为他人谋取利益"的规定，降低入罪门槛

行贿非犯罪化必然要求降低受贿罪的入罪门槛。根据我国刑法的规定，受贿罪的行为方式主要包括两种：索取他人财物与非法收受他

人财物并为他人谋取利益。学术界关于"为他人谋取利益"的性质存在多种不同认识，如主观要件说、旧客观要件说、新客观要件说、新主观要件说、要件统一说、要件取消说等。我国立法虽然采取新客观要件说作为立论依据，但是仍有诸多问题值得考究。

首先，考察我国刑法关于受贿罪的法益规定后可以认为，将"为他人谋取利益"规定为受贿罪的构成要件并无相关依据。我国刑法规定贿赂犯罪的保护法益为公职人员职务的廉洁性或者职务的不可收买性，但是对何为"职务的廉洁性"与"职务的不可收买性"并无明确规定。我们认为，公职人员职务的廉洁性主要是指社会公众对公职人员公正无私的价值期待，此种价值期待不仅包括对索贿与非法收受财物后为他人谋取利益两种行为的禁止，还应当包括对公职人员一切与职务相关的从其他主体处获取不当利益行为的禁止。因为无论行为人是否"为他人谋取利益"，其收受不当利益的行为已经侵害了职务的廉洁性，将引起社会公众的质疑与公权力机关公信力的下降，其后谋利与否仅是对该行为量刑轻重的考量因素而已。域外立法中依据谋利与否设置的受贿罪轻重之分可为我们提供相应的立法借鉴。

其次，虽然各界对"为他人谋取利益"这一要件的性质存在多种不同看法，但是从整体来看，主要可以划分为主观说与客观说两种类型。无论采取主观说抑或客观说，都会存在一些难以解决的法律盲点问题。就主观说而言，它在将"为他人谋取利益"作为主观要件的同时，却无法对收受他人不当利益时就缺乏为他人谋取利益的意图这种行为进行定性处理。就客观说而言，它虽然可以弥补主观说的上述不足，但是对行为人收受不当利益之后并未实际谋取利益的情况该如何处理将会存在疑问。此外，就现行刑法中规定的允诺为他人谋利的行为来说，它在本质上已经有突破"为他人谋取利益"的迹象。允诺为他人谋利的行为在本质上并未达到"权钱交易"的法律要求，法律将该行为以罪论处除了因其存在部分谋利未遂情形外，还因该行为违背了社会公众对公职行为的价值期待。同时，对存在允诺的证明要求也将会使司法机关面临新的困境。

最后，将"收受他人财物但不为他人谋取正当利益"予以非犯罪化处理，而对"收受他人财物并为他人谋取正当利益"进行定罪处罚，难免有司法评价不公之嫌，也不利于对社会价值观的引导。相反，取消"为他人谋取利益"要件与国际公约的宗旨和要求相契合。《联合国反腐败公约》第15条规定："各缔约国均应当采取必要的立法措施和其他措施，将下列故意实施的行为规定为犯罪：……（二）公职人员为其本人或者其他人员或实体直接或间接索取或者收受不正当好处，以作为其在执行公务时作为或者不作为的条件。"

因此，解除"为他人谋取利益"等具体列举式立法对该犯罪行为的束缚以实现刑法的全面托底功能，将会改变因对入罪门槛限制过严而使部分犯罪行为处于法律规制范围之外的状况。与此同时，我们可以借鉴国外立法，在以是否获益作为成罪与否的判断基准的基础上，将是否谋利作为量刑情节，以此理顺受贿犯罪中罪与罚的关系。

（二）细化量刑情节，严密刑事法网

长期以来，我国刑法仅将受贿数额作为受贿罪严重与否的判断标准，并以此为依据进行定罪量刑。考虑到社会变迁导致的数额标准与社会现实脱节、各地经济发展状况不一等因素的存在，《刑法修正案（九）》对受贿罪的量刑标准作出修改，增加了犯罪情节这一裁量性规定。但是，法律对于量刑情节包括哪些内容并未作出明确规定。我们认为，考察我国贿赂犯罪的司法实践并观照国外立法，可以作出如下改变：

首先，将"索贿"行为纳入量刑情节范围，并将"为他人谋取利益"规定为从重情节。如上所述，受贿罪的成立仅仅需要公职人员通过职务便利获得不当利益即可，"索贿"行为作为犯罪人实施犯罪的

具体方式，所指向的并非犯罪成立与否，而是该行为的严重程度。由上述分析可知，"为他人谋取利益"作为犯罪构成要件存在诸多弊端，而将其作为量刑情节则是许多国家的立法选择。因此，二者均应被纳入量刑情节考量，而非作为罪与非罪的考察标准。

其次，"履职受贿"与"背职受贿"应当成为不同的量刑界限。"对于公共部门贿赂犯罪，许多国家进一步区分了背职贿赂和履职贿赂两种情形，其中对前者的处罚最为严厉。"[1] 此举可以看作对我国"为他人谋取合法利益"与"为他人谋取非法利益"的细化方式，因为"履职受贿"是指行为人依法行使职权过程中实施的受贿行为，而此举为行为人谋取的必然为"合法利益"，反之亦然。二者虽然名称各异，但是对行为人犯罪行为危害性程度的描述有异曲同工之妙。履职受贿者仅仅侵害了公职的廉洁性，而背职受贿者除此之外还对其他法益造成侵害。因此，借鉴国外立法，对履职受贿与背职受贿施以轻重不同的刑罚应当是我国的理性选择。对于部分学者提出的"单纯受贿"概念，我们认为，在将其作为受贿罪成罪标准进行评判的基础上，并无对其另作刑事评价的必要。

最后，应当将受贿人的职级高低与其所从事的职业性质纳入量刑情节考量。考察我国的腐败"窝案"可以发现，几乎每起案件中都是在某一机关或部门的主要领导之下存在一系列的犯罪人员。该现象是由我国行政体系的"首长负责制"决定的，也提示我们在进行腐败治理和预防时应当把领导人员作为重点。这不仅是因为部门领导的受贿行为会引起示范效应，更是因为其职权的相对范围会造成更大的社会危害，并很有可能在其权力作用下形成部门腐败生态。就食品药品安全、公共安全等管理部门来说，职权范围的特殊性决定了其违法后果

---

[1] 余高能：《各国贿赂犯罪立法分类比较研究》，载《西北大学学报（哲学社会科学版）》2014年第4期。

可能会具有更大的社会危害性。因此，依据权力与责任相一致的原则，对担任领导职务与从事特殊行业的人员应当进行更为严格的责任规制，在其实施受贿等犯罪行为时，也应当给予更为严厉的惩罚。

（三）监督过失与立功从宽双措并举

"监督过失是指在特定主体之间存在监督和被监督的关系，如果监督者不履行或不正确履行自己的监督或管理义务，导致被监督者产生过失行为引起了结果，或者由于没有确立安全管理体制，而导致结果发展，监督者主观上就具有监督过失。"[1] 考察司法实践可以看到，仅仅依靠事后的严惩尚不能杜绝部门甚至跨部门腐败生态的形成，而部门腐败生态的形成又会导致诸多腐败控制措施的失灵，进而引发腐败"窝案"。为此，还需要为部门领导等群体设置相应的监督职责以及失职后的刑罚措施。这不仅是出于实践中部门领导在本部门的权威性考虑，同时也是防止领导群体自身腐败的重要举措。领导群体腐败的后果很有可能是监督失职与受贿犯罪的数罪并罚。当然，该群体也应当保有救济措施。为此，可以借鉴民事法律的规定，在领导群体能够证明自身确已认真履行监督职责时作无罪处理。此外，我国刑法虽然已经对立功制度作出规定，但是我们认为对贿赂犯罪还应作出特殊规定。为此，可以借鉴匈牙利的立法规定，在受贿人向司法机关积极自首、坦白并上交所有形式的非法所得且积极检举揭发他人犯罪行为的情况下，得对其进行无限制减刑，特殊情况下得撤销案件。[2] 2012年《刑事诉讼法》虽然规定了较严的适用条件与较高的批准层级，但是对重大立功者得撤销案件或作出不起诉决定仍可视为

---

[1] 张明楷：《刑法学》（第四版），法律出版社2011年版，第271页。
[2] 参见钱小平：《"积极治理主义"与匈牙利贿赂犯罪刑事立法转型——兼论中国贿赂犯罪刑法立法改革之方向选择》，载《首都师范大学学报（社会科学版）》2014年第6期。

一个良好开端。如此，通过在受贿群体之中设置诸多不稳定因素，以增加腐败案件尤其是腐败"窝案"的可侦破性，应当能在较大程度上遏制腐败案件的发生。

(四) 适应社会变迁，扩大贿赂范围

我国传统刑法认为，受贿是指"国家工作人员利用职务上的便利，索取他人财物，或者非法收受他人财物，为他人谋取利益的行为"[1]。由此可以看出，我国传统刑法认为所谓"贿赂"仅指向财物，并不包含财产性利益等内容。在 2007 年 7 月 8 日发布的《最高人民法院、最高人民检察院关于办理受贿刑事案件适用法律若干问题的意见》（以下简称《意见》）中，"贿赂"的范围被扩大至"收受干股""合作开办公司""委托请托人投资证券、期货"等财产性利益。尽管如此，我国法定的"贿赂"形式仍然不能够满足司法实践中的办案需求。随着人们需求的日益多样化，受贿形式也由单一的收受财物向多样化方向发展，性贿赂、机会型贿赂、情感贿赂等新型贿赂形式层出不穷。在此背景下，立法者可能出于操作性考虑而迟迟未对贿赂范围作出变动，其消极影响也日益显现。首先，此举模糊了人们对于受贿罪的保护法益的正确认识。受贿罪本来意在维护公职人员职务的廉洁性，但是此种立法导向极易使人们建立起权钱之间的对价性思维，而忽视了其他因素对于公职廉洁性的腐蚀。其次，此种立法规定在放纵部分犯罪行为的同时，也会导致产生同罪不同罚的弊端。在此模式下，刑法对性质相同行为的不同评价会对潜在犯罪人产生负向激励作用，进而导致出现更多的腐败犯罪问题。最后，此种立法模式与国际条约的要求以及域外立法体例相去甚远。关于"贿赂"，《联合国

---

[1] 马克昌主编：《刑法》（第三版），高等教育出版社 2012 年版，第 607 页。

反腐败公约》第 15 条、第 16 条规定为"不正当好处",巴西规定为"非法利益",丹麦规定为"财产或其他利益",意大利规定为"金钱或其他利益",日本、韩国笼统地规定为"贿赂",德国、瑞士和我国台湾地区也将非物质性利益界定为贿赂标的。[1] 据此,我们认为,为实现刑法对受贿犯罪的全面托底,避免相同行为不同评价所带来的诸种弊端,我们应在借鉴域外立法及国际条约的基础上,对受贿对象范围作出必要的修正,将其扩大至一切不正当利益的范畴。如此,我们才可在入罪门槛方面实现对受贿犯罪的从严治理。

近些年来,我国贿赂犯罪立法日趋繁密,仅《刑法》第八章规定的行贿犯罪罪名就有行贿罪、对有影响力的人行贿罪、对单位行贿罪、单位行贿罪等,受贿犯罪罪名有受贿罪、利用影响力受贿罪、单位受贿罪等。对贿赂犯罪的处罚总体上呈现重刑化趋势,行贿与受贿同罪同罚的观点也成为立法趋向。严密法网以及严罚贿赂犯罪的理论主张与立法目的无可非议,然而"法贵简当,使人易晓……夫网密则水无大鱼,法密则国无全民"[2]。同时,在行贿与受贿同罪甚至同罚的立场之下,因行贿与受贿所形成的"罪之链"对于腐败犯罪防控意味着什么不难理解。

需要说明的是,本章关于调整贿赂犯罪立法结构的主张,特别是对容易被误读的行贿非犯罪化的分析,绝非标新立异,而是意在提供另一种理性的视角,以期对我国的腐败犯罪治理有所裨益。

---

[1] 参见王鹏祥、张彦奎:《当代中国贿赂犯罪的刑法治理——以〈联合国反腐败公约〉为观照》,载《河北法学》2014 年第 2 期。

[2] 朱元璋语。转引自王伟凯:《〈明史·刑法志〉考注》,天津古籍出版社 2005 年版,第 5 页。

第二十五章
贪污受贿犯罪终身监禁若干问题研究*

《刑法修正案（九）》的出台引起了社会各界的热议，其中死刑罪名的减少、对妇女和儿童人身权益保障的加强、对恐怖活动打击力度的加大等热点问题更是备受关注。在诸多热点问题中，对特大贪污受贿犯罪分子可在其死刑缓期执行考验期满依法减为无期徒刑后适用终身监禁且不得减刑、假释的规定，在反腐背景下显得尤为抢眼。不同于普通民众对于此规定中反腐问题的聚焦，法学研究者大多着眼于"终身监禁"这一刑事评价。附随于死刑存废问题的终身监禁及其合理性与可行性等问题，在刑法学界争论已久。此次刑法修改对于终身监禁的规定是否意味着我国有关该问题的争论将尘埃落定？我们认为，在此阶段断言终身监禁问题即将形成定论为时尚早，相反，有关终身监禁以及死刑存废的争论才刚刚开始。相关问题将以此为契机，从理论争鸣走向立法与司法实践，诸多问题有待商榷与检验。

---

* 本章为笔者与李乾合作撰写，载《人民检察》2016年第2期。

一、"终身监禁"的提出及其法律定性

第十二届全国人大常委会第十六次会议审议通过的《刑法修正案（九）》第44条规定："将刑法第三百八十三条修改为：……'犯第一款罪，有第三项规定情形被判处死刑缓期执行的，人民法院根据犯罪情节等情况可以同时决定在其死刑缓期执行两年期满依法减为无期徒刑后，终身监禁，不得减刑、假释。'"至此，"终身监禁"在经过多年讨论后终于以贪污罪的法定处罚方式进入我国刑法。不仅如此，鉴于我国刑法中有关受贿罪的法定刑配置完全参照贪污罪予以适用，因此对于特大贪污受贿犯罪分子此后均可适用"终身监禁"进行相应处罚。

考察终身监禁制度在西方国家的发展历史可以发现，虽然在西方古代法典中也有关于终身监禁的规定，但是现代意义上的终身监禁制度源于启蒙运动中对死刑制度的批判。启蒙思想家贝卡利亚、边沁等人主张在废除死刑的同时，可以通过建构终身监禁刑的方式取代死刑可能具有的惩罚功能。然而，终身监禁最初并非以死刑替代措施的姿态见诸法律。"它并不是死刑的取代物，而是与死刑相并存。这从世界上第一部资产阶级刑法典1810年法国刑法典的有关规定中显而易见，该法典并未废除死刑，但同时又规定了无期徒刑（无期重惩役）。"[1] 及至今日，随着人权观念逐渐深入人心，许多国家废除了死刑制度，并以终身监禁作为替代刑种。虽然名称与实际执行的刑期各不相同，但是有一点大致相似，即终身监禁大多被作为独立刑种予以适用。

反观我国《刑法修正案（九）》中有关"终身监禁"的规定，可

---

[1] 邱兴隆、许章润：《刑罚学》，群众出版社1988年版，第196页。

以认为我国的终身监禁还不能被称为一个独立的刑罚种类。其原因在于：首先，刑罚种类由刑法总则进行规定，此次刑法修改并未关涉总则中刑罚种类部分；其次，将终身监禁认定为独立刑种将与我国既有刑罚体系发生重叠与冲突；最后，立法者明确宣示该制度仅为刑罚执行方式。[1]

二、贪污受贿犯罪终身监禁的意义探寻

（一）弥补刑罚体系与刑罚执行的漏洞

根据我国刑法的规定，除因累犯和法定八类重罪之外而被判处无期徒刑的犯罪分子在实际执行13年后即可获得假释。这类犯罪人即使被判处死缓，若其在死缓考验期内无故意犯罪，则在实际执行15年后（包括考验期）仍得假释。就包括被判处死缓的累犯和八类重罪罪犯在内的所有犯罪分子来说，减刑后实际执行刑期的下限为27年（包括考验期）。据此，我国刑法对无期徒刑的刚性规定与真正的"无期徒刑"相去甚远。在我国，死刑与无期徒刑之间以及死刑立即执行与死刑缓期执行之间存在着极大的衔接缝隙，这也为司法腐败提供了温床。贪污受贿犯罪分子由于受到入职资格审查等限制，一般不存在累犯情形，经济犯罪与职务犯罪的性质又决定了其关涉暴力犯罪的可能性较小。因此，这类犯罪分子在不被适用死刑立即执行的情况下，大多具备减刑和假释资格。在审判阶段，由于无期徒刑、死刑缓期执行相对于死刑立即执行来说，其严厉程度存在巨大跨度，因此审判人员在适用刑罚时面临两难境地：对于犯罪情节及其严重程度介于无期

---

[1] 具体参见时任全国人大常委会法制工作委员会刑法室副主任臧铁伟在2015年8月29日举行的新闻发布会上所作的立法说明。

徒刑与死刑立即执行甚至死刑缓期执行与死刑立即执行之间的犯罪分子，对其判处无期徒刑甚至死刑缓期执行难免过轻，对其判处死刑立即执行又会失之过重。即便如此，囿于既有法律规定的局限性，犯罪分子也不得不承担过重或过轻的刑罚处罚。在此情况下，审判人员具有极大的自由裁量权，司法腐败也会在生与死的裁量中产生。在刑罚执行阶段，由于减刑、假释等刑罚执行制度的存在，贪污受贿犯罪分子依然具有"可操作"的空间。他们利用任职期间的关系影响或以贪污受贿所得资本腐蚀监管人员，在受监管较短时间后通过多次减刑很快出狱，而未经监管即径行回归社会者也有。这在进一步造成监狱系统腐败的同时，也对社会公众甚至办案人员造成不良冲击。

面对上述问题，《刑法修正案（九）》中有关特大贪污受贿犯罪分子可在其死刑缓期执行期满依法减为无期徒刑后适用终身监禁且不得减刑、假释的规定，可以视为良好发端。首先，此规定以司法裁量的方式弥补了立法中有关刑罚配置的不足，在保持既有刑罚体系不变的情况下，通过具体罪名探索终身监禁的可适用性。其次，此规定解决了实际刑罚畸轻畸重的问题，审判人员得以摆脱进退维谷的尴尬处境，司法腐败问题也会在一定程度上得到遏制。最后，鉴于刑事诉讼各阶段之间的相互制约作用，被审判机关决定适用终身监禁的犯罪分子在刑罚执行过程中将很难再有操作空间，这在保证刑罚执行严肃性的同时，也减少了监狱系统面临的干扰因素。

（二）探索替代机制，推动死刑废除进程

"死刑由于其所具有的天然特性，能广泛地满足执政阶层和普通民众的政治需求、报复情感和心理要求，因而具有至为久远的生命

力。"[1] 但是，自18世纪欧洲启蒙运动时期开始的死刑废除运动在人权观念逐渐深入人心的背景下也取得了一定的成果。据统计，截至2009年4月30日，废除死刑的国家较之1988年，其数量增加了近一倍；在102个废除死刑的国家中，有94个国家完全废除了死刑，另有8个国家废除了针对普通刑事犯罪的死刑。[2]

我国作为世界上保留和实际执行死刑较多的国家之一，在死刑废除的呼声日益高涨的情况下，也逐渐走上死刑废除之路。继《刑法修正案（八）》取消13个经济性非暴力犯罪的死刑之后，《刑法修正案（九）》再次取消9个死刑罪名。但是，目前我国刑法中仍有多个罪名适用死刑。究其原因，这固然与我国人口基数大、社会转型期犯罪形势有所恶化以及长期存在的重刑主义思想等因素有关，但是刑罚体系不均衡、轻重衔接不良等因素也是死刑迟迟不得废除的重要原因。由于我国生刑惩罚度较低等因素的存在，一些普通民众乃至司法人员形成了对死刑的高度依赖。

面对此种情况，早有学者提出以延长自由刑乃至适用终身监禁等方式实现对死刑的替代。但是，持死刑论者认为，适用终身监禁不仅会造成资源的浪费，并使服刑者因看不到被释放的希望而实施越狱或其他暴力行为，而且不符合现有的社会安全心理需求。考察其诸种理论基础可以发现，这些观点仅是基于主观想象而得出的当然结论，并无相关证据支持。有研究者认为，对非侵害生命的犯罪行为适用死刑虽然具有有效性，但是可能并不具有有益性，而且剥夺一个死刑犯的再犯能力可能会以付出枉杀几个甚至几十个不具有再犯可能的罪犯为

---

[1] 高铭暄、楼伯坤：《死刑替代位阶上无期徒刑的改良》，载《现代法学》2010年第6期。
[2] 参见〔英〕罗杰尔·胡德：《死刑废止之路新发展的全球考察》，付强校译，高铭暄点评，载《法学杂志》2011年第3期。

代价。[1]

从加拿大1976年至1983年的统计数据来看，在取消死刑并以终身监禁（可假释）替代期间，其犯罪率总体趋于下降；同时，对被判处终身监禁的服刑人员的研究也表明，该群体并不比其他罪犯更顽固、更残暴。[2] 以国内视角考察，在被问及用不可减刑、假释的终身监禁替代死刑是否可以接受时，3381个被访者中有62.2%的人回答可以接受。[3] 因此，以终身监禁替代死刑无论从效益分析，还是从民意基础来看，都已经具备较为成熟的条件。同时，以终身监禁替代死刑还可以为我国在国际司法协助、错案纠正等方面留有余地。考量诸多因素后，我们认为，《刑法修正案（九）》对特大贪污受贿犯罪分子可在其死刑缓期执行期满依法减为无期徒刑后适用终身监禁且不得减刑、假释的规定，是立法者在顾及民众反腐情绪的基础上为废除死刑打开的实验窗口，此次立法指引也将会加快我国废除死刑的进程。

（三）宽严相济，扩大反腐效果

在反腐语境下出台的《刑法修正案（九）》中关于贪污受贿犯罪的规定将对反腐工作产生何种影响，受到社会各界的广泛关注。考察社会反应可以发现，民众对于对特大贪污受贿犯罪分子适用终身监禁似乎抱有两种截然相反的价值期许。一方面，社会各界认为对特大贪污受贿犯罪分子适用终身监禁是对以往刑罚执行过于轻缓的补充；另一方面，此次修改又被认为是废除死刑的前期探索，可以看作对贪污受贿犯罪分子的宽缓化处理。我们认为，对终身监禁看似矛盾的双重

---

[1] 参见邱兴隆：《死刑的效益之维》，载《法学家》2003年第2期。
[2] 参见〔加拿大〕理查德·M. 朱布里克：《加拿大的长期监禁》，林遐译，叶逊校，载《环球法律评论》1985年第6期。
[3] 参见袁彬：《我国民众死刑替代观念的实证分析——兼论我国死刑替代措施的立法选择》，载《刑法论丛》2009年第4期。

期待其实是对既有法定刑配置的一次折中处理，在整体上有利于反腐工作的深入推进。

首先，终身监禁的设置是以对犯罪分子应当适用死刑为前提的，在死刑缓期执行减为无期徒刑后实际执行刑期被延长的背景下，以往将被判处死刑立即执行的部分犯罪分子会得到生刑处置，这对于降低办案人员侦办及审讯难度较为有利。

其次，以往因生刑与死刑跨度过大而被作过于轻缓化处理的部分犯罪分子将会得到更为严厉的刑期配置，这对于震慑潜在犯罪人，进而遏制犯罪将会产生积极效果。

再次，此次刑法修改在加大惩处力度的同时，也为犯罪分子留有出路。修改后的《刑法》第 50 条第 1 款规定，被判处死刑缓期执行的犯罪分子如果确有重大立功表现，二年期满以后，减为 25 年有期徒刑。如此，涉案人员在重刑压力及立功奖励面前必将积极表现，这也有利于"窝案"及其他案件的及时发现和处理。

最后，终身监禁在为废除死刑作准备的同时，可以保留必要的证据线索，为以后其他案件的侦办提供便利。

三、贪污受贿犯罪终身监禁的问题探究

对特大贪污受贿犯罪分子适用终身监禁作为一项新的制度探索，在具备诸多优势的同时，也不可避免地存在一些问题。终身监禁的死刑替代之价值期许与死刑依赖的悖论问题、终身监禁的适用标准问题、适用终身监禁后的监禁人员累积问题、终身监禁与刑法总则的协调问题等，都将对该制度的未来适用和进一步发展产生影响。

（一）终身监禁的规定并未脱离死刑桎梏

持死刑废除论者在为《刑法修正案（九）》新增终身监禁规定而

欢呼时，却忽略了此项规定仍然是以死刑的适用为前提的。依据修改后的刑法条文，只有被判处死刑并缓期执行的犯罪分子才有可能被适用终身监禁。这意味着既有的终身监禁对于死刑具有极强的依赖性。立法者可能出于废除死刑的目的，以死刑缓期执行作为终身监禁的实验基点，但是对该制度此后的发展路径有欠考虑。对死刑缓期执行减为无期徒刑后的犯罪分子适用终身监禁固然有利于作废除死刑的舆论准备，并在一定程度上可以考察无期徒刑适用终身监禁的效果，但是在一般民众看来，被监禁人所背负的仍然是死刑罪名，这对将来废除死刑的舆论引导作用并不太大。同时，终身监禁的适用以死刑判决作为前提，对将来废除死刑后终身监禁的定性及其自处问题也将产生极大困扰。

此外，虽然此次修改看似将无期徒刑与死刑均纳入试点，但是作为独立刑种的无期徒刑与死刑并未被实质囊括，若将来以终身监禁涵盖二者，必然会招致持重刑论者与持轻刑论者的同时批判，进而增加废除死刑的难度。

（二）终身监禁的立法程序存在重大瑕疵

考察《刑法修正案（九）》有关特大贪污受贿犯罪的法律修改过程可以看到，终身监禁的立法程序存在重大瑕疵。根据我国《立法法》第59条的规定，法律的修改和废止程序参照适用立法程序。《立法法》第29条关于全国人大常委会对法律案的审议程序规定，列入常委会会议议程的法律案，一般应当经三次常委会会议审议后再交付表决。然而，终身监禁规定是在二审审议时被提出并在三审时才见诸议案的。虽然《立法法》的相关规定[1]可以为此提供一定依据，但

---

[1] 根据《立法法》第30条的规定，部分修改的法律案，各方面的意见比较一致的，也可以经一次常委会会议审议即交付表决。

是仍有许多问题值得探讨。

首先,所谓"部分修改"存在质与量的双重考量。量的考量自不必多言,就质的角度而言,终身监禁的规定有违反程序之嫌。我们认为,终身监禁的规定并非对刑法的部分修改,因为此项修改在改变贪污受贿犯罪具体刑罚的同时,也对我国的减刑、假释制度乃至无期徒刑和死刑制度造成了冲击。从该层次来看,终身监禁的规定可以说是对我国刑罚体系和刑事政策进行的重大修改。因此,将其认定为对我国刑法的"部分修改"实属勉强。

其次,根据我国《立法法》第 30 条的规定,法律案在经常委会会议两次审议或一次审议后即可交付表决有一个重要前提:各方面对该法律案的意见比较一致。但是,从终身监禁的规定出台后各方的反应来看,很难说各方已就该制度达成比较一致的意见。

最后,从我国《宪法》和《立法法》有关全国人大及其常委会立法职权的规定来看,涉及公民基本权利的民事、刑事法律的制定和修改应由全国人大负责,仅在全国人大闭会期间才可由其常委会代行部分修改权。据此,对于全国人大常委会修改基本法律的程序和权限,应当从严掌握,而非采取部分学者所主张的基于反腐需要的"事贵从权"态度。如此,我们才能以法治态度进行腐败问题的治理。

此外,考虑到我国立法"宽进严出"的一贯传统,在未经充分论证的情况下即表决通过关涉公民终身自由的刑事法律,难免显得草率。

(三)终身监禁的适用标准尚未明晰

《刑法修正案(九)》根据我国经济社会发展状况以及司法实践需要,对贪污受贿犯罪的定罪量刑标准作出适时调整。修改后的刑法条文将贪污受贿犯罪的定罪量刑标准由原来的具体数额变更为原则性规定,即数额较大或者情节较重、数额巨大或者情节严重、数额特别巨大或者情节特别严重三个层次。不仅如此，对于贪污受贿数额特别巨大并使国家和人民利益遭受特别重大损失而被判处死刑缓期执行的犯罪分子，人民法院根据犯罪情节等情况可以同时决定在其死刑缓期执行二年期满依法减为无期徒刑后，终身监禁，不得减刑、假释。在此，法律赋予法官较大的司法裁量权，但是毫无参照与限制的司法裁量必然会导致司法腐败。因此，最高人民法院、最高人民检察院等相关部门应当对其参照标准作出规定，以明确情节较重、严重、特别严重的区分标准。同时，对《刑法》第383条规定的判处十年以上有期徒刑、无期徒刑、死刑缓期执行、死刑缓期执行且终身监禁的处罚标准应当作进一步细化，以增加该条的可操作性，铲除司法腐败生成的土壤。

（四）终身监禁与追诉时效的宗旨相冲突

我国《刑法》第87条规定："犯罪经过下列期限不再追诉：（一）法定最高刑为不满五年有期徒刑的，经过五年；（二）法定最高刑为五年以上不满十年有期徒刑的，经过十年；（三）法定最高刑为十年以上有期徒刑的，经过十五年；（四）法定最高刑为无期徒刑、死刑的，经过二十年。如果二十年后认为必须追诉的，须报请最高人民检察院核准。"

根据学界通说，在犯罪行为经过法定追诉期后，如果行为人在追诉期内没有再次实施犯罪，就表明其人身危险性已经消除。为了避免扰乱犯罪发生后既已形成的社会状态，再次引起不必要的纠纷，司法机关不再对犯罪行为进行追诉。不仅如此，法律对于严重犯罪行为也留有追诉余地，即对于经过20年仍有追诉必要的犯罪行为，须报请最高人民检察院核准。与此宗旨相对应，我国自由刑的执行一般不会超过25年；对于限制减刑的死刑缓期执行等少数可能超过25年刑期的刑罚，也大多通过减刑、假释等执行方式缩短其实际刑期。然而，修改后的刑法中关于终身监禁且不得减刑、假释的规定将打破这一宗旨，其合理性值得研究。对于贪污受贿犯罪分子，无论从社会危害性还是人身危险性视角考察，其可处罚性都远低于暴力犯罪等恶性犯罪。但是，暴力犯罪者在作案之后若安全渡过追诉期且被认为没有追诉必要的，即不再接受刑事处罚。不仅如此，此类犯罪分子在没有被适用死刑立即执行的情况下均有重返社会的希望。与此相反，贪污受贿犯罪分子即使是因案发而被迫停止犯罪，在经过十几年甚至几十年的监禁改造后仍不得重返社会，不免给人一种刑事处罚畸轻畸重的感觉，与罪责刑相适应原则以及刑法的平等性要求也相去甚远。为此，有关终身监禁的"出口"问题亟须进一步明确，以保证我国刑罚体系的整体协调。

（五）终身监禁将会增加监狱系统压力

科学立法是当今社会的主要立法导向，坚持立法的系统性和综合性将是实现科学立法的重要举措。然而，从我国历次立法、修法实践来看，对犯罪行为的定罪量刑一直占据主导地位，作为刑罚执行机关的监狱系统经常被忽略，这也是导致我国监狱系统受到一定程度的质疑的重要原因之一。从实践来看，作为自由刑的主要执行机关，在《刑法修正案（九）》对贪污受贿犯罪分子作出可以适用终身监禁且不得减刑、假释的规定之后，监狱系统将面临前所未有的压力与挑战。

首先，虽然对犯罪分子适用终身监禁所消耗的社会成本要低于死刑，但是监狱系统作为成本支出的直接承担者，必将面临巨大的财政压力。在当下我国监狱财政已然吃紧的状况下，该问题的解决方案应该尽快明确地提出，以确保终身监禁的顺利实施。

其次，终身监禁的适用必将造成监狱内人员的持续累积，长期发展下去也会影响对终身监禁的后续探索。

再次，随着终身监禁的推广适用，被监禁人员的医疗救助等相关问题也会随之而来,因此对与终身监禁相配套的社会支持体系建设也应作进一步探索。

最后,鉴于我国监狱系统一直将教育改造犯罪分子并帮助其回归社会作为指导方针,在贪污受贿犯罪分子将被适用终身监禁且不得减刑、假释的背景下,传统的劳动改造和教育矫正模式也会受到挑战与质疑。

四、贪污受贿犯罪终身监禁的未来展望

对贪污受贿犯罪分子适用终身监禁作为一项新的制度探索,其未来发展导向对该制度的稳步推进至关重要。具体而言,在以后的发展过程中,需要注意以下几点:在法律定位上,应当注重对既有刑种的改造,而非致力于新刑种的确立;在罪名适用上,应当将终身监禁向暴力性犯罪扩展;在刑罚"出口"上,应当以赦免制度作为终身监禁的救济途径;在监狱系统问题上,应当坚持"重重轻轻"的政策以减轻监狱压力。此外,终身监禁不应具有溯及既往的效力。

(一)改造无期徒刑制度以涵盖"终身监禁"

从国外的终身监禁制度来看,无论是绝对终身监禁还是裁量终身监禁,又或是可减刑、假释的终身监禁与不可减刑、假释的终身监禁,在刑种类别上与我国的无期徒刑制度都极为相似。不仅如此,在理论研究中,亦有部分学者将国外的终身监禁制度与我国的无期徒刑制度同等看待,统称为"终身自由刑"。[1]

基于此种考虑并观照我国的实际情况,终身监禁的未来发展以改

---

[1] 参见李贵方:《终身自由刑比较研究》,载《吉林大学社会科学学报》1991年第6期。

造现有无期徒刑为导向可能更为合适，而将其定位为独立的终身监禁制度则可能会产生新的问题。在诸多问题之中，最为现实也是学者们议论最多的就是终身监禁与既有的无期徒刑如何契合的问题。有学者指出，所谓独立终身监禁，不过是通过限制减刑、假释或者延长服刑期限而对无期徒刑进行的改造而已，排除具体执行方式的参与后，它与无期徒刑并无本质区别。[1] 因此，以既有的无期徒刑为建构基础可能更符合我国的实际情况。但是，此次刑法修改并未使终身监禁跳出死刑的樊篱。为此，我们认为，在今后的探索中，可以在保持既有做法的同时将终身监禁作为无期徒刑的一种执行方式，进而使无期徒刑细化为可得减刑、假释的无期徒刑与不得减刑、假释的无期徒刑。如此，我们就可以在保持既有刑法体系稳定性的同时涵盖终身监禁的相关举措，也可以弥补我国既有无期徒刑名不副实的缺点。

（二）转变终身监禁罪名适用范围

此次刑法修改在考虑到反腐需要以及民众反响等因素的基础上，选择了司法实践中执行死刑较少但犯罪率较高的贪污受贿犯罪作为终身监禁的试点罪名。在反腐工作如火如荼进行的背景下，这种做法确实可以在防止民意反弹的基础上实现对废除死刑的舆论引导。但是，我们认为，在今后的探索中，将其他关涉暴力的犯罪行为纳入试点范围也未尝不可。从我国此次有关贪污受贿犯罪的改革试点来看，立法机关对废除死刑采取了极为审慎的态度，在保留具体的死刑罪名的前提下，仅以死刑缓期执行作为实验基点。依此思路展开，将终身监禁适用于其他罪名也不会引起太大的民意反弹。因为此种模式并非直接废除死刑而以终身监禁作为替代，它是在保留死刑罪名的前提下进行

---

[1] 参见李立丰：《终身刑：死刑废止语境下一种话语的厘定与建构》，载《刑事法评论》2012 年第 1 期。

的终身监禁试点。《刑法修正案（八）》中业已规定对于因累犯或者系因实施八种严重暴力犯罪而被判处死刑缓期执行的犯罪分子可以限制减刑，对于具备该情形而被判处十年以上有期徒刑、无期徒刑者禁止假释。此规定也为终身监禁罪名适用范围的转变奠定了基础。此外，考察国外已经废除死刑的国家，终身监禁作为废除死刑后最严厉的刑罚，大多仅适用于一级谋杀、叛国罪等严重犯罪。因此，实现终身监禁罪名适用范围的转变将是我们未来为之努力的方向之一。

（三）赦免制度应当成为终身监禁的救济途径

主要立足于报应主义的终身监禁措施在获得社会公众认可的同时，也受到了诸多质疑，其中对于终身监禁且不得减刑、假释这一规定的质疑之声尤甚。我们认为，从该制度的长远发展以及法治建设的一般规律来看，过于绝对且无救济措施的刑罚举措并不可取。为此，我们建议以赦免制度作为终身监禁的救济途径。

首先，以赦免制度作为终身监禁的救济途径符合刑罚经济化原则。美国著名法律经济学家波斯纳认为："判断行为和制度是否正义或善的标准，就在于它们能否使社会财富最大限度化。这种态度容许效用、自由以至平等这些相互竞争的伦理原则之间的协调……"[1]因此，对于因贪污受贿而被适用终身监禁的犯罪分子，在对其进行刑罚报应的同时，也要进行相应的经济和利益考量。该群体在被剥夺公职之后即已丧失再犯能力，刑罚的特别预防目标即已实现，如果在经过较长时间的监禁服刑和教育矫正后仍不得重返社会，那么在违背刑罚经济化原则的同时，也会受到人权论者的诟病。同时，终身监禁不得减刑、假释的规定在不留"出口"的情况下，也会将犯罪群体的养

---

[1] 转引自沈宗灵：《论波斯纳的经济分析法学》，载《中国法学》1990年第3期。

老、医疗等成本转嫁于国家财政。为此，我们建议借鉴国外做法，给予犯罪人以赦免请求权，以此避免终身监禁矫枉过正的弊端。

其次，以赦免制度作为终身监禁的救济途径符合国际公约的要求。《公民权利和政治权利国际公约》第6条第4款规定："任何被判处死刑的人应有权要求赦免或减刑。对一切判处死刑的案件均得给予大赦、特赦或减刑。"因此，给予被判处死刑者以赦免请求权是国际公约的要求。我国在1998年10月5日签署了《公民权利和政治权利国际公约》，并未对该条款作出保留规定。因此，我国目前虽然未正式批准该公约，但是依据签署国不得违背公约宗旨的国际惯例，亦应给予因贪污受贿而被判处死刑缓期执行且被终身监禁者以赦免请求权。

最后，以赦免制度作为终身监禁的救济途径可以为我国赦免制度的改造和重建提供契机。考察有关赦免的法律规定可以发现，我国赦免制度仍未脱离传统赦免的范畴。相较于国际通行的大赦、特赦、一般减刑和复权规定，我国仅在宪法、刑法、刑事诉讼法中对赦免制度有所提及。与国外的精细化规定不同，我国赦免制度的规定极为抽象和模糊，对于赦免的程序、对象、法律形式以及一般赦免与特别赦免等问题均未涉及。此次刑法修改中有关终身监禁的规定，对赦免制度的适用提出了现实需求。因此，以赦免制度作为终身监禁的矫正"出口"，在推动终身监禁趋于完善的同时，也必将对赦免制度尤其是特赦制度的发展和完善有所助益。

（四）实现刑事判决与刑罚执行的蜕变

面对《刑法修正案（九）》作出的终身监禁且不得减刑、假释的规定，我国刑事判决与刑罚执行应当作出适当改变。

首先，在刑事判决与刑事政策理念上，要坚持和贯彻"重重轻轻"的两极化政策。对于轻微刑事犯罪，在符合法律规定的情况下，应当更多地适用缓刑、社区矫正等非羁押措施。如此，在符合轻刑化与非监禁化要求的同时，可以减轻因适用终身监禁而给监狱等刑罚执行机关带来的压力。

其次，监狱系统应该探索新的教育改造模式。即使允许被判终身监禁者通过赦免程序而重返社会，也仅是一种可能性，仍有部分服刑人员因不符合相应的条件而被终身监禁。对于将被终身监禁者，监狱系统应当在给予其必要的羁押警戒的同时，改善其监内处遇。为此，可以建立一些分阶激励机制，给表现较好的服刑人员以适度自由或者与社会接触的机会，如特定情形下的监外执行等，从而实现其人身羁押与情绪稳定的平衡。

最后，监狱系统应该与社会建立起对接机制，从而为服刑人员的医疗保障、暂予监外执行、长期羁押后回归社会的过渡性监管等提供支持。

（五）终身监禁不应具有溯及既往的效力

刑法的溯及力是刑法理论的基本问题。"所谓刑法的溯及力，是指新的刑事法律是否适用于它生效以前发生的、未经审判或者判决尚未确定的行为，如果能够适用，就具有溯及力；如果不能适用，就没有溯及力。"[1] 根据《刑法》第 12 条有关溯及力的规定，我国采取的是"从旧兼从轻"的溯及力原则，即原则上适用行为实施时的法律定罪处罚，而在新法不认为是犯罪或者处刑较轻时即适用新法。据此检视《刑法修正案（九）》，可以认为终身监禁不应具有溯及既往的效力。原因在于：

首先，否定终身监禁的溯及力符合"从旧兼从轻"原则的实质要

---

[1] 刘宪权：《我国刑法中溯及力相关问题探论》，载《政治与法律》2007年第 3 期。

求。我国对贪污受贿犯罪虽然仍保留适用死刑，但是2012年后已无死刑执行的案例出现。根据修改前我国刑法有关死刑缓期执行和无期徒刑的规定，从其实际执行情况来看，终身监禁的规定实质上是对贪污受贿犯罪刑罚严厉程度的提高。因此，依据"从旧兼从轻"原则，从有利于犯罪人的角度出发，对2015年11月1日前实施但尚未经过处理或者判决尚未确定的行为，终身监禁的规定原则上不应具有溯及力。

其次，否定终身监禁的溯及力有利于保证我国刑事法律的整体协调。在《刑法修正案（八）》对因累犯或者实施法定的八类严重暴力犯罪而被判处十年以上有期徒刑、无期徒刑的犯罪分子作出禁止假释的规定后，《最高人民法院关于〈中华人民共和国刑法修正案（八）〉时间效力问题的解释》第8条规定："2011年4月30日以前犯罪，因具有累犯情节或者系故意杀人、强奸、抢劫、绑架、放火、爆炸、投放危险物质或者有组织的暴力性犯罪并被判处十年以上有期徒刑、无期徒刑的犯罪分子，2011年5月1日以后仍在服刑的，能否假释，适用修正前刑法第八十一条第二款的规定……"与此相对应，对于在《刑法修正案（九）》生效以前即已被判处死刑缓期执行的贪污受贿犯罪分子，在其死刑缓期执行减为无期徒刑时，即使《刑法修正案（九）》已经生效，也不可据此禁止其减刑、假释。如此，才可保证我国刑法体系的整体协调。

最后，否定终身监禁的溯及力可以避免法律程序与法律适用的矛盾。对于已经进入刑事司法程序但尚未判决或者已经进入死刑缓期执行考验期的贪污受贿犯罪分子，对其侦查、起诉乃至审判均以修改前的法律即数额标准为依据，在对其进行刑罚裁量或者刑罚执行时却以修改后的终身监禁为参照，难免有"选择性司法"之嫌。此外，这种以法律为政策性工具的做法也不利于我国法治环境的建设。

附录
近代刑法典的沿革与《中华刑法论》*

一

源远流长的中华法系以厚重的刑法文化为重要特征,而其近代化转型也始于近代刑法典的创制。深谙中国传统法制及法文化的沈家本认为"各法之中,尤以刑法为切要",遂于光绪二十九年奏请将大清律例先行修订,以为将来新律之过渡,至光绪三十四年完成,是为《大清现行刑律》。[1]清廷又"聘日本冈田氏,参酌各国刑法[2],折中历朝旧制,而成新刑律",即《大清新刑律》,并于宣统二年十二月

---

* 此为《中华刑法论》(王觐著,姚建龙勘校,中国方正出版社2005年版)前言。正文部分的数字皆采汉字表示,以遵旧例。

[1] 参见谢振民编著:《中华民国立法史》,中国政法大学出版社2000年版,第882页。

[2] 清朝末年,政府组织翻译了德国、日本、俄罗斯、印度、法国、意大利、荷兰、比利时、美国、瑞士、芬兰等十余个国家的刑法典。参见田涛:《第二法门》,法律出版社2004年版,第155—157页。

二十五日颁布,议定宣统五年实行,"于是我国刑制,始告革新"[1]。《大清新刑律》分为总则和分则两篇,总则十七章,分则三十六章。它继受日本刑法,[2] 引入了近代刑法典的体例、罪刑法定等基本原则,奠定了中国近代刑法典的基本模型及其未来走势。

民国元年三月十日,临时政府明令宣示《大清新刑律》除与民国国体抵触的外,其余的均暂行援用。四月三十日,临时政府又公布删修新刑律与国体抵触各章、条及文字,并撤销暂行章程五条,改名称为《暂行新刑律》。同时,司法部通告各省施行。《暂行新刑律》基本上沿用《大清新刑律》,所增删者少。

法律编查会于民国三年将《暂行新刑律》加以修改,并于民国四年二月完成《修正刑法草案》。民国七年,修订法律馆又将《修正刑法草案》加以修订,是为《刑法第二次修正案》。司法部依据《刑法第二次修正案》,略加增删,于民国十六年四月编成新的刑法典,提经中央常务会议通过,并于民国十七年四月十日公布,七月一日施行,这就是一九二八年《中华民国刑法》。这部刑法典延续总则、分则体例,"认刑罚个别主义,而犹不脱事实主义之旧思想"[3]。

由于一九二八年《中华民国刑法》存在与其他法律之间的矛盾颇多等弊端,民国二十年十二月,刘克俊、郗朝俊等人组织刑法委员会,以宝道和赖班亚为顾问,对其进行修订。民国二十三年十一月,立法院制定新的中华民国刑法,由国民政府于民国二十四年一月一日

---

[1] 王觐:《中华刑法论·上卷》,北平朝阳学院1933年增订7版,序。
[2] 参见谢振民编著:《中华民国立法史》,中国政法大学出版社2000年版,第886页。
[3] 王觐:《中华刑法论·上卷》,北平朝阳学院1933年增订7版,第33页。

公布，同年七月一日施行，此即一九三五年《中华民国刑法》。[1]这部刑法典最引人注目之处是引入保安处分制度，由"客观事实主义倾向于主观人格主义"[2]。这与数十年后新中国一九七九年《刑法》倾向于主观主义，一九九七年《刑法》转而倾向于客观主义[3]的转变正好相反。

二

刑法典的创制与沿革，与中国近现代刑法学的生成与发展呈现出互动式的特色。中国现代刑法学的渊源可以追溯到一八八九年前后黄遵宪的《日本国志·刑法志》一书，而中国刑法学发端的基本标志是沈家本在二十世纪初引进西方立宪法治思想和现代法律体系，主持进行具有深远历史影响的变法修律运动。[4]刑事立法的需要与发展推动了中国近现代刑法学的生成与发展，而刑法学的发展与走向成熟也推动了刑事立法的完善。在刑事立法与刑法理论研究的二元互动下，中国产生了一批早期著名刑法学家，如沈家本、王宠惠、居正、赵琛、郗朝俊、陈瑾昆、张知本、蔡枢衡等。在译介国外刑法学著作的基础上，一批由国内刑法学家撰写的刑法学论著相继问世，如沈家本的《历代刑法考》，王觐的《中华刑法论》《刑法分则》，赵琛的《新刑法原理》，郗朝俊的《刑法原理》，陈瑾昆的《刑法总则》《刑法总则讲义》，蔡枢衡的《刑法学》等。

---

[1] 关于民国时期刑法典的沿革，参见谢振民编著：《中华民国立法史》，中国政法大学出版社2000年版，第881页。

[2] 谢振民编著：《中华民国立法史》，中国政法大学出版社2000年版，第920页。

[3] 参见张明楷：《刑法的基本立场》，中国法制出版社2002年版，第60—78页。

[4] 参见梁根林、何慧新：《二十世纪的中国刑法学》，载《中外法学》1999年第2期。

《中华刑法论》一书是民国时期著名刑法学家王觐[1]的代表作，也是民国时期著名的刑法学著作。王觐（一八九〇——一九八一），字漱苹，湖南浏阳[2]人。一九一四年于上海中国公学毕业。后留学日本明治大学，学习法律。师从主观主义和目的刑论的大师牧野英一博士。一九一九年学成回国后，长期从事法学研究与教育工作。历任清华大学、北京大学、河北大学教授，朝阳学院代院长，民国大学教务长，广西大学法商学院院长、护校委员兼防护组长。中华人民共和国成立后，任广西文史研究馆馆员，政协广西区第一至四届委员。[3]主要著作有《中华刑法论》《刑法分则》《对一九二八年刑法第一次修正案初稿的评论》《刑法修正案初稿批评》《法学通论》等。此外，尚有法学论文若干，如《预谋杀人果应处唯一的死刑乎？》[4]、《我对于刑法修正案初稿一个总括的批评》[5]、《我对于刑法修正案初稿几点意见》[6]等。国内关于王觐刑法思想研究的著作不多，少数学者在研究中国刑法学史的论著中略有涉及。例如，梁根林、何慧新在《二十世纪的中国刑法学》一文中简单介绍了王觐的生平，并把王觐的刑法思想概括为五个方面：其一，为刑法正名；其二，提出主观主义的刑事责任理论；其三，提出相对罪刑法定主义理论；其四，提倡刑事类推解释；其五，反对重刑等刑事政策思想。[7]

---

[1] 笔者把王觐归为民国时期刑法学家的原因主要在于，他在1949年以后基本再无法学论著问世。

[2] 由于王觐著作常署名"浏阳王觐"，国内有的学者将"浏阳"误解为作者之一。

[3] 关于王觐生平之介绍，主要参考浏阳市人民政府网站（http://www.liuyang.gov.cn）上的介绍。另参见梁根林、何慧新：《二十世纪的中国刑法学》，载《中外法学》1999年第2期。

[4] 载《法律评论》第11卷第5期，1933年12月1日。

[5] 载《法律评论》第11卷第15期，1934年2月1日。

[6] 载《法律评论》第11卷第16—18期，1934年2月3日。

[7] 载《中外法学》1999年第2期。

王觐曾依据《暂行新刑律》著《中华刑律论》三卷,由北平朝阳学院出版。该书"自以总则问世,上卷销行,未及四载,版凡五易;中、下卷仅两年,版凡三易"[1]。一九二八年《中华民国刑法》颁布后,王觐遂重新修订《中华刑律论》,并更名为《中华刑法论》。《中华刑法论》原计划分为总则和分则,实际完成部分为总则篇,共分上、中、下三卷,分别发行。一九三五年修订后的《中华民国刑法》颁布后,王觐又于一九三六年著《中华刑法论·附编》一卷,以资补充。《中华刑法论》一书的写作过程跨越了民国时期三部刑法典的制颁,是一部难得的评述、比较中国近代主要刑法典沿革、变迁的著作。

《中华刑法论》大量引述了德、日、意等国刑法学家(如李斯特、大场茂马、龙勃罗梭等)在十九世纪至二十世纪前期的刑法学著作,引用了中国早期刑法学家如赵琛、老遇春等人的著述,还引述了许多当时大理院、最高法院的判例。这在使我们感受到该书的厚重、丰满的同时,也向我们展示了十九世纪末至二十世纪前期德、日、意等国刑法学以及中国刑法学的发展状况与水平,展示了中国当时的社会风俗状况与刑事司法发展状况。

刑事立法与刑法学的基本问题实际上就是主观主义与客观主义刑法理论的关系问题。纵观近代以来各国刑事立法与刑法学理论的发展,无不是在主观主义与客观主义之间调整其立场。《中华刑法论》立足于新旧学派之争,在主观主义与客观主义刑法理论视野下,分析中国刑法典的沿革、内容与发展,其中提出的诸多观点直到今天仍然颇具价值。从《中华刑法论》一书,我们可以明显地发现王觐主观主义刑法学的基本立场,这或许是因为他深受其师——主观主义和目的刑论的大师牧野英一博士以及当时主观主义刑法理论的影响。

---

[1] 王觐:《中华刑法论·上卷》,北平朝阳学院1933年增订7版,序。

事实上，笔者在捧读《中华刑法论》一书时，心情是十分复杂的。把当代中国刑法学与近现代中国刑法学进行比较研究，也许还需要勇气。在《中华刑法论》一书中，我们可以看到当时学界争论的诸多刑法理论问题，直至今天学界还在进行雷同式的争论。从《中华刑法论》一书中所引述的大理院、最高法院的判例以及当时刑法学者的论著中，我们还可以清晰地感受到当时刑事司法与刑法理论研究的发展水平。尽管不能以抬高《中华刑法论》一书学术价值的方式掩饰当代中国刑法学发展的滞后，但是阅读《中华刑法论》，至少可以让我们感受到理性地保持学术发展延续性的极端重要性。

三

由于年代久远，加上《中华刑法论》分成上、中、下及附编四卷分别出版，每卷的版本不一，近人已经很难读到该书的全貌。笔者在校勘本书时深刻感受到了这种困难。《中华刑法论·上卷》初版于一九二六年，一九二九年增订五版，一九三三年增订七版。《中华刑法论·中卷》初版于一九二六年，一九三〇年增订三版，一九三二年增订四版，至一九三三年已出至增订六版。《中华刑法论·下卷》初版于一九二七年，至一九三三年已出至增订六版。《中华刑法论·附编》出版于一九三六年。华东政法学院[1]图书馆藏本《中华刑法论》仅有中卷（增订七版），缺失上、下卷及附编。笔者与中国人民大学姚建平博士后遍查上海及北京各图书馆，终于得以将《中华刑法论》四卷汇集，重新校勘出版。

此次校勘各卷均尽量采用最近版本，所采版本及馆藏地如下：上卷采上海社会科学院图书馆藏本（一九三三年一月增订七版），中卷采华东政法学院图书馆藏本（一九三三年十月增订六版），下卷及附

---

[1] 现已更名为"华东政法大学"。

编均采北京大学图书馆藏本（下卷为一九三〇年十月增订三版，附编为一九三六年五月初版）。由于北京大学图书馆所藏附编中缺失数页，我们复以"高价"在国家图书馆将缺失数页觅得。此次校勘汇集四大图书馆藏本，终于还《中华刑法论》以全貌，实乃快意之事。

校勘中，对于《中华刑法论》的外国人名、地名，即便今译有别，亦未直接改动。因为原著多附有原文，读者不致误解。此外，保留原有译法，读者还可知译名的演变历史。例如，在《中华刑法论》一书中，龙勃罗梭（Cesare Lombroso）译为"林布鲁苏"，菲利（Ferri）译为"非藜"，加罗法洛（Carofalo）译为"克落伐落"，挪威译为"那威"，意大利译为"意太利"等。若径行改之，实属画蛇添足。有些与今天译名不同者，在校勘者注中说明。

原著《中华刑法论·附编》与前三卷需对照各相应章节阅读，颇为不便。此次校勘将附编内容置于相应章节，与前三卷合一。为使读者不致误解，附编排成楷体字，以示区别。原附编之"中华民国新旧刑法对照""中华民国刑法修正案要旨""新旧刑法法条对照表""刑法条文索引表""刑法以外法令新旧条文对照表"未予保留。

主要参考文献

一、著作类

1. 北京大学法学百科全书编委会：《北京大学法学百科全书：刑法学·犯罪学·监狱法学》，北京大学出版社2003年版。

2.〔意〕贝卡利亚：《论犯罪与刑罚》，黄风译，中国大百科全书出版社1993年版。

3. 卞建林等译：《加拿大刑事法典》，中国政法大学出版社1999年版。

4. 陈兴良：《本体刑法学》，商务印书馆2001年版。

5. 陈兴良：《教义刑法学》，中国人民大学出版社2010年版。

6. 陈兴良：《刑法的知识转型（学术史）》（第二版），中国人民大学出版社2017年版。

7. 陈兴良：《刑法哲学》，中国政法大学出版社1992年版。

8. 陈兴良：《刑法知识论》，中国人民大学出版社2007年版。

9. 陈兴良主编：《刑事法评论》（第一卷），中国政法大学出版社1997年版。

10. 陈兴良主编：《刑种通论》，人民法院出版社1993年版。

11. 储槐植：《美国刑法》（第二版），北京大学出版社1996年版。

12. 〔日〕大谷实：《刑法总论》，黎宏译，法律出版社 2003 年版。

13. 〔日〕大谷实：《刑事政策学》，黎宏译，中国人民大学出版社 2009 年版。

14. 〔日〕大塚仁：《刑法概说（总论）》，冯军译，中国人民大学出版社 2003 年版。

15. 邓正来、〔英〕J.G. 亚历山大编：《国家与市民社会——一种社会理论的研究路径》，中央编译出版社 1999 年版。

16. 〔美〕E. 博登海默：《法理学：法律哲学与法律方法》，邓正来译，中国政法大学出版社 1999 年版。

17. 〔美〕E. 博登海默：《法理学——法哲学及其方法》，邓正来、姬敬武译，华夏出版社 1987 年版。

18. 〔意〕恩里科·菲利：《犯罪社会学》，郭建安译，中国人民公安大学出版社 1990 年版。

19. 〔意〕恩里科·菲利：《实证派犯罪学》，郭建安译，中国人民公安大学出版社 2004 年版。

20. 樊凤林主编：《犯罪构成论》，法律出版社 1987 年版。

21. 范春明：《少年犯罪刑罚论》，中国方正出版社 1996 年版。

22. 方鹏：《出罪事由的体系和理论》，中国人民公安大学出版社 2011 年版。

23. 房传珏：《现代观护制度之理论与实际》，三民书局 1977 年版。

24. 〔德〕弗兰茨·冯·李斯特：《德国刑法教科书》，徐久生译，法律出版社 2000 年版。

25. 甘雨沛：《比较刑法学大全》，北京大学出版社 1997 年版。

26. 高铭暄主编：《刑法学原理》（第一卷），中国人民大学出版社 1993 年版。

27. 高铭暄、马克昌主编：《刑法学》（第四版），北京大学出版社、高等教育出版社 2010 年版。

28. 高一飞：《有组织犯罪问题专论》，中国政法大学出版社 2000 年版。

29. Gabriel Hallevy, *Liability for Crimes Involving Artificial Intelligence Systems*, Springer, 2016.

30. George B. Vold, *Theoretical Criminology*, Oxford University Press, 1986.

31. 郭华：《互联网金融犯罪概说》，法律出版社 2015 年版。

32. 郭建安主编：《犯罪被害人学》，北京大学出版社 1997 年版。

33. 郭立新、杨迎泽主编：《刑法分则适用疑难问题解》，中国检察出版社 2000 年版。

34. 〔德〕汉斯·海因里希·耶赛克、托马斯·魏根特：《德国刑法教科书（总论）》，徐久生译，中国法制出版社 2001 年版。

35. 〔德〕汉斯·约阿希姆·施奈德：《犯罪学》，吴鑫涛、马君玉译，中国人民公安大学出版社、国际文化出版公司 1990 年版。

36. 〔德〕汉斯·约阿希姆·施奈德：《国际范围内的被害人》，许章润等译，中国人民公安大学出版社 1992 年版。

37. 〔德〕黑格尔：《法哲学原理》，范扬、张企泰译，商务印书馆 1961 年版。

38. 黄尔梅主编，最高人民法院刑事审判第一庭编著：《最高人民法院、最高人民检察院、公安部、司法部性侵害未成年人犯罪司法政策案例指导与理解适用》，人民法院出版社 2014 年版。

39. 〔英〕J. C. 史密斯、B. 霍根：《英国刑法》，李贵方等译，法律出版社 2000 年版。

40. 〔法〕卡斯东·斯特法尼等：《法国刑法总论精义》，罗结珍译，中国政法大学出版社 1998 年版。

41. 〔奥〕凯尔森：《法与国家的一般理论》，沈宗灵译，中国大百科全书出版社 1996 年版。

42. 〔英〕凯伦·法林顿：《刑罚的历史》，陈丽红、李臻译，希望出版社 2003 年版。

43. 〔美〕克莱门斯·巴特勒斯：《矫正导论》，孙晓雳等译，中国人民公安大学出版社 1991 年版。

44. 〔德〕拉德布鲁赫：《法学导论》，米健、朱林译，中国大百科全书出版社 1997 年版。

45. 劳凯声、孙云晓主编：《新焦点——当代中国少年儿童人身伤害研究报告》，北京师范大学出版社 2002 年版。

46. 〔法〕勒内·吉拉尔：《替罪羊》，冯寿农译，东方出版社 2002 年版。

47. 李海东：《刑法原理入门（犯罪论基础）》，法律出版社 1998 年版。

48.〔美〕理查德·霍金斯、杰弗里·P. 阿尔珀特：《美国监狱制度——刑罚与正义》，孙晓雳、林遐译，中国人民公安大学出版社 1991 年版。

49. 梁慧星：《民法总论》，法律出版社 1997 年版。

50. 林崇德：《发展心理学》，浙江教育出版社 2002 年版。

51. 林纪东：《少年法概论》，台湾编译馆 1972 年版。

52. 林纪东：《刑事政策学》，台湾编译馆 1969 年版。

53. 林培栋：《少年事件处理与感化教育》，汉林出版社 1980 年版。

54. 林山田：《刑罚学》，台湾商务印书馆 1983 年版。

55. 刘明祥、冯军主编：《金融犯罪的全球考察》，中国人民大学出版社 2008 年版。

56. 刘宪权：《金融犯罪刑法理论与实践》，北京大学出版社 2008 年版。

57. 刘宪权、卢勤忠：《金融犯罪理论专题研究》，复旦大学出版社 2005 年版。

58. 刘宪权主编：《人工智能：刑法的时代挑战》，上海人民出版社 2018 年版。

59. 刘宪权主编：《刑法学（下）》（第四版），上海人民出版社 2016 年版。

60. 刘心稳主编：《中国民法研究述评》，中国政法大学出版社 1996 年版。

61. 卢建平、张旭辉编著：《美国反海外腐败法解读》，中国方正出版社 2007 年版。

62.〔英〕鲁珀特·克罗斯、菲利普·A. 琼斯：《英国刑法导论》，赵秉志等译，中国人民大学出版社 1991 年版。

63.〔美〕路易丝·谢利：《犯罪与现代化》，何秉松译，中信出版社 2002 年版。

64.〔美〕罗伯特·G. 迈耶、保罗·萨门：《变态心理学》，丁煌、李吉全、武宏志译，辽宁人民出版社 1988 年版。

65. 罗大华主编：《犯罪心理学》（修订版），中国政法大学出版社 2003 年版。

66. 马克昌：《比较刑法原理》，武汉大学出版社 2002 年版。

67. 马克昌：《犯罪通论》，武汉大学出版社 1991 年版。

68. 马克昌：《刑法学全书》，上海科学技术文献出版社 1993 年版。

69. 马克昌主编：《刑罚通论》，武汉大学出版社 1995 年版。

70. 马克昌主编：《刑法》，高等教育出版社 2012 年版。

71. 毛玲玲：《金融犯罪的实证研究——金融领域的刑法规范与司法制度反思》，法律出版社 2014 年版。

72. 〔英〕梅因：《古代法》，沈景一译，商务印书馆 1959 年版。

73. 苗有水：《保安处分与中国刑法发展》，中国方正出版社 2001 年版。

74. 〔日〕木村龟二主编：《刑法学词典》，顾肖荣、郑树周译校，上海翻译出版公司 1991 年版。

75. 聂立泽：《刑法中主客观相统一原则研究》，法律出版社 2004 年版。

76. 〔英〕齐格蒙·鲍曼：《立法者与阐释者——论现代性、后现代性与知识分子》，洪涛译，上海人民出版社 2000 年版。

77. 邱兴隆、许章润：《刑罚学》，群众出版社 1988 年版。

78. 〔美〕R. M. 昂格尔：《现代社会中的法律》，吴玉章、周汉华译，译林出版社 2001 年版。

79. 〔日〕森下忠：《犯罪者处遇》，白绿铉等译，中国纺织出版社 1994 年版。

80. 沈银和：《中德少年刑法比较研究》，五南图书出版公司 1988 年版。

81. 苏长青、章志祥：《新刑法导论》，中国人民大学出版社 2000 年版。

82. 苏惠渔主编：《刑法学》（修订版），中国政法大学出版社 1997 年版。

83. 王晨：《刑事责任的一般理论》，武汉大学出版社 1998 年版。

84. 王觐：《中华刑法论·上卷》，北平朝阳学院 1933 年增订 7 版。

85. 王觐：《中华刑法论·中卷》，北平朝阳学院 1933 年增订 6 版。

86. 王利明：《侵权行为法归责原则研究》，中国政法大学出版社 1992 年版。

87. 王利明、杨立新、姚辉编著：《人格权法》，法律出版社 1997 年版。

88. 王伟凯：《〈明史·刑法志〉考注》，天津古籍出版社 2005 年版。

89. 王勇：《定罪导论》，中国人民大学出版社 1990 年版。

90. 王赞：《惩治恐怖主义犯罪立法研究》，大连海事大学出版社 2013 年版。

91. 〔意〕乌戈·帕加罗：《谁为机器人的行为负责？》，张卉林、王黎黎译，上海人民出版社 2018 年版。

92. 〔日〕西原春夫主编：《日本刑事法的形成与特色》，李海东等译，法律出版社、成文堂 1997 年版。

93. 谢彤：《未成年人犯罪的定罪与量刑》，人民法院出版社 2002 年版。

94. 谢振民编著：《中华民国立法史》，中国政法大学出版社2000年版。

95. 许章润主编：《犯罪学》（第三版），法律出版社2007年版。

96. 许章润主编：《清华法学·第八辑》，清华大学出版社2006年版。

97. 薛瑞麟主编：《金融犯罪研究》，中国政法大学出版社2000年版。

98. 杨启辰等主编：《马克思主义哲学教程》，西北大学出版社1997年版。

99. 姚建龙：《长大成人：少年司法制度的建构》，中国人民公安大学出版社2003年版。

100. 姚建龙：《超越刑事司法：美国少年司法史纲》，法律出版社2009年版。

101. 姚建龙：《少年刑法与刑法变革》，中国人民公安大学出版社2005年版。

102. 姚建龙主编：《刑法学分论》，北京大学出版社2016年版。

103. 姚建龙主编：《刑法学总论》，北京大学出版社2016年版。

104. 〔美〕约翰·布鲁德斯·华生：《行为主义》，李维译，浙江教育出版社1998年版。

105. 〔美〕约翰·弗兰克·韦弗：《机器人是人吗？》，刘海安、徐铁英、向秦译，上海人民出版社2018年版。

106. 翟中东：《刑罚个别化研究》，中国人民公安大学出版社2001年版。

107. 张明楷：《刑法格言的展开》，法律出版社1999年版。

108. 张明楷：《刑法学》（第三版），法律出版社2007年版。

109. 张明楷：《刑法学》（第四版），法律出版社2011年版。

110. 张明楷：《刑法学（上）》（第五版），法律出版社2016年版。

111. 张明楷：《刑法学（下）》（第五版），法律出版社2016年版。

112. 张文等：《刑事责任要义》，北京大学出版社1997年版。

113. 张文学等编著：《中国缓刑制度理论与实务》，人民法院出版社1995年版。

114. 张忠斌：《未成年人犯罪的刑事责任》，知识产权出版社2008年版。

115. 赵秉志：《犯罪主体论》，中国人民大学出版社1989年版。

116. 赵秉志主编：《国际刑事法院专论》，人民法院出版社2003年版。

117. 赵秉志主编：《新千年刑法热点问题研究与适用》，中国检察出版社2001年版。

118. 赵秉志主编：《刑法学总论研究述评（1978—2008）》，北京师范大学出版社 2009 年版。

119. 〔美〕珍尼特·希伯雷·海登、B.G. 罗森伯格：《妇女心理学》，范志强等译，云南人民出版社 1986 年版。

120. 中国青少年犯罪研究学会编：《中国青少年犯罪研究年鉴（1987·首卷）》，春秋出版社 1988 年版。

121. 周光权：《法治视野中的刑法客观主义》，清华大学出版社 2002 年版。

122. 周枏：《罗马法原论》，商务印书馆 1994 年版。

123. 朱胜群编著：《少年事件处理法新论》，三民书局 1976 年版。

二、期刊类

1. 车浩：《从"大众"到"精英"》，载《浙江社会科学》2008 年第 5 期。

2. 陈璐：《定罪体系化视野下犯罪构成理论研究》，载《河北法学》2010 年第 10 期。

3. 陈兴良：《法治国的刑法文化——21 世纪刑法学研究展望》，载《人民检察》1999 年第 11 期。

4. 陈兴良：《"风险刑法"与刑法风险：双重视角的考察》，载《法商研究》2011 年第 4 期。

5. 陈兴良：《回顾与展望：中国刑法立法四十年》，载《法学》2018 年第 6 期。

6. 陈兴良：《减少死刑的立法路线图》，载《政治与法律》2015 年第 7 期。

7. 陈兴良：《论犯罪的对合关系》，载《法制与社会发展》2001 年第 4 期。

8. 陈兴良：《论刑法哲学的价值内容和范畴体系》，载《法学研究》1992 年第 2 期。

9. 陈兴良：《刑法修正案的立法方式考察》，载《法商研究》2016 年第 3 期。

10. 陈兴良：《刑法知识的去苏俄化》，载《政法论坛》2006 年第 5 期。

11. 陈祖耀：《人的本质是什么——一个需要修正的哲学命题》，载《江淮论坛》2007 年第 2 期。

12. 储槐植：《犯罪学界的贡献》，载《江西公安专科学校学报》2007 年第

4 期。

13. 储槐植：《我国刑法中犯罪概念的定量因素》，载《法学研究》1988 年第 2 期。

14. 储槐植、张永红：《善待社会危害性观念——从我国刑法第 13 条但书说起》，载《法学研究》2002 年第 3 期。

15. 代利凤：《社会排斥理论综述》，载《当代经理人》2006 年第 4 期。

16. 邓又天、邓修明：《修改我国缓刑制度的若干设想》，载《法学评论》1989 年第 6 期。

17. 邓正伟：《犯罪构成理论对刑事诉讼的制约及完善》，载《中国刑事法杂志》2008 年第 4 期。

18. 董桂文：《行贿罪量刑规制的实证分析》，载《法学》2013 年第 1 期。

19. 段磊：《内幕信息传递和交易推荐的构成要件及违法所得计算的重构——2013 年日本〈金融商品交易法〉修改对中国法的借鉴意义》，载《证券法苑》2013 年第 11 期。

20. 房清侠：《前科消灭制度研究》，载《法学研究》2001 年第 4 期。

21. 冯亚东：《中德（日）犯罪成立体系比较分析》，载《法学家》2009 年第 2 期。

22. 傅跃建、傅俊梅：《互联网金融犯罪及刑事救济路径》，载《法治研究》2014 年第 11 期。

23. 高诚刚：《刑法谦抑性的体系解释与理论重塑》，载《安庆师范学院学报（社会科学版）》2016 年第 4 期。

24. 高铭暄：《关于中国刑法学犯罪构成理论的思考》，载《法学》2010 年第 2 期。

25. 高铭暄、楼伯坤：《死刑替代位阶上无期徒刑的改良》，载《现代法学》2010 年第 6 期。

26. 高铭暄：《论四要件犯罪构成理论的合理性暨对中国刑法学体系的坚持》，载《中国法学》2009 年第 2 期。

27. 龚培华、王立华：《贪污罪对象认定中的争议问题研究》，载《法学》2004 年第 12 期。

28. 顾培东：《当代中国法治话语体系的构建》，载《法学研究》2012年第3期。

29. 郭芮、李龙跃：《"公共场所当众实施"情节的认定》，载《中国检察官》2015年第22期。

30. 何剑：《论"虐童"行为的刑法规制》，载《中国刑事法杂志》2013年第2期。

31. 何勤华：《中国近代刑法学的诞生与成长》，载《现代法学》2004年第2期。

32. 何荣功、莫洪宪：《毒品犯罪死刑的国际考察及其对我国的借鉴》，载《华中科技大学学报（社会科学版）》2012年第2期。

33. 黄佳豪：《西方社会排斥理论研究述略》，载《理论与现代化》2008年第6期。

34. 黄明儒：《论刑法的修改形式》，载《法学论坛》2011年第3期。

35. 纪敏：《1959：共和国主席发出特赦令》，载《纵横》1998年第10期。

36. 纪敏、新锐：《共和国首发特赦令》，载《兰台世界》1999年第2期。

37. 姜涛：《废除行贿罪之思考》，载《法商研究》2015年第3期。

38. 景晓芬：《"社会排斥"理论研究综述》，载《甘肃理论学刊》2004年第2期。

39. 康均心、杜辉：《对未成年人犯罪出罪化解释的刑事政策审视》，载《青少年犯罪问题》2008年第4期。

40. 康树华：《青少年犯罪低年龄化提出的新课题》，载《法学杂志》1985年第5期。

41. 康树华：《审理未成年人刑事案件的最新司法解释》，载《法学杂志》2006年第3期。

42. 雷磊：《法律方法、法的安定性与法治》，载《法学家》2015年第4期。

43. 李安：《证言真实性的审查与判断——陈述有效性评估技术》，载《证据科学》2008年第1期。

44. 李邦友：《惩处毒品犯罪的"宽"与"严"》，载《华中科技大学学报（社会科学版）》2006年第6期。

45. 李波：《新形势下金融犯罪特点研究》，载《经济师》2008 年第 2 期。

46. 李贵方：《终身自由刑比较研究》，载《吉林大学社会科学学报》1991 年第 6 期。

47. 李洁：《中国通论犯罪构成理论体系评判》，载《法律科学》2008 年第 2 期。

48. 李莉、夏伟、周禅：《骗取本单位应得利润构成贪污罪》，载《人民司法》2004 年第 1 期。

49. 李立丰：《终身刑：死刑废止语境下一种话语的厘定与建构》，载《刑事法评论》2012 年第 1 期。

50. 李立众：《婚内强奸定性研究——婚内强奸在我国应构成强奸罪》，载《中国刑事法杂志》2001 年第 1 期。

51. 李立众：《强奸罪既遂未遂标准应统一》，载《人民检察》2002 年第 12 期。

52. 李茂棣：《论教育刑主义与反教育刑主义》，载《法学杂志》1935 年第 1 期。

53. 李少平：《行贿犯罪执法困局及其对策》，载《中国法学》2015 年第 1 期。

54. 李希慧、童伟华：《"犯罪客体不要说"之检讨——从比较法的视角考察》，载《法商研究》2005 年第 3 期。

55. 李勇、杜永浩：《减刑假释法律运作机制调查与研究》，载《福建法学》2003 年第 3 期。

56. 李运平、王金贵：《全球化背景下的金融犯罪问题国际学术研讨会综述》，载《人民检察》2007 年第 37 期。

57. 〔加拿大〕理查德·M. 朱布里克：《加拿大的长期监禁》，林遐译，叶逊校，载《环球法律评论》1985 年第 6 期。

58. 梁瑞琴：《当前贿赂犯罪案件查办中存在的问题及对策》，载《河北法学》2012 年第 2 期。

59. 梁云宝：《超法规的违法性阻却事由之外置化——四要件犯罪论体系下的定位》，载《法学评论》2011 年第 6 期。

60. 刘峰：《从信托义务理论到盗用信息理论：美国内幕交易监管经验与启示》，载《社会科学研究》2012 年第 3 期。

61. 刘明祥：《奸淫幼女若干问题探析》，载《国家检察官学院学报》2004 年第 1 期。

62. 刘强、王贵芳：《美国新"改造无效论"对我们的启示——评〈重思罪犯改造〉一书》，载《青少年犯罪问题》2008 年第 5 期。

63. 刘仁文：《30 年来我国刑法发展的基本特征》，载《法学》2008 年第 5 期。

64. 刘仁文：《死刑政策：全球视野及中国视角》，载《比较法研究》2004 年第 4 期。

65. 刘宪权：《人工智能时代的"内忧""外患"与刑事责任》，载《东方法学》2018 年第 1 期。

66. 刘宪权：《人工智能时代刑事责任与刑罚体系的重构》，载《政治与法律》2018 年第 3 期。

67. 刘宪权：《我国刑法中溯及力相关问题探论》，载《政治与法律》2007 年第 3 期。

68. 刘晓明：《加强金融法制 维护金融安全——"上海金融领域预防经济犯罪、维护金融安全"研讨会观点综述》，载《政治与法律》2001 年第 5 期。

69. 刘燕：《发现金融监管的制度逻辑》，载《法学家》2004 年第 3 期。

70. 刘志强、蒋华林：《刑法修正权限的合宪性审视》，载《暨南学报（哲学社会科学版）》2018 年第 1 期。

71. 楼笑明、吴永强：《未成年人是否构成抢劫罪不应以抢劫对象为标准》，载《人民检察》2007 年第 10 期。

72. 卢建平、郭健：《中国贿赂犯罪立法之缺陷与完善——以适用〈联合国反腐败公约〉为视角》，载《河北法学》2006 年第 12 期。

73. 卢勤忠：《行贿能否与受贿同罚》，载《人民检察》2008 年第 14 期。

74. 〔英〕罗杰尔·胡德：《死刑废止之路新发展的全球考察》，付强校译，高铭暄点评，载《法学杂志》2011 年第 3 期。

75. 马治国、田小楚：《论人工智能体刑法适用之可能性》，载《华中科技大学学报（社会科学版）》2018年第2期。

76. 毛玲玲：《金融犯罪的新态势及刑法应对》，载《法学》2009年第7期。

77. 梅传强：《论刑事责任的根据》，载《政法学刊》2014年第2期。

78. 缪树权：《猥亵儿童罪中"公共场所当众"的理解和认定》，载《中国检察官》2015年第22期。

79. 莫洪宪：《论我国刑法中未成年人的刑事责任》，载《法学论坛》2002年第4期。

80. 牟永福：《"社会排斥"解释框架与城市居民收入的差异性分析》，载《河北学刊》2008年第5期。

81. 倪爱静：《完善金融刑法 遏制金融犯罪——全国金融犯罪与金融刑法理论研讨会综述》，载《人民检察》2005年第8期（上）。

82. 牛克乾：《刑法渊源、规范性刑法解释与刑事判例》，载《法律适用》2004年第5期。

83. 彭泽虎：《收容教育违法性研究》，载《西南民族学院学报（哲学社会科学版）》2002年第11期。

84. 皮勇：《论金融领域计算机犯罪》，载《法学评论》2000年第2期。

85. 钱小平：《惩治贿赂犯罪刑事政策之提倡》，载《中国刑事法杂志》2009年第12期。

86. 钱小平：《"积极治理主义"与匈牙利贿赂犯罪刑法立法转型——兼论中国贿赂犯罪刑法立法改革之方向选择》，载《首都师范大学学报（社会科学版）》2014年第6期。

87. 邱兴隆：《犯罪概念与犯罪构成辩证关系初探》，载《法学杂志》1984年第1期。

88. 邱兴隆：《死刑的效益之维》，载《法学家》2003年第2期。

89. 曲新久：《论刑事责任的概念及其本质》，载《政法论坛》1994年第1期。

90. 曲新久：《论刑事责任的根据》，载《河北法学》1987年第4期。

91. 曲新久：《刑法哲学的学术意义——评陈兴良教授从〈刑法哲学〉到〈本体刑法学〉》，载《政法论坛》2002年第5期。

92. 阮齐林：《猥亵儿童罪基本问题再研究》，载《人民检察》2015 年第 22 期。

93. 上海市浦东新区人民检察院课题组：《互联网金融犯罪治理研究》，载《山东警察学院学报》2016 年第 1 期。

94. 师维：《反恐刑法的基本理念及立法完善研究》，载《河北法学》2012 年第 7 期。

95. 时方：《人工智能刑事主体地位之否定》，载《法律科学》2018 年第 6 期。

96. 苏力：《法律规避和法律多元》，载《中外法学》1993 年第 6 期。

97. 苏青：《社会危害性理论的反思与改造——以法益视角为进路》，载《法学评论》2011 年第 3 期。

98. 孙娟：《刑事诉讼中儿童言辞证据问题研究》，载《青少年犯罪问题》2017 年第 4 期。

99. 孙笑侠：《法的形式正义与实质正义》，载《浙江大学学报（人文社会科学版）》1999 年第 5 期。

100. 孙笑侠：《公、私法责任分析——论功利性补偿与道义性惩罚》，载《法学研究》1994 年第 6 期。

101. 孙运梁：《我国刑法中应当设立"暴行罪"——以虐待儿童的刑法规制为中心》，载《法律科学》2013 年第 3 期。

102. 谭岳奇：《从形式正义到实质正义——现代国际私法的价值转换和发展取向思考》，载《法制与社会发展》1999 年第 3 期。

103. 田宏杰、温长军：《理解制度变迁：我国〈刑法〉的修订及其适用》，载《法学杂志》2011 年第 9 期。

104. 童德华：《我国刑法立法模式反思》，载《法商研究》2017 年第 6 期。

105. 王会甫、杨立凡、孙永生：《完善金融刑法 维护金融安全——中国金融安全的刑法保护暨湖北省法学会刑法研究会 2008 年年会综述》，载《人民检察》2008 年第 23 期。

106. 王骏：《超法规的正当化行为论纲》，载《河北法学》2010 年第 8 期。

107. 王铼、姜先良、宋宇：《互联网金融犯罪和刑法干预机理》，载《中国检察官》2016 年第 3 期。

108. 王立业：《社会排斥理论研究综述》，载《重庆工商大学学报（社会科学版）》2008 年第 3 期。

109. 王丽枫：《性犯罪行为地系公共场所的认定标准》，载《人民司法》2015 年第 16 期。

110. 王鹏祥、张彦奎：《当代中国贿赂犯罪的刑法治理——以〈联合国反腐败公约〉为观照》，载《河北法学》2014 年第 2 期。

111. 王世洲：《各国刑法立法模式简况》，载《法学杂志》1994 年第 4 期。

112. 王肃之：《人工智能犯罪的理论与立法问题初探》，载《大连理工大学学报（社会科学版）》2018 年第 4 期。

113. 王涛：《内幕信息敏感期的司法认定》，载《中国刑事法杂志》2012 年第 11 期。

114. 王文华：《打击跨国贿赂犯罪的刑事政策研究》，载《法治研究》2013 年第 7 期。

115. 王雪梅：《儿童权利保护的"最大利益原则"研究（上）》，载《环球法律评论》2002 年冬季号。

116. 王雪梅：《儿童权利保护的"最大利益原则"研究（下）》，载《环球法律评论》2003 年春季号。

117. 王燕玲：《女性主义法学视域下的强奸罪之辨思》，载《政法论坛》2015 年第 6 期。

118. 王永兴：《在公共场所当众实施性侵犯罪的认定》，载《人民司法》2017 年第 26 期。

119. 王昭武：《犯罪的本质特征与但书的机能及其适用》，载《法学家》2014 年第 4 期。

120. 王志强：《对内幕交易认定中基本要素属性之认定》，载《法制与社会》2015 年第 20 期。

121. 肖中华：《也论贪污罪的"利用职务上的便利"》，载《法学》2006 年第 7 期。

122. 谢杰：《内幕信息形成时间司法认定问题研究——以法释〔2012〕6 号

司法解释第 5 条为中心的刑法解析》，载《中国刑事法杂志》2013 年第 5 期。

123. 谢望原、张宝：《从立法和司法层面加大对行贿罪的惩治力度》，载《人民检察》2012 年第 12 期。

124. 谢治东、卢峰：《虐童行为的类型分析及刑法规制》，载《山东警察学院学报》2013 年第 3 期。

125. 徐岱：《行贿罪之立法评判》，载《法制与社会发展》2002 年第 2 期。

126. 徐建：《少年犯罪实体法适用中的犯罪构成特殊性探析》，载《青少年犯罪问题》1997 年第 6 期。

127. 薛瑞麟：《对话〈刑法知识的去苏俄化〉的作者》，载《政法论坛》2008 年第 6 期。

128. 延红梅：《行政与司法手段并重 努力形成打击金融犯罪的合力——访北京市人民检察院第二分院检察长伦朝平》，载《中国金融》2005 年第 10 期。

129. 杨德寿：《婚内强迫性行为的法律责任论——由王卫明强迫妻子性交被判强奸罪说起》，载《中国刑事法杂志》2001 年第 5 期。

130. 杨新培：《试论对合犯》，载《法律科学》1992 年第 1 期。

131. 杨兴培：《刑事和解制度在中国的构建》，载《法学》2006 年第 8 期。

132. 杨月斌：《金融犯罪与非罪的认定标准问题》，载《理论探索》2006 年第 6 期。

133. 姚建龙：《防治儿童虐待的立法不足与完善》，载《中国青年政治学院学报》2014 年第 1 期。

134. 姚建龙：《强奸犯罪被害人责任研究》，载《青少年犯罪研究》2001 年第 4 期。

135. 姚建龙：《少年司法制度基本原则论》，载《青年探索》2003 年第 1 期。

136. 姚建龙：《司法生态与陈卓伦的悲剧》，载《检察风云》2010 年第 24 期。

137. 姚建龙：《校园暴力：一个概念的界定》，载《中国青年政治学院学报》2008 年第 4 期。

138. 姚建龙：《刑事法视野中的少年：概念之辨》，载《青少年犯罪问题》2005 年第 3 期。

139. 阴建峰：《现代特赦制度新探》，载《中共中央党校学报》2006 年第 2 期。

140. 应建廷：《缓刑实践的调查与思考》，载《中国刑事法杂志》2000 年第 5 期。

141. 于志刚：《刑法修改何时休》，载《法学》2011 年第 4 期。

142. 余高能：《各国贿赂犯罪立法分类比较研究》，载《西北大学学报（哲学社会科学版）》2014 年第 4 期。

143. 袁彬：《我国民众死刑替代观念的实证分析——兼论我国死刑替代措施的立法选择》，载《刑法论丛》2009 年第 4 期。

144. 张明楷：《犯罪构成理论的课题》，载《环球法律评论》2003 年秋季号。

145. 张明楷：《共同犯罪的认定方法》，载《法学研究》2014 年第 3 期。

146. 张明楷：《刑事立法的发展方向》，载《中国法学》2006 年第 4 期。

147. 张新志、刘新平：《金融领域计算机犯罪特点与预防》，载《计算机安全》2002 年第 4 期。

148. 张永红、兰志龙：《论轻微暴力索财案件的定性》，载《吉林公安高等专科学校学报》2007 年第 6 期。

149. 张竹英：《金融领域计算机犯罪的特征及法律对策》，载《社会科学家》1998 年第 4 期。

150. 章亚梅、杨月斌：《金融犯罪刑罚原则探究》，载《学术交流》2006 年第 12 期。

151. 赵秉志、杜邈：《我国惩治恐怖活动犯罪的刑法立法经验考察》，载《华东政法大学学报》2008 年第 6 期。

152. 赵秉志：《国际社会惩治商业贿赂犯罪的立法经验及借鉴》，载《华东政法学院学报》2007 年第 1 期。

153. 赵秉志：《论中国非暴力犯罪死刑的逐步废止》，载《政法论坛》2005 年第 1 期。

154. 赵秉志：《再论我国死刑改革的争议问题》，载《法学》2014 年第 5 期。

155. 赵秉志：《中国死刑立法改革新思考——以〈刑法修正案〉（九）（草案）为主要视角》，载《吉林大学社会科学学报》2015 年第 1 期。

156. 赵秉志：《中国刑法立法晚近 20 年之回眸与前瞻》，载《中国法学》2017 年第 5 期。

157. 赵国玲、刘灿华：《毒品犯罪刑事政策实证分析》，载《法学杂志》2011 年第 5 期。

158. 赵俊甫：《猥亵犯罪审判实践中若干争议问题探究——兼论〈刑法修正案（九）〉对猥亵犯罪的修改》，载《法律适用》2016 年第 7 期。

159. 赵曜：《马克思主义的改革开放思想和我国的改革开放理论与实践——纪念改革开放 40 周年》，载《中国浦东干部学院学报》2018 年第 3 期。

160. 周峰、薛淑兰、赵俊甫、肖凤：《〈关于依法惩治性侵害未成年人犯罪的意见〉的理解与适用》，载《人民司法》2014 年第 1 期。

161. 周蓝蓝、李波：《刑法学与犯罪学犯罪概念的碰撞与交融》，载《河南公安高等专科学校学报》2003 年第 5 期。

162. 周崎、胡志国：《王卫明强奸案》，载《判例与研究》2000 年第 2 期。

163. 周蔚：《死刑具有最有效的威慑作用论之否定》，载《政治与法律》2007 年第 6 期。

164. 周折：《奸淫幼女犯罪客体及其既遂标准问题辨析》，载《法学》2008 年第 1 期。

165. 朱学明：《金融领域计算机犯罪与控制防范》，载《理论月刊》2004 年第 10 期。

三、报纸类

1. 曹坚：《刑法修正案立法体例有待完善》，载《检察日报》2007 年 7 月 27 日。

2. 曹鹏程：《守住"幼有所育"的底线》，载《人民日报》2017 年 11 月 13 日。

3. 储陈城：《人工智能可否成为刑事责任主体》，载《检察日报》2018 年 4 月 19 日。

4. 董文辉：《废除部分死刑应注意与相关犯罪是否协调》，载《检察日报》2015 年 5 月 13 日。

5. 付立庆：《"婚内强奸"立法遭遇现实问题》，载《检察日报》2001年1月31日。

6. 傅达林：《认真对待国庆特赦的建议》，载《中国青年报》2009年2月19日。

7. 李正斌：《"修正案""修订"与"修改决定"应用之辨》，载《检察日报》2012年6月11日。

8. 刘仁文：《关于在国庆50周年对部分确已悔改的犯罪分子实行特赦的建议》，载《检察日报》2001年1月5日。

9. 刘仁文、黄云波：《建议取消行贿犯罪特别自首制度》，载《检察日报》2014年4月30日。

10. 吕丽蝉：《七成被虐妇曾遭夫强奸，多被逼性交，半数宁哑忍》，载《星岛日报》（香港）2000年3月22日。

11. 孟建柱：《严厉打击恐怖主义 共同维护世界安全》，载《检察日报》2014年8月6日。

12. 宁杰：《金融犯罪全球化 法律如何出招》，载《人民法院报》2007年9月9日。

13. 秦平：《保护：未成年人刑事责任的指导原则》，载《法制日报》2004年9月16日。

14. 屈学武：《行贿与受贿应同罪同罚》，载《检察日报》2013年10月22日。

15. 苏永通、任重远：《152份死刑复核裁定书分析报告公开的死刑密码》，载《南方周末》2014年10月16日。

16. 王涛：《准确认定内幕信息形成和公开之时》，载《检察日报》2015年2月25日。

17. 俞评：《"有刑事犯罪记录"者该上哪？》，载《法制日报》2002年1月27日。

18. 张志钢：《转型期的中国刑法立法：回顾与展望——"历次刑法修正评估与刑法立法科学化理论研讨会"综述》，载《人民法院报》2017年11月8日。

四、学位论文类

1. 陈敏男:《少年事件处理法之保护处分与刑法保安处分之比较研究》,台湾辅仁大学 2002 年硕士学位论文。

2. 王品:《金融领域计算机犯罪探析》,山东大学 2008 年硕士学位论文。

3. 郑惺:《我国内幕交易、泄露内幕信息罪的法律认定》,南京大学 2014 年硕士学位论文。

后　记

　　本书的篇幅不算长，却是在整理笔者近二十年来刑法学研究成果的基础上形成的。这段时间正是改革开放四十多年的后半段，社会变迁波澜壮阔，刑法学和刑事司法同样历经沧桑巨变。在某种程度上，本书也是在以一种特别的方式记录这段历史，而不仅仅是个人学术生涯一个侧面的阶段式小结。

　　尽管这些年笔者主要是在刑法教研室靠讲授刑法学课程立身，但是从近二十年的研究成果中才选了这么一点尚可示人的东西，着实有些惭愧。治学以来，笔者身上的青少年犯罪与少年司法的学术标签过重，以至于有人会诧异笔者还研究其他问题。事实上，笔者关注的领域还包括犯罪学、矫正学、禁毒学、反恐学、刑事诉讼法学、监察法学等，刑法学仅是其中之一。只是相对于对青少年犯罪与少年司法的研究已至纯粹和理想主义情怀的境界，笔者这些年的刑法学研究多为"稻粱谋"罢了。

　　本书的内容与笔者这些年的经历息息相关，大体上由五部分组成：一是在上海市长宁区人民检察院挂职副检察长期间分管公诉业务，对部分疑难案件的办案心得；二是在华东政法大学任教时为本科生讲授"金融犯罪对策"、为研究生讲授"经济犯罪对策"两门课程，对金融犯罪与经济犯罪所作的初步研究，以及在上海政法学院为本科生、研究生讲授"刑法总论""刑法分论"，对刑法教义学的肤浅思考；三是受聘为公、检、法、司等实务部门的咨询专家，对所参与论证的一些疑难案件探究的结果；四是为了"应付"友人组织的学术研讨会而受命撰写的一些专题论文；五是在青少年犯罪与少年司法研究中，对有关刑法问题进行思考而写成的部分论文。

近些年来，中国刑法理论呈现向德日学术话语转向的趋势，在某种程度上可以说是在"去苏俄化"的名义下中断了刑法理论的本土化过程。大量引进的"夹生饭式"德日刑法学术话语与理论问题，使得刑法学研究的"专业槽"看上去越来越深，但是并未能接续近代以来的刑法学传统，以至于常常让人有一夜醒来看不懂中国刑法学和不知如何去研究刑法学问题的感慨。中国刑法学究竟应向何处去，这是一个问题。作为通过学习20世纪80年代版本的刑法学教科书而进入刑法学"汪洋大海"的学人，也正面临着刑法学话语体系重塑的挑战。本书的整理，既是小结，也是起点。

本书各章的主要内容大都曾以论文形式在《现代法学》《法律科学》《法学》《法学论坛》等刊物上公开发表，亦有少数篇章为首次公开。论文合作者中除个别为笔者在检察机关挂职时的同事外，其余均为笔者所指导的研究生。与实务部门同事合作的论文，大体反映的是笔者对具体案件的理解。与学生合作的论文，基本采用的是由笔者确定论文题目、基本观点、论文结构和研究思路，由学生执笔初稿，我们再反复讨论、修改，最后由笔者定稿的方式。整理成书时，合作论文均由合作者进行了校对，学生罗建武还协助笔者对全书进行了统校并整理了主要参考文献，特此致谢。本书的出版得到了上海政法学院相关项目经费的支持，在此一并致谢。

姚建龙

2019年1月1日完成初稿

1月11日修改于苏州河畔